PHILIPPE MONNIER

VENEDIG

im achtzehnten Jahrhundert

Extradrucke der Anderen Bibliothek
№ 436

PHILIPPE MONNIER

VENEDIG

im achtzehnten Jahrhundert

Aus dem Französischen übersetzt von **Rudolf Engel**
Mit einem Nachwort von **Hanns-Josef Ortheil**

Bereichert mit vierunddreißig Bildwerken

Nicht die lebhafteste Einbildungskraft des Dichters, nicht die glühendsten Farben des Malers vermögen es nach Gebühr zu schildern, dieses achtzehnte Jahrhundert, mit seiner tausendfachen Verderbnis, seiner Eleganz, seinem Geiste, seiner Unbekümmertheit um das Morgen, dieses Bild in dem kostbarsten Rahmen und auf dem zauberhaftesten Grunde, der sich denken läßt.

Theophile Gautier

Erstes Kapitel

Einleitung

I

Italien im 18. Jahrhundert, das alte, überlebte, friedfertige, reizende Land. – In einem prosaischen Zeitalter bleibt Italien der Dichtkunst treu. – Es rächt sich an Europa, dessen Beute es geworden ist, dadurch, daß es dieses zum Lachen bringt.

II

Venedig, die freie Stadt Italiens. – Sein Doge, seine Gebräuche, seine Gesetze; seine Mode und seine Sitten; seine Spione und seine Gäste. – Es hat die ursprünglichen Züge bewahrt. – Es bleibt bis zur Revolution eine Oase, darin sich eine alte Lebensform erhalten hat. – Was es zur Zeit seiner Größe gewesen ist. – Es ist dem Untergange geweiht.

III

Das große Venedig des 18. Jahrhunderts. – Der Reichtum, die Prachtentfaltung und der Hochmut seiner Bewohner. – Die schöne Rasse und das hoheitsvolle Benehmen. – Die Murazzi. – Die große Beredsamkeit, die große Musik, die große Malerei. – Die letzten großen Venezianer: der Musiker Marcello, der Maler Tiepolo, der Admiral Emo, der Doge Foscarini. – Patrizier als Mäzene. – Die Contarina Barbarigo und die Caterina Dolfin-Tron. – Eine Vergangenheit, die noch fortlebt.

IV

Das neue Leben und der neue Geist. – Der letzte Glanz, den Venedig ausstrahlt. – Es ist tonangebend auf allen Gebieten. – Der echt venezianische und liebenswürdige Charakter der Stadt.

V

Zweck des Buches.

Ein Lazzo von Scaramuccia oder von Arlecchino; ein Kompendium mit Schaflederrücken und das Rollen einer vergoldeten Kutsche auf der Straße; eine schöne handgeschriebene Oratorium-Partitur; die Vokalisen einer auf Liebesflügeln entschwebenden Melodie und eine Sonnenuhr an der Mauer einer alten märchenhaften Villa; Staub, Prachtentfaltung, Nichtstun; Volta und sein Frosch; Silvia und ihr Lächeln: das ist Italien im 18. Jahrhundert.

Aber man darf nicht übertreiben und nicht vergessen, daß mit Männern wie Gravina, Vico, Muratori, Maffei und Zeno die große kritische Arbeit, die im 16. Jahrhundert von Sigonio und Vincenzo Borghini begonnen worden und die dann im 17. Jahrhundert nach Deutschland und Holland ausgewandert war, in der alten Heimat ihre große Tradition wieder aufnahm[1]; man darf auch nicht die Dienste eines Vallisnieri oder eines Spallanzani verkennen; nicht daran zweifeln, daß auch Mailand etwas gilt. Vor allem aber darf man nicht undankbar sein.

Dort oben in ihrem Hause in Frankfurt setzte sich Frau Rat manchmal ans Klavier. Von ihrem italienischen Musiklehrer begleitet, sang die Mutter Goethes eine Arie von Rolli. Mit lieblicher Stimme sang sie:

Solitario bosco ombroso …

In diesem Liedchen, das Goethe als Kind lernte und auswendig wußte, ehe er es verstand[2], liegt eine entschwundene Anmut, die seine Kindesseele entzückte, ebenso wie sie eine ganze Epoche bezauberte. Die ganze Zärtlichkeit dieses alten, überlebten, unkriegerischen, reizenden Landes liegt darin.

Politisch ist es vollkommen zerstückelt und zersplittert[3]. Es ist mit Akademikern und Cicisbei bevölkert, mit Abenteurern und Virtuosen, mit Mezzetini und Ballerinen, mit Abbés, die den Fächer zu gebrauchen wissen, und Naturforschern, die aus ihrem Kabinett nicht herauskommen. Sein Volkswirtschaftslehrer ist der kleine, geistreiche und schmächtige Abate Galiani, auf dessen Grabstein – *urna brevis* – angeblich ein Silen, der Kopf Platons, ein Hanswurst und eine Muse[4] eingehauen war; sein Dichter ist Metastasio; und sein Papst ist Lambertini, der mit dem freien Benehmen eines Edelmannes dem Präsidenten de Brosses in Bologna so gelungene Liebesgeschichten erzählt hatte. Die kaiserlichen und französischen Truppen schlagen sich dort als auf besonders günstigem Gelände und führen hier diesen galanten Krieg, wo die Offizierskantinen im Grünen untergebracht sind und geputzte Schönheiten aus dem Wagen springen[5]; die Antiquitätenhändler von ganz Europa schöpfen an Ort und Stelle seinen Schatz an Gemälden, Marmorstatuen und geschnittenen Steinen aus; alle Reisenden der Welt verbringen hier ihre Ferien. Mit dem bißchen trockenen Pulver, das noch da ist, hat man nichts Unnützes, jedenfalls nichts Böses vor. Man lädt damit nicht Gewehre wie in Preußen noch Mörser wie in Frankreich, man verwendet es zu Feuerwerk[6]. Vornehme Mäzene vergnügen sich mit physikalischen Studien und lassen sich Komödien vorführen. Professoren und Prälaten tauschen Sonette und beschenken sich mit Schokolade. Der Ritter Perfetti ruft den Himmel an, ehe er dichtet. Lorenzi improvisiert seine Predigt in Oktaven, nachdem er die Messe gelesen hat. Frugoni schreibt einer Dame ein Gelegenheitsgedicht auf eine Flasche Maraschino. Die Literatur ist ein gesellschaftliches Talent, die Poesie eine Kunst, »deren Zweck es ist, durch Nachahmung zu gefallen«[7]. Man spricht französisch, man ist auch in Arkadien geboren. Die Seele, die sich so hoch aufgeschwungen hatte und die sich so glücklich fühlt, kostet die Wonne des Vergessens aus, mag sie diese in der Wissenschaft oder im Vergnügen finden; der Geist lächelt, das Herz singt; bekränzt mit Olivenzweigen, entschwindet die Zeit oder sie schlummert ein. Das ist das Italien der Vergangenheit, das Italien der guten, alten Zeit.

Aber wenn dieses alte Land – politisch gesprochen – auch nur noch ein Name ist, rächt es sich an seinem Überwinder Europa, indem es ihm sein helles Lachen oder seine Lieder ins Gesicht wirft; aber wenn dieses alte Land auch seit dem 16. Jahrhundert in den Winkel geschoben wurde[8], ist es doch die Beherrscherin der Freude geblieben und führt die Chöre des Weltfestes, wie es zweimal die Bewegung der Geister geführt hatte; es errichtet Theaterbühnen, wie andere Theorien aufbauen; es führt Melodien aus, wie andere Gedanken verbreiten; es versorgt Europa mit Lachen, wie andere Systeme liefern; mit den Masken seiner Komödie, den Melodien seiner Opern und seinem Schwarm von Sängern, Tänzern, Schauspielern, Musikern und Stegreifdichtern[9] bedeutet es die Poesie des Augenblicks, die Anmut, die Heiterkeit der entschwundenen guten, alten Zeit, für welche die Unterhaltung als eine sehr ernste Sache und Vestris als eine Persönlichkeit galt[10].

In einem prosaischen Jahrhundert der Vernunft ist Italien allein dem Lächeln der Dinge treu geblieben; trotzdem es soviel geschaffen, soviel gesungen, soviel geträumt hat, ist es nicht müde geworden, immer wieder Neues hervorzubringen; nachdem es der Welt einen Vergil, einen Petrarca und einen Raffael gegeben hat, beginnt es mit Paesiello und Cimarosa noch einmal wie ein Frühling[11] zu blühen; und in diesem alten, gelehrten und leichtfertigen, liederfrohen, ausgelassenen und eroberten Italien steht eine Stadt aufrecht, die alles in sich vereinigt und ein ausgesprochenes Eigenleben führt: Venedig.

*

Hier regieren keine Bourbonen wie in Neapel, keine Österreicher wie in Mailand, keine Lothringer wie in Toskana, kein Vizekönig, über den man sich lustig macht, kein Statthalter, der herumkommandiert, kein Großherzog, der ein mildes Regiment führt. Die alte Republik, die niemals Vasallin, niemals welfisch oder waiblingisch gewesen war, die II nie dem Kaiser den Treueid geleistet hatte, nie von Parteihader zerfleischt worden war, bleibt frei[12] und Herrin ihrer Geschicke. An ihrer Spitze hat sie immer noch ihren Dogen.

Immer noch krönt ihn der jüngste der Staatsräte oben auf der Riesentreppe mit der Dogenmütze: *Accipe coronam ducalem ducatus Venetiarum;* und immer noch wirft er von dem Bucentoro, der Prachtgaleere, herab dem Meere den Verlobungsring zu: *Desponsamus te, mare, in signum veri perpetuique dominii.* Wenn er sich öffentlich zeigt, umgeben von Knappen, Fahnenträgern, Trompetern, Offizieren, die den kurulischen Stuhl, das Zepter, den Degen und das Kissen tragen, legt er die gold- und silberdurchwirkte Dalmatica an, den mit Hermelin gesäumten Goldbrokatmantel, die feine Batistmütze, die er dann niemals abnimmt, selbst nicht in der Kirche, und den Corno, der bald aus Edelsteinen und Goldtuch besteht, bald aus Purpurseide, um die sich ein Goldreif schlingt. Immer noch ist die Admiralsgaleere im Hafen verankert. Immer noch verkündigt an der Ecke der Markuskirche, auf der Porphyrsäule stehend, der Ausrufer die Gesetze der Republik. Noch immer legt der *commendadore* den azurfarbenen Mantel an und setzt die mit dem Wappen bestickte Mütze auf. Noch immer empfängt der Rachen des Löwen die geheimen *denunzie.* Und immer noch halten unter dem Deckengemälde des Paolo Veronese die drei Inquisitoren ihre Beratungen ab, der rote in der Mitte, die beiden schwarzen ihm zur Seite. In Venedig hat sich nichts an den Bräuchen und Gesetzen geändert, nichts an den Moden und Sitten, die ein Ergebnis von dreizehn Jahrhunderten der Unabhängigkeit sind[13]; kein fremder Einfluß hat sein ursprüngliches Leben umgeformt; es ist die wunderbare und geheimnisvolle Stadt, die Schrecken und Entzücken verbreitet; die schreckliche Regierung mit den unheimlichen Giften und den fürchterlichen Bleikammern[14]; die eifersüchtige Republik, wo die Wände Ohren haben und die Schlüssellöcher Augen. Spione tragen die Soutane des Abbés und den langen Rock des Tänzers[15]; Schatten horchen in der Nacht; Säcke werden in tiefer Finsternis in den Kanal versenkt. Die Gondel des obersten Gerichtshofes kündigt sich durch eine rote Flamme an. Man hat aus den Pozzi einen Priester hervorgezogen, dessen Haut grün war. Das Volk und die Reisenden erzählen sich diese Schauergeschichten[16]. So ist Venedig, das eine sehr alte italienische Lebensform bis zur Revolution fortführt.

Ach! es ist nicht mehr das, was es war. Es war groß gewesen, als es sich dem Eindringling und dem nassen Elemente zur Wehr gesetzt hatte, als es aus dem Marmor Istriens und der karnischen Alpen, den es auf seinen Barken heimbrachte, seiner römischen Seele ein würdiges Haus gebaut hatte; als es sich wie ein Mann erhob und mit San Marco als General zur Straße von Malamocco zog: damals war es groß gewesen. Es hatte dem Kaiser, den Königen von Ungarn, den Türken, den Griechen, den Genuesen Trotz geboten; es hatte sich mit den Barbaren und Piraten gemessen, mit Korsaren und Normannen, Janitscharen und Uskoken, mit ganz Europa, das sich in Cambrai gegen die Stadt verbündet hatte; es hatte die Küsten seines Golfes erobert, Zypern und Morea, die Zykladen und Kandia, das Löwenbanner auf den Mauern von Byzanz und Athen aufgepflanzt. Das ganze Morgenland war bevölkert mit seinen Festungstürmen und Faktoreien; überall waren seine Konsuln tätig, auf den Straßen der ganzen Welt sah man die Spuren seiner Karawanen; die Mongolen, die Perser, die Araber, die Hindus kannten kein anderes Geld als seines. Allein und zuerst war es überall die Vorhut gewesen bis zur Hochebene von Pamir und bis zur Wüste Gobi. Jedes Jahr liefen dreitausend Schiffe von seinem Hafen aus; dreißigtausend Seeleute stiegen auf seine Galeeren; der Handel mit Goldtuch allein schon brachte ihm zwei Millionen Zechinen aus Italien ein, zehn Millionen aus anderen Ländern. Dank seiner Regsamkeit berührten sich Trapezunt und Moskau, Alexandrien und London. Und wie es mit Barbarossa verhandelt hatte, verhandelt es mit Paleologos, dem Zaren, dem Kalifen, dem Sultan und dem

Canaletto (Giovanni Antonio Canal):
Bacino di San Marco, ca. 1738

Großkhan. Ja, damals war es groß gewesen. Eine über das gewöhnliche Maß hinausragende Menschensaat sproß auf, um diese großen Dinge zu vollführen. Einfache Kaufleute, die sich in Eroberer von Archipelen verwandelten, die Haut vom Pulver geschwärzt und das Gesicht von der Sonne gebräunt. Auf ihre Kosten und auf ihre Rechnung bauen die Dandolo, die Querini, die Foscari, die Venier, die Sanudo Flotten, die ganze Inseln in Beschlag nehmen; die Navagieri sind Herzoge von Lemnos, die Sanudo Fürsten von Naxos und von Paros; einfache Kaufleute, die Paläste brauchen, um darin zu wohnen, und Mausoleen, um darin zu schlafen. Alvise Mocenigo stirbt im Senat inmitten eines Gebetes. Lazzaro Mocenigo wird auf dem Deck seines Schiffes stehend, die Standarte in der Faust, durch den Fall des großen Mastes zerschmettert, der von einer Kanonenkugel umgelegt wurde. Marcantonio Bragadin, der Held von Famagusta, betet das Erbarme Dich unser, o Herr, während ihm der Türke die Haut vom Leibe zieht. Um eine Segelstange gewickelt, wird die Haut in seiner scharlachfarbenen Flagge als kostbare Beute heimgebracht. Carlo Zeno ist im Dienste der Republik vierzigmal verwundet worden. Vettore Pisani, den man ins Gefängnis geworfen hat, wird daraus hervorgeholt, mit dem Befehl, die Genuesen bei Chioggia zu besiegen. Francesco Morosini erhält den Beinamen: *Peloponnesiaco.* Wenn man diese Würdenträger in ihren langen Frauenkleidern und mit dem hochgemuten Herzen, diese friedlichen, lakonischen, kraftvollen weisen Gestalten betrachtet, glaubt man, plutarchische Helden oder Kirchenstatuen vor sich zu haben. Und wenn sie im Rat versammelt waren, mochten sie, wie der römische Senat dem Cineas, nicht als eine Vereinigung von Bürgern erscheinen, sondern als eine Versammlung von Königen. Damals war Venedig groß gewesen. Es war groß, als es singend die Pfähle einrammte, als es singend die Anker lichtete und in die Weite zog, als ginge es der Zukunft entgegen. Von Zeit zu Zeit stieß von der Spitze des Campanile, der sich wie ein Schiffsmast erhob, der Wächter seinen Ruf aus. Die Glocken von

S. Niccolò am Lido begannen zu klingen und im Gesichtskreise erschienen die Prachtgaleeren. Sie waren beladen mit Galionen oder mit Schätzen, mit Purpur, Gold, Elfenbein, Lack, Indigo, Straußfedern, Perlen aus Ormuz, Stoffen aus Damaskus, Kamlott aus Armenien; oder sie schleppten die gefangenen Flotten mit heruntergelassenen Segeln hinter sich her; und mit den eroberten Fahnen luden sie auf dem Molo die Säulen von Sankt Johann auf Akkon ab, die Quadriga von Byzanz, die Löwen des Piräus usw. Aus Trophäen baute sich diese prachtvolle Stadt auf. Die schönen Siege verwandelten sich in schöne Sagen, in schöne Feste, in schöne Fresken. Der Geist brauchte die Schönheit wie die Lunge die frische Brise des Meeres. Die Musik war eine Angelegenheit des Staates. Andrea Navagero, Bembo und andere wetteiferten in platonischer Eleganz im Schatten des Lorbeers. Tizian, Tintoretto, Paolo Veronese tauchten ihre Pinsel in flüssige Ambra oder in aufgelöste Perlen. Ermolao Barbaro las der Jeunesse dorée in der Stille seines Palastes Aristoteles vor. Lauro Quirini lehrte ihn auf der Piazza. Aldus Manutius verbreitete die Denkarbeit dreier Welten über Europa. Damals zitterte ein Stück Volksseele in jeder Brust. Damals erhob sich die öffentliche Gesinnung, die in allen Seelen weiterlebte, zu Gesten der Vornehmheit und strömte in Hymnen des Glanzes aus. Seine Verpflichtung dem Leben gegenüber erfüllen, das bedeutete damals: der Hoheit der Gesetze gehorchen, dem Staate dienen, den Staat verteidigen, den Staat verherrlichen und in der Mußezeit zwischen zwei Gesandtschaften oder zwei Kriegen seine Hof- und Staatsgeschichte schreiben. Damals war Venedig groß gewesen. Sein Glanz verbreitete sich über die Lande und seine Herrschaft über das Meer[17].

Diese Zeit ist abgelaufen, das Alter ist gekommen und der Tod naht. Die Allerdurchlauchtigste ist am Endpunkte ihrer Geschichte angelangt. Sie schwebt in den letzten Zügen, ihre letzte Stunde ist da; sie legt sich hin, um zu sterben. Aber diese Todesstunde verläuft ohne Röcheln; sie ist ein Augenblick der Anmut; ihr letzter Seufzer löst sich in Musik auf. Niemals schien ihr das Leben schöner als im Augenblicke des Vergehens; und ähnlich der Sonne, die ins Meer versinkt, wirft sie auf die Dinge, die sie verläßt, ein unvergeßliches Lebewohl der Klarheit.

*

III Bis zum Verfall bleibt Venedig groß. Aufgebaut auf seiner Vergangenheit wie auf einem Felsen, ragt es weit über alle Lande. Wenn auch sein Ruhm Risse bekommen hat, so besteht dieser Ruhm nicht minder fort, und wenn sein Gewand auch Flecken hat, so glänzt dieses Gewand wie altes Gold. In seinem Niedergange bewahrt es Haltung und in Schönheit geht es unter. Es ist eine Eigentümlichkeit edler Rassen, niemals an der Alltäglichkeit zu scheitern.

Wiewohl verarmt, hat es noch immer gewaltige Reichtümer. Die Mocenigo, die Zenobio, die Contarini haben zehn Gondeln an ihren Toren und fünfzig Bedienstete, die ihre Livree tragen[18]. Die Pisani, die nach dem Berichte Montesquieus hunderttausend Gulden Rente besitzen, erbauen in Strà eine Villa, die ganz Europa in Entzücken versetzt[19], und geben Gustav von Schweden zu Ehren Feste, die dieser nach seinem Geständnisse nicht erwidern kann[20]. Beim Tode eines ihrer Dogen ziehen die Mocenigo ihren achtzig Bediensteten Trauerkleider an; für einen der ihren, der zum Prokurator gewählt wurde, geben sie einen Empfangsabend, der sie vierzigtausend Dukaten kostet. Zu Ehren eines anderen öffnen sie für die Gäste eine Flucht von vierzig Empfangsräumen, nachdem sie drei ihrer Paläste miteinander verbunden haben. Filippo Farsetti kauft in Rom zweiundvierzig aus einem Stück gearbeitete Riesensäulen. Bei den Foscarini tanzt Caterina Querini mit dem König von Dänemark; dabei reißt ein Faden des Schmuckes und die Perlen, mit denen ihr Kleid bestickt war, rollen zur Erde; aber unbekümmert und lächelnd hält sie gar nicht im

Tanzen inne; lächelnd tanzt die Patrizierin über ihre Perlen hinweg[21]. Wie zur Zeit, da sich die nachdenklichen Frauen des Paolo Veronese am alten poetischen Canal Grande an die Brüstungen lehnten, ragen die Paläste auf, daran sich die Silberbinden der Morosini, die Silberleiter der Gradenigo, der Rosenzweig der Mocenigo, die sechs fünfblättrigen Rosen der Loredan arabeskenartig abzeichnen; auf den von Wasser umspülten Stufen zwischen den wappengeschmückten Windebäumen thront der Schweizer mit Schärpe und goldgesticktem Wams[22]; der Eingang ist mit einer Schiffslaterne erleuchtet. Manchmal folgen, wie bei den Foscarini, zweihundert Gemächer aufeinander, deren Säulen, Spiegel, Statuen, Trophäen und Zierate aufs schönste abgestimmt sind[23]; wenn man bis zu diesen Räumen mit ihrer edlen Anordnung und ihren kostbaren Einzelheiten vordringt, findet man die schöne Stadt wieder, in der Albrecht Dürer die Freude am Prunk kennenlernte.

Die Gewohnheit der Prachtentfaltung ist natürlich. Man nimmt sie selbstverständlich hin, wie man ein Brokatkleid mit schweren Falten trägt. Die Republik mit dem goldgeschuppten Bucentoro und den in roten, goldverbrämten Samt gekleideten Gondolieri erinnert sich, daß sie aus ihren Töchtern Königinnen gemacht hat; sie bemüht sich, großartig zu bleiben; mag sich der Papst oder der Kaiser ankündigen, ein Fürst, ein Großherzog, ein Königssohn: diese Persönlichkeiten werden unter reicher Prachtentfaltung mit Festlichkeiten gefeiert, die an Tausendundeine Nacht gemahnen. Für die Grafen des Nordens wird vor den Regatten auf dem Canale, vor dem Stierkampf auf der zur Arena umgewandelten Piazza das Festmahl im Theater S. Samuele aufgetragen, dessen Bühne von oben bis unten mit silbergefaßten Spiegeln behängt ist, während der Zuschauerraum mit azurblauem, silberdurchwirktem Atlas ausgeschlagen ist. Vier Orchester spielen; hundert Waisenmädchen aus den vier Spitälern lassen ihre sanften Stimmen ertönen; achtzig Camerieri in blauer und goldener Livree, zwölf Lakaien, sechs Haushofmeister, hundertzweiunddreißig Köche wachen über die Tafel[24]. Für Kaiser Josef II. plant man etwas ganz Besonderes: den ganzen Bereich des Markusplatzes in einen Zaubersee und -garten umzugestalten, mit Inseln, Gebüschen, Musikkapellen, Myrten- und Lorbeerhainen, idyllischen Landschaften, lichtumflossenen Stränden, während überall, unter dem Laubwerke, in den Grotten, in den Wellen Nymphen spielen sollten; nach dem Festmahl in San Giorgio Maggiore hätte sich der Schauplatz, wie von einem Zauberstabe berührt, in ein noch feenhafteres Bild verwandeln sollen: Venedig bei Nacht, hellerleuchtet und beflaggt.

Das reiche Blut ist in den verengten Adern nicht ganz verdorben; der Saft ist nicht ganz versiegt; die große Rasse enthüllt sich in hoheitsvollen Gesten: 1717 läßt sich der zu Tode verwundete Flangini auf die Deckkajüte seines Schiffes tragen, und da haucht er, ein neuer Epaminondas, als Augenzeuge der Niederlage des Türken seine Seele aus. 1762 wendet sich der große Doge Foscarini, einer der größten Dogen der allerdurchlauchtigsten Stadt, von der »Riesentreppe« herab an sein Volk: »Wir werden unser vielgeliebtes Volk mit der Liebe eines Vaters und der Wachsamkeit eines Fürsten betreuen.« 1782 ist das echtrömische Werk der Murazzi vollendet, das der Wut des Meeres einen granitenen, titanenhaften Wall entgegensetzt. Im Senats- und im Ratssaale, der eine gewaltige Zahl von Personen faßt, hört man immer noch einfache und wohlklingende oder pathetische und römischen Schnitt verratende Ansprachen, die acht Stunden hindurch dauern können. Den Corno in der Hand, spricht der Doge Paolo Renier in einer schweren Stunde des Staates: »An diesem Tage«, ruft er aus, »denke man nicht an das Ich, sondern an das Wir, auf dem sich die Republik aufbaut!« Alle stehen und in der allgemeinen Stille hallt die Beredsamkeit, diese große Sache[25]. Und neben der großen Beredsamkeit ist es die große Malerei und neben der großen Malerei die große Musik, die feierliche, leidenschaftslose Musik der heroischen Fugen Lottis. Benedetto Marcello ist für Italien ein Raffael der Töne. Aus seinen Werken klingt Dankbarkeit für die Republik, die ihm den Schwung, und für Gott, der ihm die Kunst gegeben hat. In seinen demütigen Psalmen liegt das Überwältigende des Raumes und das Erhebende des Glaubens[26]. Giambattista Tiepolo, dessen üppige Einbildungskraft sich in schönen Lichtern und wunderbaren Linien, in schönen Formen, in schönen Körpern, in schönen Tieren, in schönen Gegenständen auswirkt, ist ein Künstler des hohen Stils aus der Schule des Veronese. Und wie Tiepolo der letzte Maler von Venedig ist, so ist Angelo Emo sein letzter Flottenführer. Er säubert das mittelländische Meer von den Korsaren, belagert Tunis, beschießt Sfax, unterwirft Bizerta, bezwingt den Bey und denkt daran, Algier zu unterwerfen, hätte es auch fast ein Jahrhundert vor Frankreich unterworfen, wenn ihm die »Dominante« die zehntausend Mann gegeben hätte, die er verlangte[27].

»Wenn Ihr«, schrieb Marco Foscarini seinen Großneffen, »die Geschichte der Stadt mit ihrer Literatur vergleicht, werdet Ihr wiederholt auf dieselben Namen von Senatoren, von Gemeinde-Avogatori, von Universitätsprofessoren, von Gesandten und Prokuratoren stoßen, die sie gleichzeitig durch die Klugheit ihres Rates lenkten und durch die Ausübung der schönen Künste zu hohem Ansehen brachten.«[28] Unvergessen ist das Beispiel dieser lateinkundigen Patrizier in faltigen Gewändern, die, durch Gleichmut der Seele und Stolz ausgezeichnet, gleichermaßen die Republik der Wissenschaften wie die Republik von San Marco pflegten[29]. Goethe bewundert beim Heraustreten aus einer Kirche den Wurf ihrer Schleppgewänder und begrüßt diese friedlichen, selbstsicheren, leichtlebigen, lebensfrohen, von Heiterkeit belebten Menschen mit dem ungezwungenen, gelehrten Gesichtsausdruck[30]. Paolo Renier, den Canova in Stein bilden wird, kennt Homer auswendig und übersetzt Platon in den venezianischen Dialekt. Francesco Foscari läßt die vierunddreißig Bände des *Thesaurus antiquitatum sacrarum* auf seine Kosten drucken. Francesco Pesaro betraut Morelli mit der kritischen Ausgabe der *Storia* des Bembo nach dem in den Archiven ausgegrabenen Text. Pietro Grimani erörtert mit Newton Probleme der Astronomie. Unter die hervorragendsten Dinge dieser Welt rechnet Algarotti die preußische Zucht, die Geige Tartinis und den Kopf Giovanni Emos. Das schöne Latein, die schöne Literatur, die Geschichte, der Ackerbau, das Recht bleiben edle Wissensgebiete, die einen ganzen Kreis geruhsamer Geister beschäftigen. Die Privatbüchereien der Pesaro, der Pinelli, der Nani, der Zeno, der Farsetti, der Contarini, der Grimani, der Pisani sind berühmt[31]. Um ihre Villa herum gründen die Farsetti den reichsten botanischen Garten von Europa. Die Pisani eröffnen in ihrem Palast eine Akademie der schönen Künste, die Pietro Longhi leitet. 1734 haben ihm die Sagredo die Ausschmückung der Ehrentreppe ihres Palastes übertragen, 1743 die Labia bei Tiepolo die beiden wundervollen Fresken der Kleopatra bestellt, 1759 die Pisani ihn damit betraut, an der Decke ihrer Villa die Ruhmestaten ihres Hauses darzustellen[32]. In seiner Villa zu Altichiero führt Angelo Querini, der Freund Voltaires, unter Büchern, Antiquitäten und Bäumen das Leben eines Philosophen und Mäzens des 18. Jahrhunderts: eine Büste Bacons schmückt seine Bücherei; eine Statue der Venus thront auf dem Taubenhaus; ein der Gemütsruhe geweihter Altar erhebt sich inmitten der mit Heilkräutern bepflanzten Beete; Horaz steht in der Wandelhalle, deren mit Fresken bemalte Arkaden sich auf eine Hagebuchenallee öffnen, während in dem Lusthause der Ausgelassenheit, das Marc Aurel behütet, ein Spruch Montaignes eingeritzt ist; überall Gartenhäuser, Grabmäler, Vogelbauer, Sarkophage, etruskische Monumente, Sphinxen, Obelisken, Säulen, Distichen auf dem von Grün umrahmten Marmor; und doch verläuft das Leben inmitten dieses gelehrten Prunkes und dieser patrizischen Ländlichkeit höchst einfach: »Meine Herren«, ruft der Herr des Hauses aus, während er sich zu Tische setzt, »Bonneval behauptete, daß die Suppe sein Gedeck verschlungen habe, bei mir hat das Gedeck die Suppe verschlungen«[33]. Marco Foscarini ist selbst ein vollendeter Vertreter dieser gebildeten Wür-

Giambattista Tiepolo: Die Begegnung von Antonius und Kleopatra, Fresko im Palazzo Labia, 1746–1747

denträger, deren Geschichte er schreibt. Er ist Gesandter in Rom, in Wien, in Turin, Verwalter von San Marco, Doge der Serenissima, aber er ist gleichzeitig der offizielle Geschichtsschreiber der Republik, der Reformator des Studio von Padua, Humanist, gelehrter Redner, Literaturhistoriker und lateinischer Dichter. Zehn Schreiber können ihm nur mit Mühe folgen. Er nötigt dem armen Gozzi allen Ernstes eine Sommerfrische auf. Nach Marco Forcellini »besitzt er eine in den Ruhm sterblich verliebte Seele«. Als er, nur zu früh, stirbt, läßt er sich auf sein Sterbebett ein Buch bringen, das den Titel führt: *»De modo bene moriendi«* und nach einem Delirium, in dem er nur von Staatsangelegenheiten spricht, stirbt er in dem Gedanken an seine Diener: *povera servitù!* Derartige Lebensläufe werden in lateinischer Sprache erzählt. »In seiner Seele und seinem Stile«, schreibt sein Biograph, *»nobilitas generis et morum probitas elucebat«*[34]. Derartige Männer finden Ansprache und Liebe bei ebenbürtigen Frauen. Eine solche Frau ist Contarina Barbarigo, die bei einem Feste Kaiser Josef II. fünf Stunden lang in seinem Lehnstuhle festhält[35], oder Caterina Dolfin-Tron, das schöne männliche Geschöpf, leidenschaftlich und gebildet wie eine Kurtisane aus der Heldenzeit.

Als Tochter eines Dolfin hat sie einen Tiepolo geheiratet, sich von ihm scheiden lassen, sich wieder mit Andrea Tron vermählt, der wie ein König auftritt und den das kleine Volk »Meister« nennt; sie läßt sich hemmungslos von ihrem männlichen Temperamente und ihrer Natur, die sich nicht verstellen kann, leiten. »Ich bin ein gutes Geschöpf«, schrieb sie seinerzeit an ihren Bräutigam; und zu dem jungen Cerbelloni, für den sie in schon gereiftem Alter die Leidenschaft einer letzten Laune empfindet, sagt sie: »Meine Seele ist auf meinen Lippen!«[36] Sie ist keine gewöhnliche Frau und das fühlt sie auch; sie duldet nicht, daß sie jemand geringschätzig behandelt, weil sie glaubt, daß »weder ihre Geburt noch ihre gesellschaftliche Stellung noch ihr Geist das rechtfertigen«; aber wie sie hassen kann, kann sie auch lieben; und wenn der unglückliche Gratarol in der Verbannung ihre weitreichende Macht, die Kraft ihrer Abneigung zu verspüren bekam, so lernte der arme alte Dichter Gozzi, der sie seine Tochter nannte und den sie mit besonderer Freundschaft unterstützte, ihr edles Herz kennen. Sie steht über der eitlen Etikette und gibt sich ganz ihren Leidenschaften hin. Sie hat sich an Plutarch gebildet. Sie liest griechisch. Sie beansprucht vom Ehrenmanne in einer ihrer würdigen Weise behandelt zu werden. Mit Verehrung spricht sie von ihrem armen, unbesiegten Vater, von dem traurigen, großen Vater: wenn er auch nicht die Stola trug, hatte er sie doch gelehrt, niemals zu lügen, und auf dem Lande rechtschaffen erzogen. Sie feiert sein Gedächtnis in einer Reihe von holprigen, kunstlosen Sonetten, die sie veröffentlicht, ohne sich zu entschuldigen, »weil sie verfaßt wurden mit der Bestimmung, veröffentlicht zu werden«[37]. Wenn sie sich im Spiegel besieht, lächelt sie, weil sie sein Bild darin wiederfindet[38]. Um ihm noch mehr zu gleichen, macht sie sich mit Eifer an die Arbeit. Sie verläßt das Zimmer nicht, weil es das seine war. Sie schläft in dem Bette, das er benützt hatte. »Alles, was er liebte, das liebe und ehre ich; ich liebe die Erde, die ihn trug; ich liebe die Kühle des Marmors, der ihn heute einschließt; wohl ist sein trauriges Schicksal das meine geworden, aber ich erbleiche niemals bei seinen Stürmen[39]; ich liebe das Leben, das er mir gegeben hat.« Und als sie dann alle Liebe und alle Triumphe ausgekostet und alt und verwitwet in ärmlichen Verhältnissen starb, da klagte sie nicht. »Ich, die Tochter eines Dolfin, ich, die Frau eines Tron, vertraue auf Gott und verzage nicht. Ich töte mich nicht. Und wenn ich falle, so falle ich nicht auf die Knie.«[40] Man erkennt die Erbin der ungezähmten Rasse mit dem prachtvollen Herzen, eine männliche Venus[41]. Das ist die Vergangenheit, die noch immer und trotz allem lebt und fortbesteht. Es war alles schon dagewesen. Durch achtzehn Jahrhunderte hindurch könnte man ähnliche Gesten und Haltungen sammeln. Diese Vergangenheit war zu bedeutend gewesen, hatte in den Gewissen und Anschauungen zu tiefe Wurzeln geschlagen, um sich nicht selbst zu überleben.

Wenn auch vom Schicksal verraten, erinnert sich die Republik doch noch im Todeskampfe ihrer Größe. Es ist eine geradlinige Entwicklung und Überlieferung. Nichts wird sie hindern, wenigstens zum Teile ihrer Entwicklung treu zu bleiben. Das Beharrungsvermögen selbst zwingt sie, groß zu sein. Ja, noch mehr ...

*

IV Ein neues Reis sprießt aus dem alten knorrigen Stamm. Ein verfeinertes Leben kündigt sich an. Ein hellerer Strahl leuchtet am Himmel auf. So erklärt sich an den Füßen und Armlehnen der steifen Lehnstühle des großen Jahrhunderts die Geschmeidigkeit, die zarte Schlankheit und spindelartige Biegsamkeit der reizenden nackten Frauenleiber, die der brave Holzschnitzer Brustolon dort anbringt.

Am Eingange zu dem unterworfenen Italien ist Venedig mehr als die große freie Stadt: es ist die Stadt, die das Leben in seiner ganzen Fülle genießt. Vielleicht ist es nie unabhängiger gewesen vom römischen Druck, hat es seinen leichten Sinn, sein Vogelzwitschern besser bewahrt, ist es in reizenderer Weise unverfälschter und ausgesprochener venezianisch gewesen als in dieser Zeit der aufs höchste gesteigerten Kultur. Niemals hat es gleichzeitig so viele glänzende Geister derselben Rasse und desselben Genies dort gegeben[42]. Niemals hat Venedig übereinstimmender und einmütiger die bodenständige Seele der Anmut, des Frohsinns und der Geselligkeit zum Ausdruck gebracht. Man hat die Empfindung, daß die riesige, in den Ursprung der Geschichte und in die Eingeweide des Meeres eingewachsene Pflanze nur darum dem Element widerstanden, den Wettern getrotzt, die Menschen gehöhnt, ihre Äste ausgebreitet und ihre Zweige entfaltet, gedauert, gerungen und triumphiert hat, um sich in einer letzten und köstlichen Blüte des Geistes zu entfalten.

Wenn man dem alten Lanzi glauben darf, so entsteht im 18. Jahrhundert in Venedig die einzige wahrhaft italienische Malschule. In Venedig wird im 18. Jahrhundert von Goldoni das einzige italienische Nationaltheater begründet. In Venedig gibt mit Carlo Gozzi die alte improvisierte Maskenkomödie der Welt ihren letzten Lazzo. In Venedig wiegt und begeistert sich die Musik mit Marcello, Buranello und den vier Spitälern. In Venedig gehen aus den Buchdruckerpressen eines Pasquali, eines Albrizzi, eines Zatta die feinen Ausgaben hervor, die den Ruhm der Aldi fortpflanzen. Gasparo Gozzis einbildungsreicher und tief gelehrter Geist ist wie mit einem leuchtenden Federbusch geschmückt, der gleich einer Welle glitzert und gleißt. Galuppi verströmt mühelos seine reichen und leichten Melodien, Rosalba Carriera hält auf den Deckeln der Dosen das Lächeln ihrer Zeitgenossinnen fest. Pietro Longhi zaubert die galanten Heimlichkeiten des liederlichen Lebens in Sittenbildchen hervor. Canaletto, Francesco Guardi, Bernardo Bellotto schildern alle Zeiten und alle Seiten der Stein- und Wasserlandschaft. Da Ponte verfaßt für Mozart die Operntexte, Casanova, keck, wie ein Diener im Lustspiel, geht seinen Liebesabenteuern nach. Von Apostolo Zeno, dem Lehrer Metastasios, bis zu dem Abbé Conti, dem Freunde der Gräfin Caylus, oder bis zu dem kleinen Grafen Algarotti, dem Nacheiferer Horazens, Platons und Newtons, bilden die Gelehrsamkeit, die Philosophie, die Enzyklopädie liebenswürdige Schüler heran. Eine kleine fröhliche Akademie schöpft aus dem reinen, alten Schrifttum, um sich über den Schwulst der zünftigen Gelehrten lustig zu machen. In dieser Vaterstadt der Zeitungen sind reiche Schätze von Begeisterung und Fröhlichkeit wie Kleingeld überallhin verbreitet. Eine lustige Gesellschaft von Dialektdichtern kennt alle Zärtlichkeiten und alle Anmut der weichen heimischen Mundart. Goldoni, die beiden Gozzi und die Rosalba, Guardi und Buranello, Da Ponte, Casanova, die Zeitungen, die Granelleschi, alle diese vereinigen sich, um in Miniaturen und Melodien, in Lustspielen und Liedchen, in Gemälden, in Genrebildern, in mutwilligen und ausgelassenen Streichen ein glückliches Seelenleben auszuströmen.

*

V Der Zweck dieses Buches ist es, diese Seelenverfassung zu studieren.

Zweites Kapitel

Das leichte Leben

I

Venedig, die Heimat des Glückes und die Stadt des Vergnügens.

II

Die Werke des Friedens. – Tiefster Friede. – Ein ewiges Fest. – Das Leben spielt sich nach außen ab wie auf einem Jahrmarkt. – Die Piazza, die Piazzetta, der Broglio, die Cafés, die Casini, die Theater. – Die Landschaft und die Bevölkerung. – Zufluchtsorte: Kirchen, Klöster, Hospize. – Candids Gastwirtschaft.

III

Das leichte Leben. – Alles Plumpe und alles Langandauernde ist verpönt. – Leiden, Elend und Tod haben aufgehört zu bestehen. – Ausschaltung der Tragik. – Die Menschenhasser und der Geist des Bösen. – Das Gesetz des Genusses. – Wovon man in den Zirkeln, in den Cafés und in den Briefen spricht. – Womit man sich beschäftigt. – Das Beispiel des Moro di Piazza.

IV

Lebenslust. – Eigenart Venedigs. – Venedig, die Heimat des Lachens. – Seine Wißbegierde. – Sein Witz. – Seine kindliche Munterkeit. – Seine Freude an Possen. – Die Szenen und Personen des Lustspiels. – Lustspiel allerorten. – Das Reich der Fröhlichkeit.

V

Alles hat Miniaturformat.

I

»Wer die zehn Jahre vor der Revolution nicht gekannt hat, hat das Glück zu leben nicht gekannt«, versicherte Talleyrand. In Venedig, der Heimat des leichten Lebens und dem Spiegelbild Italiens, scheint dieses Glück zu leben beseligender gewesen zu sein als anderswo.

Dort gibt es keine Beschäftigung, die abseits der Freude liegt, keine Sorge, die den Menschen aus der Bahn des Vergnügens reißt, keine Unruhe, die diese wollüstige Auffassung des Lebens stört, wie sie das zu Ende gehende *ancien régime* kennzeichnet: weder der Geist eines Kant noch der Ernst eines Rousseau, noch, wie in Deutschland, das Ideal einer politischen Einheit, noch, wie in England, koloniale Ziele, noch, wie in Frankreich, der gewaltige Umsturzwille, der im Herzen der Masse gärt und woraus die neue Ordnung der Dinge ins Blut übergehen wird. Die Menschen wollen vergessen, lächeln, genießen, ehrlich und ohne Hintergedanken glücklich sein und man kann sagen, daß es ihnen geglückt ist. »Es ist doch schön auf der Erde!« rief Casanova eines Tages aus, da er sich wohlfühlte, liebte, geliebt wurde und viel Geld in der Tasche hatte[1]. Der Ruhm dieser Stadt und dieser Zeit besteht darin, alles Glück auf Erden zusammengerafft, dieses Glück aus ganzer Seele geliebt, es mit ihrem Geiste gewürzt, ihm ihr ganzes Sein geweiht und, um es bis zur Neige auszukosten, den Rest ihrer ganzen Tatkraft verausgabt zu haben, ohne Wanken, ohne Gewissensbisse. Wenn das Vergnügen je seine Helden hatte, müßte man sie hier und zu dieser Zeit suchen.

*

II

Im 18. Jahrhundert ist Venedig eine verzauberte Insel, ein Eden, ein Schlaraffenland. Die helle und tolle Stadt der Maskeraden, der Serenaden, der Verkleidungen, der Unterhaltungen, der Liebesbarken mit den Goldtauen und Papierlaternen, »das Sybaris Europas«, sagt Foscolo; »der freie und selige Aufenthalt des Vergnügens und der Anmut«, sagt Algarotti; »Das angenehmste Land für den freien Menschen, der sich einmal ausrasten will«, schreibt die Gräfin Wynne de Rosenberg dem Genfer Huber[2].

Es ist durch den Frieden verweichlicht, mischt sich nicht mehr in die Interessen und Streitigkeiten, die ringsum ausgetragen werden; nimmt gegenüber den Mächten, die sich streiten oder zerfleischen, eine Haltung bewaffneten oder eigentlich unbewaffneten Friedens ein; befolgt nach außen hin eine liebenswürdige und höfliche Politik; in der inneren Politik ist es voll Nachsicht und läßt fünf gerade sein; die Botschafter, die in seinen Palästen wohnen, speist es mit den tausend Nichtigkeiten eines süßen Nichtstuns ab[3]; und nachdem die letzte Republik, möchte man sagen, in ihrer langen Erfahrung nur ein unendliches Mißtrauen und den diplomatischen Scharfsinn eines Greises erworben hat, hat sie nunmehr keine andere Geschichte als die der glücklichen Völker. Man kann nicht sagen, daß nichts vorgeht; denn man zeigte 1757 anläßlich des Karnevals in einer Barke einen irländischen Riesen, der wohl vierhundert Pfund wog[4]; aber es geht nichts von Bedeutung vor; und weder einige vereinzelte Waffentaten auf Korfu, in Dalmatien und Algier, noch die große unter den Bogengängen des Palastes erledigte Parlamentsangelegenheit, weder die strengen gegen die Neuerungssucht eines Angelo Querini oder eines Giorgio Pisani ergriffenen Maßnahmen, noch die Ungnade, in die der Sekretär Gratarol infolge einer Theatergeschichte fiel, oder selbst die Schließung des öffentlichen Ridotto-Spielsaales sind Ereignisse erster Ordnung[5]. Früher war es das Heer der Kreuzfahrer, das in der Basilika von San Marco versammelt war, oder die Heimkehr der siegreichen Galeeren nach der Schlacht bei Chioggia, von denen die Fresken an den Wänden der Mauern erzählten: heute geben Genrebildchen Anekdoten zum besten, wie zum Beispiel das Zufrieren der Lagune bis Mestre oder den Brand der kleinen Kirche San Marcuola[6]. Und das Volk hat so wenig höhere Interessen, daß man bei jeder Dogenwahl, erzählt der preußische Hauptmann Archenholtz, »so tut, als ob die Republik ein neues Leben beginnen möchte«[7]. Dieses Volk mit dem so sanften Blute, »es denkt«, nach dem Ausspruche des guten Priors der Impruneta Casotti, »an nichts als an Unterhaltung und an Maskenfreiheit«[8].

Die Regierung ist so gütig, daß sie jeden nach seiner Art selig werden läßt, vorausgesetzt, daß er sich weder in politische noch in religiöse Fragen mischt, Dinge, für die sie selbst die ganze schwere Verantwortung übernimmt; 1717 ist das Gift der Inquisitoren in den Schachteln verwittert und das Rezept verloren, und Zanichelli erklärt sich außerstande, etwas Derartiges herzustellen[9]. Die Bleikammern und die Camerotti beherbergen während des ganzen Jahrhunderts durchschnittlich nur sieben bis acht Gefangene[10]; an Stelle der Seufzerbrücke unseligen Angedenkens ist die Seufzerkammer des Ridotto getreten, wo die Leute, die sich im Spiel oder in der Liebe ruiniert haben[11], verzweifelt umherirren; ein Patrizier mit schneeweißen Haaren, mit Purpur und Ehren bedeckt, der einer Taube Futter hinstreut, versinnbildlicht die ganze Anmut und Liebenswürdigkeit einer alternden Kultur[12]. Venedig hat zuviel Geschichte angehäuft, zuviel Ereignisse aufgezeichnet, zuviel Blut vergossen; es hat seine furchtgebietenden Galeeren in allen den Jahrhunderten zu weit entsendet: es hat zu sehr von weitausgreifenden Plänen geträumt und kühne Unternehmungen durchgeführt, um nicht mit dem Gefühle ungebändigter Kraft das der Bosheit des Meeres verloren zu haben. Das Tagewerk ist vollendet, der Sonntag ist gekommen, das Fest beginnt.

Die Bevölkerung trägt ein festliches Gepräge: Dichter und Schmarotzer, Perückenmacher und Wucherer, Virtuosen, Kurtisanen, Ballerinen, Schauspielerinnen, Bankhalter, Liebesmakler, alles, was von dem Vergnügen lebt und es speist. Die lustige Stunde der Konzerte und Schauspiele ist eine festliche Stunde. Und der Rahmen dieser Welt und dieser Stunde ist ein Festrahmen. Das Leben flieht die großen Paläste, die einen erdrücken, es wird öffentlich und allgemein, breitet sich voll überschäumender Fröhlichkeit aus, wie auf einem Jahrmarkt, richtet sich's auf der Piazza, auf der Piazzetta und ihrer unmittelbaren Umgebung häuslich ein: unter den Arkaden, vor den Läden, längs des Canal Grande, in den Cafés, in den *casini;* im Broglio, wo die Patrizier ihre kleinen Ränke spinnen, im Ridotto, wo sie, ernst, als säßen sie im Rate, ganz offen dem Spiele huldigen. Es gibt keine Nächte, oder vielmehr, es gibt nur durchschwärmte Nächte[13]. Es bestehen sieben Theater, zweihundert Cafés, die immer geöffnet sind[14]; eine unendliche Anzahl *casini*[15], die ihre Kerzen um zwei Uhr morgens entzünden, um die Herren und Damen des ersten Adels mit allerhand Unbekannten zusammenzuführen. Bemalte Reliefs, weiße Gesimse, goldenes Laubwerk, silberne Armleuchter, Spieltische, die französische Puppe, hübsche Sammlungen von feinen Steinen, von Spitzen, von Blumen: es scheint, daß außerhalb dieses Glanzes das Leben aufhört zu pulsieren. Hier zeigt die Torre dell'Orologio die Stunden auf der blauen Scheibe ihres Zifferblattes; hier fließt das Leben und die Zeit dahin; hier ist dauernd versammelt, was etwas zählt und gilt. Man lebt hier außerhalb seines Heims und außerhalb seines Ichs in einem wohlüberlegten Durcheinander.

Auf einer zart azurfarbenen Seide, in einem Schleier weichen Dunstes steigt die Stadt aus dem Schoße eines leuchtenden Staubes auf wie eine Venus anadyomene, wie ein liebliches Gebilde aus rosa Marmor. Das Wasser, das Gewölk und die Vergangenheit wetteifern, ihr ein schimmerndes Kleid zu weben, darauf Perlmutter, Opal, Perlenglanz, altes Elfenbein und altes Silber abwechseln. Eine reizende Helligkeit umhüllt und durchdringt die Dome, die Kuppeln, die Campanilen, die ihre Zwiebeln darin baden, ihre Spitzen hineinbohren, die Anmut ihrer steinernen Zakken darin entfalten. Unbeweglich, wie verankerte Schiffe, schauen die alten Paläste. Schlanke Gondeln durchfurchen die grüne, goldbeglänzte Fläche. Rot und weiß gestreifte Zelte schaukeln sich auf den Barken. Fähnchen flattern an Rahen. Fahrzeuge stemmen ihre goldgelbe Flanke gegen den Molo. Gelbe Masten, an denen ein Strick baumelt, steigen in den Himmel auf. Aus den bauchigen Feluken und den Reihen der Stuckfässer auf dem Kai steigt ein Duft von fernen, sonnverbrannten Dingen auf, von Moschus, von Kamelmist, von Wüstenminze. Vor den Cafés sitzen fünfhundert Personen an Tischen, schwatzend und mit Löffeln in Sorbetgläsern rührend[16]. Unter den Arkaden gehen graue, blaue, rote, schwarze Seidenmäntel vorüber; grüne Wämser nach ungarischer Art, mit Gold eingefaßt und mit feinem Pelzwerk gefüttert; purpurne Talare, geblümte Hauskleider, goldene Stolen, Lustspielperücken[17]; Panthermuffe, Papierfächer, Turbane, Federbüsche und der kleine Dreispitz der Frauen, der keck auf dem Ohre sitzt: eine Bevölkerung, die ausschaut, als käme sie geradeswegs von der Opernbühne oder von einem orientalischen Markt; hier in dem Seehafen kreuzen sich alle Moden und lösen einander ab[18]; hier gehen alle Idiome nebeneinander her und mischen sich[19]; ohne den Campanile würde sich der Engländer Beckfort hier nach Babel versetzt fühlen. Diese Leute kommen und gehen, tummeln sich, gehen spazieren, grüßen einander, lächeln einander zu, küssen einander den Ärmel. Sie belustigen sich, wie um sie herum auf der irisierenden Fläche der Reede die zahllosen kleinen Wellen hüpfen. Ein Neger in roter Livree trägt einen versiegelten Brief. Ein Müßiggänger in blaßgrünem Wams geht dahin, eine goldene Tüte mit Zuckerwerk in der Hand. Bloßen Kopfes hält ein Senator mit langen Ärmeln sein Taschentuch, seine Tabakdose und seine Papiere in seiner Mütze. Eine Wasserträgerin hat kokett eine Nelke an ihr Ohr gesteckt. Musik und Lachen. Barken fahren vorüber, beladen mit Gemüse, mit Blumen, mit Plunder, mit Särgen. Und immer dieser unmerkliche Duft von Dingen, die aus dem Orient kommen. Rotbemützte Gondolieri spielen, auf den Fliesen zusammengekauert, Karten; halbnackte bronzefarbige Gassenbuben beißen in ihre Melone; eine Alte laust auf einer Traghettostufe ein Kind. Das alles ohne Pause, ohne Unterlaß. Auf der ebenen Wasserfläche malt die Sonne diamantene und feurige Kringel. Blinde klimpern auf

Francesco Guardi:
Das Ridotto im Palazzo Dandolo, 1755

ihren Instrumenten. Quacksalber preisen ihre Arzneien an[20]. Wanderbühnen mit Marionetten ziehen durch die Straßen. Prediger schwingen im Freien ihr Kruzifix[21]. Astrologen flüstern den Mädchen ihre Zukunft ins Ohr. Erzähler berichten inmitten eines andächtig horchenden Kreises von Mauren, Sarazenen, Prinzessinnen, Drachen, Palästen, Wäldern und Liebesabenteuern[22]. Plötzlich bimmelt von den Kirchtürmen das Angelus: alle diese Leute knien nieder, nehmen den Hut ab und machen das Kreuz; dann beginnt das Treiben von neuem und wieder entflieht den offenen Lippen der Venediger Dialekt, der hübsche, flinke und geflügelte Dialekt, der lachend dahinfließt, sich nicht genug tun kann mit seinen weichen S-Lauten, Diphthongen, Labialen, der seine wollüstigen Wörter ausströmt, seine anheimelnden Diminutiva, seine zärtlichen Kosenamen, und der nicht eine Sprache zu sein scheint, sondern ein milder Hauch, eine Liebkosung, ein Murmeln, das Gezwitscher eines Vogels und das Flüstern eines Kusses. Dieses seltsame Gemisch »von Land und Meer, von Gondeln und Verkaufsläden, von Kirchen, von Leuten, die alle Augenblicke kommen und gehen«, schaute sich der Präsident de Brosses viermal des Tages voll Interesse an. Die Venezianer haben ihre Lust daran, ihr Leben gegenseitig zu beobachten.

Dieses Getriebe geht ununterbrochen fort. Die Kirchen sind Stätten weltlichen Stelldicheins, wo man sich unter den hellen Fresken Tiepolos eine schöne Musik anhört, hübsche Frauen anschaut, während der Predigt einen Hund neckt, eine gotische Inschrift auf dem Grabe eines Kriegsmannes liest, lärmt oder liebelt und wo man das besondere Vergnügen auskostet, eine anbetungswürdige Schlechtigkeit zu begehen[23]. Die Sprechzimmer der Klöster sind Salons, wo hinter den leichten Gittern die Nonnen, tief entblößt und Perlenschnüre in den Haaren, die Huldigungen galanter Abbés, leutseliger Patrizier, städtisch gekleideter Damen und erlauchter Fremder, die man ihnen zuführt, entgegennehmen. Das Gespräch dreht sich hier bei einer Tasse Schokolade oft um recht weltliche Fragen; der Maskenball führt seine Reigen hierher; die hier wohnen, sind nicht aus Zerknirschung eingetreten, sondern aus Liebe zum weltlichen Leben. Eine Rezzonico nennt sich hier *Sua Eccellenza Abbadessa reverendissima donna Maria Luigia principessa Rezzonico*; eine Cornaro will nur Fürsten empfangen; eine Michiel begeistert Frau von Boccage zu den himmlischen Figuren; alle sind einig in dem Bestreben, von ihren Klostermauern aus diese anbetungswürdige Welt zu lenken, die sie sich vorgenommen haben zu verlassen[24]. Die Spitäler, oder was man so nennt – die Pietà, die Mendicanti, die Incurabili, das Ospedaletto di S. Giovanni e Paolo – sind Konservatorien, wo man weißgekleidete, mit Granatsträußchen geschmückte Waisenmädchen die wollüstigste Musik der Welt lehrt. Und so überall. Überall herrscht Fröhlichkeit, Lachen, Ausgelassenheit, Ferienstimmung, »das reiche, sonderbare, einzige Bild«, dessen Zauber Goethe für immer mit sich forttragen sollte. Und nun strömt das alte Europa herbei.

Denn im 18. Jahrhundert strömt alles, was überflüssiges Geld und überflüssige Zeit hat, nach Venedig, der Stadt, wo man sich am besten unterhält[25]. Venedig ist die Kosmopolis des Vergnügens, die Karawanserei des Festes, dieser merkwürdige Gasthof Candids, wo der Schüler des Pangloß, als er eines Abends in Gesellschaft von sechs Fremden nachtmahlte, zu seiner größten Überraschung merkte, daß diese sechs Fremden lauter Könige seien. »Meine Herren«, sagte er zu ihnen, »das ist ein sonderbarer Scherz. Warum seid ihr alle Könige? Ich für meinen Teil kann versichern, daß ich keiner bin, und Martin ist auch keiner.«

*

Unter einem derartigen Himmel ist das Leben leicht. Es hinterläßt in der Seele nicht mehr Eindrücke als eine schlanke Gondel Furchen auf dem klaren Wasser. III

Canaletto (Giovanni Antonio Canal):
Der Uhrenturm auf dem Markusplatz, ca. 1730

Es drückt nicht, verwundet nicht, belehrt nicht. Geflügelt gleitet es dahin wie ein Strahl. Nichts ist mühsam. Alles scheint glatt und eben.

Die Arbeit ist keine Anstrengung des Gehirns; sie ist noch eine Freude, eine Zerstreuung nach so vielem anderen, die natürliche und selbstverständliche Frucht der festlichen Seele und des blühenden Geistes. Man arbeitet sehr wenig – *omo studioso, magro moroso*, sagt das Sprichwort – man arbeitet, wenn die freie Zeit es gestattet, »in müßigen Nebenstunden«, zwischen zwei Unterhaltungen, inmitten des Lärmes und der Menge, in einem kleinen Café gegenüber von S. Giorgio Maggiore, in den Kulissen eines Theaters, wo man seine Feder in einen alten Schminktiegel taucht, oder zwischen einer Flasche Tokayer und einer Dose Schnupftabak, nach dem Beispiele Da Pontes, der auf diese Weise in dreiundsechzig Tagen drei Textbücher verfaßt, darunter den Don Juan Mozarts. Wenn sich seine Begeisterung abschwächt, schwingt er eine Glocke, und ein schönes Mädchen erscheint, die ihm ein Biskuit, eine Tasse Kaffee oder auch nichts weiter als ihr frisches sechzehnjähriges Gesichtchen bringt, mit den schelmischen Liebkosungen, worin sie vollendete Meisterin ist. »Manchmal setzte sie sich zu mir, ohne sich zu rühren, ohne den Mund zu öffnen oder das Augenlid zu bewegen; sie sah mich unverwandt an, lächelte ganz sanft, seufzte und schien zuweilen weinen zu wollen; dieses Mädchen war für die drei Opern, die ich damals schrieb, meine Kalliope und sie war es weiterhin für alle meine Verse zehn Jahre lang.«[26] Alles, was dauert, langweilt: nur das Feuerwerk erscheint zu kurz[27]. Alles Schwere, die Zeit, das Geld, der Gedanke, hat seinen Wert und seinen Preis verloren. Die Zeit entflieht wie ein Lied; das Geld, das man einander leiht oder gibt, das klirrend aus den durchlöcherten Taschen fällt, ist ebenso unbeständig wie das im Spiel gewonnene; der Gedanke verliert seine Erdenschwere und verflüchtigt sich. Man denkt wenig, aber man denkt doch: »Ich denke gerade nach, Ninetta, was Amor täte, wenn er dich sähe. Ist das nicht ein schöner Gedanke?«

Grübeln, sich konzentrieren, sich in ein Problem verbeißen, sind vergessene Gewohnheiten des Geistes; man ist toll, unbekümmert, flatterhaft; leichten Herzens stürzt man sich in Unternehmungen, in Abenteuer; man gibt sich der Phantasie und der Laune hin, man ist Philosoph, in dem Sinne, daß man allen seinen Trieben gehorcht, allen seinen natürlichen Regungen nachgibt[28], wie der Graf Marin, »den manche faul genannt hätten, manche wieder philosophisch veranlagt«[29], oder wie der Ritter von Seingalt, der nach einem den Karten und der Venus Libitina geweihten Leben auf seinem Totenbette ausrief: »Großer Gott, und ihr, Zeugen meines Lebens, ich habe als Philosoph gelebt und sterbe als guter Christ!«[30] Warum sich betrüben, sich die Nägel abnagen, etwas bitter ernst nehmen, was kaum verdient, daß man daran denkt, warum förmlich ein Vergnügen darin suchen, sich der Trauer und dem Groll hinzugeben, die Zukunft zu fürchten, sich mürrisch in Alltagssorgen zu vergraben? Zum Teufel mit den Sittenlehrern und den grämlichen Fastenpredigern! Zum Teufel mit Arist, »der Dogmen von sich gibt und die Welt mit einem Meer guter Lehren überschwemmt!« Zum Teufel mit denen, die aus der Dichtung eine Magd des Ackerbaues oder der Theologie machen! Als wenn die Dichtung ursprünglich etwas anderes gewesen wäre als der Erguß des fröhlichen Herzens! War doch Singen, Tanzen und Lachen im Anfang eins[31]! »Laßt die Luft lachen, die den Menschen umhüllt«, rief Gasparo Gozzi; »räumt aus seinem Gesichtskreise alles Elend und allen Schmerz weg.«[32] In der Tat, es scheint, Elend und Jammer haben aufgehört zu bestehen, und Alter und Tod dürfen an den Menschen nicht herankommen; niemals hat das Wort »traurig« (tristo) besser seine italienische Bedeutung »schlimm« bewahrt, das Wort »Gedanke« (pensiero) seine italienische Bedeutung »Sorge«. Das Geschäft eines Bettlers ist ein gutes Geschäft, das nach Johann Christoph Maier seinem Inhaber, wenn er es nur versteht, täglich vier bis fünf Franken einbringt[33]. Der Schmerz hat in dem Kriege, den er führt, einen Waffenstillstand unterzeichnet: wenn jemand niest, ist es nicht nötig, ihm *felicità* zuzurufen! er ist glücklich; es gibt kein Unglück, es gibt nur Mißgeschick; keine Prüfungen, sondern einfache Widerwärtigkeiten, wie sie ein Zeitgenosse scherzhaft aufzählte[34]: es ist äußerst fatal, mit seinem neuen Seidenmantel in einen Regen zu kommen oder auf der Straße von einer bekannten Dame bemerkt zu werden, während man eine gewisse Angelegenheit erledigt, oder mit seinem Vorrat an Schnupftabak fertig zu sein. »Soll ich Euch eine Neuigkeit mitteilen, die mir sehr nahegeht?« schrieb Algarotti an Bettinelli: »ich bin mit meinem Schnupftabak fertig!«[35] Das Altern ist unbekannt[36], ewiger Frühling herrscht, ewige Jugend leuchtet. Der Tod ist ein ärgerlicher Gast, den man sich aus den Gedanken schlägt, so wie man eine Stechmücke von seiner Stirn wegjagt; sein Bild schleicht sich auf den Fußspitzen davon, verflüchtigt sich, verschwindet unter glücklichen Illusionen nach Art eines auf Blumen gebetteten Sarges; wenn er kommt, empfängt man ihn lächelnd, mit einem liebenswürdigen Worte, und man macht es wie jener Algarotti, der im Todeskampfe, als man ihm eine leichte Bändermütze aufsetzte, ausrief: »*Mò capperi, m' volete fare un gran bel morto!*« In dieser durchsichtigen Atmosphäre, wo der Mensch sich liebt – »ich liebe mich«, schrieb Casanova –, ist für den Misanthropen kein Platz. In der Tat stellt ihn die Canzonetta bloß und macht sich über ihn lustig: »Es war einmal ein Mann – der war unglücklich darüber – zu sehen, daß seine Freunde – sich für glücklich hielten ...«[37] Der ärgste Hypochonder, den man in dem ganzen Jahrhundert entdecken kann, ist der alte Clelio von Goldoni, der bei der Nachricht einer Katastrophe auf die Erde spuckte, indem er sprach *Salute a noi!*, der aber nur Gesellschaft, fröhliche Laune und ein wenig guten Wein brauchte, um das Herz wieder auf dem richtigen Fleck zu haben. Sollten die alten Perser damit recht haben, wenn sie den Geist, der stets verneint, Geist des Bösen nennen, so hat der Geist des Bösen in der damaligen Gesellschaft keinen Platz; denn sie sagt zu allem ja: ja zu der Gelegenheit, die sich bietet, ja zu dem Abenteuer, das ihr begegnet, ja zu dem rosigen Gesichtchen, das unter dem schwarzen Gaze-*zendaletto* enteilt, ja zu allen Rufen der Laune, der Landschaft und des Augenblicks. Um die schlechte Laune zu vertreiben, gibt es ein einfaches Rezept; der alte Seidenroller Momolo gibt es: *Recipe no ghe pensar. Recipe divertirsi. Recipe sior sì e ste cosse.*[38] Der Feind – das ist die Langeweile; die sanfte Renier-Michiel fürchtete diese mehr als den Schmerz. Das Gegenmittel – das ist die Zerstreuung, welche die erleuchtetsten Geister suchen, von Goldoni bis zur Rosalba, von dem alten Dogen Manin bis zu dem edlen Abbé Conti, der, Physiker, Metaphysiker und Mathematiker in einer Person, nach Cesarotti die Gelehrsamkeit Bayles mit der Tiefe Leibnizens und die Wissenschaft Newtons mit dem Genie Platons verband und studierte, um sich zu zerstreuen, und dabei seinen Studien keine größere Bedeutung beimaß als einer Jagdpartie oder einem Kartenspiel[39].

Es hat beinahe den Anschein, als regne es nie. Keine Wolke am Himmel, kein Dunkel auf dieser lichten Landschaft, deren Schatten anderswo noch als Lichter gelten würden. Sag' einmal: der rasche Flug einer Schwalbe, der Flügel eines goldbortenbesetzten Dreispitzes, der Silberkamm einer Welle – werfen die einen Schatten auf den gleißenden Marmor des Ufers, auf die glatte Stirn der schelmischen Trägerin, auf die irisierende Fläche des Wassers? O feine und leichte Dinge! Das Leben ist davon beschattet. Eine Feder im Winde scheint schwerer zu sein. Längs dieses blühenden Weges, wo einem das Glück entgegenkommt, herrscht ausgesuchte Gutmütigkeit, gleichmäßige Laune, anbetungswürdige Sorglosigkeit, einmütige Zufriedenheit, unbegrenzte Genußfähigkeit. Ein gutmütiges Maulaffentum begeistert sich für die kleinsten Nebensächlichkeiten des Alltags.

Im Theater S. Crisostomo empfinden die Zuhörer bei einer Bajazet-Aufführung einen auf einem Auge blinden Tenor als etwas Abscheuliches. In der Kirche S. Lorenzo erscheint es ihnen geistreich, daß der Prediger in einem glänzenden Panegyrikus Maria, die Jungfrau, mit Esther vergleicht. Der Herzog von Kurland ist mit seiner reizenden Gemahlin angekommen; sie unterhalten sich sehr gut, wollen aber keine Besuche empfangen. Die Depretis-Venier hat den Grafen Pepoli derart bestrickt, daß er, um sie dem edlen Widmann zu entreißen, diesem eine Rente von dreitausend Dukaten aussetzt. Mylord Cuper ist entzückt von Venedig und von der Giovannina del Colloredo. In Rom hat der Abbé Cornaro siebzehntausend Taler im Spiel verloren. In der Merceria hat Briati einen wundervollen Schreibtisch ganz aus Kristall ausgestellt. Hasse hat bei den Incurabili ein besonders schönes und gefälliges Miserere singen lassen. Pacchierotti ist angekommen: man begrüßt ihn, als wenn es der Kaiser wäre. Hat die russische Großfürstin tatsächlich die Contarina Barbarigo geküßt? Sicher ist soviel, daß sie eine Einladung nach Petersburg erhalten hat, und wie man sie kennt, ist sie imstande und nimmt an. Weiß man, woran Giuseppe de Giuli, der Prior von S. Aponal, gestorben ist? Man sagt, aus Zorn über ein unverschämtes Weib; kann wohl sein; er war sechsundsechzig Jahre alt. Pier-Gregorio Buoncampagni Ottoboni hat heute morgen das Patrizierkleid angelegt. Die Pregadi haben die Frage der Erweiterung der *Fuosa* erörtert. Wäre die Partei der Cecilia Tron nicht gewesen, die Bacelli wäre in dem Ballett mit Schimpf und Schande ausgezischt worden. Derartige Dinge erzählt man sich in den Cafés, in den geselligen Zirkeln, in den Briefen[40].

Abiè un pochetto de flema! sagte die Felice der *Rusteghi* zu ihrem groben Gemahl: man ist sehr phlegmatisch[41]. Man ergeht sich gemächlich unter den Arkaden. Man tritt in die Buchhandlung Colombani, um einen saftigen Witz zu erhaschen. Man läßt sich bei Monsù Galimbert rasieren. Man schaut dem Regen zu, indem man an die Fensterscheiben trommelt. Die Karten in der Hand, sagt man: *Cinque … Sette … Il sette non lo tengo*. An einem Kaffeehaustisch kreuzt man die Knie übereinander und wartet. Man bietet seinem Nachbarn eine Prise an. Man bestellt beim Kellner eine Tasse Kaffee. Man befragt ihn über die Vorübergehenden. Die Zeitungen bringen ihre Geschichtchen, hübsche Erzählungen, kurze Ankündigungen; man liest die Zeitungen: »Bei der Girobank hat ein Barbier kürzlich einen Laden aufgemacht; derselbe rasiert mit Melissengeist, was besonders wohltuend wirkt.«[42] – »Herr Abbé Chiari ist jetzt in seiner Heimat Brescia und seine Freunde werden mit Vergnügen hören, daß er infolge Ablebens des Advokaten Chiari, seines Onkels, ein nicht unbeträchtliches Vermögen geerbt hat.«[43] – »Vor wenigen Tagen haben sich im Hause einer armen Frau in S. Margherita eine Katze und ein Hund gepaart; die Katze hat fünf Junge zur Welt gebracht, davon haben zwei einen Hundekopf und einen Katzenleib; wer sie sehen will, spreche mit dem Perückenmacher.« – Und man spricht mit dem Perückenmacher[44]. Man hebt den Finger und sagt eine *barzelletta*. Man teilt einem Unbekannten, der sich nebenan auf der Bank in der Sonne wärmt, den sonderbaren Traum mit, den man in der Nacht gehabt hat; und wenn darin ein Maulwurf, ein Krokodil oder ein Strohhalm vorkommt, so setzt der Unbekannte sofort die betreffenden Nummern im Lotto. Weil's so modern ist, raucht man aus langen, weißen Tonpfeifen. Man geht in der Richtung der Ruga di Rialto, um einmal andere Luft zu schnappen. Man schaut sich die Ankunft des *burchiello* von Padua an. Man macht einer Dame, der man huldigt, Besuch. Man raunt seinem Nachbarn eine leckere Skandalgeschichte ins Ohr, oder man liest ihm beim Schein einer Stocklaterne etwas aus einer Handschrift vor: darüber lacht man dann vielsagend. Man summt ein Liedchen und klopft mit den Füßen den Takt dazu. Man bleibt bei dem Kastenregal eines Marktschreiers stehen. Man kauft einer Straßenhändlerin einen Kranzkuchen ab. Man wippt schweigend mit der Fußspitze. Und man naht dem Tode, wie ein zerstreuter Mensch am Abend der Schwelle seines Hauses naht[45].

Ein solches Leben führen! Sich dem Leben in die Arme werfen! Sein Glück lieben! Es gegen die bösen Überfälle des Trübsinns schützen! Sich der bittern, unfruchtbaren Sorge wie eines unnützen Ballastes entledigen! Dem alten maurischen Philosophen der Piazza gleichen, der einhergeht, seine Schelle schwingend und Fröhlichkeit verbreitend[46]! Vergessen, sich frei machen, die Luft des Tages verkosten! Diese Luft des Tages, die so süß ist wie ein Sorbet! Und rundherum alle diese lichten Dinge! Und dann dieses gedämpfte Geräusch der Ruder von der schaukelnden Gondel her! »Ach«, schrieb Goethe seinen schwerfälligen Freunden in Weimar, »könnte ich Euch doch einen Hauch dieser leichteren Existenz hinübersenden!«[47]

Niemals, zu keiner Zeit ist das tragische Element mehr ausgeschaltet gewesen. Niemals, zu keiner Zeit ist die menschliche Seele des Heldentums barer gewesen. Und niemals hat man soviel gelacht, ein so fröhliches und kindliches Lachen, wie beim Abschluß dieser tausendjährigen, blutigen, hochdramatischen und leidenschaftlichen Geschichte.

*

IV Die Seele ist glückstrunken. Man lacht so fröhlich. Venedig bietet eben schon an und für sich das spaßhafte Bild eines Anachronismus.

Es ist eine Insel, und wie die meisten Inseln birgt es sonderbare Sitten, die man sonst nirgends findet und die den Fremden überraschen. Dem Menschen des Festlandes kommt alles sonderbar, eigenartig, unterhaltend vor an dieser fernen Kultur mit ihren unvorhergesehenen Erscheinungsformen, in denen sich keine Handbewegung, kein Brauch geändert hat[48]: das Bronzekrokodil auf der Säule, die Gliederverrenkungen der Krabbe auf der Mauer, die Lustspielperücke, in die sich Patrizier, Advokaten und Ärzte vermummen, um ernst zu erscheinen[49]. Man weiß nicht, welcher Geist des Außerordentlichen dieses Land des Scherzes immer bewohnt hat[50], welche Ironie sich in der Laune seiner Künstler ausgewirkt hat[51]. Es ist einem, als hinge vor dem Altar des Genius loci unter den anderen

Attributen an den langen Achat- oder Porphyrkandelabern eine Narrenmütze. Und so lacht man denn.

Die Seele ist heiter, der Geist hell. Auf der Höhe des Gedankens sitzt ein Scherzo und lacht; immer schäkert irgendwo ein kleiner Witz; die Fröhlichkeit zeichnet sich auf der Stirn dieser heiteren Stadt, wo nach Baretti »niemand gut aufgenommen wird, wenn er nicht fröhlich ist«, wo nach Goldoni »der Grundzug des Wesens die Fröhlichkeit ist«, wo nach dem Abbé Richard »die Fröhlichkeit das Heimatrecht erworben hat«[52]. Heil euch, ihr Penaten des Lachens!

Man lacht im Theater. In den sieben Theatern setzt man seine Ehre drein, bis zum Aufgehen des Vorhanges möglichst großen Lärm zu machen: »Schamloses, maßloses Lachen, lautes oder schrilles Schreien, Weibertratsch. Miauen von Katzen, Krähen von Hähnen und Gackern von Hennen, Niesen, mutwilliges Husten, Gähnen, Ausrufe aller Art, Spektakel: ein Bacchanal.«[53] Wozu dieses Gepolter, warum dieses Getöse? Welche Gründe hat man zu dieser kindlichen Fröhlichkeit? Weiß der Himmel! Warum mißt auch auf der Bühne Belisar einem seiner Wächter rasch eines mit dem Stocke auf? Warum schürzt Rosamunde unvermutet ihr heldisches Kleid und fängt an, die *Furlana* zu tanzen? Und warum kann sich im Trauerspiel *Medea* die Heldin nicht enthalten, in eigener Person das kleine venezianische Liedchen zu improvisieren, das so beginnt: *Mi pizzichi, mi morsichi?* Das Herz will sich weiten, das Lachen muß aus der Brust, die göttliche Freude öffnet alle Ventile und bricht sich Bahn. Angst und Sorge sind für dieses Volk unerträglich: es hat aber auch schon schwer genug daran getragen. Nicht einmal im Theater duldet es sie[54]. Und wenn in einem Stücke Personen vorkommen, die sterben, ruft man sie nach dem Fallen des Vorhanges vor die Rampe und klatscht ihnen Beifall. *Bravo i morti*![55] Als der Abbé Lazzarini sein Trauerspiel *Ulisse il Giovane* aufführen läßt, ruft dieses Rührstück, das sich in Schicksalsschlägen und tragischen Verwicklungen nicht genug tun kann, eine so tödliche Langeweile hervor, daß der Saal sich leert. Um für das Publikum Rache zu nehmen, erdichtet einer ein anderes Trauerspiel, *Rutzvanscad il Giovine »arcisopratragichissima tragedia«*. In diesem Trauerspiel ist in einem bestimmten Augenblick jedermann in den Krieg gezogen, die Bühne bleibt leer, das Publikum wird ungeduldig, stampft mit den Füßen und verlangt die Fortsetzung. Plötzlich sieht man den Souffleur aus seinem Kasten treten; die Mütze auf dem Kopfe und seinen Lichtstumpf in der Hand, kündigt er mit ernster Miene an: »Zuhörer! ich merke, ihr wartet, daß jemand euch über den Verlauf der Schlacht berichte; ihr wartet vergebens, sie sind alle tot.«[56]

Man lacht so fröhlich, so leicht. Man lacht über nichts und wegen nichts. Man lacht, wie man atmet. Man lacht wie frische junge Mädchen, denen alles Vorwand ist, um Lärm zu machen. Man lacht herzlich wie Kinder, ohne Bosheit und ohne Hintergedanken, mag man auch beim Pharaotisch oder beim Auftreten des Balletts plötzlich ernst werden. Der Ernst scheint eine Maske zu sein. Schönheit ohne Ende ermüdet. Nach dem Glanz der Regatten des Canal Grande, von denen uns die Reisenden so begeistert erzählen, tritt der Frohsinn wieder in seine Rechte, die Parodie beginnt, man sucht alle möglichen alten Leute zusammen, die unsicher auf ihren Füßen stehen, weißköpfig und hinfällig sind, und veranstaltet mit ihnen eine Schubkarrenregatta auf dem Strande.

Um zu lachen, ersinnt man Possen. Alle spielen einander Possen, selbst die gesetzten Leute, die sich wie Schulbuben an unschuldigem Schabernack vergnügen, der sonst nur von Gymnasiasten auf den Spielplätzen ausgeführt wird. In der Sommerfrische macht man sich einen Spaß daraus, unter die Fräulein Abführpillen zu verteilen[57]. Oder man kommt im Café der Quattro S. Marchi, wo man mit einigen Männern der Wissenschaft, der Feder, der Gerichtsbarkeit und anderen Größen zusammentrifft, auf den Gedanken, sich als Sbirri zu verkleiden und einen der Stammgäste, einen Sechzigjährigen, in den Latrinen des Rialto einzusperren, wo er in der Meinung, im Gefängnis zu sein, die Nacht verbringt[58]. Oder man stiftet ein Casino degli Asini, in das man erst aufgenommen wird, wenn man öffentlich eine Eselei begangen hat; einem Advokaten, der sich um diese Ehre bewirbt, fällt nichts Besseres ein, als sich auf der Straße in die violette Seidensoutane eines seiner Mitglieder, eines Kanonikus von San Marco, zu schneuzen. »*Ghe dirò ai membri che la xe un aseno, e anca un porco*!«[59] schreit der Kanonikus voll Wut; aber am nächsten Tag ist der Advokat sein Kollege.

Possen und Parodien. Satiren und launige Einfälle. Man lacht. Man lese die Titel der Werke, die hier erscheinen[60]; durchblättere die zeitgenössischen Memoiren, die Casanovas, Da Pontes, Goldonis, Carlo Gozzis, besonders Antonio Longos[61], forsche in den Zeitungen, die den Schwanksammlungen alter Schriftsteller gleichen, nach den Einzelheiten der Zeitchronik[62]: überall wird Komödie gespielt. Nicht allein im Theater, sondern im Gerichtspalast, wo die Advokaten ganze Schauspiele aufführen[63], auf der Wasserpost von Padua, wo allerhand Streiche ausgeheckt werden, in den Kaufladen, in den Empfangsräumen, auf der Straße, wo man auf Schritt und Tritt possenhaften Szenen begegnet und saftige Witze hören kann[64]. So manches Lustspiel à la Goldoni, so manche Erzählung à la Berni spielt sich hier ab. In Venedig kommt der französische Astronom Lalande zu dem Ergebnis, daß man in Italien »Policinellen« in der Unterhaltung finde, in den Schauspielen, in den Vergnügungsstätten, in den Gemälden, im Schrifttum, ja selbst in den Kirchen. Während anderwärts, in Paris z. B., nach den Worten des Venezianers oder des Engländers die Leute einander gleichen oder sich bemühen, einander zu gleichen[65], entfalten sich hier in der Gärung eines in Auflösung begriffenen Organismus tausend Karikaturen im hellen Sonnenlicht, und tausend doppelt gehörnte Silhouetten zeichnen ihren Schatten auf die Mauer[66]. Man fürchtet sich nicht, als Original zu erscheinen. In dieser Stadt, wo man einen so feinen Sinn für das Lächerliche hat, hat man keine Angst vor dem Lächerlichen. Das Wort »lächerlich« hat keinen verletzenden Sinn. Lächerlich sein heißt, nicht dumm sein. Lächerlich zu

Canaletto (Bernardo Bellotto):
Rio Dei Mendicanti mit der Scuola di San Marco, ca. 1741

wirken ist fast ein Vorrecht. Und die Menschen zum Lachen zu bringen, ist eine Gabe Gottes, deren Fehlen Casanova, dem wir unter den unveröffentlichten Werken ein »Rezept, das Zwerchfell zu erschüttern« verdanken, an dem beredten Jean-Jacques lebhaft bedauerte.

Man lacht. Man lacht trotz alledem. Man lacht immer wieder. Venedig, wo sich nach einer Legende Aretino totgelacht hat, wo nach Gasparo Gozzi die Bräuche *costumanze da riso* sind, wo nach dem Präsidenten de Brosses das ganze Gehaben »zum Kranklachen« ist, Venedig ist die Quelle des Lachens.

Quella zente che gà in bocca 'l riso ...
ruft einer seiner Dichter aus.

Man lacht. Das Lachen sprudelt hervor, schwingt sich empor und zerstiebt auf den Treppen in silbernen und kristallenen Tönen, verstreut sein Perlenkollier auf den Fliesen, teilt allseits die goldenen Gaben der göttlichen Freude aus. O süße entzückende Freude! Du entwaffnest und entspannst, du spornst an und erleichterst, du umkleidest den Geist mit Licht und webst die Stunden des Liedes. Du duldest nichts Mürrisches und wehrst das Schlechte ab. Du bist nicht nur ein Schatz, du bist Liebreiz und Anmut. Du bist Geheimnis und Wohltat. Du erhebst dich zu den Höhen der Weisheit. Du machst der Moral den Rang streitig.

Si rida! ... Lachen soll man ... Mit dem Talisman dieses magischen Wortes trotzt man allen Fährnissen, ebenso wie man allem Unglück die Stirn bietet. Man ist stärker als Unverstand und Sorge. Man greift dem Leben unter die Arme. Ja, *ridiamo a duetto!* wie der gelehrte Abbé Niccolò delle Laste seinem Freunde Marco Forcellini schrieb.

*

Die frohe Seele ... Das leichte Leben ... Und dann müßte man noch die Freude am Diminutiv, am ganz Kleinen, erwähnen, das hier das übliche Format zu sein scheint.

»Morgens eine kleine Messe, nachmittags ein Spielchen, abends ein Weibchen«: an diesem zeitgenössischen Sprichwort, das durch die Straßen läuft[67], ermißt man den Zuschnitt des Interesses.

Alles ist jetzt kleiner, als ob ehedem alles zu groß gewesen wäre. Kleine Verhältnisse und kleine Seelen, kleine Ränke und kleine Gemütserregungen, Liebschaften und Schäferstunden, Flitter und Nippsachen: heute herrscht das Diminutiv im Leben, wie es immer in dieser Sprache geherrscht hat[68]. Die Geschichte zersplittert sich in Anekdoten, das Epos zerflattert in Sonette, die Freske wird in Bildchen zerlegt. Babiole, das Hündchen der Botschafterin von Frankreich, begeistert Goldoni zu einem langen Gedichte. Eine Fliege, ein Schönheitsmal, ein Teelöffel bringen das Genie in Wallung. Ausgesuchte Frivolitäten, die von Hand zu Hand wandern, erfreuen die leichthinfließenden Stunden: ein Mattporzellan von Sèvres oder ein Bronzefigürchen oder die Besuchskarte eines alten Dogen mit verliebter Vignette; oder eine zarte gläserne Musikdose, worauf zwei Liebende gemalt sind, die, mit Gänseblümchen geschmückt, um einen Chalzedonbrunnen tanzen. Brustolon genügt ein Kirschenkern, um darauf aus Email und Rubin das Bild Benedikts XIII. einzufügen, so wie auf dem Canal Grande eine einfache Fehde zwischen zwei schmächtigen Gondeln genügt, um die beiden Ufer mit Neugierigen zu bevölkern[69]. Man hält in seinen Fingern eine Schuhschnalle. Man öffnet einen in Satin gebundenen herzigen Almanach. Man besingt die Anmut des Sperlings der Lesbia. Man erörtert in der Accademia de' Rispondenti die Frage, welchen Gott Venus zur Welt bringen würde, wenn sie noch einmal gebären sollte. Und wahrhaftig, man weiß nicht, ob diese nichtssagenden Dinge die Umrisse der Pracht rundum gewaltiger erscheinen lassen oder ob im Gegenteil angesichts der riesenhaften Unermeßlichkeit des Rahmens und der

Vergangenheit diese Sorgen noch nichtiger, diese Brosamen noch kleiner, diese Menschheit noch liliputanischer wirken. Und dennoch wird gleichzeitig mit der Einengung des Gesichtskreises der Geschmack verwöhnter. Je zarter alles erscheint, desto reizvoller wird es. Wunder von Anmut vollziehen sich in einem ausgesucht kleinen Kreise, und die unbedeutendste Kleinigkeit erzeugt eine endlose Begeisterung. »Ihr Venezianer«, bemerkte der spanische Botschafter zu dem Spion Pedrini, »ihr kennt nichts Kleines: für euch ist alles groß.«[70] Und wirklich, alles ist groß für dieses Miniaturvolk. Was liegt daran, wenn es nur durch den Wert, den es auf diese Nichtigkeiten legt, durch sein Interesse, durch sein Vergnügen daran das unbewußte Glück der Kindheit weiter genießt.

Drittes Kapitel

Die Feste, der Karneval und der Landaufenthalt

I

Die Feste. – Ihre Häufigkeit und ihre Pracht in der an Geschichte so überreichen Republik. – Jahrestage, Dogenwahlen, Einzüge von Botschaftern. – Feierlichkeiten, Festzüge, Schmausereien, Regatten und Bräuche aller Arten. – Die Vermählung mit dem Meer und die Prozession des Bucentoro.

II

Der Karneval von Venedig. – Seine Dauer. – Die Freiheit in seinem Gefolge. – Das Lachen beseitigt alle gesellschaftlichen Unterschiede. – Die Maske und ihr Inkognito. – Was sich darunter verbirgt. – Die Chöre der Narrheit. – Verkaufsstände der Piazza. – Durchwachte Nächte. – Verkleidungen und Maskeraden. – Das Lustspiel im Freien. – Die Forze d'Ercole, die Caccie al toro, das Feuerwerk am hellichten Tage. – Die Ausgelassenheit ist ganz allgemein.

III

Die Sommerfrische. – Sie ist die Zeit des wirklichen venezianischen Festes. – Das Heimweh nach dem »Grünen«. – An den Ufern der Brenta und auf der Straße nach Treviso. – Die ländlichen Wonnen und die Sommerpaläste. – Ihre Verschwendung und ihre königliche Pracht. – Das gesellige Leben in der Sommerfrische. – Dekamerons im Grase. – Liebliche Idyllen. – Die Toilette, das Spiel, die Komödie, das Café, die Oper. – Maskeraden am Ufer. – Die Venezianer sind die Helden des Festes. Sie waren niemals seine Opfer.

Ein junges Mädchen, das seinen Rock schürzt und ein Menuett tanzt; rundherum Masken des italienischen Lustspiels, auf der Marmorbrüstung hockend; eindrucksvolle Silhouetten von Mezzetini und Truffaldini, die auf der Mauer ihre schlanke Anmut entfalten; fliegende Mäntel, offene Leibchen und blühende Brüste: Watteau betitelte diese Phantasie: »Venezianisches Fest«.

Und das ist vielleicht der Eindruck, den auf das alte Europa der Zauber dieser Feenpracht übte, ein Kind der Phantasie, in diesem wunderbaren Rahmen, im Schoße der einzigartigen Stadt, die dem Meere entstiegen ist wie die schaumgeborene Göttin. Sie stellte das letzte Lächeln des zu Ende gehenden alten Regimes dar. Sie war das letzte Feuerwerk, das sein sterbender Ruhm aufflammen ließ. Sie war die glänzende Apotheose, die Krönung einer geselligen, festlichen, blühenden Welt, die schon vom Tode gestreift ist. Eine letzte Koloratur; eine letzte Rakete in der mit rosigen Schleiern verhängten Dämmerung; ein letzter Sinnenrausch, blendender und toller als die früheren ... und als dann die Ritornelle der Geigen verstummt waren, rollten die Kanonen mit den schwarzen Rachen dumpf durch die Straßen.

»Das Wort Fest, dieses reizende Wort, wird nie ohne Verzückung ausgesprochen.«[1] Ach! sie war davon durchdrungen, die unschuldige Nichte des vorletzten Dogen, die sanfte Giustina Renier-Michiel. Sie, die sonst so Friedliche und Fromme, war Zeitgenossin dieser zauberhaften Schauspiele und tröstete sich am Rande des Grabes oder versuchte wenigstens, sich damit zu trösten, indem sie von ihrem beseligenden Prunke erzählte. Und ihre ganze treuherzige Zeit teilte den Glauben dieser Frau, die das Vergnügen als Glück und das Leben als Fest betrachtet hatte und es bedauerte, daß die Feste aus diesem Leben entschwunden seien.

In dem Venedig des 18. Jahrhunderts reiht sich Fest an Fest. Sie staffeln sich im Verlauf des Jahres wie auf dem Wege, den ein Triumphzug nimmt, die Triumphpforten und die beflaggten Masten. Alles wird zum Fest, sogar die

Schleiernahme der Patriziertochter, die sich zum ernsten Gebete auf einem azurfarbigen, mit Blüten bestreuten Teppich zwischen den lichten Orangenbäumen und den weißen Marmorbildern niederkniet, unter den Ehrenbezeigungen der purpurgekleideten Senatoren und den Klängen der leisen Musik, während im Hintergrunde der Galerie in der großen offenen Bucht das Meer schimmert[2]. Kein Tag in dieser altehrwürdigen Republik, wo nicht eine Erinnerung oder ein Gedenkfest aufsteigt. Kein Tag, wo nicht ein Heiliger gefeiert würde, ein Held sich in Erinnerung brächte, ein Prior gewählt, ein Prokurator ernannt, eine Reliquie gezeigt, ein Oratorium gespielt, ein glanzvolles oder rührendes, pomphaftes oder komisches Schauspiel geboten würde.

Ein Botschafter hält seinen Einzug: sofort werden glanzvolle Feste im Dogenpalaste ausgerufen. Würdevolle Prozessionen entrollen sich auf der Piazza, zwischen den beiden Ufern der Paläste werden Regatten veranstaltet. Blitzende Bissonen stellen unter Goldarabesken ein Volk von Gottheiten zur Schau, Persönlichkeiten aus der Geschichte oder Sage mit glänzenden Rüstungen und wehenden Helmbüschen. Blütengeschmücke Peotten stellen den Triumph der Venus dar, den Wagen Apollos, China, das von Asien in die Sklaverei fortgeführt wird. Die eine von ihnen verwandelt sich im Fahren, wie in einem Zaubertheater, und zeigt der Reihe nach Neptun, wie er Cybele führt, wie er Phoebus festlich bewirtet, wie er Cynthia anbetet[3]. Die Handwerker, die *Arsenalotti*, die sechs Schulen, die neun Kongregationen, die Waisenkinder der vier Spitäler, die hohe Geistlichkeit von San Marco und S. Pietro, die Senatoren, die Patrizier, der Patriarch, der Doge versammeln sich in prunkvollen Zügen; in den Händen trägt man Statuen, Fackeln, Lanzen, Fahnen, Kandelaber, Früchte, symbolische Figuren aus Gold und Silber. Die Glocken erklingen und vor dieser Prachtentfaltung im betäubenden Lärme der Pfeifer, Trompeter und Trommler entfliehen die Tauben in verängstigten Schwärmen. Die Laden der Tuch- und Kurzwarenhändler, der Goldarbeiter wetteifern an Eleganz und Geist, um ihre

Schaufenster geschmackvoll herauszuputzen; aus Schlangen macht ein Apotheker »galante« Gewinde; aus Paradiesäpfeln, einem Bündel Petersilie und einer Blume erschafft eine Grünzeughändlerin einen artigen Strauß. Die ganze Stadt ist im Freien, draußen, auf den Füßen, alles drängt sich zu den hohen Fenstern, die von den dreiteiligen Spitzbogen überragt sind, zu den Balkonen, von denen schwere Damaste herunterhängen, bis zu den Dächern hinauf, von denen die trichterförmigen Kamine aufsteigen; indes führt auf irgendeinem versteckten *campiello* inmitten von Bratfischdüften, Laubkränzen und Papiergewinden das einfache Volk seine *carole* zu Ehren des Pfarrheiligen auf. Religiöse, bürgerliche, galante Feste, Feste anläßlich der Durchreise eines Fürsten, der Wahl eines Dogen, des Einzuges eines Botschafters: wer könnte sie zählen? In der Heiligen Nacht verbraucht man mehr Kerzenwachs, um die Piazza zu erleuchten, als ganz Italien in einem Jahre. Und bei den Festen, die Marco Foscarini zu Ehren veranstaltet wurden, »gaben«, wie die Zeitungen berichten, »zahlreiche Frauen an, in der Menge Quetschungen davongetragen zu haben«[4].

Begleitet von einem Gefolge in scharlachseidenen Togen, den Corno auf seinem silbernen Haar, empfängt der Doge am 1. Feber einen Strohhut aus den Händen derer von S. Maria Formosa; am 1. Mai schenkt er den »Marienkindern« einen Strauß; am Weihnachtsabend betet er in der Kirche von S. Giorgio Maggiore: auf seinem von Fakkeln erhellten Wege steht die Dalmatinertruppe Spalier. Für den Kuß, den ihm die von Poveglia traulich auf die Wange drücken, übergibt der alte Mann jedem eine Nelke für sein Liebchen. Am Palmsonntag läßt er von seiner Loggia einen Schwarm Tauben auf die Menge werfen. An Christi Himmelfahrt steigt er auf den Bucentoro und wirft eigenhändig den Verlobungsring ins Meer.

Und an diesem Tage, wenn der Bucentoro von seiner Triumphfahrt zurückkommt, sieht man das Wasser nicht mehr[5]. Das unergründliche, das geheimnisvolle, smaragdgrüne Wasser, das Wasser, das Algen schaukelt und Wolken

Gabriel Bella:
Karneval auf der Piazzetta, 1779 – 1792

widerspiegelt und das Venedig weich und sicher einschließt, ist verschwunden! Es ist ganz bedeckt mit Galeeren, Peotten, Bissonen, Barken, Feluken, Gondeln, bewimpelten, blumengeschmückten Booten, die sich Bord an Bord drängen und ihm ein Kleid anziehen, schöner als die Lichtspiegelungen auf dem Wasser. Brokatstoffe schleifen darauf nach, Goldfransen tauchen hinein; in rosafarbige Stoffe gekleidet, ragen die Gondolieri, schlank wie Pagen, mit ihrem gelenkigen Körper in die Luft. Der Canal Grande ist nur noch ein verbrämter Teppich von Seide, Satin, Silk, Samt, Edelsteinen und Blumen, ein Rhythmus der Schönheit, der sich auf der Flut wiegt, eine Sinnenlust, die dahintanzt: die Ballsäle können kein lieblicheres Bild bieten. Gestickte Kostüme, offene Sonnenschirme, vergoldete Ruder, leichte Schleier, wehende Schärpen, ringelnde Bänder; die Frauen liegen auf den Kissen wie auf Liebesbetten; und dann die Melodien der Musiker, die Rufe der Gondolieri, die geschwenkten Taschentücher, die flüsternden Fächer und das Lächeln auf den Lippen; und auf dem entblößten Nacken der Widerschein des Lichtes, das Funkeln der Geschmeide, das Feuer der Diamanten, der sanfte Schimmer der Perlen; ohne Unterbrechung flutet das auf und ab. Und unbeweglich schauen die Paläste auf diesen Glanz, der da vorüberzieht.

Aber das tollste Fest, das den tiefsten Eindruck hinterließ und aus Venedig die Kosmopolis des Vergnügens machte, ist der Karneval.

Der Karneval von Venedig! Das Wort hat nichts von seiner prickelnden Bedeutung verloren. Man spricht es aus, und der Schleier, den man vor den Augen trägt, zerreißt. Reizende Schwarmgeister gaukeln in einer Welt des Lächelns, längst entschwundene Reize stoßen den Deckel ihrer winzigen Särge auf; unterdrücktes Lachen trillert in der durchsichtigen Luft; Vierundsechzigstel-Noten tollen zwischen durch ...

*

Er dauert sechs Monate, vom ersten Oktobersonntag bis Weihnachten und von Dreikönig bis zur Fastenzeit; Christi Himmelfahrt beginnt er noch einmal für zwei Wochen; er flammt von neuem auf am St. Markustage, bei jeder Dogenwahl, bei dem geringsten Vorwand, bei der unbedeutendsten Gelegenheit. Während der Dauer des Karnevals gehen die Leute maskiert, alle, vom Dogen bis zum Dienstmädchen. Maskiert erledigt man seine Geschäfte, führt seine Prozesse, kauft seinen Fisch, schreibt seine Briefe, macht seine Besuche. Maskiert kann man alles wagen und alles sagen: die Republik erlaubt und schützt die Maske. Maskiert hat man überall Zutritt, in die Empfangssäle, in die Ämter, in die Klöster, zum Ball, in das Gerichtsgebäude, in den Ridotto. Man stelle sich das nur vor: keine Schranke gilt, keine Autorität zählt, keine Würde hält mehr, nichts; keine Patrizier mehr mit langen Ärmeln, kein Lastträger, der sie küßt; kein Spion, keine Klosterschwester, kein Sbirro, keine *zentildonna*, kein Inquisitor, kein Seiltänzer, kein Armer, kein Fremder, nur ein Titel und eine Persönlichkeit, *Sior Maschera;* nur ein Kostüm und nur ein Volk, das ausspannt, sich vermischt und sich in der Freude eint. Ein Stück weißen Satin auf dem Gesichte, auf den Schultern eine Kapuze aus schwarzem Taft oder schwarzen bis zu den Falten des Mantels herabreichenden Spitzen; dank dieser lustigen Verkleidung, wie sie auch Jean Jacques anlegte, wird die aristokratische Stadt demokratisch und erhalten ihre Bürger gleiche Rechte[6].

Was hat denn eigentlich die Gleichförmigkeit dieser Trauerlivree, die den Vorübergehenden so düster erscheint, für eine Bedeutung? Hat der Abbé Richard, hat die Frau von Boccage das leuchtende Auge, die lächelnden Lippen, den erblühenden Nacken, das heimlich zugesteckte Briefchen gesehen? Die Maske ist mehr als eine Verkleidung, sie ist ein Inkognito. Sie ist das Geheimnis, das Namenlose, die zugesicherte Straflosigkeit, sie ist der erlaubte Wahnsinn, das geduldete Hirngespinst, ein allgemeines Vergessen der Schranken und Umgangsformen, welche die eifersüchtige

Republik trennen. Du weißt nicht mehr, wer die betreffende Person ist, und niemand weiß mehr, wer er selbst ist, wer mit einem neugierigen Worte zu ihm tritt, wer ihn mit spitzem Ellbogen streift, wer ihn mit einem verstohlenen Zeichen einlädt, wer ihm in dem Netz der Gäßchen nachgeht, wer sich zu ihm an den Biribi- oder Kaffeetisch setzt, noch welcher weiße schüchterne Pantoffel sich ihm zitternd auf den Fuß setzt. Die Maske zerstreut die Verlegenheit, verschleiert die Scham, bedeckt die Röte, macht Mut zum Reden und zum Wagen. Besser als der festeste Riegel, besser als der sicherste Schlupfwinkel beschirmt sie die tausend Abenteuer, die in ihrem sicheren Schutze gesponnen werden. Wie der Dichter einer alten Stegreifkomödie vervielfacht sie die Verwechslungen, die Verwicklungen, huscht rasch und lebendig über die Bretter dahin[7]. »Die Maske«, rief die Flaminia des *Vecchio Bizarro*, »ist die schönste Bequemlichkeit der Welt.« So gehen denn auch alle maskiert, vom Dogen bis zum Dienstmädchen. Selbst der Nuntius[8].

Kaum ist der Karneval ausgerufen, geht im Geiste ein Licht auf, so wie ein Wimpel zur Spitze eines Mastes aufsteigt. Die Torheit schwingt ihre Schellen; in den Füßen kribbelt und krabbelt es beim Rufe der Geigen; das Herz zittert vor Freude und hüpft auf einem Beine; und Amoretten spielen an den Straßenecken Verstecken. – Die ernsten Geschäfte haben bis morgen Zeit! Gab es denn überhaupt Geschäfte in der so selig sorglosen Stadt? Nein, es gibt keine mehr, es gibt auch keine Bücher mehr[9]. Auf der Piazza, der Piazzetta, dem Molo schießen plötzlich Buden und bunte Leinwandzelte auf, Ankündigungen schaukeln auf Stangen, Paniere entfalten, schlanke Maste erheben sich, auf denen hoch oben ein Affe in eine Zitrone beißt: ein toller Wirbel von Farben, ein fröhliches Markttreiben mit Purzelbäumen und Dideldumdei[10]. Hunderte von Schaubuden zeigen ebensoviele Wunderdinge: holländische Kinder, irländische Riesen, kroatische Weiber, Kanarienvögel, die bis dreißig zählen können, lebende Elefanten, zahme Löwen oder wirkliche Rhinozerosse. Jetzt gewinnt die Piazza, wo man ißt, wo man ruht, wo man schläft, ihr richtiges Gesicht. Von der Merceria, von S. Geminiano strömt das Volk herein, »wie das Wasser aus den offenen Röhren«[11]. Hier drängen, schlendern vierzigtausend, hunderttausend Personen – wer weiß es denn[12]? Ganz Europa, der ganze Orient hat seine Kostüme, seine Sprachen ausgegossen; alle Müßiggänger geben sich hier ein Stelldichein mit allen Jahrmarktkünstlern: Trinsi von Pistoia, der die Zähne schmerzlos reißt; der Wundermann, der zwölf Pferde vor seinem Wagen hat und einen Balsam gegen das Sterben verkauft; der Anonymus, der seinen Doktor in Canterbury gemacht, in Verona eine Epidemie zum Stillstand gebracht und vom Preußenkönig einen Ruf erhalten hat, antwortet inmitten von vier Komödienmasken, die sein Podium flankieren, auf alle Fragen und macht Heilmittel namhaft[13]. Wie viele Leute! Und das Schlürfen von Schritten auf dem Marmor! Und im Hintergrunde die Basilika, die in ihrem Graublond und verblichenen Purpur eine Luftspiegelung zu sein scheint!

Es gibt keinen Tag mehr, keine Nacht, keine festen Stunden, wo man schläft und speist, keine Regel, keinen Zügel; um Mitternacht findet man wie am hellen Tage alle Lebensmittel ausgestellt, alle Schenken offen, fertige Abendessen in den Gasthäusern und in den Hotels[14]; Reihen farbiger Laternen schaukeln an Fäden und die Geigen tragen an ihrem Halse kunstvoll geknüpfte Schleifen. Die Zeit ist ausgeschaltet, das Gehirn umgekrempelt, der Geist aufgepeitscht. Quecksilber fließt in den Adern und es schneit weiße Papierstückchen. Jeden Augenblick bringen die Gondeln eine frische Ladung von Lazzi, Liedern und Sträußen, Küssen, Karten, Würfelbechern, Bassett- und Krimpelspielen und Päckchen; die Gondeln tragen Lachen fort, das sich in Seufzer verwandelt und entschwindet. Ein alter Patrizier riecht an einer Rose. Eine Fliege, durch den Lärm aufgeschreckt, setzt sich auf eine Nase. Unter einem Balkon verstummt eine Stimme. Seitensprünge, Pirouetten und Ritornelle, ins Ohr geflüsterte Worte, Soupers im Kerzenscheine, von durchwachten Nächten geränderte Augen.

Alle Theater sind offen. Und Tag und Nacht, unaufhörlich, dieses Geräusch, das die Menge mit den beweglichen Füßen auf dem Marmor hervorruft und das so klingt, als ob ein Wasserschwall losgelassen würde.

Bald genügt die Maske nicht mehr und die Verkleidung muß herhalten, dieses Kind der Einbildungskraft und dieser Diener des Unvorhergesehenen. Nun, war sie denn nicht schon überall vorhanden, in den Straßen, in den Fresken und in den Sitten dieser buntscheckigen Stadt? Man greift sie auf und erhebt sie zum Lebenszweck. Man verkleidet sich auf jede mögliche Weise[15]. Man verkleidet sich als Soldat, als Satyr, als Maure, als Türke mit der Pfeife, als König mit dem Zepter, als Teufel mit der Blase. Die Masken des italienischen Lustspieles liefern ihren Schatz an zarten oder komischen Profilen, an grotesken oder reizenden Linien, von dem wilden Katerschnurrbart Scapins bis zu der Anmut Zerbinettens, von der Brille Tartaglias bis zu der Wollmütze Pantalones, bis zu der Hasenpfote Brighellas, bis zu der Hahnenfeder Scaramuccias oder bis zum Lächeln Colombinens. Die Händler, die durch die Straßen gehen, indem sie ihren Morgenruf in die ambraduftende Stille ertönen lassen, bringen in dieses Bild die stadtbekannten Silhouetten: des Blumenhändlers, des Waffenhändlers, des Verkäufers von Rattenvertilgungsmitteln[17]. Der kittet die zerbrochenen Gläser, strickt die Teller ein, verzinnt die alten Pfannen und verschneidet die Katzen; jener wieder verkauft Schwämme, Fenchel und Zitronen. Casanova bindet das weiße Kopfband Pierrots um; Goldoni verwandelt sich in einen Märchenerzähler des Strandes[18]; der Graf Pepoli eilt aus dem Ratssaal hinaus und hat auch schon den Ärmel seines Harlekinkleides übergezogen. Man verkleidet sich als verführtes Mädchen, das man schmählich mit einem Kinde hat sitzen lassen, nur daß man das Kind durch einen in ein Tuch gewickelten Pudel ersetzt; man zieht ihn am Schwanze und er kläfft. Man verkleidet sich als Savoyardenknabe, als Advokat, als jammernder Jude, als Opfer der »französischen Krankheit«. Geistvolle Leute verkleiden

Pietro Longhi:
Maskiert im »Ridotto«, ca. 1750

sich als Deutsche, enthaltsame als Schweizer, und nach den Zeitungen zu schließen »fand sich gar mancher, der sich als Mörder verkleidete«[19]. Unter Stößen mit dem Ellbogen, mit dem Knie bahnt sich ein Zug von Calabresern auf Mauleseln den Weg durch die Menge. Er wird verdrängt von einer Rotte exerzierender spanischer Landsknechte, von einem Trupp von Ciocciari, die Dudelsack spielen, oder von einer Allegorie, die nach einem Fächergemälde den Teufel und die sieben Todsünden unter den Gestalten eines Wüstlings, eines Geizkragens, einer Kurtisane, eines Advokaten, eines Arztes, eines Soldaten und eines Krämers darstellt. Der kleinste Fetzen, das kleinste Merkmal genügt, um sich zu verkleiden: eine Eselsschnauze, ein Kissenüberzug, eine Klistierspritze. Der geht auf Stelzen, der auf Krücken, der als Bär auf allen Vieren, der reitet auf einem Holzpferde. Turbane, spitze Mützen, gestreifte Kittel, Flitterfähnchen, falsche Nasen, fliegende Kapuzen, alle Mäntel des Lachens, alle Kleider der Narrheit. Es gibt Frauen in türkischem Gewande, Frauen mit einer Schnurrbartmaske, Frauen mit einem Musselinkropf, der bis an den Busen reicht. Auch Derwische gibt es, Muftis und ganze Scharen von Gaukeltänzern. Jeder spielt seine Rolle, sagt sein Sprüchlein her und wirft mit witzigen Einfällen um sich[20]. Der Advokat hält eine Rede, macht lebhafte Handbewegungen, hebt die Finger, ballt die Faust, hält sie einem unter die Nase, fächelt sich Luft zu, wischt sich den Schweiß ab, entblößt seine Brust, knöpft sich wieder die Weste zu, heult, wird wütend, so wie Goethe, so wie Grosley und Baretti ihn bei Gericht beobachteten. Der Sesselflechter singt sein schleppendes Lied. Harlekin rennt mit dem Kopf gegen die Mauern. Policinell ißt Makkaroni. Pierrot fällt vom Monde herunter. Die Gassenbuben machen halsbrecherische Sprünge. Franceschina hält drei Mummelgreise zum besten und Schnapphähne kratzen auf ihrer Laute. Der Irländer zeigt sich flatterhaft, der Franzose frech, der Spanier voll Stolz. Pantalone streitet mit einer Frau aus Friaul. Colombina schlingt ihren Grübchenarm um den Hals eines Glasbläsers aus Murano.

Eine Zigeunerin, eine Spitzennäherin aus Chioggia und Coviello sitzen in einem Café mit einem *curagattoli* an einem Tisch beisammen. Und zwischen diesen und jenen, die einander ansprechen, aufeinander zutreten, Zurufe wechseln, Zwiegespräche anknüpfen, entwickelt sich im Handumdrehen unter freiem Himmel die Stegreifkomödie, geflügelt, hurtig, sprudelnd. Die Menge kommt, geht, schreit, klatscht Beifall, mischt sich ein, bleibt stehen, zeigt Interesse und Begeisterung für alle Einzelheiten und alle Bewegungen dieser Kaleidoskopbilder. Kleine Fratzen blasen in ihre Markttrompeten. Orangenschalen liegen auf dem Boden umher. Lachen fliegt auf, Anzüglichkeiten, Schreie, Liedchen ebenso schnell, schamlos, zweideutig wie beim Aufzuge des Magnifico in dem Florenz der Medici[21]. Und sobald Stille eintritt, hört man von neuem das Geräusch ausströmenden Wassers, das Knistern von Schuhen auf dem Marmor.

Die Narrheit hat auf der Piazza keinen Platz mehr, sie stürmt die Cafés, überschwemmt die Theatersäle, verstopft die grünen Wassergäßchen bis zu den *campielli*, wo sich das Volk im Tanze dreht, zerflattert in dem Netz der Kanäle oder der *calli* bis zu den *campi* von S. Stefano, von S. Fantino, von S. Giovanni in Bragora, von S. Stin, von S. Maria Formosa, wo jeden Karnevalstag, den Gott schuf, außer Freitag, der der Schlachttag ist, die *caccie al toro* Fleischerhunde auf Kühe hetzen. Je näher Faschingsdienstag kommt, um so mehr überstürzen sich die Belustigungen: Gastereien, Bälle, Schauspiele, Seiltänzerkünste; die *Forze* des Herkules, die *Caccia* der Dogentöchter, der Aufzug der Schmiede und Fleischer; und leicht, luftig, auf einem hoch oben vom Campanile zur Loggia des Palastes gespannten Seil streut eine Dame vom Ballett Sonette und Rosen auf die Menge herab. Nichts kann diesen Wirrwarr unterbrechen, weder eine öffentliche Gefahr noch eine öffentliche Trauer noch der Tod eines Dogen, den man 1789 geheimhält und dessen Mitteilung man für später verschiebt, damit kein Tropfen Freude verlorengehe, damit das Volk um kein Vergnügen zu kurz komme. Man weiß nicht mehr, was man sagt, man weiß nicht mehr, was man tut. Faschingsdienstag brennt man am hellichten Tage ein Feuerwerk ab. Und um Mitternacht, wenn die Glocken den Aschermittwoch ankündigen, schaut man sich verständnislos an ...

Dann, wenn die letzte Karnevalsschelle verklungen ist, beginnt erst das wirkliche Fest. Denn das recht eigentlich venezianische Fest ist nicht der Allerweltskarneval, sondern die Sommerfrische.

*

III Bei diesem auf seiner steinernen Insel eingekerkerten Volke ist es so rührend, dieses ewige Heimweh nach dem Lande, diese einmütige Sehnsucht nach der Natur, diese hartnäckige Flucht des Wunsches und des Traumes weit weg von dem toten Marmor nach dem Grase, dem Laube, dem fließenden Wasser, nach allem, was sprießt, duftet, singt, blüht und lebt. Alle streben nach diesem Ziele, das ihnen versagt ist. Alle werden von dieser Sehnsucht nach dem grünen Lande zermürbt. Und alle suchen sich die Zeit bis dorthin so gut als möglich zu vertreiben, indem sie in einem Topfe eine Blume ziehen, im Hofe einen Baum pflanzen, auf dem kleinsten mit Erde angeschütteten Raum kleine künstliche Gärten anlegen, die sich wie ein Stück Oase ausnehmen, hübsch wie ein Flecken des Paradieses. Wenn dann der Karneval seine letzte Rakete verschleudert hat, die *Sensà* vorüber ist und die Ferien da sind, dann verladen die Schwärme in Eile ihre Flötenmelodien und Biribispiele, ihre Karten und Flittermäntel, ihren ganzen Lärm auf Schiffe und suchen hurtig das Weite ... prrr! ... Und plötzlich ist Venedig leer und verstummt.

Venedig träumt! Venedig lauscht dem Gesumme der Stechfliegen in der Sonne und dem Tratsch der Perlenfädlerinnen auf den Türschwellen. »Omnia silent«, schrieb

Ballarini seinem Herrn, »die Oberhoheit von Venedig hat sich über das offene Land ausgedehnt.«[22]

Dort, um Mira und Dolo herum, längs der Brenta, längs der Straße nach Treviso erheben sich diese hundertdreißig Sommerpaläste. Man muß sich nur diese aus Marmor auf dem Rasen erbaute Sommerstadt vorstellen, diese ländlichen Wonnen, wie z. B. in Sala oder Altichiero, die weißen Statuen unter dem Grün oder wie in Valmarena die mythologischen Darstellungen Tiepolos an den Wänden oder wie in Strà den Bronzehippogryph oben auf einer rosafarbenen Säule, die in den Pferdeställen die einzelnen Verschläge trennt[23]; vorstellen den goldenen Ballsaal mit seiner Tribüne für die Musiker und die Flucht der fünfzig Zimmer für die Gäste, die Terrassen, die Gärten, die Rasenplätze, die verschlungenen Gänge, die Altäre, die lauschigen Plätzchen im Blätterwerk und die barocken oder Rokokotempelchen im Gezweige. Und man muß auch unter den Herren, die sich dieser versteckten Freuden bemächtigen, den Wetteifer in der Prachtentfaltung feststellen. Den Ehrgeiz, die glänzendste Hofhaltung zu führen, das schönste Gespann zu haben, die größte Gesellschaft zu empfangen. Bis dahin hat man nur im Vorgefühl des Glückes geschwelgt. Man hat gewartet, Geduld gehabt, gespart. Gepriesen seist du, Wonnezeit! Der Landaufenthalt bedeutet die endgültige Befreiung, bedeutet den Karneval ohne die Maske; bedeutet die offen zur Schau getragene Narrheit, bedeutet den Höhepunkt der Muße, des Festes, des Lichtes[24]; und wenn eben noch in Venedig ein Kummer an den Flanken der Gondeln und in den Falten der Mäntel geblieben ist, so ist er jetzt verschwunden[25]; es gibt nichts mehr als die Ebenholzhälse der Lauten, welche die Rosen der Terrasse und die Rosen des Fleisches noch rosiger erscheinen lassen. Es gibt nur mehr den lateinischen Leitspruch der alten Sonnenuhr dort oben auf der gelben Mauer: *Horas non numero nisi serenas*, ich zähle nur die sonnigen Stunden. O alte Sonnenuhr mit dem goldenen Zeiger, wie recht hast du! Ja, das Leben ist eine Folge von lichtvollen, sonnigen Stunden. Das einzig

Wirkliche sind nur die hellen, die fleckenlosen, nur die aus Sonne gewobenen Stunden. Alle anderen verschwinden in der Vergessenheit, versinken in das Nichts. Die Zeit ist ein Leeres. Maß des Daseins sind nur die Wohltaten, die es spendet. Nur die Strahlen zählen, die den Tag erhellen. Venedig hat aus dem Leben eine Vergnügungspartie gemacht und es macht aus dem Lande eine Landpartie.

Partien im Grünen, Partien auf dem Wasser; Jagdpartien im weißen Ledergewande mit malvenfarbigen Aufschlägen; berittene Aufzüge im Walde mitten durch den Goldkäferglanz des Mooses und die Perlen des Taues; Jausen in der Lichtung, wo auf das über den Rasen gelegte Spitzentischtuch von flinken Dienern Silberhumpen, halboffene Pasteten, versiegelte Weinflaschen gestellt werden. Lustpiele in dem goldenen Saale; Maskeraden am Ufer; unveröffentlichte Opern Paesiellos mit Text von Casti; ein Dekamerone folgt auf das andere. Die Erde wird zum Mitschuldigen. Die Wälder werden galant. Die Natur und das Theater gehen einen Bund ein. An den Lustwäldchen üben sich die Echospiele und zwischen den zarten Blüten begleiten die Grillen die Musik der Geigen.

Ganze Prozessionen von Damen, Kavalieren, Prälaten wandern in den durchsichtigen Morgen hinein: die blumengeschmückten Röcke, die purpurnen Bischofsmäntelchen, die schneeigen Perücken, die Schnallen der Schuhe, die silbergrauen und mandelgrünen Wämser, die enganliegenden Mieder, aus denen das blühende Fleisch quillt, die Falten, die wie ein Wasserfall aus Seide vom Nacken bis zu den Knöcheln wallen, rascheln auf dem Grase und verbreiten einen vielfarbigen Schimmer. Auf der Terrasse mit dem Marmorgeländer wird im Schatten einer antiken Statue ein Menuett improvisiert; die Musiker sind unter den Ästen der Tannen untergebracht, ein Pfeifer, ein Geiger, ein Konterbassist; eine Krause um den Nacken, Perlen am Halse, einen schwarzen Domino auf den Augen, mit der einen Hand ihren Rock schürzend, mit der andern den Fächer auf ihren Schenkel stützend, beugt sich eine junge Dame zurück; ein

Kavalier mit Spitzbärtchen steht ihr gegenüber; Masken schauen zu; zwei von ihnen schleichen unter einem und demselben chinesischen Sonnenschirm sachte von dannen. Längs der Ufer der Brenta, die sich in den Sonetten der Dichter in einen großartigen Strom verwandelt, spiegeln bewimpelte Barken auf dem schwarzen Wasser ihre Laternenreihen. Goldene Karossen schlagen Funken aus den Pflastersteinen der schlummernden Bezirke, zwischen denen das Gras wächst. Amoretten mit Schmetterlingsflügeln spähen hinter den Zweigen verstohlen hervor. In den Lüften schweben zarte Melodien von Pergolese und Cimarosa. Unter der Kreuzung einer Allee fahndet ein Cicisbeo in Goldspitzen nach einem Reim; hinter dem geschnittenen Buchsbaum eines Irrganges sucht eine ältliche Dame ihren Floh; ganz atemlos vom Laufen läßt sich ein loses Mädchen auf eine Bank fallen und prustet noch, den Kopf nach rückwärts gebeugt. Im Mondenschein haben sich zwei tolle Mädchen am Rande eines großen Wasserbeckens die Schuhe ausgezogen und, ihre Röcke raffend, verharren sie noch zaudernd auf der Marmorstufe, während sich ein Kavalier vor ihnen neigt und sie mit einem Madrigal zum Hineinsteigen aufmuntert. Einer kleinen Marquise wird von sechs Herren der Hof gemacht und ein alter belesener Gast vergleicht sie mit Aurora. Manchmal hebt ein grauköpfiger Gärtner morgens beim Begießen der Beete ein zerknittertes Sonett und einen Handschuh auf.

Was eine Rosenknospe, ein Perlmutterfächer, eine Violinsaite bedeutet, weiß jedes Kind.

Das Tagwerk ist nichts weiter als eine Kette von gemeinschaftlich verkosteten Vergnügungen, von gesellschaftlichen Unterhaltungen und von Freuden, die fern von dem mißgünstigen Blick des Oberzensors genossen werden. Die Toiletten, der Kaffee, das Spiel, die Spaziergänge, der Ball, das Lustspiel, die Musik halten eine hochgestimmte Gesellschaft in Spannung. Verkettet in ein Blumengewinde, schäkert die Zeit und steht still. Belustigungen necken die Muße. Lachen und Übermut spielen auf dem Rasen von der Mittagsstunde an, da die vornehme Frau erwacht, bis zum ersten Aufleuchten der Morgenröte, da die Gesellschaft »beim Lichte der Sonne zu Bette geht«[26]. In Zola bei dem prachtliebenden Francesco Albergati, wo sich die venezianische Gesellschaft gern Stelldichein gab, gehen die Gäste am Morgen aus dem Zimmer des Perückenmachers in den Frühstückssaal, dann in die Kapelle. Nach der Messe bringt ein Schwarm sonntägig angezogener Bauernmädchen dem Herrn des Hauses ihren Tribut an Erstlingsfrüchten und erntet dafür Liebkosungen. Das Mittagsmahl, bei dem schwere Erörterungen verpönt sind, nicht aber der gesunde Hausverstand, die Fröhlichkeit und der lehrhafte Ton, besteht ausschließlich aus erlesenen Speisen und köstlichen Sachen. Die Promenade wird zu Wagen, in der Sänfte oder zu Pferde unternommen. Manchmal tut sich ein ganzer Zug zusammen, der nimmt die Pfanne, jener den Bratspieß, dieser den Wein, wieder ein anderer die Bratvögelchen und alle bereiten sich gemeinsam an einer Waldesecke eine leckere Polenta, die man mit Hallo und Stegreifversen würzt. Am Abend tanzt man, spielt Karten und hört sich ein Lustpiel an[27]. In seiner Villa an der Brenta lädt Antonio Longo dreiundfünfzig Bekannte zu einer Maskerade ein, die er auf zwei Barken veranstaltet. Die eine trägt achtzehn als Mauren gekleidete Musiker, die andere vierundzwanzig in Quäkertracht gekleidete Bauern. »Unsere Reise«, schreibt er, »ging nach Dolo, wo uns eine zahllose Menge erwartete und wo die Quäker nach unserer Ankunft zuerst ausstiegen und sich in zwei Reihen aufstellten, um die Menge zurückzuhalten. Nachdem wir uns die Landschaft angesehen hatten, traten wir in das größte der Gasthäuser, wo wir ein bescheidenes Mahl einnahmen. Dann bestiegen wir wieder, umschwirrt von Hochrufen, die bereits hellerleuchteten Barken – denn die Nacht war inzwischen gekommen – und fuhren auf das Casino de' Nobili zu, das dicht an der Mira liegt. Wir hatten die Absicht, dort unter Scherz und Spiel den Tag zu erwarten; als wir aber an dem Hause des Senators Giambattista Corner vorüberfuhren, waren wir überrascht, die Loggien,

Pietro Longhi:
Bankett in der Casa Nani, 1755

Fenster und Statuen von Wachsfackeln und den Garten von Pechfackeln ganz erhellt zu sehen. Bei diesem Anblick begann unsere Musik zu spielen, und aus dem Innern des Palastes wurde ihr von einem ausgezeichneten Orchester geantwortet, das der Kavalier aus Venedig hatte kommen lassen. Wir stiegen ans Land, der Herr des Hauses empfing uns, umgeben von einer vornehmen und zahlreichen Gesellschaft, und nun begannen die Tänze, die erst endeten, als es bereits tagte. Die Liebenswürdigkeit des Kavaliers ließ es aber dabei nicht bewenden, denn er lud mich und alle meine Gefährten ein, an diesem Tage bei ihm zu speisen. Der Glanz, mit dem man uns bewirtete, läßt sich wohl vorstellen, aber nicht beschreiben. Der Nachtisch stellte die Personen der Maskerade dar und die Nebengerichte spielten gleichfalls darauf an. Es sollte aber noch besser kommen. Unter den Braten des Mahles befanden sich einige Fasane; da der Magen der Gäste aber schon genug hatte, gab der Hausherr dem Truchseß ein Zeichen, man möge sie für den folgenden Tag aufheben. Der Senator Marco Gradenigo, der sein Tischnachbar war, tadelte laut eine solche Knauserei. Darüber ärgerte sich Corner und er begann jenen zu necken und ihm vorzuhalten, daß er sich wohl von den anderen einladen lasse, keinem Menschen aber je nur ein Glas Wasser anbiete. Da wurde Gradenigo, der als freigebig und edel bekannt war, zornig. Er stand auf und lud die Anwesenden für den nächsten Tag ein, wobei er versicherte, daß die auf den Tisch gebrachten Speisen entweder gegessen oder überhaupt nicht mehr auftauchen würden. Einstimmige Hochrufe ertönten ... Kurz und gut, dieser edle Wetteifer dauerte zehn Tage, so daß Gradenigo und Corner uns jeder sechs Mahlzeiten der Reihe nach gaben.«[28]

Offenes Haus und freier Tisch. Man weiß nicht, wer kommt. Wer da will, mag kommen, sich zu Tische setzen, sich's bequem machen und bleiben. Das geht so weit, daß die Herren des Hauses manchmal die Namen von dreißig ihrer Tischgenossen nicht wissen[29]. Alle Schmarotzer von Venedig laufen zu – Gott weiß, wie viele es dort gibt – und lassen es sich gut gehen, indem sie ihre Zeche mit Liedern, Lazzi und Scherzen bezahlen[30]. Doch das genügt nicht. Man muß ihnen noch die komischen Figuren, die in der Provinz vorkommen, an die Seite stellen: Bucklige und Gesichterschneider, die inmitten dieser herrschaftlichen Eleganz die Rolle der Zwerge und Spaßmacher der italienischen Renaissance spielen[31]. Um sich recht zu unterhalten, ist jedes Mittel gut. Nichts erscheint unwürdig, wenn es sich darum handelt, die Fröhlichkeit zu fördern. Plötzlich sehen die Kleinstadtcafés, die Wirtshäuser, die weltentrückten Meierhöfe fröhliche Banden von schönen Herren und schönen Frauen auftauchen, die sich der Stille und der Kinder bemächtigen, alle Sessel mit Beschlag belegen, sich fächeln, lebhafte Bewegungen machen, lachen, den Tieren des Wirtschaftshofes nachlaufen. Der Herbst ist gekommen: was liegt daran. Der hohe Rat versammelt sich: man geht nicht hin. Der Schnee fällt in dichten Flocken: man bleibt. Es ist nur noch ein Mönch hier, eine Bucklige, eine Mißgeburt von einem Menschen, ein Gesicht, das ausschaut wie eine heimliche Anklage: »mit ihnen spielt man Oper vor dem Podestà von Gambellara, der mitten unter der Vorstellung samt dem Holzpodium, das seine Edlen für sich beansprucht hatten, einbricht.«[32]

Freuden der Sommerfrische! Belustigung der Hirten! Liebliche Idyllen! Kartenspiele auf dem Teppich des Grases! Unterhaltungen der Jugend auf den Stufen von rotem Marmor! Ländliche Szenen, wo das Laub als Vorhang dient, die Blumen als Rampe und die Wolken als Harlekinmantel! Ringsum glänzt der Himmel; von fernher kommen Düfte auf den Flügeln des Westes; Blumenkörbchen hängen in den Bogen von Grün; Wasserkünste springen aus den Brunnen; Feuerwerk stellt die Sterne in Schatten; die Pfauen schlagen Rad; die Sonne glänzt in hehrer Pracht. Und so ist es Tag für Tag ... Ach, wenn die Menschen doch schweigen könnten!

Schweigen, diesem Lärm entfliehen, nicht mehr reden, vor allem aber nicht mehr lachen! sich faul unter den Bäumen hinstrecken, sich vom Lautenspiel bei den Grillen ausruhen, sich von den Menschen bei den Dingen erholen, einen Grashalm kauen, ein Marienkäferchen begucken, eine Trugdolde betrachten, dem Winde lauschen und mit dem Schatten Zwiesprache halten: wer wäre so bäurisch, sich so etwas zu wünschen? Der Graf Gasparo Gozzi vielleicht, der in einem gutmütigen Briefe seinen Freund Seghezzi in sein Landhaus bat[33], oder auch der Dichter Antonio Lamberti, dem man so schöne Verse über die winterliche Landschaft verdankt[34]. Aber Antonio Lamberti war ein Dichter und Gasparo Gozzi war gleichfalls ein Dichter; er nahm mit Büchern vorlieb, die so alt waren, daß nicht einmal die Würmer daran nagen mochten. Die andern aber teilen ihre Ansichten nicht.

Sie kennen nicht den Ekel, der vom Vergnügen kommt. Sie verspüren nicht die Müdigkeit der Freude. Sie leiden nicht an dieser Fröhlichkeit ohne Ende. Sie mögen müde sein vom Singen: sie sind nicht müde vom Genuß. Alles, was sie an Kräften, Fähigkeiten und Energien besitzen, verwenden sie, um sich zu unterhalten. Rastlos hutschen sie sich auf der Strickschaukel des Zeitvertreibs. Die fortwährenden Belustigungen schaffen ihnen nie Langeweile. Und nachdem sie neun Monate in einem dauernden Fest gelebt haben, nehmen sie, statt sich auszuruhen, statt sich auf dem Lande zu erholen, dieses Fest mit auf das Land. So wie der Glaube, hat auch die Festesfreude ihre Helden. Sie sind noch so kräftig, so munter, so gut beisammen, daß man nicht merkt, sie könnten einmal die Opfer dieser Festesfreude werden.

Viertes Kapitel

Die Frauen, die Liebe und der Cicisbeo

I

Die Nonnen und die Kurtisanen von ehedem. – Die Frauen von heute. Sie stehen im Mittelpunkt dieses Festes. – Ihre Selbständigkeit. – Ihr Gehaben und ihre Sitten. – Ihr Einfluß. – Ihre Anmut, ihre Fröhlichkeit, ihr Geschwätz, ihre Schelmereien, ihre Naschhaftigkeit, ihr lärmendes Wesen. – Ihre Bildung. – Giustina Renier-Michiel, Marina Benzon, Cornelia Gritti, Cecilia Tron, Isabella Albrizzi.

II

Die Liebe. – Ihr Wesen und ihr Reiz. – Sie hat etwas Kindliches an sich. – Wie sie einem in den zeitgenössischen Liedchen entgegenlacht. – Wie sie den liebesdurstigen Schwarm der Venezianerinnen beherrscht. – Das Lachen, die Liebkosungen, die Launen, die Liebesspiele. – Die intime Geschichte Venedigs: Entführungen, gesprengte Gitter, Kasino- und Klosterabenteuer, galante Partien, Bootsfahrten nach Cythera. – Caro ti! – Die feine Sinnlichkeit und die zarte Lust. – Die Zulietta Jean-Jacques Rousseaus.

III

Der Cicisbeo. – Bei Donna Claudia. – Die Rolle des Cicisbeo. – Seine gesellschaftliche Notwendigkeit. – Seine Pflichten. – Seine Vorrechte. – Kleine Hilfeleistungen und galante Aufmerksamkeiten. – Die Knechtschaft ist eine Huldigung für die Venus Urania. – In Venedig hat jede ihren Cicisbeo. – Oder sogar zwei.

In der Männerrepublik Venedig mit ihrer kraftvollen Geschichte zählten ehedem die Frauen kaum.

Höchstens die schönen Nonnen galten, bei denen sich Ludwig XIV. Spioninnen aussuchte, und die berühmten Kurtisanen mit dem rotblonden Haar wie ein Schleier aus *bragozzo*, die Aretino unterwies und Paolo Veronese malte und deren gedruckte Liste zuzüglich Adresse und Preis das 16. Jahrhundert dem Reisenden in die Hand drückte[1]. Heute sind die Frauen obenauf. Sie sind der Mittelpunkt. Sie führen den Reigen dieses glücklichen Festes. Sie erstrahlen am Gipfel dieser Gesellschaft mit dem so »sanften Blute«, die sich verweiblicht und verzärtelt hat und wie Herkules zu den Füßen Omphales spinnt.

Die Kurtisanen sind auf das Niveau von Freudenmädchen herabgesunken[2].

Im Laufe des Jahrhunderts sehen die Nonnen ihren Stern immer mehr erbleichen und ihren Kreis enger werden: kleine Betschwestern, deren Gesichtskreis nicht weiter reicht als bis zum Beichtstuhl, die schon ein Pudel und eine Süßigkeit in Entzücken versetzen, für die Messe und Predigt ein Ereignis sind und denen die Wahl eines Predigers schlaflose Nächte bedeutet[3]. Heute hat man es nicht mehr nötig, den Schleier zu nehmen, wenn man in der Welt etwas gelten will. Nicht einmal Kurtisane braucht man mehr zu werden.

Die *zentildonne* sind frei wie die Luft.

Sie sind aus dem Halbschatten herausgetreten, vom hohen Roß und den altehrwürdigen Vorurteilen heruntergestiegen und sagen und tun alles, was sie wollen. Sie füllen den Raum. Man findet sie überall, nicht nur unter den Arkaden, in den Gärten, an den Fenstern und Balkonen, sondern in den *casini*, in den Cafés, wohin die Teotochi-Albrizzi Frau Vigée-Lebrun führen will, kaum daß sie ihr vorgestellt worden ist[4]. Wenn irgendwo etwas vorgeht, gleich sind sie mit ihrem Dreispitz, ihrer Maske, ihrem Fächer und ihren spitzen Schuhen dabei[5]. Sie treten in Massen auf. Ihre Röcke schleifen hörbar auf den Fliesen. Der kleine Dreispitz sitzt ihnen kokett auf dem Ohr. Sie tragen weiße Halbschuhe, bauschige Reifröcke, männermordende Schönheitspflästerchen, Kleider aus flandrischer goldverbrämter Seide, aus denen vorwitzig ein Füßchen hervorlugt. Ihre Strümpfe befestigen sie an Strumpfbändern, in die ein französischer Liebesspruch in Goldbuchstaben eingestickt ist. Sie hüllen sich in den schmiegsamen *zendaletto* aus schwarzen Spitzen, der sich um die Hüfte und die Schultern schlingt und das Feuer der Augen unterstreicht oder verbirgt, im Fluge einen Kirschenmund oder einen Busen enthüllt, sich allen Launen geschmeidig fügt, alle Anmut und Schönheit noch heller erstrahlen läßt und der der Gräfin Wynne von Rosenberg als der Gürtel der Venus erscheint. Darunter sind sie weiß »wie bleiche Rosenblätter«. Sie sind dreist, lachlustig, schwatzhaft und toll wie z. B. die sieben Fräulein Wider, die sich hinter Mozart stellten, um ihn von seinem Sessel herunterzuwerfen[6]; und keck wie die Patrizierin Caterina Bonlini, die beim Karneval 1756, »fortgerissen von jugendlicher Begeisterung und überschäumender Herablassung«, um jeden Preis ihre Geschicklichkeit auf dem gespannten Strick eines Seiltänzers versuchen wollte[7]. Der alte Gozzi beobachtet im Mondschein auf der Piazza ihr sonderbares Treiben und Ballarini schaut ihnen zu, wie sie »in kleinen Halbschuhen und kurzen Röcken« geräuschvoll dahineilen.

»Feines Porzellan!« sagte von ihnen der Prinz von Dänemark. Man weiß nicht, welcher boshafte Gott sie treibt. Nur der »französischen Puppe« in der Merceria zollen sie Achtung. Sie haben die Hände sogar in der dreimal heiligen Bundeslade der Politik. Sie spähen durch die Ritzen der Freimaurerloge. »Nein«, ruft Corallina aus, »das ist nicht Neugierde, sondern rasender Wissensdurst.«[8] Wo ist die Zeit, da Addison die Gewissenhaftigkeit rühmte, mit der die Venezianer Geheimnisse wahrten, was er aus der Zurückhaltung erklärte, die sich die Patrizier ihren Frauen gegenüber auferlegten? Jetzt wissen ihre Frauen alles, so wie sie auch allmächtig sind. Sie machen Systeme und Gesetze, ernennen Sittenrichter, spinnen Ränke im Café, im Bett,

Giandomenico Tiepolo:
Der verliebte Pulcinella, aus Freskenzyklus, 1759–1797

ja selbst auf dem Bidet[9]. Sie üben eine so unumschränkte Gewalt aus, daß sie bei der Behörde die Verbannung einer Modistin durchsetzen oder dem Kavalier, der ihnen in seiner Villa mit recht vielen Neuigkeiten aufgewartet hat, zu einer Lehrkanzel auf der juridischen Fakultät in Padua verhelfen[10]. »Seit sechs Jahren«, schreibt der Abbé Bernis, »haben die *zentildonne* großen Einfluß auf die Geschäfte errungen.«[11] »Wenn ein wichtiger Prozeß ausgetragen wird«, fügt Ange Goudar hinzu, »halten sich hinter den Richtertalaren immer vier bis fünf Frauen versteckt.«[12] »Heutzutage«, jammert der Pantalone Goldonis in beweglichen Worten, »muß man sich, wenn man es zu etwas bringen will, einer Frau anvertrauen, sie anschmachten, vor ihr niederknien, ihr die Untertasse reichen, ihr Taschentuch aufheben, ihr als Sekretär und Kammerdiener zur Seite stehen, sie parfümieren, ihr behilflich sein, ihr Luft zufächeln. Das schwache Geschlecht feiert seine Triumphe und die Männer sind zu Kettensklaven herabgesunken.«[13]

Sie wiegen nicht eine Unze. Nichts Gediegenes ist an ihnen. Sie haben sieben Teufel im Leibe. Ein Sack Flöhe ist leichter zu halten als sie[14]. Sie geben dem Inquisitor manche Nuß zu knacken. Umsonst durchsucht er ihre Papiere, nimmt ihnen die Bücher weg, schließt ihre Häuschen, gibt ihnen Hausarrest in ihren Palästen, läßt ihnen durch ihre erwachsenen Söhne sagen, sie sollen sich ruhig verhalten: sie strecken ihm die Zunge heraus. Sie machen sich nicht schlecht lustig über ihn. Die Gesetze gegen den Luxus gehen ihnen auf die Nerven. »Am Ende werden sie wollen, daß wir zu Hause oder gar in der Küche beim Lampenlicht Röcke und grobe Kittel ausbessern, diese neuen Lykurge, diese Solone.«[15] Sie sind leckermäulig, gefräßig, unerschrocken, graziös und hübsch – zum Anbeißen[16]. Wenn sie einen Büchsenschuß hören, stopfen sie sich die Ohren zu. Werden sie im Gedränge gezwickt, schreien sie; wenn man sie aber streichelt, lachen sie gut gelaunt und zutraulich. Jemand kam einmal auf den Gedanken, so ein Frauenhirn zu sezieren, und fand darin ein Spiel Karten, Miniaturbilder von Liebhabern, ein Stück von einem Harlekinskleid, unbezahlte Schneiderrechnungen und eine Uhr, die zu den Mahlzeiten läutete[17].

Gestern noch, in der Jugend Baffos, des schlüpfrigen Dichters, behandelte man sie barbarischerweise wie orientalische Sklavinnen, sperrte sie im Gynaikeion ein, wo man sie argwöhnisch überwachte und wie Reliquien aufbewahrte. Man durfte nicht daran denken, sie zu besuchen, ihnen den Hof zu machen, mit ihnen zu gondeln, sie anderswo zu treffen als in der Kirche; sie zwicken, gab eine ganze Affäre[18]. Sie beteten ihren Rosenkranz herunter, entsetzten sich vor dem Poltergeist und dem Menschenfresser und bekreuzigten sich hundertmal, ehe sie ins Bett stiegen. Heute, da der böse Geist in sie gefahren ist, sind ihre Skapuliere diamantene Kreuze und ihre Erbauungsbücher verwenden sie für Haarwickel. Wer sie besuchen will, kann es ruhig tun. Gerade der Verkehr mit ihnen macht den Aufenthalt in Venedig für die Fremden so anziehend. Eine Maske auf der Stirn, zwei oder drei Verehrer an der Seite, entschlüpfen sie auf einer Gondel nach der Oper, verbringen die Nächte auswärts[19], empfangen Männer in ihrem Boudoir, lassen Unbekannte mitspielen, sprechen ohne weiteres den rosa Domino mit den Silberlitzen an, den sie auf der Piazza erspäht haben: »O Maske«, rufen sie, »an Euerm Auftreten, das unsere Kavaliere in Schatten stellt, haben wir, meine Freundin und ich, erkannt, daß Ihr ein Fremder seid.«[20] Entzückt von ihrer lachenden Zärtlichkeit bestellen der Kurfürst von der Pfalz, der Herzog von Mecklenburg, der Kurfürst Max Emanuel von Bayern und der König Friedrich IV. von Norwegen bei der Rosalba ihre Miniaturen. Und in wundervollen Bildchen schildert Pietro Longhi ihre Haltung, ihre Handbewegungen, ihr Mienenspiel, alle ihre Heimlichkeiten.

Sie machen keine Umstände. Sie drücken sich mit einer entzückenden Unbefangenheit aus. Sie erzählen alles, was ihnen durch den Kopf geht, und man antwortet ihnen in demselben Tone. »Ach!« schrieb der alte ossianische Dichter Cesarotti der Renier-Michiel, »wenn ich Euch rechtzeitig kennengelernt hätte, welch schöne Nachkommenschaft hätte das gegeben!«[21] »Wonnespenderinnen«, »Prinzeßchen« heißen sie im Liede: um die mutwilligen, ein wenig launischen Reize, die von ihnen ausgehen, zu preisen, erfindet der Dialekt ebenso unübersetzbare wie anbetungswürdige Kosenamen[22].

Ein weißes Mäuschen, das dahinhuscht – das ist ihr Bild. Spitzbübisch lassen sie ihre Augen rundum schweifen. Sie beeilen sich rasch zu gehen, um die verlorene Zeit wieder hereinzubringen. Im Vorbeigehen naschen sie eine kurze Messe in der Kirche, wie ein Spatz ein Krümchen Brot am Wege aufpickt. Es sind Seelchen, zerbrechlich und durchsichtig wie die irisierenden Dinger, die ein Glasbläser von Murano aus seinem Rohr zaubert.

Da ist die sanfte Renier-Michiel, die man in Rom, wo sie ihr weißes Kleid unter einem Rosengewinde zur Schau trug, die »kleine venezianische Venus« nannte. Da ist die tolle Marina Querini-Benzon, ganz Schalkhaftigkeit und Sinnenlust[23], die vor dem Tode noch Zeit fand, die Hand Byrons in die der Guiccioli zu legen. Da ist die muntere Cornelia Gritti, die Baffo aus dem Häuschen brachte und deren geschmeidige Hüften Frugoni besang.

Sogno il bel fianco in suo giacer vezzoso …

Der sittenstrenge Parini erinnerte sich mit einem Seufzer an Cecilia Tron, die mit ihren Reizen sehr freigebig war[24]. Und Ugo Foscolo liebte »die kluge Isabella«, »die göttliche Isabella«, diese Tochter des nach Venedig ausgewanderten Hellas, deren reizendes Bildnis uns Frau Vigée-Lebrun hinterlassen hat und deren Empfangssaal Europa als Stelldichein diente[25]. Gebildet? Nein, ganz und gar nicht. Zur Not »gerochen haben sie an der Literatur«, wie der Abbé Chiari von ihnen sagt, aber so aufgeweckt, daß ihnen ein Verliebter das Alphabet im Handumdrehen beibringen könnte. Schreiben ihren Freunden Briefe, wie man sie von einer Köchin nicht besser erwartet; erzählen einander die Einzelheiten ihrer

Träume und die Schmerzen ihrer Niederkunft; beklagen sich über die Unzukömmlichkeiten des Mieders und über die Nachlässigkeit der Dienstboten, »die, wenn ein Gast des Hauses Schokolade verlangt, sie die längste Zeit überhaupt nicht bringen oder den Gast mit einem schlechten Kaffee abfinden«[26]; aber sie sind so flink, so heiter; unbesonnen wie das erste Gebimmel der Frühmettenglocke. Verfassen, wenn sie Geist haben, so blasse und doch so natürliche Gedichte – die Verse der Gritti, die *Ritratti* der Albrizzi, die *Feste veneziane* der Michiel; vereinigen ein verteufeltes Feuer mit einer kindlichen Unschuld; sind in eine sanfte Schwermut gehüllt; und haben mit ihren zehn Fingern nie etwas anderes anzufangen gewußt, als zu liebkosen.

Sie sind Schäferinnen Arcadiens gewesen. Sie sind von Dichtern besungen, von Fürsten umschmeichelt, von einem Jahrhundert geliebt worden. Um ihre unbesonnene Anmut scharen sich geistreiche Leute und phantastische Fremde. Sie haben den flüchtigen Augenblick mit Perlen, Karfunkeln und Rosen umrahmt. Sie haben ihr herzhaftes Lachen in die Nacht hinausgetrillert, ihre Schuhe auf dem Marmor des Listone abgenützt und eine berückende Gesellschaft berückt. Und sie haben oft und oft gesagt: »*Mani in casa*, Hände weg! ...«

Und dann ... mögen sie nun jeden Widerstand aufgegeben oder mag der Tod sie gepflückt haben, sind die lieben kleinen Stimmen verstummt.

*

Die Liebe! Es scheint, daß das ihre ständige Sorge war. II

»Man möchte sagen, daß die Venezianerinnen zwei Seelen haben«, schrieb die Renier-Michiel, »die eine zum Lachen, die andere zum Weinen: die meine ist hauptsächlich zum Lieben.«[27] Und in der Tat, wie die Renier-Michiel haben sie hauptsächlich eine Seele zum Lieben. Ihre Uhr zeigt nur die Schäferstunde richtig. Ihr Traum landet regelmäßig im Hafen von Cythera. Und auf allen Seiten ihrer Geschichte schnäbeln sich zwei Tauben, wie auf der Besuchskarte des alten Dogen Manin.

Die Liebe! Das ist das Götterkind; der Spitzbub Eros, nackt wie ein Straßenjunge der Riva; die Liebe nach Art der Alten, so wie die ionischen Griechen, so wie Horaz sie verstanden; eine feurige, zärtliche, genußfrohe Liebe, eine Liebe, die den Wechsel liebt und leicht vergißt, in welcher der Seele nur die Rolle zufällt, den Sinnen als Aufputz zu dienen, sie ausruhen zu lassen, ihnen zuzulächeln, nicht, sie mit Bedenken und Gewissensbissen zu foltern; eine Liebe, die nichts Romantisches und nichts Schicksalmäßiges an sich hat, die ebenso das Gefühl der Angst wie das der Scham nicht kennt; der Gedanke an das Drüben bedrückt sie nicht, sie steht jenseits von Gut und Böse. Sie nimmt nichts zu schwer, sondern fliegt einfach davon. Sie dauert nicht, sondern fängt von vorn an. Sie setzt sich nur solange hin, als ein Kuß währt. Sie ist das Vorübergehende, die flüchtige Laune, der buntfarbige Traum, der Schauer, der über die Seele und über die Haut huscht, die kurze Erregung, die entzückt und ein Glück vorgaukelt, die ihrem Blick die Jugend des Wunsches leiht[28].

Man hört sie klagen in den *arie di batello* in Moll, die aus den leidenschaftlichen Nächten aufsteigen und die Seele bis zur Ohnmacht einschnüren. Man hört sie in der Anmut der leichten Satiren lachen – in den Madrigalen, Scherzen, Oaristys der venezianischen Anthologie, wo jetzt tote Liebesseligkeit eingefangen ist[29]. Und man hört sie singen in den geflügelten *canzonette*, den Enkelinnen der alten *giustiniane*, die auf den Kanälen von Mund zu Mund gehen. Flüchtige Umarmungen, zarte Liebkosungen, rasch verrauchter Zorn, vorübergehender Verdruß, entzückende Unruhe, ihr ganzes feines Genie erstrahlt in diesen leicht geschürzten Strophen. Silvia und Phyllis, Lucietta und Lilla, Nina und Ninetta sind die zarten Heldinnen dieses erlesenen Reiches. Man nennt ihre Anmut *piacere morbinoso*, ihr Blinzeln männermordend, ihren Busen alabastern. Man singt: »Lucietta, *careta*, du hast ein Kußmündchen!« Man singt: »Nein sagen, das ist nur eine Finte! *Mò via, dime dé si – Mia cocoleta!«* Man singt: » – Ich habe noch nie erlebt, daß man wegen eines Kusses seine Wange verloren hätte!« Und man singt: »Du bist so anmutig und schön, du läßt dich heiß küssen, daß man darob vergehen möchte, und dann heißt es ›Hände weg‹ und ›artig sein!‹«[30]

Der Geliebte hat die kleine blonde Frau in eine Gondel geführt und da ist sie in seliger Lust eingeschlafen, sie schläft, auf seinen Arm gestützt, erwacht beim Rhythmus der schaukelnden Barke und schläft wieder ein. Der Mond glänzt unter einer Wolke. Eine Brise hebt ihr Busentuch. Er schaut sie an und eine Lust, eine Süßigkeit, eine Befriedigung, die er gar nicht schildern kann, beschleicht sein Herz. Aber dieser Schlaf dauert ihm schon zu lang, er hat sich ihr leise genähert. »Ah! Was er da Schönes gesagt, was er da Schönes getan hat ...!«[31]

Nina, Ninetta war so lieblich damals, als eine kleine Jause zu ihrem Glück hinreichte. Sie war bekleidet von ihrer Anmut und die Liebesgötter stiegen spielend über ihrem Bette auf und nieder. Nina, Ninetta, du warst so hübsch! Wie sich die Zeiten geändert haben! Ninetta ist reich. Ninetta hat Perserteppiche und Silbergeschirr von Germain. Ein Lusthaus auf dem Lande und Perlen, Rubine und einen würdevollen, dicken Menschen, der vor der Tür steht. Ach! Es scheint, daß sein böses Gesicht die frohen Geister von ehedem verscheucht hat. Und diese Fransen, dieser Flitter, diese Spitzen, soviel Stoff, Stickereien, Pelzwerk, das du in den Koffern hast, und dieser ganze Prunk, der aus dir eine Göttin macht, nimm mir's nicht übel, Ninetta, wiegt nicht zwei Küsse deines ersten Frühlings auf[32].

»Ich stelle mir vor, Nonola, was Amor täte, wenn er dich sähe: ist das nicht ein schöner Gedanke? ... Ich wette, er wäre ganz verzückt vor Wonne und würde nachher sagen: ›Was ist denn das für ein schönes Mädchen?‹ – So würde Amor sagen, Nonola, und dann würde der tolle Knabe ganz leise hintreten und dich küssen. – Zuerst die Hand und dann einen Arm und dann würde sich der kleine Taugenichts höher anhängen und noch höher, indem er ausriefe: ›Die macht selbst den Liebesgott verliebt!‹ – Und – wie schon Kinder sind – gäb's kein Aufhören mehr; er würde ein Auge erhaschen, den Mund und Gott weiß was noch. – Und du würdest ihn ärgerlich schelten und zu ihm sagen: ›Kleiner, verhalte dich ruhig, sei artig!‹ – Er aber ist schon – wie halt Kinder sind – halb beschämt in deinen schönen Haaren ganz verschwunden. – Weinend und auf dich einredend würde er dich so umschmeicheln, daß du schließlich sprächest: ›Komm her, du Strick‹ –!«[33]

Der Rahmen dieser leichten Szenen ist die Perlmutterlandschaft, der junge Tag, der auf dem Lido erwacht, das Meer, das im Lichte zittert, die Wege, die sich in der Sonne vergolden, oder wohl der Mond, der das Dunkel mit Silber durchfurcht, zwischen Myrten sein loses Spiel treibt und aus dem Wasser einen zweiten Himmel macht.

So ist die Liebe der Zeitgenossinnen der süßen Giustina. Sie ist nicht mehr Leidenschaft, sondern Anmut, Spiel, liebgewordene Gewohnheit. Sie dient nicht mehr der hoheitsvollen Göttin Venus, sondern der jungen Dame mit dem Spiegel, wie sie die Rosalba darstellte. Im Menuettschritt geht sie dem Zuge dieser Liebenden voran. Sie hat mit gewandtem Finger ihr herziges Gesichtchen geformt; sie hat Grübchen hineingemacht; sie schürzt ihre Lippe und ihren Rock; sie erfüllt ihr Dasein; sie bevölkert den Himmel ihrer Träume und den Himmel ihres Bettes mit den Schwärmen von Amoretten, die Engeln gleichen: ohne sie fänden sie das Leben schal. Sie hätten keine Lebensberechtigung. Sie brauchen zu ihrem Aufschwung die Mithilfe des Liebesgottes, seine Kunstgriffe, sein Schmeicheln, sein Prickeln, seinen Flügel und seinen Stachel. Sie schämen sich nicht zu lieben und es der Welt zu sagen. Sie sind aus einer Stadt und aus einem Lande, wo die Liebe nicht Schwäche, Kinderei, Unanständigkeit ist, sondern etwas Natürliches, ein klares geheiligtes Gesetz, so süß, daß es um Sympathie wirbt und

Achtung gebietet[34]. Sie sind eingeweiht. Sie haben dem Teufel ins Gesicht gesehen und ihn nicht häßlich gefunden. Sie sind herausfordernd und dabei doch schmachtend[35]. Sie sind sanft wie gurrende Tauben und tückisch wie zusammengekauerte Katzen. Leidenschaftlich sinnlich, leihen sie dieser glücklichen Sinnlichkeit Anmut und Geist. So etwas wie ein Hauch von Unschuld strömt von ihrem kindlichen Herzen aus. Eine erlesene Süßigkeit schmelzt ihr kleines Wesen, das nicht nein sagen kann. Sie vergießen Tränen der Wonne und entlocken solche der Welt. Dank ihrer gefügigen Zärtlichkeit taucht Venedig im Vergnügen unter, wie es im Meer untertauchte.

Wer wird die galante Geschichte dieser glücklichen Stunde künden, wo anscheinend jede Gondel ein Abenteuer mit sich trägt und jede *felze* die schwarzen Falten ihres Mantels auf eine Umarmung fallen läßt. Gleichgültig oder verschwiegen, haben die Gondolieri von den Idyllen, die sie geführt haben, nichts verraten; sie haben nichts gesagt von den Seitensprüngen, Entführungen, aufgesprengten Gittern und von den tausendundein Romanen mit Strickleitern und Nachschlüsseln, bei denen sie Mitschuldige oder treue Gehilfen waren. *Voga!* sagte man ihnen. Worauf sie ins Meer spuckten und, die Hand auf der Ruderstange, schweigend davonfuhren, das schaukelnde Geheimnis der zerbrechlichen Liebeswiege mit sich führend.

Ancilla zeigt sich dem Präsidenten de Brosses »als Venus von Medici verkleidet«[36]. In Kavalierskleidung trifft sich die Nonne von Murano mit Casanova unter der Statue des Colleoni. Zwei Äbtissinnen fahren wegen des Abbé von Pomponne mit Dolchen aufeinander los. Zulietta hat auf ihrem Toilettetisch zwei Pistolen liegen: »Ei! ei!« ruft Jean-Jacques, »das sind ja ganz neuartige Puderdosen!«[37] Auf der flinken Barke entflieht Giustiniana Gussoni, die achtzehnjährige Braut eines Mocenigo, mit dem jungen Grafen von Tassis[38]. In dem Kloster, in dem sie eingesperrt ist und für das sie gar keine Neigung mitgebracht hat, gibt sich Maria da Riva dem französischen Gesandten Graf von Froullay hin[39]. Die *zentildonna* Angela Tiepolo »klein, zart, reizend, weiß wie der Schnee, mit zwei süßen, schmachtenden Augen und zwei Grübchen, die ihre rosengleichen Wangen zieren«, verdreht dem frischgebackenen Abbé Lorenzo da Ponte völlig den Kopf, der ohne viel Geist, aber mit einer dichterischen italienischen Seele begabt ist[40]. Gegenüber seinem Palaste, wo er auf einer Fensterscheibe Verse kritzelt, erblickt der Graf Carlo Gozzi als junger Offizier eine jung Verheiratete, die singend näht; »ihr Busen war jugendlich fest; ihre Arme waren rund und ihre Hände sehr schön; ein hochrotes Band umgab ihre Stirn und endete in einer Masche hinter ihren dichten und sehr langen Haaren«; er lächelt ihr zu, sie lächelt zurück; das Spiel nimmt seinen Fortgang und einige Wochen später, an einem unvergleichlich klaren Junitage, brachte der Liebhaber »sein kleines, mit entzükkender Nachlässigkeit in einen rosafarbenen Mantel gehülltes Idol,« »eine Mischung von Scham, Überschwang, Seufzern, unaussprechlichem Entzücken«, auf irgendeine Insel. So endete eine tugendhafte und schon allzu lang währende platonische Liebe[41]. Lustpartien, galante Feste, Serenaden und geduldiges Warten beim Stelldichein in den düsteren *calli*; Flüstern hinter den Fächern; heimliches Knistern unter der Maske; Hände, die sich suchen, Füße, die sich vereinigen; Konzerte, Bewirtungen mit eingemachten Früchten und Honigwein; Stelldichein in dem mit Goldgittern umzäunten Gärtchen von Zuecca und S. Biagio; dreieckig gefaltete Liebesbriefchen; Horazische Verse; Reime, frisch wie Lippen und sich findend wie diese: man traut sich in diesen Schlupfwinkeln gar nicht weiter zu gehen. Mag sich der vorwagen, der ohne Widerstreben der arglosen Chloe in die Grotte der Nymphen folgt: »*Nimphae faciles risere.*« »Ausschweifung, Schamlosigkeit, Liederlichkeit« wird man sagen. Oh! das sind grobe Worte, verletzend und unhöflich. Ist denn eine Elegie Tibulls, eine Erzählung Lafontaines, ein Schäferstück von Boucher etwas Häßliches? Steckt darin nicht Anmut und ein stilles Leuchten? Lächelndes Arkadien! Land, bevölkert mit Küssen! Lichte Frühlingsbilder des Dichters von Teos. Die Schuld stellt sich letzten Endes dar als ein launenhafter Einfall. Die Sünde wird etwas Allerliebstes. Die Verderbnis erscheint unschuldig. Diese harmlos unbefangenen Geschöpfe haben gar nicht das Bewußtsein, etwas Böses zu tun, indem sie der Welt Lust schenken und sie teilen. Sie zeigen sich im Zustand der Natur, weil sie auf der Stufe der Natur stehengeblieben sind. Sie sind aus dem Paradiese hervorgegangen in dem Augenblick, da es den köstlichen Besuch der Schlange empfängt. Sie gehen so weit, daß sie Gott für die Wohltaten danken, die sie ihnen spendet. So pries Marina Benzon die heilige Jungfrau, daß sie ihr ihren Beppo gegeben habe[42]; so empfanden oben in ihrem lauschigen Stübchen Casanova und seine zwei kleinen Freundinnen Manetta und Martha, die beiden fast noch kindlichen Nichten der Frau Orio, nach den tollen Belustigungen, die sie zusammen genossen, das Bedürfnis, ihre Seele zum Himmel zu erheben[43].

Caro ti! sagte die Caterina Corner zu ihrem Freunde Piero Pesaro[44]. Und nichts, weder die Abwesenheit, noch die Verbannung, noch der Kummer, noch der Verfall des Vaterlandes, das zum Spott des Eroberers geworden ist, haben den Geächteten von London die Süße dieser Liebkosung, den Tonfall dieser Stimme vergessen lassen. Dies Wörtchen Liebe, alle haben es ausgesprochen. Alle haben es mit derselben Betonung ausgesprochen. Woher sie auch kommen, wer sie auch sein mögen, Töchter des Zufalls oder der oberen Zehntausend, Ballerinen oder Nonnen, *zentildonne* oder Buhlerinnen, sie sind Schwestern in der Liebe. Von demselben Gotte getrieben, wecken sie denselben Wunsch. Sie geben der Stunde dieselbe Tönung zarter Sinnlichkeit und feiner Wollust. Die Feen und die Engel haben sie gleichermaßen mit ihren Händen geformt. Ihre Abenteuer und ihre Seelen gleichen einander. Dasselbe Gefühl, das eine Julietta einem Jean-Jacques einflößte, macht eine Seiltänzerin zur Braut eines Renier, ein Straßenmädchen zur Frau eines Marcello, die Tochter eines *vetturino* zur Frau eines Venier und zur Geliebten eines Pepoli.

»Ich fand sie«, schreibt Jean-Jacques, »*in vestito di confidenza*, in einem Hauskleid, das zur Vertraulichkeit geradezu herausforderte ... Ich will nur erwähnen, daß ihre Ärmel und Halskrause von einem mit rosafarbenem Flitter verzierten Faden eingefaßt waren ... Ich hatte keine Ahnung von den Wonnen, die mich erwarteten ... Versucht nicht, euch die Reize und die Anmut dieses entzückenden Mädchens vorzustellen; ihr würdet weit hinter der Wirklichkeit zurückbleiben; die jungen Klosterfrauen sind weniger frisch, die Schönheiten des Serails weniger feurig, die Huris des Paradieses weniger prickelnd. Nie ward dem Herzen und den Sinnen eines Sterblichen ein so süßer Genuß geboten ...«[45]

Hier ist für die Moral kein Platz. Diese griesgrämige Person verhüllt ihr Haupt, räumt das Feld und schleicht davon. Und hinter der geschlossenen Tür erschallt spitzbübisches Gelächter.

*

III Alle haben ihren Cicisbeo.

Bei Donna Claudia. Ein Winkel im Empfangszimmer mit vergoldeten Konsolen und Tischchen aus Lasurstein. Donna Claudia, die schon aufgestanden ist, tritt ein. Da sie das Zimmer leer findet, fühlt sie sich vereinsamt. Sie langweilt sich. Sie gähnt und streckt sich. In kriegerischer Stimmung ruft sie ihren Kammerdiener.

»Balestra! – Illustrissima? – Bring' mir diesen Nipptisch. – Hier ist er, Durchlaucht. Wünscht die gnädige Frau noch etwas? Nein ... Die Besuche bleiben heute morgen lang aus ... Balestra! – Durchlaucht? – Hast du Don Alonso gesehen? – Nein, Durchlaucht! – Sonst wollte ich nichts wissen ... Dieser Kavalier ist gar nicht rücksichtsvoll ... Es kommt mir vor, als ob seine Gefühle erkalteten ... Morgens kommt er nicht mehr zur gewohnten Stunde auf eine

Tasse Schokolade ... Balestra! – Durchlaucht? – Gib mir einen Sessel ... Hier ist er. – Um diese Zeit hat mein Gemahl seiner Dame sicher schon gehuldigt ... Was stehst du denn so steif da wie ein Klotz? – Ich wollte auf die Befehle der gnädigen Frau warten. – Wenn ich dich brauche, werde ich dich schon rufen. – Gut. – So allein dazubleiben, das ist höchst langweilig ... Balestra! ... Balestra! – Da bin ich, Durchlaucht. – Du gibst keine Antwort, Dummkopf? – Ich dachte, die gnädige Frau habe mich gesehen ... – Der Schlag soll dich treffen! – Wann ist mein Gemahl ausgegangen? – Um dreizehn Uhr. – Warte! Hat er nichts zu dir gesagt? – Nichts. – Du kannst gehen. Das ist alles, was ich wissen wollte. – Ich gehe schon, Durchlaucht. – Schlimm genug, daß niemand kommt: ich werde also Donna Virginia einen Besuch machen ... Balestra! – Durchlaucht? – Sag, man soll anspannen! – Ja, Durchlaucht. – Aber fahren ohne einen Kavalier, der mich begleitet, ... so etwas ist unmöglich ... Balestra! – Durchlaucht! – Ich brauche nichts. – Die gnädige Frau braucht nichts? – Nein. – Die gnädige Frau will keinen Wagen? – Nein, hab' ich dir gesagt. Scher dich zum Teufel! – Sie ist verrückt. – Wirklich, das Benehmen dieses Alonso ist unverzeihlich! Wenn er mich weiter so vernachlässigt, lasse ich mir von dem Kavalier Asdrubal den Hof machen. – Durchlaucht? – Hol dich der Teufel! Ich hab' dich nicht gerufen. – Ein Besuch. – Wer? – Don Alonso möchte der gnädigen Frau seine Huldigung zu Füßen legen. – Esel, der du bist! Der Verehrer braucht nicht gemeldet zu werden.«[46]

Man muß sich ihn näher anschauen, diesen Don Alonso, wie er eintritt, sich verneigt, die Hand küßt, Blumenduft um sich verbreitet und sich, mit seinem Uhrgehänge spielend, lächelnd auf einen Polsterstuhl niedersetzt. Eine sonderbare Persönlichkeit: herausgeputzt und herausstaffiert und nach Ugo Foscolo aus lauter Negationen zusammengesetzt: er ist weder Liebhaber noch Freund, noch Kammerdiener, aber er hat von jedem etwas[47]. Don Alonso ist der obligate Hausfreund, der Begleiter, der zum Wohlergehen, der zum

Zeitvertreib, zum Vergnügen einer jeden Frau, die etwas auf sich hält, unentbehrlich ist. Er ist eine der auffallendsten Figuren im Venedig des 18. Jahrhunderts. Er ist der Cicisbeo oder der »Verehrer«.[48]

»Es ist eine in Italien landläufige Ansicht«, schrieb Carlo Gozzi seinem Freunde Innocenzo Massimi, »daß die Ehemänner nicht zu lieben verstehen.« Carlo Gozzi hatte recht. Kein Ehemann versteht sich auf diese kleinen Dienste, auf die zarten Aufmerksamkeiten, die das Glück einer Frau jeden Augenblick erfordert. Und selbst wenn er sich darauf verstünde, könnte er diesem Dienste nicht genügen, weil er schließlich auch etwas anderes zu tun und vielleicht auch Damen zu verehren hat, und ferner, weil es im höchsten Grade lächerlich und unfein ist, fortwährend um seine Frau herumzutänzeln[49]. So nimmt denn der Verehrer seinen Platz ein. Und während der Gatte der erklärte Herr ist, ist der Verehrer der Freund, den man sich frei wählt. Oft sichert man sich ihn vertraglich, wie etwa den Arzt oder Beichtvater[50].

Gegenüber der Dame, die ihn ausgezeichnet hat, erfüllt der Verehrer alle diese kleinen Obliegenheiten, die reizende Vorrechte darstellen.

Der Verehrer begleitet sie auf allen Gängen, heftet sich an sie wie ihr Schatten, bietet ihr den Arm, reicht ihr die Hand, trägt ihr die Handschuhe, das Taschentuch, den Sonnenschirm, den Mantel, den *scaldino*, den Pudel; in der Kirche reicht er ihr das Weihwasser und empfängt aus ihrer Hand das Gebetbuch; an der Pforte des Palastes, am Gittertor des Landhauses ruft er den Gondelführer oder den Lakai; überallhin führt er sie: zum Spaziergang, zum Schauspiel, ins Café, zum Kartenspiel, in die Versammlungen. Wenn sie am Pharaotische ihre letzte Zechine verloren hat, steht ihr seine Geldtasche zur Verfügung; hat sie auf einem Besuchsgange ihre Karten vergessen, zieht er solche, die er fürsorglich hat drucken lassen, aus seiner Tasche[51]. Wenn es auf der Straße oder in Gesellschaft jemand einfällt, gegen sie unhöflich zu werden, weist er den Lümmel zurecht. Dem Verehrer fällt die schwierige Aufgabe zu, die

Maestro dei Riflessi (Kreis um Pietro Longhi):
Das Kartenspiel, ohne Jahreszahl

verheiratete und folglich verlassene Frau zu beschirmen, immer um sie zu sein, ihr zu raten, sie vor sich selbst und den andern zu schützen, die Fliegen von ihr wegzujagen, jeden trüben Gedanken fortzuscheuchen, sie bei guter Laune zu erhalten und ihr die Zeit mit Geschichten zu vertreiben.

Zur Belohnung für diesen so viel Pünktlichkeit erfordernden Dienst genießt der Verehrer auch sehr schätzbare Vorrechte. Er besucht sie, mag sie im Bett liegen, aus dem Bett steigen oder Toilette machen, mag sie ihr Morgenkleid oder ihr Nachtgewand tragen. Er ist in alle Vertraulichkeiten und Geheimnisse eingeweiht. Für den Verehrer gibt es keinen verborgenen Winkel an der Angebeteten; einem so verschwiegenen Freunde sagt sie alles, vertraut ihm alles an, zeigt ihm alles, von den Falten ihrer Seele bis zu ihrer Unterwäsche; ihm, der den ersten Strahl der Sonne bringt, gilt ihr erster Blick; ihm, der die erste Neuigkeit des Tages zuträgt, fliegt ihr erstes Lächeln zu; sie gehört ihm sicherlich mehr als ihrem Gatten; sie gehört ihm mehr als ihrem Geliebten. Er ist voll Takt und Zurückhaltung. Er sucht die Nadel, die sie verlangt, um ihren Busenschleier zu schließen, hält ihr den Spiegel, wenn sie sich kämmt, reicht ihr die Puderschachtel und die Puderquaste, das Fläschchen, die Bürste, die Hasenpfote, das kleine Elfenbeingerät, das sie gerade braucht. Mit einer fabelhaften Geschicklichkeit versteht er es, die Knöpfe und die Schließen zuzumachen; ein Wink genügt: er versteht sofort. Er befeuchtet seine Fingerspitze, nimmt ein Schönheitspflästerchen und legt es mit leichtem Finger auf die Stelle, wo es am vorteilhaftesten wirkt; er weiß, wo man den »Herzensbrecher« anbringt, den »Kecken«, den »Leidenschaftlichen«, den »Koketten«, den »Galanten«, den »Unwiderstehlichen«, den »Stattlichen«: der Stattliche wird in der Mitte der Stirn angebracht. Wenn die Kammerfrau die Seidenschnüre des Mieders zuzieht, drückt er die Taille zwischen seinen Händen zusammen[52]. Er richtet die widerspenstige Locke, bindet das Band auf der Brust, stellt ein Knie auf den Boden und empfängt auf dem andern den niedlichen ungeduldigen Schuh, dessen Verschluß sich gelockert hat. Er befestigt das Strumpfband, streicht mit der flachen Hand den Brokatrock glatt, steckt den Finger unter das Blankscheit des Schnürleibchens, um eine Hemdfalte zu entfernen. Mag auch der Gemahl inmitten dieses Tuns unvermutet eintreten, er hütet sich, Ärger zu zeigen; er macht sich nicht durch Eifersucht unsterblich lächerlich; er weiß, daß Empfindlichkeit in einem solchen Falle wenig am Platze ist; der Gemahl wiederum ist glücklich, daß ein Kavalier seiner Frau die Dienste leistet, die er selbst anderen Frauen erweist; mit einer bewunderungswürdigen Bescheidenheit schleicht er sich unter dem unbedeutendsten Vorwand weg und räumt dem Verehrer das Feld. Der Verehrer macht sich dies zunutze. Er hat ein Recht auf diese kleinen Hilfeleistungen, die einer halben Hingabe gleichkommen, die vielleicht süßer, in jedem Falle aber gewisser sind, als die völlige Hingabe. Mehr beansprucht er nicht. Es stünde ihm schlecht an, mehr zu verlangen. Er wird es nicht tun, wenn er gut erzogen ist. Der Verehrer ist ein galanter Mann durch und durch.

Ein derartiger Verkehr, geboren aus dem Müßiggang des Lebens und der Entnervung der Sinne, verlangt eine gewisse Poesie, wie er auch gleichzeitig eine hohe Lust in sich schließt. Zarter als die Freundschaft und weniger banal als die Liebe, stellt er eine besondere Abart liebender Freundschaft dar. Er ist eine höhere Form der Liebe. Er ist eine elegante Bändigung des Triebes. Er ist eine verhüllte Huldigung vor der Venus Urania. Denn wenn sich der Verehrer und seine Dame Zwang antun, so geschieht es um zarterer Freuden willen; sie achten einander nicht aus Pflicht, sondern aus höchster Galanterie, so daß ihre Entsagung einem Genusse gleicht und ihre Zurückhaltung etwas Verfeinertes an sich hat. Sie spielen mit dem Feuer, tanzen auf dem Seile, verschaffen sich das Gefühl höchster Trunkenheit, ohne es sich je zu gestehen, ohne es vielleicht zu wissen, und unterhalten so gegenseitig eine stille Glut, die sofort verlöschen würde, wollten sie sie stillen, und die man besonders in Venedig nicht leicht empfindet. Wenn sie der gemeinen Versuchung erlägen, so würden sie eine feine

Heimlichkeit verderben; sie würden auf abgetretenen Pfaden wandeln und das Ende wäre Übersättigung; mit eigenen Händen hätten sie ein seltenes Glück getötet, das Geheimnis zertreten und das Unendliche, das hinter dem letzten Widerstande liegt, vernichtet. Wenn die Oper sie langweilt, fänden sie nichts Prickelndes darin, um Mitternacht in eine Gondel zu springen, nach dreiviertel Stunden zu landen, sich in einer Sänfte ein paar Stationen weit tragen zu lassen, in einem Dorfcafé ein unangesagtes Frühstück zu nehmen und rasch genug heimzukommen, um die erste Messe zu hören[53]. Sie hätten sich keine Geheimnisse mehr zu sagen, keine zarten Geständnisse zu machen, keine sinnigen Vertraulichkeiten zu gestatten, keine anbetungswürdigen Hindernisse zu besiegen. Sie würden nicht mehr die Süßigkeit eines Verhältnisses auskosten, das die geringste Freiheit wertvoll erscheinen läßt.

»Ihr könnt mir weismachen, daß die Esel fliegen«, rief der Mailänder Advokat Costantini, »aber das werdet ihr mir niemals einreden können, daß zwei frische Leute verschiedenen Geschlechtes jahrelang so unentwegt miteinander verkehren können, ohne eine Neigung für einander zu fassen.«[54] Und Costantini selbst, der auf den Gedanken gekommen war, einer seiner Freundinnen den Hof zu machen, kam so rasch *alle strette*, daß ohne die Dazwischenkunft einer Soubrette »die Knechtschaft in vollem Gange war«. Aber Costantini war ein Geist von unverwüstlicher Gesundheit, der den Reiz des Halbschattens nicht kannte. Und sollte er wirklich recht gehabt haben und »sollten Stroh und Feuer nicht zusammenkommen können, ohne daß die Flamme daraus hervorschlägt«, so beweist dieser Brand immer noch nichts. Aus den Trümmern des toten Gefühls sprießt eine neue Knechtschaft.

So haben denn auch in Venedig alle Frauen ihren Cicisbeo. Selbst die Geschäftsfrau, selbst die Friseurin, wenn man dem Abbé Chiari glauben darf. »Lieber würden sie ohne Brot als ohne Verehrer sein.«[55] Und wenn sie von vornehmer Abkunft sind, haben sie mehrere um sich. Und vielleicht macht sie gerade die Anwesenheit dieses Freundes so keck. Ohne ihn wären sie weniger lustig und ohne ihn würden sie weniger Schuhe abnützen. Denn wir lesen in dem *Diario Veneto*, daß die eine von ihnen, die kaum zwei Monate verheiratet war, zur großen Verwunderung ihrer Eltern, besonders aber ihres Gatten, »sieben Paar Halbschuhe und zwei Paar Stiefeletten abnützte«, ohne dabei auf einem Ball, ja ohne auf dem Lande gewesen zu sein.

Fünftes Kapitel

Die Schriftsteller, Gasparo Gozzi

I

Venedig, die Stadt der Buchdrucker, Buchhändler, Zeitungen und Schriftsteller. – Besondere Abarten: Enzyklopädisten, Novellisten, Polygraphen und Kakographen. – Der Abbé Chiari. – Man wird als Dichter geboren. – Was das Genie einbringt. – Die Akademie der Granelleschi.

II

Gasparo Gozzi, der Flügelmann der Schriftsteller. – Sein Bild. – Seine Familie. – Sein verfallener Palast von S. Cassiano, die »Dichterherberge«. – Sein Schicksal ist es, ein »Sklave der Feder zu sein«. – Seine Leidenschaft zu schreiben. – Sein umfangreiches Werk. – Seine drei Zeitungen: die Gazzetta Veneta, der Mondo morale, der Osservatore. – Wie man darin Venedig wiederfindet.

III

Sein Geist. – Sein sonderbares Wesen. – Sein phantasievolles, leichtes Schaffen. – Seine Ironie und seine Poesie, die an alte Volkslieder gemahnt. – Seine feine, streng italienische Kultur. Dante und das Landleben haben ihn geformt. – Und auch das Leid: Seine traurigen Lebensverhältnisse und seine Sorgen. – Die Sermoni und die Satire der zeitgenössischen venezianischen Sitten. – Gasparo Gozzi als Moralist. – Sein Wissen und seine Anmut. – Er ist der unütze, aber reizende Dichter, von dem Plato nichts wissen wollte.

•••

IV

Seine Stellung in Venedig. – Sein Ansehen. – Er ist eine Zierde der Nation. – Sein Alter. – Seine Freundschaft und sein Briefwechsel mit der Patrizierin Caterina Tron. – Seine letzten Tage. – Sein Tod.

V

Der Geist von Venedig. – Wie Gasparo Gozzi ihn mit seinem vollen Glanze durchdrungen hat.

In den Straßen verkauft man Bücher nach Gewicht wie Nüsse und Äpfel. Venedig ist eine Stadt von Buchdruckern, von Literatencafés, von Buchhandlungen. Es ist ein Ort, wo sich die Zeitungsausrufer die Lunge herausschreien, wo Sonette im Winde verflattern, wo Manuskriptrollen aus den Rockschößen hervorstehen und wo es von Schriftstellern wimmelt[1].

Jede Abart ist vertreten: Lexikographen, Zeitungsschmierer und Novellisten; Enzyklopädisten und Vielschreiber; Fächer-, Almanach- und Regattendichter; Kompilatoren und Glossatoren; weltumspannende Geister, die von den Einwohnern Paraguays zu erzählen wissen, sich für das Prisma interessieren, das der Papst der Universität von Padua geschenkt hat, die Übersetzung Popes von Agostino Paradisi beurteilen, zwischen dem Ödipus des Sophokles und dem Ulisse Lazzarinis eine Parallele ziehen und Fragen behandeln wie: »Hat der Mond eine Lufthülle?« Man findet ferner Geister, die das Land lieben, von der Kultur nichts wissen wollen und deren Schuhe den Glanz verloren haben, weil sie schon am frühen Morgen im feuchten Grase gegangen sind.

Manchmal haben sie ein gewandtes Auftreten, wie der Abbé Conti, der in Paris lernte, daß ein gebildeter Mann auch ein Weltmann sein kann, oder wie der Graf Algarotti, der lieber mit den Damen seines Jahrhunderts Zwiesprache pflegte als mit den *monne* des Trecento. Andermal sind sie eingefleischte Anhänger der Tradition: »Vergeßt nicht«, schärfte der Abbé Forcellini seinem jüngeren Bruder, einem Hofmeister, ein, »daß sich jede Literatur auf dem Griechischen aufbauen muß.«[2] Und wieder ein andermal hält sich Gelehrsamkeit und Sinn für das Häusliche bei ihnen die Waage: in Padua arbeitete der ossianische Dichter Melchior Cesarotti neben seiner alten Freundin, die am Tische strickte; von Zeit zu Zeit unterbrach sie die Arbeit an ihrem Strumpf und sah ihm über die Augengläser hinweg beim Schreiben zu. Alle aber zitieren ganz allgemein Latein, Französisch, Englisch, ja sogar Spanisch. Diese Schüler der

Jesuiten sind geschmeidig und ungezwungen. Sie finden sich mit den verschiedensten Literaturgattungen ab, so wie sie sich in die verzwicktesten Lagen zu finden wissen. Francesco Grisellini ist Journalist, Historiker, Lustspieldichter, Zeichner und wissenschaftlich gebildeter Landwirt. Giuseppe Maria Foppa, der ein ganz ungewöhnliches Schicksal hinter sich hat, ist außerdem »Gesetzkompilator und Ehemann«. Der Abbé Pietro Chiari hinterläßt Briefe, Dialoge, Epithalamien, Tragi-Komödien, Salonlustspiele, Romane, Erörterungen über Moral und Politik. Italienisches, Lateinisches, Prosa und Verse, Quinare und heroische Verse, Hexameter und Hendekasyllabi, kurzgefaßte Darstellungen der römischen, venezianischen, französischen, moskowitischen, türkischen, deutschen und chinesischen Geschichte. Die zwölf Bände seiner *Trattenimenti dello spirito umano sopra le cose del mondo passato, presenti e possibili ad avvenire* wollen einen allgemeinen astronomischen, geographischen, historischen, philosophischen und kritischen Überblick über unsere himmlische und irdische Kugel geben. Und gleich im ersten Bande erlebt man eine Reise durch die Planeten und einen Aufstieg im Luftballon; da gibt es eine Königin, die ist so klein, daß sie aus der Tasche hervorkommt, Delphine, die Galeeren ziehen, riesenhafte Akademiker, einen Akademieschreiber, der in einem Glas Wasser ertrinkt, und einen Dichter, der ihn mit dem Finger herauszieht[3].

Selbst die Spione haben Geist: »Ein merkwürdiger Kopf«, berichtet der Spion Pedrini vom spanischen Statthalter, »ausgezeichnetes Gemüt, ehrlicher Freund, als Feind nicht zu fürchten, manchmal infolge seiner Zerstreutheit inkonsequent: ebenso entgegenkommend wie vornehm und edelmütig; empfindlich, aber über den Groll erhaben; unser überzeugter Freund; gleichmütig, selbst wenn er sich über die Unverschämtheit der *sbirri* beklagt, die er, wie er behauptet, nicht verdient hat; volkstümlicher Philosoph; und obwohl immer zerstreut, aufmerksamer als man glauben möchte; eher Gefährte als Gatte seiner Frau, ein liebenswürdiger, aber wenig weitsichtiger Geist ... so der Kavalier Las Casas.«[4]

Man schreibt ein Lustspiel in aller Eile auf den Knien; verfaßt aus dem Stegreif ein Textbuch; erfindet einen Roman, den man um des Erfolges willen als aus dem Französischen übersetzt ausgibt; übersetzt wirklich aus dem Französischen, aus dem Englischen, aus allen möglichen Sprachen; richtet an eine – immer hochstehende – Dame eine Folge von Briefen über Moral und das alles im Handumdrehen. Wenn einem das Geld ausgeht, so findet man plötzlich, daß man Genie hat, und der Beschäftigungslose beeilt sich, Schriftsteller zu werden. Man fällt als Dichter vom Himmel. Alle sind Dichter, von den Frauen angefangen, die die »Elstern des Helikon« zu sein scheinen. »Die Marktschreier, die Geschichtenerzähler, die Spaßmacher, die Zimmerleute, die Drucker, die Gondolieri, die Lastträger, alle gebärden sich heutzutage als Dichter ... »Selbst die Grillen müssen herhalten, um eine junge Braut zu feiern.« So viel Doktorgrade, so viel Sintfluten von Sonetten; Springfluten von *canzoni* auf Nonnen, auf Geistliche, selbst auf Leichenträger; tönende Verse auf jeden Theaterwitz, auf die Arme und Beine jeder Ballerine, die brav springen kann wie ein Füllen; gereimte Gedichte, die von Mund zu Mund gehen oder in der Merceria angeschlagen werden: Berge von Romanen, Karren von Lustspielen, Bäche von kritischen und philosophischen Briefen, »alle papierenen Waffentaten« überstürzen sich.[6] Dafür kann man sich wohl ein Stück Brot und den Kaffee leisten; manchmal den Salat. Eine Übersetzung wird mit drei bis vier Franken für den Bogen bezahlt[7]; eine Lustspielskizze mit drei Zechinen; ein Lustspiel mit dreißig, ein Trauerspiel mit vierzig: bei einer Bezahlung von zwölf Franken für den Bogen berechnet Carlo Gozzi, daß ein Vers einem Dichter schlechter gezahlt wird, als ein Stich einem Schuster. Man behilft sich, indem man viel schreibt; *Beato il Chiari che in quanto si piscia fa cinque atti d'un zibaldone!* Man behilft sich auch mit der Widmung, obwohl der Schutz eines großen Herrn keinen Schuß Pulver wert ist. Die Schriftsteller werden Erzieher in Familien, Archivare in vornehmen Häusern, Bücherwarte bei den Adeligen, Sekretäre, Faktoten oder Schmarotzer; manchmal malen sie, wie Giuseppe Maria Foppa, *Agnus Dei* für die Pilger nach dem Heiligen Lande; manchmal sterben sie Hungers wie Domenico Lalli, der »reich geboren wurde und als Dichter starb«[8]. Ach! In dieser geistvollen Stadt sind die Leute des Geistes gezwungen, in zerlöcherten Strümpfen umherzugehen.

Einige leben im Salon, andere hausen auf dem Dachboden. Einige tragen das priesterliche Kleid, andere die Scharlachtoga. Einige schleppen einen zerschlissenen Mantel nach, andere haben ihre Gondel. Die machen sich unter dem *felze* breit, jene fahren auf dem Hinterdeck. Die haben nie die Alten gelesen, aus dem einfachen Grunde, weil die Alten nie die Modernen gelesen haben, jene sind ganz durchdrungen von dem Mark, dem Wesen und der Anmut der Antike.

An einem Nachmittag des Jahres 1747 treten ihrer einige bei einem Spaziergang aufs Geratewohl in das Kloster S. Domenico ein, wo eine Akademie von Geistlichen tagt. Sie hören hier lachend einem Priester zu, wie er »mit kläffender Stimme und dürren Spinnenhänden« die einfältigste *Canzone* von der Welt vorträgt. Einige Tage später machen sie ihn unter einem Dachbalken ausfindig, wo er wie eine Fledermaus zusammengekauert saß. Sie fragen ihn höflich, ob er wirklich selbst der Verfasser des Kunstwerkes sei, das sie gehört haben. Er gibt es zu. Sie nehmen die Hüte ab, schreien vor Bewunderung laut auf, schütteln ihm die Hände und flehen ihn unisono an, ihr Herr und Meister zu sein, sich an die Spitze ihrer Gesellschaft zu stellen, ihr mit dem Glanze seines Genies voranzuleuchten und den Titel *Arcigranellone, Testiculorum princeps*, den Titel *Coleorum princeps* anzunehmen. Das ist der Ursprung dieser hellen, fröhlichen kleinen Akademie der Granelleschi, die von einem Scherz junger Leute ihren Ausgang nahm, mehrere Jahre dauerte, sich da und dort versammelte, bald bei diesem, bald bei jenem, in einem Café, in einem Garten, in einem *cortile*, in ihren Reihen ausgezeichnete Geister zählte und ihre Akten veröffentlichte. Die vornehmen Reisenden versäumten nie, sich sie anzusehen. Ja, es fanden sich Historiker, die allen Ernstes ihre Geschichte schrieben[9].

Man unterhält sich hier auf Kosten des Giuseppe Sacchelari Arcigranellone. Man hängt ihm um den Hals ein Medaillon, das wohl ein Pfund wiegt. Man bekränzt sein Haupt mit einem Gewinde von Rettich, Endivie, Zuckerrüben und grünen Pflaumen. Man stellt einen Lehnstuhl auf einen Tisch, setzt ihn darauf und redet ihm ein, dies sei der Stuhl Bembos. Man räumt ihm das seltene und ganz besondere Vorrecht ein, im Sommer heißen Tee und im Winter Eiskaffee zu trinken. Man zwingt ihn, auf alle Fragen zu antworten, Sonette aus dem Stegreif zu machen, Liedchen zu singen, sich bis aufs Hemd auszuziehen und sich mit einem Fechtmeister zu messen, der ihn von allen Seiten mit dem Knopfe seines Floretts bearbeitet. Man krönt ihn unter dem betäubenden Lärm von Holztrompeten zum Dichter[10]. Man läßt ihn den Doktor machen und zunächst einmal durchfallen. Da spreizt sich nun der Arcigranellone wie ein Pfau, trägt die Sträußchen, die man ihm pflückt, auf seinem Hute, hängt an seinen Rock die Amulette, die man ihm gibt, erbittet sich bei dem Dogen Pietro Grimani eine Audienz, um ihm sein Elogion in Versen mit Goldschnitt zu zeigen[11], trägt dem Studio von Padua seine Mitwirkung und seinen Schutz an, ernennt *proprio motu* den Großsultan, den König von Preußen, den Fürsten von Thurn und Taxis zu Granelleschi, nachdem er aber bedacht hat, daß die beiden ersteren keine Katholiken sind, zieht er das Ernennungsdekret wieder zurück. Die anderen aber erklären Dante, lesen muntere Prosa und köstliche Verse, wollen zu der vorbildlichen Knappheit und Reinheit des guten alten Schrifttums zurückkehren. Der Schwulst des herrschenden Stils und die Pedanterie der Akademiker ist ihnen ein Dorn im Auge. Sie geben einander die spaßigsten Namen[12]. Ihrem Stande nach sind es Patrizier, Abbés, Männer der Feder, Männer

Canaletto (Giovanni Antonio Canal):
Der Canal Grande mit der Rialtobrücke, ca. 1750

des Gesetzes, Botaniker: Giuseppe und Daniele Farsetti, Giovanni Marsili, Gasparo Patriarchi, Natale dalle Laste, Carlo Gozzi, Gasparo Gozzi[13].

Es gibt Schriftsteller, die aus dem *Giornale de letterati d'Italia* Auszüge in neununddreißig Oktavbänden machen; andere wie Apostolo Zeno, die berühmte Namen tragen; andere wie Antonio Piazza mit unbekannten Namen; andere wie der Abbé Sforza, die es aus Bescheidenheit verschmähen, ein seidenes Kleid zu tragen; andere, wie der Pater Calogerà, die im Kloster von S. Michele in Murano Zwist stiften; andere wie der Abbé Gallicciolli, die einfach alles wissen; andere wie Giacomo Morelli, die eine Rede des Aristides entdecken; andere wie Gasparo Patriarchi, die ein Wörterbuch verfassen; andere wie der Volkswirtschaftler Gianmaria Ortes, der »etwas von einem Quäker an sich hatte«, gehen in Florenz mit dem Sonnenschirm in der Hand und den Bedienten hinter sich spazieren; andere wie Anton Federigo Seghezzi, die »den löblichen Drang in sich fühlen«, den Husten zu besingen, ehe sie sterben. Sie füllen die Kulissen und die Cafés, speisen die Zeitungen und Druckereien, bevölkern die Buchläden oder Empfangssäle.

Der markanteste Vertreter aber von ihnen allen ist Gasparo Gozzi.

*

II Haut und Knochen; lang wie eine Hopfenstange; ganz vertrocknet, glich er, wenn man ihm glauben darf, einer Kröte, die man in der Sonne an einem Stock aufgespießt hat; bald tiefsinnig, bald von Magenkrämpfen gequält, bald mondsüchtig; in einen langen Mantel gehüllt, der dem Elias gehört hatte, ehe er in die Hände St. Martins überging; begnügte sich im übrigen mit ganz altmodischen Kleidern und mit einer Perücke venezianischer Herkunft; den Kopf mit Schrullen angefüllt; schweigsam und zerstreut; ein geschworener

Feind von Zeremonien, nicht aus Halsstarrigkeit, sondern wohl aus Unbeholfenheit; zerstreut und geistesabwesend; seine Seele schwebt irgendwo in einem Wolkenkuckucksheim, und um sie wieder auf die Erde herabzurufen, muß man einmal, ja zweimal pfeifen; immer über den Büchern hockend; niemals frei herauslachend, aber im Innern ein kleines, friedliches Lachen sich wahrend, das ihm die Eingeweide kitzelt und bei guter Laune erhält: das ist der Graf Gasparo Gozzi, geboren zu Venedig am 4. Dezember 1713, gestorben zu Padua am 26. Dezember 1786[14].

Sein Vater stammte aus altem Adelsgeschlecht, aus dem Bergamasco. Seine Mutter Angela Tiepolo war eine Patrizierin der Serenissima. Seine Frau, mit ihrem Bürgernamen Luisa Bergalli, mit ihrem Schäfernamen Irminda Parthenis, war Dichterin und Tochter eines piemontesischen Flickschusters. Er zählte etwas mehr als 20 Jahre, als er die um zehn Jahre ältere kennenlernte: er heiratete sie aus »Zerstreutheit«, nachdem er ihr eine Liedersammlung im Geiste Petrarcas gewidmet hatte, worin er sie »Liebeslilie« nannte; in dankbarer Erinnerung schenkte ihm die Lilie Jahr für Jahr ein wohlgewachsenes Kind.

Und fast alle, der rückenmarkschwindsüchtige Vater, die phlegmatische Mutter, die neun Brüder und Schwestern Gasparos, die Frau Gasparos und Gasparo selbst machen Verse[15]. »In diesem Hause«, sagte Beatrice in dem *Poeta Fanatico* Goldonis, »geht es infolge der Dichterei drunter und drüber; der Herr Dichter, der Diener Dichter, die Tochter Dichterin; niemand tut hier seine Pflicht und alles lastet auf mir; ich sehe schon, heute morgen gibt es nichts zu essen.«[16] Nur gab es im Hause des Dichters Gasparo Gozzi, worin nach dem Ausspruche seines Bruders, des Dichters Carlo Gozzi, die Literatur »epidemisch« war, keine Beatrice, um Ordnung zu schaffen.

Früher einmal waren sie reich gewesen, hatten Diener gehabt, Abbés als Erzieher, Meuten von Hunden, eine Jagdausrüstung und ein Theater. Jetzt sind sie ganz ruiniert, dank der vornehmen Faulheit der Mutter und der Neigung des Vaters, der gar nichts gelernt hatte, als seinen Wünschen nachzugeben, ganz zu schweigen von der »pindarischen Verwaltung Irmindas«. Sie leben, so gut es geht, von verzweifelten Auskunftsmitteln, von Träumen, den größten Teil des Jahres aus Ersparnisrücksichten in ihrem Landhause in Vicinale, im Winter in Venedig in ihrem Palaste S. Cassiano, der »Dichterherberge«. O alter, verfallener Palast, der aus dem abgestandenen Wasser herausragt! Die Türen knarren in den Angeln, die Fliesen sind zerschlagen, Spinnweben hängen von den Balken herab[17]. Schreiende Kinder, Zank und Streit, endlose Szenen. Überall Tintenflecke. Immer ein Entwurf zu einem Lustspiel oder einem Roman oder ein drohender Prozeß. Auf den Tischen Wechselproteste unter Sonetten, daran die Mäuse knabbern. Und trotzdem ein fröhliches Lachen, z. B. wenn man vom Lande zurückkehrt und einer Schauspielertruppe gleicht. Auf der Treppe ein sonderbares Völkchen von Kommenden und Gehenden. Da drängen sich Gerichtsdiener, Wucherer, Rechtsanwälte, ausgepfiffene Autoren, Weiber mit Binsenkörben, Leute, die Ideen, aber kein Geld haben, ausgehungerte Schöngeister. Alle suchen Reime; Irminda schreibt, ein Tuch über den Schultern und die Perücke ihres Gatten auf dem Kopfe, um sich vor der Kälte zu schützen; der Vater dämmert dahin; die Mutter bemüht sich möglichst würdevoll dazusitzen; zwei Ahnenbilder von Tizian und Tintoretto scheinen in ihrem ehedem vergoldeten Rahmen tiefsinnig nachzudenken. Und wenn man mit seiner Weisheit zu Ende ist, taucht plötzlich ein überraschender Einfall auf, etwa die Leitung des Theaters S. Angelo zu übernehmen, indem man das Personal aus Dienstmädchen, Wäscherinnen und Perückenmachern und das Orchester aus Straßenmusikanten bildet; oder man nimmt eine Pensionärin auf, die schöne Möbel hat, und verkauft die seinen; streitet aber den lieben langen Tag mit ihr, so daß sie mit ihren Möbeln die Wohnung verläßt und man nicht mehr weiß, wo man sich niedersetzen soll[18]. Als der Vater stirbt, hält die Familie auf durchlöcherten Strohsesseln Rat, und um die in Tränen aufgelösten Leute zu trösten, erklärt Irminda, daß sie ihr Lebtag noch keinen so schönen Toten gesehen habe[19].

Inmitten dieses Lärmes schreibt Gozzi. Arme Grillenseele, die von Liedern und Tau lebt! Er liebte den heiligen Frieden des Bettes abgöttisch; abgöttisch die Faulheit, die allein seinem Geiste das Leben gab, und war doch vom Geschicke zu lebenslänglicher Zwangsarbeit verdammt. Gern hätte er sein Genie frei im Raume fliegen lassen und mußte doch wie die Schwalbe um das Nest herumflattern, um seine Kleinen zu füttern. Er war durchaus unpraktisch, wußte mit seinen Armen und Beinen nichts anzufangen; hätte gern wollen, daß ihm jemand beim Anziehen der Hose oder der Schuhe behilflich gewesen wäre; und sein Kopf wie seine Korrespondenz ist erfüllt von Zank, Streit, Prozessen und nichtigen Dingen[20].

Die Dichtkunst, die er zu seinem Vergnügen begonnen hatte, und durch die er sich schließlich sein Brot verdiente, bleibt seine Helferin in der Not. Sie umgaukelt ihn mit holden Bildern, die ihn auf ihren Flügeln weit weg vom Jammer des Alltags tragen. Was Geschrei, Streit, Moskitos, Mauersprünge, Staub, Pensionärin! Was Irminda Parthenis, die »prozeßsüchtiger ist als die Gräfin Pimbêche«! Eine liebliche Nachtigall singt in den Zweigen seines Lebens. Freundliche Wiesen grünen vor seinen Augen. Herden weiden das grüne Gras. Junge Frauen lächeln unter den blühenden Laubgängen. Paläste heben ihre türkisgrünen Dome in die Morgenluft empor. Er ist Dichter, ist glücklich. Wenn man ihm glauben darf, ist diesem kleinen Edelmann von dem ganzen Grundbesitz, den er sein eigen genannt hatte, den Feldern, Wäldern und Weingärten nichts anderes übrig geblieben als der Sand seiner Sanduhr[21]. Niemand verstand besser als er, schöne Träume hineinzupflanzen.

Er schreibt. Ein Dachzimmer, das seine Luke aufs Laub öffnet; eine kleine Lampe, die nachts ihre Flamme entzündet; einige gute Bücher; Tinte; eine Gansfeder – und er schreibt. Er schreibt vom Morgen bis zum Abend und abends reibt er seine Augen, um den Schlaf zu vertreiben,

Canaletto (Giovanni Antonio Canal):
Piazza San Marco, 1723/24

und schreibt weiter. Und nachdem er den Tag damit verbracht hat zu schreiben, kann er die Augenlider nicht schließen, ohne im Bett ein Buch aufzuschlagen. Er hat über alles und für alles geschrieben[22]: für die Schulen, für die Theater, für die Zeitungen, für die Hochzeiten der Großen und für die Feierlichkeiten der Republik, für den Rat der Zehn: leider! selten für sich selbst. Liebesverse; possenhafte Verse; satirische Verse; muntere Prosa; offizielle Berichte; kunstvoll aufgebaute Reden; Gelegenheitsdichtungen; Theaterstücke; Lustspielentwürfe; tausend Erzählungen und unzählige Übersetzungen aus dem Griechischen, Lateinischen, Französischen, Englischen, Deutschen[23]. »Ununterbrochen schreiben«, gesteht er, »ist meine Rolle, die ich schon bis zur letzten Szene werde spielen müssen.« Feder und Tintenfaß sind ihm verschwistert. Mit ihnen lebt und stirbt er. Er ist ein richtiger Polygraph, der jeden Auftrag übernimmt, obwohl er nicht »diese großen, gehaltvollen, lebenswichtigen Aufgaben erfüllt hat«, die allein Ruhm verleihen. Sein Element ist das flüchtige Stück, seine Äußerungsform das fliegende Blatt. Er ist Polygraph im Sinne eines Zeitungsschreibers.

Und in diesem Lande der Zeitungen ist in der Tat drei Zeitungen die Sorge für seinen Ruhm anvertraut – der Gazzetta Veneta, dem Mondo morale, dem Osservatore. Und hier findet man auch seine besten Beiträge[24].

Man lese nur diese drei Zeitschriften, deren geflügelte Seiten seinerzeit die Runde machten in der Gesellschaft, in den Cafés, in den kleinen von luftigen Brücken überspannten Straßen. Man findet darin alle Proben seines Fleißes, so wie man darin auch alle Kundgebungen des damaligen venezianischen Lebens findet, neben der Erzählung von der Entfernung einer Nasenwucherung eine köstliche Moralfabel, neben einem Rosogliorezept ein übersetztes Fragment aus Basilius und neben einem neuen Verfahren zum Pfropfen der Bäume eine orientalische Geschichte oder einen flüchtigen Lustspieldialog oder ein Bildnis. Das offizielle Ereignis, wie die Einweihung der Kirche der Pietà oder

der Einzug des Oberstaatsanwaltes, ist darin ebenso gewissenhaft verzeichnet wie das neue Lustspiel Goldonis; das soeben erschienene Buch Geßners oder Marivaux' ebenso wie das in der Merceria ausgestellte Bild einer *Locandiera* von Alessandro Longhi. Ein Rechenlehrer – Adresse beim Käsehändler auf der Brücke S. Apostoli zu erfragen – bietet seine Dienste an. Eine junge Witwe, bürgerlicher Herkunft, wohnhaft bei Frau Zanetta Stefani, im Hafen des Lotto Nr. 1, S. Bartolommeo, möchte gern mit heiratslustigen Herrn in Verbindung treten. Eine Gevatterin von S. Termita erzählt die seltsame Geschichte ihrer Henne, die im Alter von zweieinhalb Jahren plötzlich zu legen aufhörte und so leicht geworden war, daß sie überhaupt nur mehr aus Federn zu bestehen schien. Man findet darin die Einzelheiten der Ortschronik: die Geschichte von dem modernen Philosophen, der mit seiner Suppe im Magen sich auf der Piazzetta entkleidet, sich im Hemd auf seinen Kleidern ausstreckt und seelenvergnügt bis zur Morgenröte schläft; die Geschichte von der aus dreißig Personen bestehenden Gesellschaft, die ihren Tisch auf der Riva degli Schiavoni aufstellt, auf die Vorübergehenden Trinksprüche ausbringt und jeden, der da will, zum Trinken einlädt; die Geschichte von den zwei Dieben, die nächtlicherweile einen Vorübergehenden aufhalten und fragen, warum er, in einen Mantel gehüllt, nach Castello geht. »Aus zwei Gründen«, entgegnet der Spaziergänger, »erstens, weil es kalt ist, zweitens, weil der Mantel mir gehört.« – »Gegen den ersten«, erwiderten die Diebe, »ist nichts einzuwenden: es ist buchstäblich kalt. Was aber das anbelangt, daß der Mantel Euer Eigentum ist, so ist dies mit Verlaub zu sagen, kein stichhaltiger Grund, denn jetzt gehört er uns.« Man findet darin Träume, Theorien, abgerissene Zwiegespräche, die man im Vorbeigehen erlauscht hat, wie das über die Sterne, das eines Abends am Rialto zwischen einem Vater und seinem Sohne geführt wurde[25]. Man findet darin den täglichen Café-, Salon- und Straßenklatsch; den Streit zwischen mehreren Damen von Geist und ihren Kavalieren über die rote und grüne Farbe;

und eine Flut von Abonnentenbriefen; massenhafte Beschwerden; ganz widersprechende Ansichten; Anfragen an die Redaktion: ob die Männer der Wissenschaft wahrhaft lieben können; worin das Wesen der Dichtung Petrarcas besteht; warum die Maler und die Dichter den Liebesgott immer als Kind darstellten und ob Alexander der Große wirklich ein so bedeutender Mann war[26]. Man findet darin Venedig, sein Familienleben, seine häusliche Gemütlichkeit, seine liebenswürdige Verschwendungssucht. Man findet darin besonders Gasparo Gozzi mit seinem buntschillernden Geiste.

*

III Er sprüht vor Phantasie. Sein Herz geht ihm durch; ein Rad geht ihm im Kopf herum. Tausend liebliche, poetische Bilder tollen darin; tausend lustige Erfindungen regen seinen außerordentlichen Geist an. Träumereien, märchenhafte, moralische Motive, Allegorien, Vernunftschlüsse, Zwiegespräche zwischen Lebenden und Toten, zwischen Gottheiten und Tieren: seine abenteuerlich glitzernde Einbildungskraft ist unerschöpflich. Odysseus unterhält sich mit einer Fledermaus, Homer verteidigt seine Dichtungen gegen die Unehrerbietigkeit einer Feinstickerin. Der Buchhändler Colombani unterhält sich in seinem Laden mit zwei Karnevalsmasken. Aristophanes und Mantegna fangen ein Gespräch an. Der Kardinalshut, die Spinne und der Tropfen sind die Personen einer Moralfabel. In einer anderen treten die Stechmücke und das Johanniswürmchen auf. Das Lob der Faulheit wechselt mit dem Lobe des Kaffees oder dem der Almanache. Die Schilder der venezianischen Geschäftsläden, die da heißen: zur *Benedizione*, zur *Magnanimità*, zu den *Virtù morali;* zum *Amor fraterno*, zur *Carità del prossimo*, bringen ihn zum Lachen. Wenn er die Händler mit Universalmitteln sieht, die die Straße bevölkern, fragt er sich, ob denn der Mensch überhaupt etwas andres ist als ein Verkäufer von Balsam und ein Verschleißer von Geheimnissen. Und zur Zeit des Karnevals kommt ihm der Gedanke, daß alle Feierlichkeiten, Begrüßungen, Bücklinge, Hüteschwenken, Händedrücke, Handküsse, Rechtsgehen, Platzanweisen vielleicht auch nur Maskeraden sind. Einmal hat er sich vergessen, am Ufer eines Baches Verse gemacht und wird von einer Bauerndirne weidlich ausgelacht. Und ein andermal kommt es ihm mit voller Deutlichkeit zum Bewußtsein, daß wir unsere Füße, die uns doch zum Gehen gegeben worden sind, zum Tanzen benützen und daß wir die Hände, die wir doch erhalten haben, um die Erde zu bearbeiten, zum Schreiben verwenden. Ein Hans Dampf taucht vor ihm auf, dessen Hirn tagtäglich Nahrung aufnimmt, wie der Magen, derart, daß der Nährstoff morgens bei den Ohren eintritt und abends durch den Mund wieder austritt; so bleibt er ständig leer. Er hört die Klagen einer jungen Witwe an, die heiße Tränen vergießt und dabei ein Kleid bei ihrem Schneider bestellt, ohne die geringste Schleife zu vergessen[27]. Er zeichnet das Geschwätz einer kleinen Plaudertasche auf, die sich in der Gesellschaft gern durchsetzen möchte. Er beschreibt die geräuschvolle Unterhaltung von feinen Leuten[28]. Eine sanfte Ironie lächelt ihm in den Augen und ein altes zärtliches Bauernlied summt in seinem Herzen. Ein Körnchen Salz würzt alles, was er sagt. Er wirft Profile aufs Papier, ersinnt kleine Szenen, zeichnet entzückende Landschaften, malt farbenprächtige Bildchen; überläßt sich dem Zufall einer ausschweifenden, munteren Phantasie voll Anmut und heiterer Laune.

»Alcippo will und will nicht. Wenn er etwas zu tun hat, so sagt er weltverloren: ich werde es schon machen. Die Zeit naht, die Arme fallen ihm herunter und er steht der Arbeit ratlos gegenüber. Die Geschäfte langweilen ihn: etwas Gutes lesen, brächte ihn außer Atem. Legen wir ihn ins Bett. Er verbringt darin sein ganzes Leben. Wenn er die geringste Obliegenheit erfüllt, kommt ihm ein Augenblick wie lange Stunden vor; nur wenn er einem Vergnügen nachgeht,

Giandomenico Tiepolo:
Karnevalsszene, ca. 1754 – 1755

erscheinen ihm die Stunden wie Augenblicke. Die Zeit entgleitet ihm; er weiß nie, was er mit ihr angefangen hat; er läßt sie verrinnen, wie das Wasser unter der Brücke verrinnt. Alcippo, was hast du heut morgen gemacht? Er weiß es nicht. Er hat gelebt, ohne zu wissen, daß er lebte. Er ist möglichst lang im Bett geblieben; hat sich langsam angekleidet; hat mit dem ersten Besten, den er traf, gesprochen, er weiß nicht mehr wovon; hat die Runde um sein Zimmer gemacht; die Stunde des Mittagessens ist gekommen, sie ist vergangen wie der Vormittag und sein ganzes Leben wird vergehen wie dieser Tag.«[29]

»Quintilia und Ricciardo besuchen einen Kranken. Sobald sie eingetreten sind, erkundigen sie sich nach seinem Zustand. Auf die Mitteilung hin, daß es sehr schlecht steht, runzeln sie die Augenbrauen und stecken eine traurige Miene auf. Beide sitzen gegenüber einem Spiegel. Quintilia fragt manchmal, was die Ärzte sagen, welche Mittel man anwendet; sie seufzt, verdreht den Kopf, zieht die Schultern hoch, läßt aber den Spiegel nicht aus dem Auge und führt wie durch Zufall die Hand an eine Blume, die ihr Mieder ziert, und richtet sie. Ricciardo beklagt die Eltern, beteuert seine Freundschaft, dämpft die Stimme und nimmt – scheinbar ganz unabsichtlich – im Spiegel Haltung an. Der Arzt tritt ein. Die Familie begleitet ihn ins Krankenzimmer. Quintilia und Ricciardo haben nicht den Mut, den Kranken zu sehen. Allein zurückgeblieben, erinnert sie sich an ihren Fächer, den sie im Geschäfte abzuholen vergessen hat, und versichert, wenn man sich nur beeilt, werde man den Laden noch vor Geschäftsschluß erreichen. Wie lang wird denn der Arzt noch im Zimmer bleiben! Sie fürchten schon zu spät zu kommen und sind wie auf Nadeln. ›Gehen wir‹, sagt Ricciardo. – ›Nein‹, antwortet sie, ›das wäre sehr taktlos.‹ Die Familie tritt, mit Tränen in den Augen, wieder heraus. Der Arzt gibt Bescheid über den Kranken. Kaum ist er zu Ende, so verabschieden sie sich mit einem ›Gott tröste Euch!‹ und laufen dem Fächer nach, wobei sie erörtern, welch endlose Zeit in diesem Hause alles dauere.«[30]

»Vor einigen Monaten sah Geva, ein Bauernmädchen, prächtig aus und war muntrer Laune. Ein Liedchen trällernd, trat sie am Morgen ins Zimmer. Sie sang den ganzen Tag. Bei dem bescheidenen Familientisch erheiterte sie die ganze Gesellschaft. Von Natur hübsch, legte sie keinen Wert auf kunstvoll angeordnete Haare; ein Blümchen, aufs Geratewohl angesteckt – das war ihr Schmuck. Warum ist sie heute schwermütig und schweigsam geworden? Sie verwendet auf ihre Person besondere Sorgfalt; sie wählt ihre Blumen aus; sie versucht sie zwei- oder dreimal an ihren Schläfen, an ihrer Stirn, an ihrem Busen; dann steckt sie sie an, ohne recht befriedigt zu sein. Wenn Cecco kommt, wird Geva abwechselnd bleich und rot. Ihr Atem fliegt und hebt ihr Kleid an der Brust. Den andern schaut sie fest ins Gesicht; ihm gönnt sie keinen Blick; auf jede seiner Fragen antwortet sie in etwas wegwerfendem Ton. Wenn er geht, erlöschen ihre Augen, die bei seinem Eintritt aufgeleuchtet hatten. Sie fragt nie, wohin er geht. Sie hebt die Augen, wenn man ihn darum fragt. Wenn man von Liebe spricht, will sie nichts hören; verstohlen fängt sie an zu seufzen; fragt man sie wegen dieses Seufzens, gibt sie ausweichende Antworten; glaubt man ihr nicht, zieht sie das Gesicht kraus. Cecco, du hast einen guten Fang gemacht: sie ist ja ganz verschossen in dich!«[31]

Bei aller Lebhaftigkeit bleibt er vornehm, bei allem Feuer poetisch. Die tolle venezianische Derbheit hat sich bei ihm im Verkehr mit den alten Autoren von Athen und von Florenz oder mit den Spöttern des Auslandes verfeinert und abgeschliffen. Aristophanes, Lukian und die früheren Verfasser der *sonetti caudati*, Addison und La Bruyère haben ihm geholfen, sich selbst zu finden. Er hat viel gelesen, mehr nachgedacht als ein anderer und »mit gekrümmtem Rückgrat« lange geschwitzt. Wollte er seine Handflächen zeigen, so würde man darauf Schwielen sehen, wie an den Händen des gewissenhaften Arbeiters. Er schreibt ein reizendes Latein, ist von Buch zu Buch geflattert wie die Biene von Blume zu Blume, hat das Wissen zur »Leuchte seines

Geistes« gemacht und so ist er ganz unmerklich tief in dieses »innere Leben« eingedrungen, von dem sein leichtsinniges Zeitalter nichts wissen will. Dante, den er täglich liest, den er lange vor Monti in Italien wieder zu Ehren brachte, dessen Verteidigung er gegen den Jesuiten Bettinelli in einer aufrechten und wahren Prosa unternahm[32]; dann das Land, wo er inmitten der Grillen den Dichtern lauschte[33], für das er sich einen so reizenden Sinn bewahrte, und wo man sich unter dem Herbstlaub seinen blaßrosafarbenen Mantel vorstellen muß: Dante und das Land haben dieser köstlichen Seele für immer ihre Eigenart gegeben. Er hat Achtung vor sich und vor seiner Kunst. Er hat Achtung vor seiner Sprache, die er klar und natürlich haben will, geschöpft aus der lebendigen Quelle des Gebrauches[34], geschmückt wie eine Bauerndirne mit den Blumen des Feldes und nicht bedeckt mit Puder, Edelsteinen und Flitter. Der Kosmopolitismus, der in dem Italien des 18. Jahrhunderts ebenso die Gedanken wie den Stil beherrschte, hat diese streng italienische Seele nicht verändert; treu der Überlieferung, ergeben der Crusca, klassisch wie ein alter Text, hat sie sich auf den Wegen der Vergangenheit verspätet. Er gehört zu den Italienern, die das Französische nie vollständig können werden. Er hat den Mut, frank und frei zu schreiben, wie er denkt. Er ist manchmal nachlässig, nie aber entlehnt er etwas. Er hat Urteilsvermögen und stellt »das Gemeingefühl, die herkömmliche Moral, die üblichen Ausdrücke« über alles. Das Kauderwelsch ist ihm ebenso unerträglich wie die modernen Bücher, »die einem Gelegenheit bieten«, schreibt er seinem Freunde Dalmistro, »gleichzeitig Englisch, Deutsch und Französisch zu lernen, ganz abgesehen von Metaphysik und so viel anderen Wissenschaften, daß es nur so eine Freude ist«[35]. Er ist so geschmackvoll, nicht Enzyklopädist zu sein. Vor allem aber hat er guten Geschmack.

Er hat gelitten. Wenn er auch meistens über sein Unglück lacht, kommt es doch vor, daß er auch darüber weint. Manchmal lächelt er unter Tränen. Der Schmerz, der reift und adelt, hat seine Erfahrung bereichert. In den *Sermoni* in Versen, die er an die purpurgekleideten, friedsamen Besitzer der prächtigen Villen an der Brenta richtet, vernimmt man oft einen schluchzenden Unterton. »Ich bin allein, schreie, ängstige mich und zittere!« ... Tausend Wege hat er versucht: umsonst. Hat die Tische der Buchhändler mit tausenden und abertausenden Papieren bedeckt: umsonst. In dem Alter der Unschuld, wo man beim Herde der märchenerzählenden Großmutter lauscht und wo man glaubt, daß die kleinen Mädchen aus den Orangen kommen, hat ihn der Hofmeister, der zu ihm sagte: »Lerne nur fleißig, mein Sohn!« betrogen. Ein Nagel, ein Dorn, eine Zange, eine Flamme bringen seine Seele in Aufruhr. Vor sich sieht er nichts als »Erscheinungen und Schatten«. Nur ein Gut bleibt ihm, nur eine Hoffnung auf Ruhe, nur eine Zuflucht und ein Reichtum: der Stein, darin die Namen der Seinigen gemeißelt sind; starren Auges blickt er ihn an; auf den Knien bittet er ihn, sich zu öffnen: »Oh, mein Vater, mein Vater!« Er hat unendlich gelitten unter der Nötigung zu schreiben, sein Genie in den Dienst raubgieriger Buchhändler gestellt, sein Hirn drachmenweise verkauft und seine Seele Unze auf Unze verschleißt zu haben; »und das schlimmste dabei ist, daß das Gehirn billiger verkauft wird als das Rind- und Schweinefleisch«[36]. Glücklich jene, die in der Dämmerung scharenweise heimkehren! Die Zimmerleute und Schmiede, die aus der Werkstätte kommen und sich auf der Riva drängen! Ach! Die Handwerkerfrauen, die auf den Barken des Sonntags Tamburin spielen![37] »Heilige Schultern!« »Glückliches Fleisch, vom Geiste nicht angekränkelt!« ruft er aus.

Die Bitternisse stählen die Spannkraft. Der Leidensbecher, daraus er den kräftigen Trunk genossen hat, flößt ihm Mitleid ein mit den Nichtigkeiten ringsum. Der Mann von Welt, dessen ganze Tätigkeit darin besteht, zwei oder drei Verbeugungen zu machen, seine müßigen Schenkel in einem Polsterstuhl übereinanderzulegen, sich zu einer Bemerkung herbeizulassen, zu sagen: Was gibt es Neues?; der

Cicisbeo, der mit kleinen Schritten einhergeht, verstohlen blinzelt und eine Wolke Duft hinter sich läßt; der Schmarotzer, der seine Zeche mit Zoten und Skandalgeschichten bezahlt; der Tänzer, der mit seinen Beinen die Geschichte der Griechen und Römer kommentiert, erregen seine Verachtung und bewaffnen seine Hand mit der Peitsche der Satire. Dieser verkommenen Menschheit hält er gelegentlich eine männliche, stolze Zeit vor, wo die Liebenden statt flämische Nadeln Pferdegebisse kauften; wo die Bäuche der Atriden ganze Rinder verschlangen; wo das erste Spielzeug in den Patschhändchen der Kinder der struppige Bart der Zentauren war[38]. Die stadtbekannte Figur des Predigers, der mit der einen Hand wild das Kreuz schwingt, mit der andern sein Barett zerknüllt, schreit, schluchzt, bald lispelt, bald brüllt, – »und dann wirst du unter den Zuhörern ein allgemeines Husten hören« – erinnert ihn an das sanfte, fromme Bild des Basilius, aus dem er so viel übersetzt hat, der, die Stirn in der Hand, die Heilige Schrift las und ihre Substanz in die Wesenheit seines Herzens verwandelte. Die weibische Lust, die Venedig ausstrahlt, erinnert ihn an die wahre Lust, die kraftvolle Göttin, die Zeus hinter die »Ermüdung« gestellt hat, die rauhe Schönheit, die den Schweiß von den feuchten Stirnen wischt, den Sturm der aufgepeitschten Herzen besänftigt und die Stirn runzelt vor den trägen Massen auf den Polsterstühlen und auf den Betten. Die sittenlosen Epochen sind immer reich an Moralisten gewesen. Der Graf Gasparo Gozzi ist im besten Sinne des Wortes der Moralist dieser sittenlosen Zeit. Er wirft sich zum Sittenrichter dieses Zeitalters auf, wo die Tugend kein anderes Lob findet als auf den Grabsteinen. Er spielt die Rolle dieses Arist, dem die Leute ins Gesicht lachten, um dann wieder ihre Gespräche über Köche und Elixiere aufzunehmen. »Pst! Das ist der Kerl, der Dogmen niest!«[39]

Dabei ist dieser Arist gar nicht menschenscheu. Mit Unrecht würde man ihn für einen sauertöpfischen Geist halten. Wenn ihm auch der Schmerz recht hart zugesetzt hat, läßt er sich doch nicht bei ihm häuslich nieder. Wenn die Bitternis seine Lippen mit Wermut eingerieben, hat sie doch nicht sein Herz gallig gemacht. Und die Wissenschaft, die sein Denken gereinigt und blank geputzt, hat es nicht zu den schwindligen Höhen geführt, wo es von Abgründen und Offenbarungen starrt. Seine Tiefe ist nicht grundlos. Bei ihm, wie bei seinem Meister Dante, bekommt der Mund keine grausamen Falten. Er weint, trocknet die Tränen und lächelt. Er bohrt seinen Stachel ein und fliegt davon. Seine Laune ist nicht so mürrisch, daß er das traurige Vergnügen sucht, die Welt zu kränken, sein Stolz nicht so vermessen, daß er sich einbildet, sie zu bekehren[40]. Geduldig wie »ein Pfeiler« und überzeugt, daß »die Menschheit ihren Weg machen muß, wie sie ihn macht«, hat er nichts von dem Apostel, dem Messias, dem Führer des Volkes in der Wüste an sich; nicht einmal etwas von denen, die mit einer neuen Lehre oder auch nur mit einer neuen Formel hervortreten. Er ist eine Blüte gesunden Hausverstandes, ein köstliches Lächeln einer alten Kultur, eine Flamme der Ironie, eine Phantasie, vielfarbig und schillernd wie eine kleine Welle der Reede. Er ist der unnütze und reizende Dichter, für den Plato in seiner Republik keinen Platz hatte. Keine allzu drückende Sorge, kein überflüssiger Ballast beschwert seine mit duftiger Ausbeute beladene Gondel. Mehr als die Sitten hat er den Stil gegeißelt: sein Gewissen ist weniger moralisch als literarisch; seine edelsten Entrüstungen gleichen schönen Antithesen, und weder der Politik noch der Religion gelang es jemals, ihn in ihr Gestrüpp zu ziehen. Während ganz Europa »von toten Kaisern und stürzenden Thronen« spricht, füttert er seine Hühner; oder er beobachtet, gleich Horaz auf der Via sacra, in der Merceria die *constumanze da riso* von Venedig; oder er erfindet herzige Geschichtchen, um die Kinder wach zu halten[41]. Immer und überall bleibt er der sanfte Mensch[42], der die ärgsten Schläge des Schicksals erträgt, wie er den Verlust eines neuen Mantels ertrug, den er sich einst hatte machen lassen, ohne zu bedenken, daß dem Christen Bescheidenheit zieme und daß ihn die Vorsehung ohnehin mit einem Gold- und Azurkleid bedacht habe. Der ihn ihm stahl, erwies ihm einen Dienst; er machte ihn demütiger und obendrein brauchte er keine Flecke und Risse mehr zu fürchten.

*

So ist der Graf Gasparo Gozzi eine Persönlichkeit von Venedig. Er ist so etwas wie der offizielle Dichter der Republik, der anerkannte Mann von Geist, die Ruhmeszier des Landes. Wenn ihm der Doge Marco Foscarini, dem er das Material zu seiner Geschichte der venezianischen Literatur vorbereitete, nicht die Lehrkanzel der griechischen und lateinischen Literatur gegeben hat, die er in Padua anstrebte, so ist er zum Korrektor des Schrifttums in Venedig ernannt worden, zum Oberintendanten der Buchdruckerkunst in Venedig und zum Erneuerer des Schulwesens in Padua. Die Patrizier bieten ihm hundert Zechinen, um ihre Hochzeiten zu feiern[43]. Kein Fest der Serenissima, für das er nicht mit irgendeiner Kantate betraut würde. Keine Prokuratorenernennung, für die man bei ihm nicht eine Rede bestellte. Und doch darf man ihn nicht eine Berühmtheit nennen. *Bel celeberrimo per mia fè!* antwortet er. Und doch fragt er sich allen Ernstes, warum er, der so viel gelesen, so viel nachgedacht, so viel geschrieben, den ganzen Tag und noch einen guten Teil der Nacht gesonnen hat und im Grund kein Strohkopf ist, auch eine gute Dosis Gedächtnis besitzt, warum er also nicht zu hohem literarischen Ruhme gelangt ist. Er schrieb es seinem allzu häuslichen Sinne zu, der nie etwas Arges dabei sah, dem ersten besten zuzulächeln, und der nicht genug darauf achtete, jedes seiner Worte gehörig zu betonen. Er bemerkte auch mit Betrübnis, daß er vielleicht nicht genug zitiert habe[44].

Caterina Dolfin-Tron, die Frau des Prokurators, den das kleine Volk den *Padrone* nannte, verwandte ihren ganzen Einfluß, um sein Alter zu verschönen. Die Freundschaft dieser vornehmen Dame und des weißköpfigen Dichters ist eine der lieblichsten Erscheinungen der zu Ende gehenden Republik. Sie nennt ihn »ihren Vater«, und er betitelt sie »Geschöpf von zarter Farbe und blondem Haar«, als »Exzellenz, Wohltäterin, Beschützerin« und er zeichnet die Briefe, die er an sie richtet: »Euer Vater, Euer Großvater, Euer ganz ergebener, ganz untertäniger Diener und ewiger Vater, Amen, Gasparo Gozzi.« Sie erweist ihm alle erdenklichen zarten Aufmerksamkeiten; sie bittet seine Töchter, den Herbst in ihrer Villa zu verbringen; sie schickt ihm Früchte, Wild oder Reisbündel zum Geschenke; stellt ihm ihre Theaterloge zur Verfügung, wo er ein Tischlein deck dich findet und wo man ihm auf einen Wink gehorcht – zum erstenmal in seinem Leben. Er wieder leistet ihr kleine Dienste: so berichtet er über Neuigkeiten, wenn sie auf dem Lande ist, oder trägt ihren Pelz zum Kürschner oder treibt ihre Schneider zur Eile an oder schickt ihr eine weiße Kapuze mit rosa Taffet[45]. Und als sich eines Tages der arme Mensch in einem Anfall von Wahn oder Verzweiflung – man weiß nicht, ob unbewußt oder nur zu bewußt[46] – aus seinem Fenster in die Brenta stürzte, wird sie zuerst benachrichtigt und sorgt sich um sein Befinden. »Als ich in sein Zimmer kam«, schreibt der Bruder Gasparos, »fand ich sie auf einem Sofa, bitterlich weinend. Kaum hatte sie mich gesehen, so stürzte sie halb ohnmächtig in meine Arme. Als sie mit tränenerstickter Stimme sprechen konnte, brachte sie nichts hervor als: ›Lieber Freund, fahrt nach Padua, rettet meinen Vater, rettet meinen Vater.‹«[47]

Er ist jetzt alt, so alt. Er ist alt wie die Todsünde, mit dem einzigen Unterschiede, daß sich die Todsünde von Zeit zu Zeit erneuert, während seine Verhältnisse immer gleichbleiben. Seine Frau Luisa Bergalli ist tot. Er hat eine andere geheiratet, Sara Cénet, eine Französin, die nach bösen Abenteuern in Venedig gestrandet ist. Obwohl neuerdings verheiratet, gleicht er einem Patriarchen. Er hat eine Menge kleiner Kinder, die ihm um die Beine springen und ihn »Großvater! Großvater!« rufen, so daß ihn schließlich auch die Kinder der Bäuerin »Großvater« rufen. Seine Tochter Marina ist alle Augenblicke guter Hoffnung: er erkennt darin eine Bestätigung der erstaunlichen Fruchtbarkeit des Blutes der Gozzi. Er selbst staunte, daß eine seiner Schwestern, die Nonne war, niemals entbunden habe, und gab auf der Straße nur den Bettlerinnen Almosen, die Familienzuwachs erhalten sollten. Früher einmal lachte er über seine alte Magd, deren Haut faltig war wie eine Geldtasche, die jemand auf der Straße findet und wegwirft; heute lachen die jungen Mägde hinter seinem Rücken über seine Gebrechlichkeit. Er nährt sich von Kapaunen, die so dünn sind, daß sie zwischen den Stäben ihres Käfigs durchschlüpfen. Er reitet ein Pferd, das aus der Zeit des Trojanischen Krieges stammt. Er hat nur mehr seine gichtischen Beine und das Herz, das ihm davonfliegt. Wenn ihn die Ärzte besuchen, läßt er sich krank melden und entschuldigt sich, daß er sie nicht empfangen könne. Er behilft sich, indem er sachte, sachte dahingeht, in der Hand ein Salbeiblümchen oder eine Rosenknospe, an der er riecht. Er hat Anfälle von Trübsinn, wenn er aber bei Tische sitzt, erinnert er sich nicht mehr an die Gründe seiner Schwermut. Er geht auf den Feldern, in den Obstgärten, auf dem Strande spazieren, unterhält sich mit den Vögeln des Himmels, liest Columella und bebaut nach dessen Angaben seine kleine Umfriedung. Wenn er reist, nimmt er seine Katze in einem Käfig mit. Und an einem Weihnachtstage gab der alte Dichter, der nie das Tanzen erlernt hatte und von sich selbst sagte: »Alles, was ich Gutes an mir habe, ist ein wenig Romantik in meinem Geiste«, Gott seine Seele zurück. Dort oben erwartete ihn der glänzende Stern, aus dessen Fenster er auf die Kleinlichkeit dieser Welt herabsehen und sich trösten sollte, so wenig geleistet zu haben.

*

Luca Carlevarijs:
Empfang des französischen Botschafters, 1706

Er war aber trotzdem das anerkannte Oberhaupt der Schriftsteller. Wer wird je den Geist Venedigs erklären?

Er ist seltsam und phantastisch, besteht aus Launen wie die heimische Baukunst aus Arabesken; gewürzt mit einem Korn Bosheit, wie die Woge der Lagune durch ein Korn Salz; er ist nach dem unübersetzbaren Ausdruck eines Zeitgenossen ganz *scherzi* und *lepidezze.*

Misce stultitiam consiliis brevem riet Horaz, vielleicht der gelesenste Dichter dieser epikureischen Epoche. Der venezianische Geist gehorcht dieser Mahnung des Schützlings des Augustus. Er mischt seine Weisheit mit einem kleinen Zusatz von Torheit. Er trägt eine Narrenkappe und eine Schelle. Von erlesener Gutmütigkeit, kann er doch auch schalkhaft sein. Er stellt ein sonderbares Gemisch von Ironie und Klarheit dar. »Er hat viel von dem griechischen Attizismus und der französischen Fröhlichkeit, ohne das eine oder das andere zu sein«, versicherte Grosley. Und wenn alle zeitgenössischen Schriftsteller ein Teilchen dieser pikanten Lebhaftigkeit empfingen, von dem Dichter Lamberti, den der alte Gamba den Anakreon von Venedig nannte, bis zu dem Abenteurer Casanova, in dessen Schwänken der Prinz von Ligne »eine Spur attischen Salzes« fand, gebührt Gasparo Gozzi das Verdienst, diesen venezianischen Geist mit seiner ganzen Feinheit und seinem vollen Glanze durchdrungen zu haben.

Wenn der arme »Lohnsklave des Buchhandels«, als den er sich bezeichnete und der er auch wirklich war, nicht die Muße fand, ein Werk zu hinterlassen und wenn er sich auf allen literarischen Wegen, die er bahnte, überholt sah, – die *Frusta letteraria* Barettis fand mehr Anklang als sein *Osservatore*, der *Giorno* Parinis stellte die *Sermoni* in den Schatten und Dante sollte glänzendere Verteidiger finden als den Verfasser der *Difesa* – so hat er eine bestimmte Nuance des Geistes zum Ausdruck gebracht und ihr in der klassischen Literatur Italiens Bürgerrecht verliehen.

Sechstes Kapitel

Die musikalische Leidenschaft

I

Charles Burney und sein »Musical Tour« in Italien.

II

Die Musik in Venedig. – Sie ist hier zu Hause. – Die Stille. – Das Volk der Notenfresser: Komponisten, Kapell- und Schulmeister, Musikanten, Waisenmädchen, Virtuosen. – Wie sie gepflegt und geehrt wird. Il teatro alla moda Benedetto Marcellos. – Baldassare Galuppi, genannt Buranello. – Inwiefern die Musik eine Leidenschaft ist.

III

Wo man in Venedig Musik hört. – Die Akademien. – Die Kirchen. – Die Spitäler. – Die Theater, die Oper. – Die opera buffa. – Die aria.

IV

In Venedig hört man überall Musik. – Man lebt in Musik. – Die Musik ist die Sprache dieses sangesfrohen Volkes. – Die Nacht und die Stanzen Tassos.

V

Die Achtung vor der Nacht.

Die Musik ist eine Leidenschaft. Man höre Burney. I

Obwohl ihm Rousseau eine Schrift gewidmet hat, weiß man nicht viel von ihm.

Charles Burney, Doktor der Musik der Universität Oxford, war ein kleiner, immer geschäftiger Mann. Er hatte einen gutartigen Charakter und ein höfliches Benehmen. »Man hat ihn unwillkürlich gern«, sagte Johnson von ihm. Seine Tochter Miß Francis, der wir die Romane *Cecilia* und *Evelina* oder der »Eintritt einer jungen Dame in die Welt« verdanken, ergänzt sein Bild.

Burney hatte den Plan zu einem weitläufigen Werke gefaßt, das er »*General history of Music*« nennen wollte, als methodischer Geist gedachte er sich aber vorher mit Material zu versorgen. Zu diesem Zwecke war er in Italien. In Italien war die Musik damals ebenso jung wie die Malerei nach Giotto in der Zeit des Ghirlandaio[1]. Sie wucherte üppig und floß in breiten Strömen dahin. Der Doktor Charles Burney ließ sich keinen Tropfen davon entgehen.

Er stieg in Turin in den ersten Julitagen des Jahres 1770 ans Land und hatte nur Auge und Ohr für die Musik. Er sammelte überall, wo er nur konnte, in den Kirchen, in den Theatern, in den Cafés, ja sogar auf der Straße. Er stieg in die Kirchenchöre hinauf, bis zu den Orgeln, die mit Staub und Kerzenflecken bedeckt waren. Er setzte sich vor Klaviere mit schwarzen Tasten, neben alte tabakschnupfende Priester. Er nahm in den Theatersälen an der Begeisterung der Massen teil. Er verkehrte bei den Dilettanten, Berufsmusikern, Virtuosen, Kapellmeistern, Meistern des Kontrapunktes, blätterte im Padre Martini, hörte Jomelli, besuchte Piccini.

Und doch: Nachdem er am Ende seiner musikalischen Pilgerreise angelangt ist und die melodienreiche Halbinsel in ihrer ganzen Ausdehnung durchwandert hat, scheint ihm Venedig am besten gefallen zu haben[2].

Das ist auch durchaus verständlich. In Venedig ist die Musik eine Leidenschaft.

*

II Hier in der verschwimmenden Landschaft, zu Füßen der Dornröschenpaläste, im Schoße der azurfarbenen, freundlichen Atmosphäre ist die Musik zu Hause. Es scheint, daß sie hier immer zu Hause gewesen ist und daß Sansovino recht hatte, wenn er schrieb, daß in Venedig die Musik *la sua propria sede* hat. Ein paar Schritte von der Piazza ist das Schweigen so groß.

Eine Ecke am Rio. Ein Fenster mit Säulchen, daran Jasmin hinaufklettert. Eine vorüberfahrende Gondel, die mit ihrem Ruder einen Silberregen aufsprühen läßt: *premi!* Fast ohne Geräusch gleitet die Gondel vorbei, ein Stückchen im Schatten, ein Stückchen in der Sonne: *stali!* Wenn sie an einer Biegung des Kanals verschwunden ist, fällt ein Jasminstern in das friedliche Wasser, und man hört dieses Auffallen der Blumenkrone, so groß ist das Schweigen. So wird die Musik von selbst geboren, die klimatischen Vorbedingungen sind da.

Seit dem alten flämischen Meister Adrian Willaert und seinen unmittelbaren Schülern Cyprian de Rore, Niccolò Vicentino, Francesco della Viola: seit Zarlino und dem kühnen Neuerer Gabrieli und dem genialen Offenbarer Monteverdi gibt sich hier eine Überlieferung kund; und in der Dogenkapelle ist die Reihe der Meister ebenso vollständig wie die Reihe der Dogen und die Reihe der Patriarchen[3]. Versuche auf Versuche sind gemacht, Erfahrungen nach allen Richtungen hin gesammelt worden. Dermaßen, daß im 18. Jahrhundert Venedig mit seiner langen, ruhmreichen Vergangenheit, mit seiner Kapelle von S. Marco, mit seinen vier Konservatorien, mit seinen sieben Theatern und mit seinen berühmten Liedern der Gondolieri die Heimat der Melodien ist. Venedig, das der Oper den ersten Theatersaal geöffnet hat[4], ist der Sitz der ersten Opernschule[5]; es ist neben Neapel die Hochschule der Vokalmusik; und es ist die Heimat des echt italienischen Instrumentes, des Instrumentes, das Raffael seinem Apollo vom Parnaß gab und das der göttliche Corelli wie Apollo spielte, es ist die Heimat der Geige.

Lotti wird hier 1655 geboren, Marcello 1685, Galuppi 1703, Bertoni 1737, Furlanetto 1738.

Tartini stammt aus Pirano, wie Galuppi, genannt der Buranello, von der Insel Burano stammt. Vivaldi, den man den Prete Rosso nannte und den sich Bach zum Muster nahm, ist auch Venezianer und Pescetti gleichfalls[6].

In Venedig lehren die besten Lehrer des Auslandes in den Konservatorien: Domenico Scarlatti, der als vollendetster Klavierspieler seiner Zeit gilt; Porpora, der Haydn in seinen Anfängen beriet; Hasse, Jomelli, Sacchini. In Venedig schreiben an dem Ufer der andächtig stillen Wasser Händel und Gluck, Piccini und Paesiello einige ihrer zartesten Opern[7]. In Venedig führen sie diese in entzückt aufhorchenden Sälen zum ersten Male auf. Cimarosa stirbt hier, und der Wunderknabe Mozart feiert hier den Karneval. »Alle Theater der Welt, ja selbst die Italiens haben Musiker aus Venedig«, schreibt der Reisende Lalande[8]. Algarotti sammelt hier Belege für seine *»Abhandlung über die Oper«.* Jean Jacques vertieft sich hier in die italienische Musik. Metastasio gibt hier dem Buchhändler seine Textbücher. Die Musikliebhaber nehmen von hier einen reichen Schatz handgeschriebener Partituren mit. Als kleines Mädchen singt hier die Banti in den Cafés. Und weiter stammt aus Venedig die Faustina Bordoni, die sich ganz aus Anmut und Frohmut, Eulenspiegelei und *tempo rubato* zusammensetzt, die von der Rosalba gemalt und von Europa bejubelt worden ist: sie spielte mit dem Rhythmus und dem Takt, wie ein sich auf der Spitze eines Zweiges schaukelnder Vogel[9].

Peinlich genaue und von ihrer Aufgabe durchdrungene Professoren; öffentliche und private Kapellmeister, Organisten und Komponisten von Motetten; schwarze Priesterröcke und weiße Waisenmädchen; ordengeschmückte Virtuosen, Viola-, Klavier- und Oboespieler; Komponisten, Sänger, Instrumental- und Kontrapunktkünstler, Notenschreiber: eine Menge Leute sind da, die von der Musik leben. Es hat sie zu der Musik gezogen, wie es einen guten Christen zu Gott zieht. Ihr haben sie alle Kräfte ihres Wesens geweiht; um

Giandomenico Tiepolo:
Gondelfahrt, ca. 1765

sie ganz zu begreifen und zu beherrschen, haben sie alle ihre Zweige auf einmal gepflegt. Ein zeitgenössisches Schriftchen zeigt zur Genüge, was in dieser leichtlebigen Stadt die lebendige Überlieferung, der herrschende Geschmack war, und macht die Achtung verständlich, die man der Musik erweist: nämlich die feine und muntere Satire des *Teatro alla Moda*, worin der große Marcello auf den Gedanken kommt, die neuen musikalischen Moden zu verspotten[10]. Denn das Teatro alla Moda ist nicht nur ein reizendes Lächeln, das über ein ernstes Gesicht huscht, es ist das Bekenntnis eines Mannes, der einem höheren Ideal huldigt[11]. Wenn der Verfasser der *Psalmen* einen Augenblick den Schalk spielt und so gelungene und ironische Silhouetten von dem Volke der Notenfresser entwirft, so zeigt das eben, daß er selbst im Banne eines Kultes steht und einen Gott verehrt.

Man dringt bis zu den innersten Geheimnissen der liederfrohen Stadt vor. Eines Tages liest der Prete Rosso am Altar die hl. Messe. Plötzlich durchzuckt ihn ein klangvoller Gedanke, er vergißt das göttliche Wunder, das sich in ihm vollzieht, und läuft in die Sakristei, um diesen Einfall aufzuzeichnen[12]. Eines Tages hört Marcello, da er am Fenster seines Palastes träumt, Mädchenstimmen, die auf einer Barke vorübergleiten; und um den *soprano sfogato* eines dieser Mädchen, der Rosanna, die in die Nacht hinaus sang[13], um »diese biegsame, wie eine Perle glänzende, trostspendende Stimme«, gibt er, der Grande von Venedig, der Unbekannten seine Liebe und seinen Namen. Tartini träumt, er habe seine Geige dem Teufel geliehen und der Teufel spiele darauf; vor seinem Bette führt der Teufel den Bogen. Und indem er versucht, sich diese phantastische, unerhörte, übermenschliche Arie, die er im Traum gehört hat, ins Gedächtnis zurückzurufen, schreibt Tartini seine wundervolle »Teufelssonate«[14]. Hasse singt in einer Gesellschaft bei Klavierbegleitung; die strahlende, schelmische Faustina hört ihn und schwört, keinen anderen zu heiraten als diesen *caro Sassone* mit den blonden Haaren; sie schenkt ihm zwei Töchter; und dort in seiner Wohnung nahe der kleinen

Kirche von S. Marcuola begleitet Hasse bescheiden ihre reinen Stimmen. Die Arpeggien fallen von einem erleuchteten Fenster auf den Kanal; auf der Stirn ihren kleinen Lichtstern tragend, hält eine Gondel, dann zwei, dann zwanzig, und als das Stück aus ist, dringt Beifall aus der Nacht zu dem offenen Fenster empor. Baldassare Galuppi ist das musikalische Genie des Augenblicks.

Wie gesagt, im Jahre 1703 geboren, und zwar auf der Insel Burano – daher sein Spitzname Buranello, der Kleine aus Burano –, Schüler seines Vaters, dann des strengen Lotti, hat er eine glänzende Laufbahn zurückgelegt. Er ist ein ausgezeichneter Klavierspieler. Er ist Organist bei den Gritti, die ihm hundert Zechinen zahlen. Er ist Kapellmeister in S. Marco. Er ist Konservatoriumsdirektor bei den Incurabili. Er ist der anerkannte Lieferant der Kirchen und Theater der liederreichen Stadt.

Er drückt die Anmut des venezianischen Augenblicks in Musik aus. Von den feinsten Gedanken erfüllt, schreibt er spielend. Er ist ganz *capriccio, brio*, launige Munterkeit, leichte Fröhlichkeit. Seine Ader fließt frisch aus der Quelle und verströmt sanft in dem glücklichen goldgelben und blassen Lichte, das Tiepolo so gern malte. Sie übergießt die Seele mit Frühlingsfrische. Für diesen Sohn Venedigs gibt es anscheinend weder Anstrengung noch Mühe noch Sammlung. Er arbeitet leicht und seelenvergnügt. In einem Jahre schreibt er zwei, drei, vier dieser komischen Opern, die er mit einigen andern erfand; fünfzig Jahre hindurch wird er nicht müde, unablässig zu schaffen; in dem Maße, als er älter wird, scheint sich sein Feuer zu steigern; man verdankt ihm über siebzig komische Opern[15]. Dazu kommen noch die großen Opern. Ferner die religiöse Musik, die Motetten, die Messen und die Psalmen, »reich an neuen Phrasen, erfüllt von gutem Geschmack, von Wohllaut und Versonnenheit«, die er bis zu seinem Ende schreibt. Dazu kommt weiterhin die Tätigkeit, die er bei dem Orchester der Incurabili entfaltet, wo die schöne Ordnung seines lichtvollen Gehirnes waltet, wo kein Musiker auf Kosten der anderen zu glänzen sucht, wo alles abgestimmt und abgetönt erscheint. Sein Ruf fliegt denn auch durch die Welt. Im Jahre 1741 hat ihn London berufen, 1765 die große Katharina, die ihm einen Hofwagen anbietet, viertausend Rubel Gehalt und nach der Aufführung seiner »*Didone abbandonata*« tausend Dukaten in einem diamantbesetzten Kästchen »von der karthagischen Königin«. In den Straßen Venedigs grüßt man ihn wie eine nationale Zier.

Obwohl er an die Siebzig ist, merkt man es ihm in dem Augenblicke, da ihm Burney begegnet, nicht an. Die ewige Jugend seiner Einbildungskraft zeigt keine Falte. Er ist ein kleiner schmächtiger Greis mit durchgeistigten Zügen, der bei der Unterhaltung witzsprühend ist. Er bewohnt ein mit einem Bilde Paolo Veroneses geschmücktes Haus. In seinem Arbeitszimmer hat er nur ein einfaches Spinett und viel Papier, das er gern beschmiert.

Er hat mehrere seiner Kinder verheiratet; aber noch bleiben ihm eine Menge zu versorgen. Er bemüht sich, ihnen Lebenstüchtigkeit und ein gutes Betragen beizubringen. Und als ihn Burney bat, das Wesen der guten Musik zu umgrenzen, antwortete er ohne Umschweife: *Vaghezza, chiarezza e buona modulazione*[16].

Die Musik ist eine Leidenschaft. »Sie ist«, sagt de Brosses, »eine unfaßbare Tollheit.« Sie ist ebensogut eine Funktion des Staates wie eine Herrin des Vergnügens. Venedig ist die Stadt, wo man den Sänger Guadagni zum Ritter von San Marco macht, wo man von Händel siebenundzwanzigmal hintereinander die Wiederholung seiner *Agrippina* verlangt und wo man nach der Aufführung des *Convitato di pietra* Cimarosas den Meister beim Fackelscheine im Triumph nach Hause begleitet. Und wie der flatterhafte Venezianer in seinem Mantel aus leichter Seide von einer Laune zur andern fliegt, so muß man ihn auch beobachten, wenn er Musik hört. »Wenn er Musik hört«, schreibt Burney, »scheint er ihr zu unterliegen, wie wenn dieses Vergnügen zu groß wäre, wie wenn seine irdischen Sinne es nicht ertragen könnten.«

Er hört Musik in den Akademien, in der Kirche, in den Konservatorien, im Theater, er hört sie auf der Straße – überall.

*

Die Musikakademien hören überhaupt nicht auf.

»Es vergeht fast kein Abend, wo es nicht irgendwo eine Akademie gäbe[17]. Manchmal sind für einen und denselben Abend zwei oder drei angekündigt. Und das in allen Gesellschaftsklassen, von den kleinen Bürgern an[18] bis zu den Patriziern. Die Gritti haben Galuppi in ihren Diensten, die Labia führen den *Caieto* Bertonis zum erstenmal in ihrem Palast auf, die Balbi geben *Il Finto re Teodoro di Venezia* Paesiellos zum erstenmal in ihrem Landhaus[19]. Neben dem Kielflügel singt ein alter Abbé mit Geschmack. Oder eine *zentildonna*, Perlenschnüre in den Haaren, gibt Barkarolen zum besten[20]. Oder es wird eine edle Symphonie gemeinsam gespielt. Die Dilettanten haben sich zu ihren Pulten gesetzt; sie haben die Schöße ihrer Röcke zu beiden Seiten des Stuhles fein säuberlich zurechtgelegt; sie haben ihre Spitzenärmel zurückgeschoben; sie haben auf dem Pulte die schöne handgeschriebene Partitur entfaltet. Und vor den andächtig lauschenden Zuhörern beginnt die Aufführung, ernst, langsam, feierlich und nur von Zeit zu Zeit von einer Pause unterbrochen, in der man die Lichte schneuzt, die Geigen stimmt und die Bogen mit Kolophonium einreibt; und die Schnupftabaksdosen machen die Runde[21].

Kein Tag vergeht, ohne daß in den Kirchen irgendeine musikalische Feier stattfindet, anläßlich eines Dogenumzuges, eines historischen Gedenktages, einer religiösen Festlichkeit, anläßlich aller weltlichen oder geistlichen Ereignisse der Serenissima. Besser als die Predigt macht die Musik volle Kirchen; durch die Musik entledigt man sich seiner Pflichten gegen Gott und verkehrt mit ihm; hier heißen die Gebete *Salve regina* und *Stabat mater*, Motette, Madrigal, Oratorium. Gesungene oder gespielte Messen; Genüsse, die von langer Hand vorbereitet wurden; Prunkaufführungen, die geschlagene fünf Stunden dauern; auf einem eigens errichteten und mit Bändern geschmückten Podium vereinigen sie vierhundert Musiker[22]; unter einem und demselben Kirchenschiff stellen sie zwei Orgeln und zwei Orchester, manchmal, wie in S. Marco und unter der Leitung Galuppis, sogar sechs einander gegenüber[23]. Venedig läuft zu diesen Feierlichkeiten wie zu einem unentgeltlichen Vergnügen und zu einem Feste des Geistes. Ein derartiger Aufschwung des Gemütes entspricht seinem Genie. Nach dem augenermüdenden Glitzern der Lagune tut der Halbschatten der Kirche doppelt wohl; Goldfiguren glänzen sanft; Mausoleen zeichnen ihre ruhigen Formen ab; unter seiner Batistmütze neigt der Doge lächelnd den Kopf. Kleine Frauen, hübsche Kinder, Abbés, die mit dem Fächer spielen. Man flüstert, grüßt, droht einander mit dem Finger. Plötzlich schweigt man. Aus den Tiefen der Vergangenheit steigt eine Stimme auf, die den Raum füllt, die Kirche bevölkert, die Wölbungen mit einer königlichen Draperie behängt. Und nun kommt eine heroische Fuge Lottis, massig und nackt, ohne *fioriture* und Schmuck, einzig mit Begleitung der großen Orgel Scarlattis. Oder es zuckt plötzlich in einem melodischen Blitz, eine Feuerfurche am Himmel ziehend, ein Psalm Marcellos auf:

I Cieli immensi narrano
Del grande Iddio la gloria ...

Mit solcher Kirchenmusik verherrlicht das zeitgenössische Venedig die Seiten eines umgänglichen, nachsichtigen, strahlenden Evangeliums.

Samstag und Sonntag geht man zur Vesper in die Spitäler. Es gibt vier: die Pietà, die Mendicanti, die Incurabili, das Ospedaletto, die weniger Klöster als Konservatorien sind; hier lehrt man die Waisenmädchen und alle diejenigen, die keine andere Mutter haben als die Liebe, eine so süße Musik, daß sie – nach dem Ausspruche Rousseaus – weder in Italien noch sonstwo ihresgleichen hat. Die Klausur dieser Mädchen hat nichts Starres an sich; sie öffnet sich nachsichtig dem musikfreundlichen Mäzen, der sich für die Fortschritte dieser Kinder interessiert und voll Freuden sieht, wie sich die Anfänge ihres Talents gleichzeitig mit der Anmut ihrer Person entwickeln. Der alte berühmte Meister, der sie ausgebildet hat, ist ganz ein Kind des Jahrhunderts; durch die Kunst, die er sie lehrt, enthüllte er ihnen den Zartsinn; in ihrer blühenden Seele singt die Liebe; noch bevor sie diese kennengelernt haben, sprechen sie ihre göttliche Sprache und flößen sie der Welt ein[24]. Manchmal wählt man hundert unter ihnen aus und bittet sie, im Mondschein in irgendeinem schönen Garten zu Ehren eines Fürsten oder eines durchreisenden Königs zu singen. Zweimal wöchentlich erscheinen sie in der Öffentlichkeit hinter dünnen Gittern. Sie sind weiß gekleidet. Sie tragen ein Granatsträußchen am Ohr. Ihr junger Hals ist bloß. »Und ich schwöre Euch«, schrieb der Präsident de Brosses seinem Freunde Blancey, »daß es nichts Gefälligeres gibt.« Sie spielen Flöte, Orgel, Oboe, Cello, Baßgeige: »Es kann gar kein Instrument so groß sein, daß sie davor zurückschrecken«. Sie führen das Orchester mit so fester Hand, »daß die Tochter von Venedig hinter keinem Kapellmeister zurücksteht«. Oder sie singen mit voller Hingebung, ihr inneres Entzücken ausströmend, ihre Anmut verbreitend, ihre Jugend verkündend, die ja auch nichts anderes ist als eine Stimme. Derartige Konzerte sind eine der reizendsten Eigentümlichkeiten des venezianischen Lebens. Sie locken eine große Menge an. Jeder Reisende weiß bei seiner Heimkehr ein Lied davon zu singen. »Ich weiß nicht, was mich mehr entzückt hat«, merkt sich Burney bei den Incurabili an, »die Ausführung oder die Komposition.« »Von einer solchen Stimme hatte ich gar keinen Begriff«, schreibt Goethe von den Mendicanti. »Ich kann mir nichts Wollüstigeres, nichts Rührenderes denken als diese Musik«, fügt Rousseau hinzu; »die reiche

Canaletto (Bernardo Bellotto):
Santa Maria dei Miracoli, ca. 1740

Kunst, der erlesene Geschmack der Gesänge, die genaue Ausführung, alles wirkt in diesen kostbaren Konzerten zusammen, um einen Eindruck hervorzubringen, der wohl der guten alten Gepflogenheit widerspricht, dem sich aber kein menschliches Herz verschließen kann.« »Musik, die der guten, alten Gepflogenheit widerspricht?« Freilich, eine weltliche Musik, eine Theatermusik, eine Musik, wo die Engel und die Heiligen nach Art der Opernheldinnen und -helden singen, aber so rein, so edel und so süß, daß man sich fragt, ob es etwas Himmlischeres für die Auserwählten des Paradieses gibt und ob denn die Engel anders singen könnten. Das Publikum glaubt es gewiß. Es denkt nicht daran, bei seinen Vergnügungen der Schicklichkeit Zugeständnisse zu machen. Es genügt ihm, in Begeisterung zu sein. Es kennt die Namen der weißgekleideten Mädchen hinter dem Goldnetzgitter. Ihre Namen laufen längs der grauen *calli* von Mund zu Mund. Sie heißen die Chiaretta, die Zabetta, die Margarita, die Anna Maria. Sie heißen die Padoanina oder die Ferrarese[25]. Wie die Kinder der Familie ruft man sie bei ihren Vornamen. Und sind sie nicht in der Tat Kinder einer Familie, die Töchter Venedigs, sie, die die Republik auf ihre Knie genommen hat, die sie mit liebevollem Blicke behütet, die sie mit ihrem Lächeln einhüllt, denen sie Beifall spendet und die sie als ihre Benjamine und ihren kostbarsten Schatz sofort dem Fremden zeigt?

In der Zeit der Masken sind alle Operntheater gefüllt: S. Crisostomo, S. Angelo, S. Cassiano, S. Giovanni e Paolo, S. Fantino, S. Samuele, S. Moisè; Parterre und Logen; Patrizierperücken und Gondolierimützen[26]. Besonders hier genießt man eine wunderbare Musik[27]. Dieses gierige Volk braucht sie immerzu; dieses unersättliche Volk sagt, wie das Kind: Noch! Immer neue, immer schönere, so daß »die Musik des vorhergehenden Jahres keine Einnahmen mehr gewährt«, sagt de Brosses, daß die schon gehörte Oper behandelt wird »wie der vorjährige Kalender«, sagt Burney, und daß man nichts aufzeichnet, weil es nicht dafür steht, etwas zu behalten von dieser spontanen Blüte, wo die Stile,

Weisen und Geschmacksrichtungen hintereinanderherlaufen und lachend einander jagen[28].

Wer wird in dem Vaterlande der Monteverdi, in dem Vaterlande der Cavalli und der Legrenzi diese Feste des anbetungswürdigen Geistes schildern? Ideale Abende, ebenso süß wie auf dem Wasser, noch süßer, da sie vom Hauche des Genies beseelt sind. Ein großer Teil des zeitgenössischen venezianischen Lebens – und sicher der reizendste – hat sich in diesen Mauern abgespielt. Hier sind im Glanze der Kronleuchter Muranos einige der reinsten Werke des musikalischen 18. Jahrhunderts geboren, von der *Agrippina* Händels 1709 bis zur *Ipermnestra* Glucks 1742, vom *Artaserse* Hasses im Jahre 1730 zur *Merope* Jomellis 1747: der *Amor in ballo* Paesiellos, der *Convitato di pietra* Cimarosas, der *Servo Padrone* oder die *Griselda* Piccinis; hier ergoß die venezianische Opernschule, deren ersten Saal Monteverdi 1637 hatte öffnen sehen,[29] mit Lotti, mit Vivaldi, mit Galuppi, mit Bertoni und allen den anderen die Schätze ihrer jovialen Zärtlichkeit und ihrer glücklichen Schwermut: hier haben zur Zeit, da ihre Lippen rosig und ihr Nacken jugendschön war, die Sänger und Sängerinnen des liederreichen Frühlings geglänzt[30]. Caffarelli und Farinelli; Guadagni und Pacchierotti; die Faustina und die Cuzzoni; und die Grassini, die im Jahre 1797 immer noch und trotz allem sang, obwohl Bonaparte vor den Toren stand und die weibische Stadt mit eisernen Armen umklammerte. Ein Geist der Anmut wohnt an diesen Stätten. So, wie das Jahrhundert vorschreitet, haben sich die großen musikalischen Massen der Vergangenheit gelichtet und abgeklärt; sie öffnen sich dem Lächeln des Tages, wie die fensterdurchbrochenen Paläste von Venedig mit ihren Steinzacken sich mit leichtem Schmuck bedecken, mit gefälligen Arabesken, mit zarten Ornamenten, mit diesem kleinen launischen Liniengewirr, das die Welle auf dem Sande hinter sich läßt. Süße Landschaften Vergils; durchsichtige Halbschatten, in die melodische Strahlen durchsickern; alte heilige Haine, bevölkert mit Göttinnen unter Myrtenzweigen; edle, reine Gestalten Metastasios, die die

Sprache Racines reden. Rhythmen schaukeln sich wie Fluten, Harmonien umarmen sich wie verliebte Paare, Wellen entfalten sich und geben Liebesgeflüster und Akkorde weiter; alles, was es an zerstreuter Liebe in der Welt gibt, alle Traurigkeit mit aller Zärtlichkeit, alles Heimweh mit allen Wünschen hat sich hier gesammelt, aufgehäuft, fließt hier von den offenen Lippen. Auf die jugendfrische Seele fällt ein lauwarmer Regen von Lust; an den Gräsern zittern Tropfen, an den Wimpern perlen Tränen, darin die Regenbogenfarben leuchten: so hat man sich das vorzustellen. Und in all das wirft die komische Oper ihr Lachen, diese Oper, frei wie eine Straßenszene, durchsichtig wie ein Stück Himmel, gesund, stark, kräftig, munter, hurtig; ihre Fröhlichkeit blitzt auf wie das Licht und teilt sich dem Geiste mit der gleichen Plötzlichkeit mit. Man horcht: man fühlt sich weit entrückt, jenseits von Raum und Zeit, in die Gärten der erstaunten Seele, auf das blaue Gras, darin sich der Mond badet, an die Bronnen der Begeisterung, zur Quelle des Vergessens. Man lauscht Farinelli und den göttlichen Worten, die er zehn Jahre hintereinander dem spanischen König gesungen hat:

Per questo dolce amplesso …

Man lauscht Guadagni und der rührenden Klage, die der *Orfeo* Glucks aushaucht:

Che farò senza Euridice? …

Man lauscht allen den verklungenen Arien, die in ihrer Kristallhülle die Gefühlswelt eines ganz bestimmten Zeitabschnittes einschließen. Und dem Duo Pergoleses, darin alles Weh des Abschiedes zittert:

Nei giorni tuoi felici Riccordati di me …

Und dem Duo Cimarosas, worin alles Glück des Morgens erstrahlt:

Prima che spunti
In ciel l'aurora ...[31]

Man spricht nicht mehr. Man rührt sich nicht mehr. Man atmet nicht mehr. Man gibt keiner Maske mehr ein Zeichen. Man rührt den Löffel seines Sorbets nicht mehr um. Man flüstert kein Geständnis seiner Nachbarin mehr zu. Man lauscht. Es herrscht ein andächtiges Schweigen. Die Zuhörer hängen am Orgelpunkt, wie der Olymp an der Goldkette Jupiters aufgehängt war. Und dann, wenn die Stimme verstummt ist, bricht tosender Beifall los, der an Wahnsinn grenzt. Sonette auf Seidenbändern flattern durch die Luft; Tauben mit Silberglöckchen fallen zu den Füßen der Sängerin nieder; die Lippen werfen Küsse und schmachtende Seufzer werden laut. *Ah! siestu benedetta! ... Benedetto el pare che t'ha fatta ... Ah! cara, mi buto zoso ...*[32]

*

IV

Aber was Theater! Was Konservatorien und Kirchen! Die Musik ist überall.

Sie sprengt die Wände und Schlösser. Man kann sie hier nicht in Säle einzwängen wie die Malerei in ein Museum, nicht hindern, sich zu verbreiten und Anschluß zu suchen. Hier ist sie nicht eine Annehmlichkeit, sie ist eine gesellschaftliche Notwendigkeit. Sie ist nicht ein überflüssiges Talent, sie ist eine Lebensbedingung. Sie ist nicht eine Pflege, sondern ein Bedürfnis der Natur, ja die Natur selbst dieses sangesfrohen Volkes, das wie die Nachtigall und der Dichter sein Gehirn in die Kehle mitbekommen hat.

Man liebt sie ganz von selbst, man versteht sie ohne Studium. Ist Studium nötig, um das Lächeln der Landschaft oder die Anmut einer vorübergehenden Frau zu genießen? So genießt man auch sie. Man geht frei mit ihr um. Man ergötzt sich an ihr ohne Federlesen, so daß man, außer bei der *aria*, auch im Theater schwatzt; daß man auf der Straße nicht einmal den Kopf nach einem entzückenden Konzerte dreht; daß in Venedig der umherziehende Musikant, obwohl er wie ein Meister spielt, nicht weiter auffällt als in London ein Matrose oder ein Zitronenhändler[33].

Musik ist die natürliche Sprechweise, die süße Muttersprache, die man sich nicht erinnert eines Tages gelernt zu haben, das geflügelte und melodische Wort, das Gott für die Stadt von Stein und Wasser wählte! In Musik betet und weint, liebt und spottet, lacht und belustigt man sich: Morgenkonzerte und Nachtständchen, ländliche Musik und Barkarolen, Tanz und Bootsarien, Psalmen, Hymnen (und die *canzonette*, leichter als eine Feder im Winde): alle Seelenzustände, alle Gefühlsregungen übertragen sich in Musik; und die Stadt mit dem tönenden Herzen zittert in ihren Flanken von Perlmutter und Korallen, wie der Resonanztisch eines großen kostbaren Musikinstrumentes[34].

»Man singt auf den Plätzen«, sagt Goldoni, »auf den Straßen und auf den Kanälen; die Kaufleute singen, wenn sie ihre Waren anpreisen, die Arbeiter singen, wenn sie die Werkstätten verlassen, die Gondolieri singen, wenn sie auf ihre Kundschaft warten.«[35] »Von überallher«, sagt Burney, »hört man nur Gesänge; wenn zwei Menschen, selbst aus der niedersten Klasse, eingehenkt lustwandeln, scheinen sie sich in Musik zu unterhalten; im Wasser, auf den Gondeln ist es ebenso; keine Melodie ohne eine zweite Stimme; keine Arie, die nicht ein Duett wird.«[36] »Auf der Piazza«, sagt Grosley, »fängt ein Mann aus der Hefe des Volkes, ein Schuster, ein Schmied in den Kleidern seines Standes eine Arie an; andere Leute seiner Art gesellen sich zu ihm und singen diese *aria* mit, und zwar mit einer Treffsicherheit und Genauigkeit, die man schwerlich in der besten Gesellschaft unserer nördlichen Länder antrifft.«[37] Die Musik steigt auf den Triumph-Bucentoro, schleicht sich in die Gondeln, spaziert auf der Riva in der Schar von verschlungenen Knaben. Sie bevölkert die Piazza mit melodischen Schwärmen, mit improvisierten Orchestern, mit kleinen Freiluftkonzerten; fällt aus den hohen erleuchteten Fenstern, die auf die Lagune Reflexe und Akkorde werfen; dringt aus den offenen Laden; wiegt sich im Ringeltanz auf den *campielli;* gibt dem Leben Rhythmus, begleitet die Arbeit, erhöht das Vergnügen[38]. Die Musik, das ist der halbnackte Lausbub Gozzis, der durch die Straßen trollt »ganz Harmonie wie eine Nachtigall«. Das sind diese von Fontana erwähnten Mädchen der Piazzetta, die vom Morgen bis zum Abend singen und den Platz in ein Lied verwandeln. Und das sind die Frauen von Pellestrina und von Malamocco, von denen Goethe spricht. Während ihre Gatten auf dem Meere sind, singen sie auf dem Ufer; sie singen, ohne müde zu werden, in der goldig herabsinkenden Dämmerung, sie singen so lange, bis ihnen aus der Tiefe des Raumes eine ferne Stimme antwortet und die Strophe aufnimmt: die der Fischer, die zurückkommen, sich ankündigen und sich über die Weite hinweg durch die Stimme mit ihnen verbinden. »Ist das nicht sehr schön?« fragte Goethe seine Freundin[39].

Besonders aber in der Nacht, wenn sich die Stille der Luft zu der Stille des Wassers gesellt, drückt Venedig seine ganze harmonische Seele aus. O reine Nächte! Unaussprechliche und göttliche Nächte! Nächte von Venedig! Der Mond zittert auf dem gefurchten Wasser; der Schatten lauert an der Ecke der bleichen Gebäude; ein kleiner Lichtschein flackert wie eine Kirchenlampe im Grunde des Chores: eine gottesdienstliche Weihe verbreitet sich; alles ist verstummt; die Dinge lauschen; es ist so schön, daß es einem vorkommt, man träume; es ist so schön, daß man seinen Atem anhält. Da weitet sich das bedrückte Herz von selbst, da quellen die geflügelten Serenaden zu den Sternen auf, da entfliegen die Stanzen Tassos den Lippen der Gondolieri. Einer beginnt und ein anderer, den man nicht sieht und nicht kennt, setzt fort: er ist wohl in der Finsternis versteckt oder liegt auf einem Landvorsprung oder lehnt sich an ein Geländer oder hockt in einer Gondel ...

»Als Stimme aus der Ferne«, setzte Goethe hinzu,

Antonio Stom:
Der »Bucentoro« legt ab, ca. 1730

»klingt es höchst sonderbar, wie eine Klage ohne Trauer; es ist darin etwas Unglaubliches, bis zu Tränen Rührendes.«

*

V Man sagt: »Dieses leichte Volk.« Man sagt: »Dieses verweichlichte und leichtsinnige Volk.« Man sagt: »Es hatte für nichts Sinn als für Liebelei.« Ganz recht! Und doch mögen seine Fehler ein noch so strenges Urteil verdient haben, so darf man doch nie vergessen, daß es die Musik verehrte und etwas Großes an sich hatte, die Achtung vor der Nacht.

Es beleidigt die Nacht nicht. Es sammelt sich innerlich angesichts der geheiligten, musikerfüllten Nacht. »Das ist die einzige Musik, die die Italiener schweigend genießen«, sagt Baretti, »wie wenn sie sich scheuten, die Stille der Nacht zu stören.«[40]

Siebentes Kapitel

Die venezianischen Meister

I

Venedig ist im 18. Jahrhundert die einzige Stadt Italiens, die eine originale Malschule hat.

II

Die großen Freskomaler und die kecken Pinselführer. – Giambattista Tiepolo.

III

Die kleinen venezianischen Maler. – Ihre Gruppe. – Die feine wiedererweckte Kunst. – Worin ihre Neuheit besteht. – Beschränkung in den Vorwürfen. – Neue technische Verfahren. – Statt zu erfinden, arbeiten sie nach der Natur. – Sie schildern Venedig. – Das Bild, das sie davon entwerfen.

IV

Rosalba Carriera und die elegante Gesellschaft Venedigs. – Pietro Longhi und das Leben und Treiben von Venedig. – Canaletto, Francesco Guardi, Bernardo Bellotto und der Prunk von Venedig. – Piranese. – Die Vignettisten.

V

Ateliers und Sitten der kleinen Meister. – Bei der Rosalba.

Nicht nur die Musik ist da, auch die Malerei. Im 18. Jahrhundert ist Venedig die einzige Stadt Italiens, die eine originale Malschule hat. Während sich im Süden noch immer der Einfluß Pietro da Cortonas auswirkt, während sich im Norden die Nachahmer der Nachahmer der Carracci als alleingültige Muster aufdrängen, schlägt Venedig neue Wege ein. »In Venedig«, schreibt der gute Lanzi, »sieht man neue, wenn schon nicht vollendete, so doch originelle Stile entstehen.«[1] »Und Venedig«, setzt Cochin hinzu, »kann sich rühmen, die geschicktesten Maler zu besitzen, die es in Italien gibt.« Cochin geht noch weiter. Er versichert ausdrücklich, daß diese Maler »den besten ganz Europas« gleichstehen[2].

Lassen wir Sebastiano Ricci, der 1734 gestorben ist und den Mariette »ein großes Genie« nennt; lassen wir Antonio Balestra, der 1740 gestorben ist, den anmutigen, fröhlichen Geist mit dem tiefen Wissen und dem leichten Talent; lassen wir Giovanni Battista Piazzetta, der 1753 gestorben ist und sich in großen Licht- und Schattenwirkungen gefiel. Um sie und nach ihnen drängt sich eine Pleiade von feurigen und geistvollen Künstlern, zu denen nicht nur hervorragende Porträtisten gehören wie Amigoni oder ausgezeichnete Landschaftsmaler wie Marco Ricci, sondern auch die trefflichen Freskomaler, die kecken Dekorateure, die kühnen Maler großer Lichteffekte, die berühmten, glänzenden Ritter des *Fa presto*, die ihre Welt in Staunen versetzten. Ihr Ruhm reicht in die Ferne. Das Europa der Rokokopaläste reißt sich um sie. Im Dienst vornehmer Herren fahren sie von Residenz zu Residenz. Sie sind Mitglieder königlicher Akademien, sogar Direktoren der Akademie der bildenden Künste. Sie sind Hofmaler. Sie stehen im Solde lorbeergekrönter Cäsaren, souveräner Kaiserinnen, der Könige von England, Spanien, Polen, der Pfalzgrafen, der Fürsterzbischöfe, des Prinzen von Condé, des Herzogs von Orleans[3]. Man müßte sie alle nennen: Pellegrini, Diziani, Nazzari, Rotari, Fontebasso, Guarana, und würde doch nicht fertig. Von dieser Masse löst sich ein Name ab, der sie zusammenfaßt, weil er sie überragt: Giambattista Tiepolo.

*

II Der ist ein ganz Großer[4]. Er ist der große Maler und nichts als Maler. Er ist maltrunken. Für seinen Schwung bedarf es der Kirchen- und Palastdecken, der Thronsäle, der Ehrentreppen, der ganzen Weite des Raumes. Hier blitzt sein Genie auf und es tönt wie Schläge auf goldene Zimbeln. In Venedig und in den meisten Städten der Dominante, in Italien und in Mailand, in Bayern und in Würzburg, in Spanien und in Madrid lassen sich die Mauerfelder, die er mit seiner hellen Malerei bedeckte, gar nicht mehr ermessen.

Er improvisiert. »Er führt ein Gemälde in kürzerer Zeit aus, als ein anderer braucht, seine Farben zu reiben.«[5] Um eine Wette zu gewinnen, malt er die Gestalten der zwölf Apostel in halber Lebensgröße in zehn Stunden hin. Als hätte er sich alle bisherigen Erfahrungen und Errungenschaften der Malkunst zu eigen gemacht, zeigt er eine erstaunliche Kraft und es macht ihm Freude, sie zu zeigen. Er rühmt sich ihrer und belustigt sich damit. Mit fliegenden Haaren und glühendem Gesicht jagt er wie ein Wirbelwind durch den Raum. Arme in der Luft, Beine in der Luft, unmögliche Verkürzungen, windbewegte Draperien und Haare, Quadrigen in wütendem, aufgebäumtem Galopp, Architekturen, die auf den Kopf gestellt sind, Trauben von niederstürzenden Körpern, große zerrissene Wolken und niederrieselndes Licht: das sind seine Decken; es sind richtige Heldentaten. Ein Helmbusch flattert auf seinem Geiste; es tobt in ihm und reißt ihn fort; und dabei doch Eleganz und Rhythmus. Die pracht- und prunkliebende Renaissance hat diesen Bastard des Veronese, der in einer tollen Nacht gezeugt wurde, in ihren Schoß genommen; sie hat ihn gewiegt, sie hat ihm gesungen und ihn mit ihrem Schicksal genährt.

Rinaldo wendet, die Hände voll Blumen, sein Gesicht von dem Diamantschilde weg, darin sich seine Jugend spiegelt; unter dem zartgrün- und lilafarbenen Sonnenschirm, den ein Sklave über ihn hält, empfängt ein Contarini, friedlich wie ein Porträt Tizians, Heinrich III., den König von Frankreich, in seinem Landhause zu Mira; auf einem Wagen, mit Pfauen bespannt, die ein kleiner Amor mit einer Strohgerte antreibt, schwingt sich Hera, die Göttin der Luft, in Silber gegürtet, in weißem mit Gold durchwirkten Gewande, ein goldenes Zepter in der Hand, aus den rosigen Wolken hervor. In seiner flammenden Einbildung gibt es Neger und Zwerge, Turbane und Talare, weiße Windhunde und goldene Kannen; auf einen Tannenzweig hat sich ein Uhu gesetzt; auf einem Säulenkapitäl putzt ein Papagei sein Gefieder; Fledermäuse gaukeln in der Dämmerung; verblaßte Fahnen sind aufgestellt; lange Trompetenrohre ragen auf; weiße Seepferde, an den Flanken mit Algen und Korallen angeschirrt, geritten von Tritonen und Liebesgöttern, von Schaum und Sonne gepeitscht, ziehen die nackte Amphitrite über das strahlende Meer. Am Horizont lehnen sich Frauen an weiße Treppengeländer, edle Säulenhallen bieten sich dem Auge; und inmitten dieses Lärmes der ruhige, unbewegliche Marmor.

Da gibt es sonnenbeglänzte Mäntel, Pagen, die Kissen tragen, und Obelisken, die jäh aus den Wolken hervorquellen; da gibt es Janitscharen und Hellebarden; Galeerenmaste und Maskennasen; Theorbenspieler und perlengeschmückte Prinzessinnen; Strauße, Sarkophage, große Hüte, weiße Statuen, helle Nacktheiten, kostbare Utensilien; ganze Schwärme von Amoretten, die mit Blumen spielen, sich unter Draperien verstecken, hinter einer Rokokoarabeske hervorspitzen, auf ihren Schmetterlingsflügeln davonflattern, im Fluge ihren Hinterteil oder ihr lachendes Gesicht zeigen; eine Menge, ein Gewoge, das er von überallher entlehnt, von der Hochzeit zu Kanaa, vom Karneval auf der Piazza, den Trödlerbuden des Ghetto, das er da gesammelt hat, man weiß nicht warum und wie, zur Augenweide und aus Freude

Giambattista Tiepolo:
Die Entführung der Venus durch Kronos,
Detail aus Fresko

am Widersinnigen; und dann ist sein Neger Alim da, den er wegen seines schönen rußigen Hauttones liebte, und ferner die geschmeidige Cristina, die weiße Gondolieretochter, die ihm Modell stand zur Jungfrau Maria, zur heiligen Luzia, zur heiligen Katharina, zur heiligen Helena, zu Iphigenie, Kleopatra, Ariadne, Amphitrite; bald ist sie mit schweren Brokatstoffen bekleidet, bald hat sie nichts anderes an als ein Kameen-Armband.

Er ist keineswegs logisch. Er wohnt in dem göttlichen Lande des Widersinnigen. Er erlaubt sich alle Nachlässigkeiten und alle Kühnheiten. Er schrickt vor nichts zurück. Er dient nicht dem Wahrscheinlichen. Er ist von vornherein zum Ausschweifen geneigt. Was liegt ihm daran, in seinem *Martyrium der Christen unter Trajan* dem römischen Konsul eine Pfeife in den Mund zu geben? Oder unter den Zuschauern der *Kommunion der Apostel* einen im Wasser stehend und sein Hemd schürzend darzustellen? So genau nimmt er es nicht. Und auf seinen Fresken, wie auf seinen Ölgemälden, wie auf seinen Kupferstichen, auf seinen *Capricci*, auf seinen *Scherzi di fantasia* ersinnt er alles Mögliche. Er gibt seiner burlesken Einbildungskraft ohne weiteres nach. Er opfert seiner bizarren Laune. Er gehorcht seinem fröhlichen Sinn. Dabei bleibt er aber immer groß. Was er auch in Angriff nimmt, dem gibt er Stil. Was er anrührt, verschönt er.

Glanz und Sinnenlust überfluten alles. Ein Singen und Summen. Überschäumende Jugend und Festesfreude. Und besonders Licht, alles Licht des Himmels und alles Licht der Wasser, alles Licht von Venedig: er hat es in seinen Augen gesammelt, sein ganzes Wesen damit durchtränkt und schwimmt darin wie in einem Bade. Er malt keine Gedanken, kaum Bilder, er malt Licht. Seine Decken strahlen wie der Himmel der Vögel und seine Gedichte sind duftig wie die Wolken. *Fiat lux!* Es werde Licht! Das Licht ist schöner als alles, es ist schöner als der Mann, schöner als das Weib, es ist die schönste der Schöpfungen Gottes und er versteht daraus etwas zu machen.

Er kennt das Blenden des Freilichtes. Er berauscht sich an der Durchsichtigkeit der Luft. Er spielt mit den magischen Hüllen und wirft mit den Reflexen um sich wie ein Seiltänzer mit Goldkugeln. Und das goldige Grau, das Perlmutterweiß, das laue Blond – er kennt es. Er kennt den Glanz des Strohhalmes im Stalle, das Licht, das sich so ausnimmt, als käme es aus Opallampen, und die rosigen Strahlen, die aus der Morgenröte aufsteigen. Ambraduftende Helligkeit, blasses Rot, Hochrosenrot und Perlenfarbe, alles Fließende und Durchsichtige, das es in der Welt gibt, alle irisierenden Geheimnisse der Flut, der Luft und der Wolken, alle Dinge, die glitzern und schillern – er kennt sie ...

Er ist nicht nur ein großer Maler des 18. Jahrhunderts, er ist ein großer Maler schlechthin. Er ist der patrizische Künstler, der für die Patrizier arbeitet: ihnen bleibt es überlassen, Taten zu vollführen und Fresken zu bestellen[6]. Er ist der Zeitgenosse dessen, was sich in Venedig noch bis zur Höhe der Vergangenheit erhebt. Man muß ihn neben den Dogen Foscarini, den Admiral Emo, den Musiker Marcello stellen. Er ist der Bürger der reichen Dominante, zu deren Füßen Neptun seine Muschel mit Münzen, Perlen und Korallen ausschüttete, wie er sie auf einer Sopraporte des Scrutinio darstellte. Bei ihm besteht die Tradition fort. Die Renaissance dauert weiter. Die Dekadenz erhellt sich mit einem Schimmer von Majestät. Eine Zeit, die einen solchen Meister hervorbrachte, bleibt groß.

Aber nicht nur er ist da. Nicht nur die blendenden Virtuosen seiner Umgebung sind da. In ihrem Schatten stehen die kleinen Meister.

*

Rosalba Carriera war achtzehn Jahre alt; sie war Spitzen- III
näherin; sie neigte ihr unschönes, aber feines Gesicht über ihre zarte Arbeit, als ein Franzose, den man Monsù Jean

Alessandro Longhi:
Porträt des Franziskanerbruders Carlo Lodoli, ca. 1760

nannte, – es war der Maler Jean Stève – kam und sie in die Miniaturenmalerei einweihte, denn das Spitzennähen trug nicht mehr viel ein. Sie brachte es in der neuen Kunst rasch so weit, daß einige Jahre später, gegen 1700, ihr Freund Antonio Orsetti, den sie gemalt und mit dem Bild beschenkt hatte, sie für dieses hübsche Werk belohnen wollte. Er schenkte ihr zwei paar Handschuhe und zwei Riechkissen. Diese herzige Kunst, die mit einem fadendünnen Pinsel auf Elfenbein oder Velinpapier arbeitet, in der hohlen Hand Platz hat und mit der Lupe bewundert wird, zeigt so recht das Format der neuen Malerei.

Keine großen Fresken mehr und keine großen Räume. Keine großen Vorwürfe und keine großen Effektmittel, nicht mehr die Maßlosigkeit der heroischen Dimensionen. Sondern die Staffeleibildchen, die man an die Wände hängt; sondern die zarten abgetönten Pastelle, die in ihren ovalen Rahmen eine Salonecke schmücken; sondern feine Büchervignetten; und umrahmt von Kupfer oder eingeschlossen in einem mit Silber verzierten Chagrinetui, oder auch wohl, umgeben von Edelsteinen, als Deckelschmuck von Kästchen, die glühenden, schönen und feinen Miniaturen.

Der neue Geist erzeugt ein neues Schauen. Eine verschiedene Welt ruft eine verschiedene Schule ins Leben. Früher hatte Venedig der Welt seine kühnen Maler gegeben, jetzt bringt es seine Miniaturenmaler hervor. Da ist die Rosalba, die 1676 als Tochter eines *Fattore di procuratore* geboren wird. Da ist Canaletto, Sohn eines Theatermalers, geboren 1697. Da ist Pietro Longhi, Sohn eines geschickten Silberschmiedes, geboren 1702. Da ist Francesco Guardi, geboren 1712. Da ist Bernardo Bellotto, geboren 1720. Und dann alle ihre Schüler, alle ihre Nachahmer und durch sie, dank ihnen, eine erlesene kleine Kunstrenaissance, lebhaft, hell, geistreich, jovial, glücklich, voll Anmut und Feuer.

Sie sind von ihren hohen Gestellen heruntergestiegen und verengen ihr Gesichtsfeld, sowie sie gleichzeitig ihre Begabung zuspitzen, sie werden bestimmter in dem Maße, als sie sich beschränken. Auch darin sind sie neu.

Neu sind sie vor allem durch das Gebiet, das sie umfassen, und durch den Raum, den sie messen, so daß Canaletto bald das Theater und die weitläufigen Dekorationen, die er im Laden seines Vaters malte, über den Haufen geworfen hat; so daß es Pietro Longhi bald müde ist, *Anbetungen* in den Kirchen oder den *Sturz der Titanen* auf den Palaststiegen zu malen; so daß die Rosalba für eine »handgroße« Magdalena von dem Präsidenten de Brosses fünfundzwanzig Louisdor verlangt. Mit einem Blick erfaßt man, was sie träumen, und ihre noch so kühnen Entwürfe werden nach Zollen gemessen[7].

Neu sind sie weiterhin durch die von ihnen ersonnenen Verfahren und Vervollkommnungen. Besonders gern beschäftigen sie sich mit technischen Fragen. Da sie dem Stofflichen eine beträchtliche Bedeutung einräumen, bemühen sie sich, ihre Kunst mit noch nicht dagewesenen Malweisen und mit ganz verschiedenen Ausdrucksformen auszustatten. So erneuert z. B. die Rosalba die Kunst der Miniatur, indem sie ihr ein ausgedehnteres Betätigungsfeld eröffnet und sie mit einer flüssigen Atmosphäre einhüllt. So bringt sie das Pastell zu einem Glanz und zu einer Frische, die vorher niemand gekannt hatte und die sich La Tour zunutze machen wird. So versucht sich Pietro Longhi, auf Glas zu malen. So bedient sich Canaletto der Dunkelkammer. So bringt er ferner auf Kupfer, indem er nie Gegenschraffen anwendet und die Weiße des Papiers durchscheinen läßt, dieses zitternde, leuchtende sonnige Blond zustande, das sich die zeitgenössische venezianische Schule, Tiepolo an der Spitze, lächelnd zu eigen macht[9].

Besonders aber sind sie darin neu, daß sie die historischen oder religiösen Stoffe von vornherein beiseite schieben, um sich dem Genre zu widmen. Sie ersinnen nicht mehr: sie schauen. Sie komponieren nicht mehr: sie beobachten. Und, als hätten sie sich in ihren schöpferischen Fähigkeiten verausgabt, halten sie sich ängstlich, fast sklavisch, an die Wirklichkeit. Sie geben unmittelbar das wieder, was in ihrer Reichweite liegt. Und sie künden Venedig, das Venedig, das unter ihren Augen funkelte, das Venedig, das lebte und nun tot ist, seine Moden, seine Sitten, seine Feste, seine Leute, seine Heimlichkeiten, seine Landschaft, seinen Prunk, sein ganzes glückliches Dasein, sein ganzes reizendes Leben und Treiben.

Derart, daß durch sie und ihr Werk die einzige Stadt in hellen Bildern, durchsichtigen Visionen, anmutigen, licht- und geistvollen Ansichten sich abzeichnet.

*

IV

Zunächst einmal die Rosalba[10]. Sie ist die älteste und auch die berühmteste[11].

Etwas Duftiges, Flüchtiges, Unbestimmtes; das ist ihre Kunst; ihre Kunst ist wie Blumenstaub oder Schmelz eines Schmetterlingsflügels.

Mit dieser leuchtenden und weiblichen Malweise, die eigens für die Gefallsucht ihrer Zeit erfunden zu sein scheint, kündet sie nun – und wie geschickt – die verweiblichte Gesellschaft des Augenblicks, die geschniegelte und gepuderte Welt von Venedig, die durchreisenden Lords, die Hoheiten, die dort ihren Urlaub verbringen, die verbannten Könige Candides und die flinken *zentildonne* …

Unter ihren beweglichen Stiften, die wie eine Liebkosung über die Fläche gleiten und im Fluge das Wertvollste der Dinge erhaschen, erstehen diese Venezianerinnen wieder zum Leben, die Europa anbetete, alle diese niedlichen Priesterinnen des Landes der Cythere, alle diese Passantinnen der Stunde, die Amor in seine Fähre genommen hat: die Cornaro, die Carrer, die Zenobio, die Pisani, die Maria Labia, die Freundin der Franzosen, »sehr galant und sehr schön«, die Foscari mit dem schwarzen Federschmuck, die Barbarigo mit dem kleinen Dreispitz auf dem Ohr und die Mocenigo, die man die »Perlen-Mocenigo« nannte, wegen der kostbaren Perlen, mit denen sie ihren reizenden Körper schmückte.

Mit raschen Fingern hatten sie um ihren Hals ein Samtband geschlungen, ein Schönheitspflästerchen auf ihre satinweiche Wange geklebt, über ihre Haare, ihre Gewänder, ihre Schultern die Rosensträußchen und den Strass verstreut. Und da sind sie nun, wie sie sich kleideten. Sie zeigen ihr Fleisch, durchsichtig wie das Innere einer Muschel. Sie öffnen ihre kristallhellen Augen. Sie schauen und lächeln. Ein lichtes Blumenblatt: das ist ihr vergängliches Wesen. Der Glanz eines Tafts, das Silber einer Spitze: das ist ihre zarte Seele. Sie sind nichts als Spiegelglanz, Schillern, glänzende Hülle, leichte Schminke. Sie sind nichts als Flaum, welcher der Haut der Dinge anhaftet. Da sie ein Eintagsleben führen und nur so lange währen als ein Strahl oder ein Lächeln, möchte es scheinen, daß ein Hauch genügt, sie zu zerstören. So haben sie den Augenblick verklärt, so sind sie auf lichtvollen Schwellen aufgetaucht und so dauern sie fort.

Und wie die Rosalba die Heldinnen der Liebesstunde schildert, so schildert Pietro Longhi, dieser nette, kleine Lancret von Venedig, der sich an dem grellen Schauspiel der Straße belustigt, der die tausendundein Zwischenspiele wie in einem Brennspiegel einfängt, der herumbummelt, überall seine Nase hineinsteckt, in den Laden wühlt, in die Heimlichkeiten der Casini eindringt, sich in das Geheimnis des Hausinnern einschmuggelt, – so schildert also Pietro Longhi die Sitten der phantastischen Stadt. Er ist ein gelungener Sittenmaler, lustig und rundlich[12].

Er zeigt das Rhinozeros oder den Riesen des Casotto. Er läßt das Marionettentheater im Profil vorüberziehen. Er läßt das Bild des Astrologen der Piazzetta erstehen, der im roten Gewande, auf seinem Podium stehend, mit einem langen Sprachrohr bewaffnet, den Burschen eine glückliche Zukunft ins Ohr flüstert. Und wenn, mit Kohle gekritzelt, ein Wahlaufruf an den Pfeilern des Dogenpalastes stehengeblieben ist, greift er ihn im Vorbeigehen auf: *W per piovan don Zuane padre de' poveri!* oder wohl auch *W per doze Pier Francesco Loredan padre de' poveri!* Und wenn in dem schönen azurfarbenen Lichte des Sprechzimmers von S. Zacca-

Pietro Longhi:
Ausstellung eines Rhinozeros, 1751

ria ein Dudelsackpfeifer den weißgekleideten Nonnen etwas vorspielt, stellt er ihn dar. Und im Ridotto, zwischen den mit Gemälden bedeckten und mit kleinen Spieltischen ausgestatteten Wänden, stellt er die Menge dar, die sich ergeht oder sich sehen läßt, die Masken, die Damen im Reifrock, die Ritter mit Handkrausen, die Kinder, die Hündchen, die Harlekinmütze, die Soutane eines Abbés und eine kleine Wasserträgerin, die hier – man weiß nicht wieso – die beiden Kupfereimer ihres *bigollo* und den schwarzen Satin ihrer *moretta* vergessen hat.

Raucher mit langen Pfeifen, Mädchen mit schillernden Kleidern und farbigen Schuhen, Türken, Verkäufer, ihre Waage auf der Schulter tragend, galante Dreispitze, leichte *bautte*, bleiche Masken: er zeigt das Treiben dieser kleinen Welt, wie sie kommt und geht, trippelt, sich grüßt, sich regt und tummelt. Er kennt ihr spöttisches Verhalten und ihre raschen Bewegungen. Im Fluge hat er ihre Mienen und ihr Gehaben skizziert. Er hat ihren reizenden Leichtsinn beobachtet. Er kennt die Keckheit eines mit weißem Satin beschuhten Füßchens auf den grauen Fliesen. Unter der durchsichtigen schwarzen Gaze kennt er den rosigen Glanz eines von einer Blume belebten Busens; das Fächern und Augenblinzeln; die verstohlenen Blicke und das verschwiegene Lächeln; die kurzen Zurufe und die Drohungen mit dem Finger; die Art und Weise, wie sie ihren Mantel tragen, ihre Maske herunterziehen und auf das Ohr zurückwerfen, und dann die Ironie, wenn sich diese beiden Gesichter küssen, das eine von einem Satyr, das andere von einer Grazie; wie diese herzigen Wesen huschen, sich setzen, aufstehen, einer alten, auf einen Stock gestützten Maske Antwort geben, ihre Kleider schürzen, ihre Reifröcke aufblähen, überall mit ihren frischen Gesichtchen herumgucken, einander beiseitenehmen, um sich ein süßes Geheimnis ins Ohr zu flüstern; wie die Kavaliere ihnen huldigen oder sie besuchen, sie auf dem Spaziergang begleiten, ihren Hüftenwulst stützen oder sich, hinter ihrem Stuhl stehend, das Monokel in der Hand, auf die runde Taille beugen.

In einer Reihe von intimen Bildchen wird die Venezianerin geschildert, beim Herausspringen aus dem Bett, bei der Toilette, vor dem Spiegel, wie sie spinnt, liest, sich an- und auskleidet, sich kämmt, die Schokolade trinkt, einen Besuch macht, ihren Schneider empfängt, ihren Perückenmacher, ihren Geographielehrer, den Neger im Scharlachwams, der ihr ein Briefchen bringt, oder den Abbé, der ihr die Cour zu Häupten ihres Bettes schneidet, in dem sie sich unter den Spitzendecken zusammenrollt wie eine Katze.

Die eine, in einem goldfarbigen, grün und rot gestickten Kleide, befestigt eine Rose an ihrem Leibchen. Eine andere, in einem geblümten Seidenunterrock, schnürt, vor dem Spiegel sitzend, ihr Mieder zu. Eine andere, ein weißes Linnen auf den Haaren, eine Perlenkette um den Hals, ein Batisttüchlein mit ihren Fingerspitzen haltend, nimmt bei ihrem Tanzlehrer ihre Menuettstunde; aus der grauen, mit rosa Flitter und mit Pelzwerk besetzten Toilette hebt sich die junge Brust heraus; der Körper neigt sich; der kleine Schuh mit dem hohen Absatz schreitet rüstig aus; im Hintergrunde eine Matrone, die dem Beschauer den Rücken kehrt; auf dem Boden steht ein Fußwärmer. Diese da singt, eine Rose im Haar, zur Laute, auf der sie ein Kavalier begleitet. Jene liegt verzückt, mit halb offenem Kleide und geschlossenen Lidern, und träumt von Liebesglück. Die dort sitzt rundlich in dem großen Polsterstuhl, ihre Kinderhand auf dem dunklen Fell eines Spaniels, einen Federbusch in ihren gepuderten Haaren, und läßt sich von Longhi in Person malen, den man von rückwärts in seinem Atelierkittel bei der Staffelei sieht. In rosaroten Bänderhäubchen, in Brusttüchern, in wassergrünen Kleidern huschen die Kammerkätzchen vorüber, halten den Spiegel, reichen das Brokatkleid hin, bringen die Schokolade und die Kipfel, bessern an der Spitzenhose, auf die man schon wartet, geschwind noch etwas aus. Überall gibt es Kinder. Und es gibt Leute, die auf einem Teppich Karten spielen, ein Konzert improvisieren, Leute, die einander einen Possen spielen: ebenso viele flüchtige Bilder des zeitgenössischen Lebens, ebenso viele

Szenen à la Goldoni, gewissermaßen die lebende Verbildlichung des Goldonischen Theaters.

Und dann ist Venedig selbst da, die Märchen-Stadt, die aus dem Meere auftaucht, erbaut aus Korallen, Perlen, Madreporen, Perlmutter und doppelt lichtvoll, weil es zwischen zwei Lichtern aufstrebt, dem Lichte des Himmels und dem Lichte des Bodens: da sind seine Plätze, seine Brücken, seine Kanäle, seine Perspektiven und das Gewühl seiner Menschenmassen, die Pracht seiner Aufzüge, seine wundervollen Architekturen und seine magische Dekoration. Hier greift Canaletto mit seinen beiden Schülern Francesco Guardi und Bernardo Bellotto ein. Von einer Barke, einer Treppe, einer Brücke aus schauen sie zu. Antonio Canaletto, Francesco Guardi, Bernardo Bellotto schauen zu, wie die zauberhafte Stadt unter ihren Augen funkelt[13].

Von der Piazza schwingt sich der rote Campanile empor. Von der Piazzetta steigen die beiden Säulen des Krokodils und des Löwen auf. Die Riva überspringt den Ponte della Paglia und verliert sich dort hinten nach der fernen Linie des wechselnden Horizonts. Die Porphyrmasse des Dogenpalastes hebt sich vom Azur des Himmels ab wie eine Seidenspitze. Zwischen zwei Reihen von Palästen und Kirchen, inmitten eines Waldes von Turmspitzen, Kuppeln, Zinnen, Marmorlaub und -blüten, fließt der Canal Grande, so recht der königliche Strom der Geschichte. S. Maria della Salute sieht aus wie ein Geschmeide von Altsilber; hoch oben auf der Dogana blitzt die goldene Fortuna wie eine Flamme; S. Giorgio Maggiore färbt sich in der Ferne wie eine Wolke. Um ihre Brunnen mit geschnitztem Rande breiten sich die schweigenden Gefilde der Campi aus, durchfurcht von weißen Linien. Unter einer Rahe kommt ein Stück von einem Traghetto zum Vorschein; hinter einer Mauer grünt eine spindelschlanke Zypresse; am Ende eines Calle schaukelt sich der Mast eines Fahrzeuges; drei Fenster reihen sich über einem Balkon aneinander; eine Brücke überspringt in schlankem Bogen den Rio; ein Kamin ragt in den Himmel auf; Mauerspalten spiegeln sich goldig in dem abgestandenen Wasser; von einer Mauer aus roten Ziegeln bröckelt der Verputz ab. Die Menge belebt diesen opernhaften Schauplatz; man möchte sagen, sie gehöre dazu; bald aufgelöst in fliegende Schattenbilder, bald in hübsche kleine Gruppen; bald schön geordnet, wie von einem geschickten Chorführer aufgestellt, gleichsam zur Belebung einer Prunkfeier, einer Regatta, eines Umzuges des Bucentoro, eines Kirchganges des Dogen, eines festlichen Botschaftereinzuges. Menschlein in der Art Callots tummeln sich. Figürchen, von hinten gesehen, kommen, gehen, stehen umher; Dreispitze neigen sich; Mäntel fliegen im Winde; *bocassini* aus weißer Wolle plaudern in dem durchsichtigen Schatten der Piazza; Pudel tollen auf den Fliesen; Eltern gehen spazieren, einen Dreikäsehoch an der Hand; Barcaiuoli beugen sich über die Ruderstange; Lastträger laden eine Feluke ab; Müßiggänger stehen auf einem zusammengerollten Tau und schwatzen; Korbflechter arbeiten im Schutze eines Zeltes; oder es herrscht Jahrmarkttreiben auf der Riva; oder der Doge teilt seine *oselle* auf der Piazza aus; oder die Peotten des Botschafters Clergi sind an der Pforte des Palastes festgebunden; oder der Papst Pius VI. segnet von einem Podium aus das Volk vor der Schule von S. Marco. Es ist immer wieder das Fest des Lichtes: der mattsilbrige Himmel, das Schäfchengrau der Wolken, irgendwo die blonden oder rosigen Tupfen, über die man unwillkürlich lächeln muß, an der Kehrseite eines Segels, an der Zwiebel eines Domes, an der Front eines Palastes; immer wieder die flitterartige, gekräuselte, guillochierte Oberfläche der Wasser, die abwechselnd moiriertgrün, schieferblau, stahlblau ist, als wenn ein Panzerhemd darauf schwämme, und die bernsteinfarbigen Spiegelungen, die hineinfallenden Sonnenlachen, die sich daraus erhebenden Opaldämpfe und der Brodem, der in Form von Goldflocken oder Wattestückchen ringsum daraus aufsteigt; immer wieder dieses schillernde und packende Schauspiel, alle Liebkosungen des freundlichen und leichten Tages, alle Küsse der durchsichtigen Luft, der flüssigen Luft über dem Gedicht mit den Marmorstanzen. Ach, der hübsche Fleck dieses roten Mantels auf dem blonden Grau der Wand, dieses silbernen Gondelschnabels auf dem graugrünen Wasser des Kanals, dieses weißen Fahnenvierecks auf dem Perlmutterhorizont! Canaletto, Bellotto, Guardi schauen. Und sie schildern, was sie sehen.

Sie fügen fast nichts hinzu. Was sollte man auch diesen Dingen hinzufügen? Venedig genügt dem Maler. Es ist ein Kunstwerk an sich. Es ist unendlich. Immer gleich, ist es doch immer verschieden. Es schwelgt in Regenbogenfarben und Schattierungen, färbt und verfärbt sich, flammt auf, verlischt, ändert sich – unaufhörlich. Und jeder gibt das Bild wieder je nach seiner schöpferischen Begabung, Canaletto bündiger, Bellotto genauer, Guardi freier[14]. Aber Francesco Guardi ist so köstlich! Er hat Geist bis in die Fingerspitzen. Er arbeitet rasch, keck und mit überquellender Phantasie. Hurtig und leicht, zeigt er eine solche Unabhängigkeit, daß er die Landschaft von neuem zusammensetzt. Er erfindet aus dem Stegreif und lächelt. Er ergeht sich in geistreichen Pinselstrichen, in rasch hingeworfenen Skizzen, in Raketen feiner Heiterkeit und pötzlichen Glückes. Man sehe sich nur einmal das zarte Silbergrau seines Himmels an; und auf allen diesen durchsichtigen Bildern die Knappheit und die Anmut, die er mit geschmeidiger und eleganter Geste hinwirft: dick aufgetragene helle Stellen, kein Licht, sprechende Farben, der rote Glanz eines Tabarro oder der blonde Glanz des Hemdes eines Barcaiuolo. Das ist künstlerisch im besten Sinne des Wortes und modern, als wäre es von heute. Francesco Guardi war ein Neuerer.

So haben sich diese kleinen Meister die köstliche Aufgabe gestellt, Venedig zu schildern, die mit Öl, jene mit Deckfarbe, die mit Aquarell, jene mit Pastell, die einen mit Tusche, die andern mit Ätzstein, wieder andere in Miniaturen auf Velinpapier.

Weiter sind noch die Vignettenmaler zu nennen. Denn Venedig, wo es weiße Papierstückchen schneit und wo der Wind fliegende Blätter fegt, verbraucht eine stattliche Menge von Vignetten. Überall sind sie begehrt: auf den mit

Giambattista Tiepolo:
Frau mit Mandoline, ca. 1755

einem kleinen Stich geschmückten Besuchskarten, auf den mit grotesken Malereien verzierten Papierfächern[15], auf den *mode* und *francesine*, mit denen die Zimmerwände verkleidet werden, auf der Titelseite des galanten Almanachs, der in einer Seidenschachtel verkauft wird, in der Umrahmung der *raccolta*, die sich in ein Kleid mit goldenen Blumen hüllt, auf den Blättern der Kunstbücher, dieser Wunderwerke an Anmut und Geschmack, welche die Zatta, die Pasquali, die Albrizzi in der Stadt der Aldi weiterdrucken[16]. So daß eine ganze Pleiade wackerer Meister der Radiernadel am Werke ist. Sie kommen aus den Werkstätten von Bassano oder Belluno. Sie arbeiten für Remondini. Sie sind im Auslande sehr begehrt[17]. Und indem sie untereinander in geschickten Erfindungen, geistreichen Spielen mit der Radiernadel, in rauschendem und leuchtendem Blond wetteifern, streuen diese Nachfolger des Marc Antonio Salamanca und Zeitgenossen des Piranese[18] den Geist ihrer Vignetten rundum aus[19]. Und was sie da schildern, ist immer wieder Venedig. Ihre Umrahmungen suchen ihre Vorwürfe in den Holzschnitzwerken ihrer Umgebung. Ihre Finalstöcke erinnern an die heimischen Türköpfe. Ihre Kolumnentitel fangen auf einem fingernagelgroßen Raume eine ganze Landschaft oder einen Garten ein. Ihre feinen Radierungen rufen ebenso viele Szenen des täglichen Lebens wach[20].

Dank ihnen gaukelt denn auch das damalige Venedig vor unsern Augen.

*

V Nun möchte man sie aber auch in Hausrock und Pantoffeln kennenlernen. Tiepolo in seinem kleinen Landhause von Zianigo überraschen, das er mit seinen beiden Söhnen Domenico und Lorenzo schalkhaft mit mythologischen Darstellungen, Maskeraden und venezianischen Szenen ausschmückt; in seinem Hause von S. Lio Canaletto, umringt von seinen Schülern. Besuchen der Rosalba an den Wiener Hof folgen und Bellottos an den Hof des phantastischen August III.; Pietro Longhi zuschauen, wie er bei den Pisani in seiner Akademie der bildenden Künste den Vorsitz führt; Guardi zuhören, wie er im ersten Stock seines Hauses zur Madonnetta den Bruder Casanovas unterrichtet; oder seiner Schwester Cecilia zuhören, die die Frau Tiepolos geworden ist, wie sie ihr Testament diktiert: »Ich hinterlasse meiner Tochter alle meine Hemden, mein neues Kleid und das dunkelblaue mit den gelben Schleifen ...«[21] Man möchte soviel wissen.

Sie bilden eine kleine engverbundene Künstlerfamilie. Sie sind durch alle möglichen Bande der Verwandtschaft, des Interesses und des Handwerks geeint. Sie enthüllen ihre Geheimnisse ihren Söhnen und sind Stammväter eines neuen Geschlechtes von Malern[22]. Sie arbeiten für Lords, für durchfahrende Kunstliebhaber, für Raritätensammler, die sie manchmal ein wenig übervorteilen, wie der englische Konsul Smith[23]. Sie gehen gern ins Ausland, um dort ihr Glück zu suchen und zu finden. Dann kehren sie zurück. Haben sie ein Gemälde vollendet, stellen sie es in der Merceria oder auf dem Himmelfahrtjahrmarkt aus. Und die Zeitungen spenden rauschenden Beifall[24].

Das Heim der Rosalba Carriera ist reizend. Wenn man vom großen Kanal abbiegt, in den Calle di Cà Cent' anni, in derselben Straße, wo Goldoni geboren wurde, steht man schon davor. Hier wohnt ihre alte Mutter, die gescheite, joviale Venezianerin aus der guten, alten Zeit; sie knabbert immer an einer *persegata* oder an Johannisbrot; ihre beiden Schwestern sind auch da: Angela, die den Maler Antonio Pellegrini geheiratet hat, den sie ihren *burattino* nennt, Giovanina, die unverehelicht geblieben ist und zu der man Neneta sagt. Man fühlt sich in einer heitern, ehrbaren und arbeitsamen Welt. Keine Müßiggänger und liederlichen Gesellen, sondern gute Bücher, alte Freunde, ein Spinett, eine Geige und die zauberhaften Farbstifte. Kein Staub, aber liebenswürdige Dinge, wie eine Schachtel mit

Lasursteinen, silberne Armleuchter mit ihren Putzscheren und an der Wand ein kleines Gemälde, das Watteau gespendet hat. Alle arbeiten. Angela und Neneta helfen ihrer Schwester, bereiten den Grund vor, setzen die ersten Töne auf, bedecken ihn mit diesen leichten Farben, aus denen das leuchtende Bild hervorspringen wird. Rosalba, die sie untereinander das Putzerl nennen – *la putela*, steht an ihrer Staffelei. Sie malt. Oder sie liest ein lateinisches Buch oder sie versucht sich in leichten Reimen oder sie begleitet am Klavier den Herzog von Mecklenburg, der Viola spielt, oder sie empfängt den Kurfürsten von Sachsen, der sie im roten Staatsrock besucht, oder sie antwortet ihren lieben Freunden in Frankreich, die sie vergöttern: Crozat, Mariette, Vleugels, Marigny, dem Abbé von Mayroulle. Sie ist heiter, immer aufgelegt spazieren zu gehen, zu plaudern, Leute zu empfangen. Manchmal vergnügt sie sich an einem Kartenspiel. Da sie etwas klein ist, stellt sie sich gern auf die Zehenspitzen, um größer zu sein. Sie ist häßlich und legt auch anscheinend gar keinen Wert darauf, für hübsch zu gelten. Am Abend, nach der Arbeit, vereinigt sich die ganze Familie unter der Lampe. Und da die fleißige Neneta, die schon beim Morgengrauen aufgestanden, ein wenig müde ist – sie ist in der Kirche gewesen, hat ihre Armen besucht, hat Maskenkleider geschneidert, hat sich mit den häuslichen Arbeiten beschäftigt, mit Rechnungen, Flickereien, mit der Wäsche – nickt sie allmählich ein. Alle lachen sie aus und Antonio Pellegrini macht sich einen Spaß daraus, muntere Karikaturen von der Schläferin zu entwerfen. Sie bemerkt es, schimpft, springt auf, rennt in die Küche, um sich einen stehengebliebenen Schluck Kaffee zu Gemüte zu führen, setzt sich nieder, fest entschlossen, nicht wieder einzuschlafen, und nickt augenblicklich wieder ein. Das Lachen und die Neckereien gehen von neuem an, bis Neneta entwaffnet in das Lachen der anderen herzhaft einstimmt. So schaut es in dem Heim der Rosalba aus[25].

Vielleicht, daß diese berühmte Tochter Venedigs, die eine so süße Seelenruhe in sich hatte, die gern eine laute

Heiterkeit um sich verbreitete und die sich nie über etwas ärgerte außer etwa, wenn es regnete, oder über die Griesgrämigen oder über ihr Zimmer, wo es so eng war, daß man sich den Kragen hätte brechen mögen, oder über die Prälaten, die im Altarchor zwischen zwei heruntergemurmelten Psalmen rasch eine Prise Tabak nehmen – vielleicht, daß Rosalba die richtige Vorstellung gibt von diesen mit Selbstbekenntnissen so sparsamen kleinen Meistern Venedigs, von ihren Gewohnheiten, ihrem Tun und Handeln, ihren Vergnügungen, ihren lustigen Einfällen und ihren Sitten.

Achtes Kapitel

Das venezianische Theater und das italienische Lustspiel

I

Das Vergnügen der Venezianer am Theater. – Die sieben ständigen Bühnen von Venedig. – Das Lustspiel, die literarische Beitragsleistung Venedigs. – Der komische Roman in Venedig. – Die dramatische Literatur.

II

Die Commedia dell'arte. – Ihr Ursprung. – Ihr jahrmarktartiger Charakter. – Ihr Schicksal. – Der Dottore, Pantalone Arlecchino und Brighella. – Weitere Gesichter und Masken. – Die Liebhaber und die Soubretten. – Der Capitano. – Die Stegreifdichtung. – Wie die Komödianten den Dialog erfinden, den sie vortragen. – Ihre Geschicklichkeit und ihre Kunststücke. – Ihre arte. – Abwicklung, Vorwürfe und Szenen der Commedia. – Sie ist das italienische Lustspiel schlechtwegs. – Sie versorgt ganz Europa mit ihren Karawanen. – Am Anfang des 18. Jahrhunderts feiert sie ihre höchsten Triumphe.

III

Die Kehrseite der Commedia dell'arte. – Sie ist der Vielfältigkeit des Lebens verschlossen. – Sie hängt ab von der Betriebsamkeit der Komödianten. – Unzulänglichkeit dieser Komödianten. – Worin sie versagen. – Im 18. Jahrhundert macht die Commedia dell'arte den Eindruck einer erschöpften Literaturgattung. – Sie muß sich entweder erneuern oder untergehen.

Ein Lampion, ein Vorhang und eine Baßgeige, das genügt; eine Wunderwelt tut sich auf. Die Venezianer brauchen diese Wunderwelt. Sie brauchen die Illusion des Theaters. Diese dichtungs- und vergnügungsdurstigen Seelen brauchen das Scheinbild und die Luftspiegelung der köstlichen Lüge.

In Paris gab es im 18. Jahrhundert drei Theater, in Venedig gibt es sieben. Sieben, die dauernd, abgesehen von denen, die mit Pausen spielen, abgesehen von den Theatersälen in den goldenen Palästen, abgesehen von den Theatern im Freien auf den öffentlichen Plätzen[1], abgesehen von den Wander-Marionettenbühnen[2]. Sie tragen den Namen des Heiligen ihrer Pfarre, bleiben solange offen, als die Maskenfreiheit dauert, und spielen jeden Tag, den Gott gibt. So spielt man am 21. Januar 1765 im Theater S. Benedetto die *Didone abbandonata*; in S. Moisè den *Amor in ballo*; in S. Salvadore den *Rico insidiato;* in S. Cassiano die *Semiramide*; in S. Crisostomo den *Brighella disertore disperato seguace della Magia d'Archelaüsse*; in S. Angelo die *Favola dell' Uccellin belverde;* das *tanzende Wasser*, den *singenden Apfel* und sehr schöne Verwandlungen; und in S. Samuele gibt man den *Cavaliere di Ripafratta ho sia il Marchese di Forlipopoli*, ein sehr schönes Lustspiel, zum Kranklachen[3]. In diesen leichtfertigen Tempeln können sich keine Spinnweben halten; die Leute verbringen dort ihr Leben dermaßen, daß die meisten Häuser zu vermieten sind; alle strömen herbei, von dem rotbemützten Barcaiuolo, der sich etwas darauf zugute tut, ein feiner Kenner des Lustspieles zu sein, bis zu dem togabehängten Patrizier, der in seinen Mußestunden Theaterunternehmer ist. Hier sind die Venezianer zu Hause, mehr als in der Kirche. Sobald sie eingetreten sind, nehmen sie würdevoll ihren Platz ein; sie freuen sich, beisammen zu sein; nach der Zersplitterung des Tages lachen sie, daß sie wieder vereinigt sind. Die Geschichte ist verstummt, so müssen ihnen die Ereignisse, die ihnen ein Dichter erfindet, die wirklichen Begebenheiten ersetzen; eingebildete Aufregungen bewegen ihr Herz, das nicht von ernsten Idealen in

Anspruch genommen wird; glückliche Illusionen nehmen die Leere ihrer Seele und ihres Lebens ein; und mit Hilfe von Koloraturen, Luftsprüngen, Hanswurstwitzen, anmutigen oder ironischen Einfällen entsteht ein süßer Rausch, der sie anregt und der ihnen über alles geht. Die Venezianer können das Theater ebensowenig entbehren wie den Kaffee.

Das Theater, die Literatur der Leute, die nicht lesen, ist die venezianische Literatur schlechtweg, diejenige, die dem Genie Venedigs am besten zusagte, diejenige, in der Venedig ständig geglänzt hat, in der es seine eigenen Wege gewandelt ist, in der es von Ruzzante bis Goldoni auf ganz Italien Einfluß geübt hat. Das Theater ist die literarische Beitragsleistung Venedigs. Es ist der befreiende Traum dieses alten Künstlervolkes, das von einer zu schweren Wirklichkeit erschöpft ist; es ist das bodenständige Vergnügen; es ist die gangbare Dichtungsart, in der sich ein jeder versucht, die ein jeder kennt, so daß hier der Geringste seine Meinung hat und seine bestimmten Lehrsätze verficht. Stockt die Unterhaltung, so genügt es, den Namen einer Schauspielerin einzuwerfen, und alles ist Feuer und Flamme. Ein neues Stück ist eine öffentliche Angelegenheit, deren Echo bis zu den *traghetti* dringt. Die Anstellung einer Ballerine ist ein Staatsereignis, das die Registratur des Rates der Zehn erfüllt und zwei oder drei Gesandtschaften zu schaffen macht[4]. Und wenn in der Republik Kabalen und Parteiungen vorgekommen sind, so waren diese ausschließlich theatralischer Art. Die Gegnerschaft des Abbé Chiari und des Advokaten Goldoni bringt zwei Parteien auf die Beine, teilt die Stadt in zwei Heerlager, »bewaffnet die Damen, die Kavaliere, die Bürgerinnen, die Bürger, die Plebs, die Handwerker, die Gondolieri, die gebildeten Konkubinen gegeneinander«. Nie hat eine literarische Polemik mehr Staub aufgewirbelt und mehr Papier mit Druckerschwärze bedeckt[5].

Es schaut so aus, als sei der Horizont von einer Rampe, einem Bühnenhimmel und einem Souffleurkasten begrenzt. In den verlassenen *calli* atmet man den feuchten Duft von zerknittertem Samt und Orangenschalen, der aus den Thea-

Giandomenico Tiepolo:
Pulcinella und die Artisten, Detail aus Fresko, 1759 – 1797

tersälen dringt. In der Luft schwebt ein wenig des scharfen Staubes, der von den Fußböden aufsteigt und »verbrennt« und »tötet wie das Pulver der Scharfschützen«. Von dieser eilenden und drängenden Bevölkerung hängt ein jeder irgendwie mit dem Theater zusammen, vom Kerzenanzünder zum Platzanweiser, vom Logenschließer zum Notenschreiber, von der Operndiva zu ihrem Kostümschneider, zu ihrem Musiklehrer, ihrem Impresario, ihrem Handschuhmacher, ihrem Schuster, ihrem Beichtvater, ihrem Friseur und ihrem Gönner. Der ist der Dichter, jener der Souffleur, dieser der Statist, jener der Possenreißer, dieser der Mime, jener der Maschinist, dieser der Page, jener der Maler, jener wieder spielt die erste Oboe. Der hat im Ballett die Rolle eines Geistes, eines Mohren, eines Exaltados oder eines Hofnarren gespielt. Das ist die Komödiantin und sie hat »sechs Bücher der *ars amandi* im Kopfe, ganz abgesehen von denen Ovids«. Das ist die Mutter der Komödiantin. Und das ist ihr Bruder, der zehn Soldi dafür bekommt, »daß er den Schergen, den Dieb, den Teufel gibt und mit der Laterne der Prinzessin, seiner Schwester, vorausgeht, wenn sie aus den Kulissen heimkehrt, um sich in der Küche auszukleiden«. Der Thespiskarren hat für immer in Venedig haltgemacht, seine Deichseln ragen einsam in die Luft; und seine magere Mähre weidet auf den Kanälen den Rasen der Wolken.

An jeder Ecke der phantastischen Stadt zeichnet sich eine Gruppe umherziehender Komödianten ab. Hier liest ein Dichter sein Stück Schauspielerinnen vor, die zuhören und dabei Strümpfe stricken. Dort wiederholen Sänger, wobei sie sich auf Lehnsesseln sühlen und sich mit der Partitur Kühlung zufächeln. Anderswo unterhält sich eine Virtuosin mit ihrem Mäzen, während der Perückenmacher den Aufpasser spielt und der Gatte mit einem Korb einkaufen gegangen ist. Der Senator Malipiero prügelt Teresa Imer und Casanova, den er in seinem Palaste in allzu verfänglicher Unterhaltung erwischt hat. Carlo Gozzi bringt der Teresa Ricci seine Dichterhuldigung dar, der Gatte aber mit zerrissenen Socken schläft im Verlauf der Unterhaltung ruhig ein.

Ein achtzehnjähriges Mädchen versucht im Mondenschein auf der Piazza ein Tänzchen. Eine mit Komödianten beladene Barke führt Goldoni als Kind auf die blaue Adria hinaus[6]. Auf der Riva von S. Moisè wartet eine Operntruppe, um sich beim nächsten Morgengrauen einzuschiffen[7]. Die Mutter einer Sängerin hat eine Lotterie veranstaltet, um die Bedürfnisse ihrer Tochter befriedigen zu können[8]. Überall verstreut der komische Roman seine Anekdoten, stellt seine Schattenbilder hin, spinnt seine Intrigen, belustigt das Auge, lockt die Neugierigen an. Er reicht allein hin, eine ganze Literatur zu speisen[9].

Alles, was geschehen ist, alles, was geschieht, wird als dramatischer Stoff ausgebeutet. Um ihn auf die Bühne zu bringen, plündert man das griechische und römische Altertum, den Mythos, die Legende, den Orient, das Zauberreich der Feen, die spanischen Mantel- und Degendramen, die zeitgenössischen Abenteuerromane bis zur Unschuld der alten Ammenmärchen[10]. Ebensogut den *Tom Jones* von Fielding wie die *Marianne* von Marivaux, den *Bourgeois gentilhomme* von Molière wie die *Metamorphosen* Ovids, die *Lettres péruviennes* der Frau von Graffigny wie die *Amazones* der Frau du Boccage, die *Pamela* von Richardson wie den *Gil Blas* von Lesage, die *Paysanne parvenue* von Fieux de Monhy oder die *Aeneis* von Vergil, der der Abbé Chiari den Stoff zu drei Stücken entnimmt. Die einen machen aus Äneas einen bramarbasierenden Hauptmann, aus Menelaus einen verliebten alten Gecken, aus Helena eine venezianische Kokotte, die anderen lassen Amor auftreten, wie er Blumen auf die Tische wirft, oder stellen Aphrodite auf einem Wolkenwagen dar, die wieder schildern Bauernjagden, Schlachten, Schiffsbrände, fliegende Götter, Sternschnuppen, Kinder, die in Grabmälern versteckt sind, Schatten Verstorbener und selbst das ganze Reich der Schatten[11]. Von Tirso de Molina zu Boursault, zu Regnard, zu Klopstock wird alles aufgestöbert, umgeformt oder einfach übersetzt. Man macht daraus unterschiedslos Textbücher zu großen und zu komischen Opern, zu Masken- und

Charakterkomödien, zu Tragödien oder Tragikomödien, zu Zauberspielen, Balletten oder Rührstücken. Das Wesentliche ist, immer Neues hervorzubringen. Das geht so weit, daß der Graf Alessandro Pepoli einen *Ladislas* erfindet, der weder Komödie noch Tragödie ist, sondern eine »physedia« oder ein Naturgesang, der den Aufgang der Sonne und des Mondes schildert, sehr hohe Türme, steile Berge, Schlachten, Höhlen, die als Wohnung dienen[12]. Das Wesentliche ist auch hier, daß alles äußerst wunderbar ist. Man will, daß es da Menschen gibt, die von Teufeln in die Luft entführt werden, und Feuerwerk, das recht lang dauert[13]. Man will Pilgerstäbe, Stiletts, Gifte, Gefängnisse, Kanapees, erlegte Bären, sehr hohe Pavillons, Erdbeben. Und nach Marcello bestand das Kostüm des Theaterdichters aus Baumrinde, besetzt mit Metaphern, Übersetzungen und Hyperbeln, mit alten Sujets als Knopflöchern, dazu ein Schwert in einer Scheide aus Bärenhaut.

*

II Die größten Triumphe aber feiert in Venedig zu Beginn des 18. Jahrhunderts das italienische Lustspiel.

Man weiß nicht, wo es entstand.

Mag sein, daß diese uralte Angelegenheit Italiens in die Nacht der Zeiten zurückgeht. Mag sein, daß sie ihr Lämpchen an dem ersten Aufleuchten der oscischen bzw. der italisch-griechischen Kultur angezündet hat. Vielleicht haben ihr die oscischen Spiele und die Atellanen als sagenhafte Wiege gedient. Vielleicht ist *Pulcinella* der antike *Maccus* und die *Zanni* nichts anderes als die lateinischen *Anniones;* vielleicht auch, daß diese munteren Schattenbilder und fliegenden Mäntel zu rechtmäßigen Ahnen alle die Mimen, plattfüßigen Tänzer, Schauspieler und Possenreißer hatten, die, aus Ausschweifung und Schmutz hervorgegangen, das Publikum der öffentlichen Plätze mit zweideutigen

Gebärden unterhielten. Weiß man es? Nein[14]. Indes steht bei aller Ungewißheit das eine fest, daß neben der geschriebenen, gelehrten, literarischen die italienische Komödie, die *dell'arte* heißt, die italienische Stegreifkomödie mit Masken und einem gegebenen Rahmen, eine gleichlaufende Entwicklung bietet; daß sie im 16. Jahrhundert blühte, im 17. Jahrhundert ihren Höhepunkt erreichte und mit der alten Regierungsform abstarb; und wenn die geschriebene Komödie, das Werk eines Gebildeten, die Pracht eines wohlgepflegten Gartens oder eines Palasthofes um sich voraussetzt, stellt die venezianische Komödie – die überdies die italienische Komödie schlechtweg ist – eine ungezwungene Blüte der Gasse dar[15].

Um sie in ihren Rahmen zu stellen, muß man sich einen dieser Jahrmärkte Italiens vor Augen halten, deren lautes Treiben Callot so gern malte[16]. Der Galgen zeichnet sich am Himmel ab. Zwiebelketten schaukeln an den offenen Laden der Buden. Hunde, Gassenjungen, Kuttenträger, Dienstmädchen, Kaufleute vom Lande mischen sich unter den Zelten. Krüppel mit Krücken, krummen Beinen, ohne Beine leiern ihre Melodien. Leute mit Federhüten, die Hände in den Taschen, spucken aus. Einer hat sich anstandshalber zurückgezogen. »Der verkauft Kalk zur Rattenvertilgung; jener Spiegel, um an der Sonne Feuer anzuzünden; der Brillen, mit denen man in der Nacht sieht; jener zeigt seltsame Tiere, fürchterlich anzuschauen; der ißt Werg und speit Feuer; jener wäscht sich das Gesicht mit flüssigem Blei; der tut so, als schnitte er einem anderen mit einem Messer die Nase ab; jener zieht sich zehn Ellen Schnur aus dem Munde; der spielt einem anderen eine Karte in die Hand; jener bläst in eine Schachtel und färbt einem Vorwitzigen das Gesicht oder er gibt ihm Galle ein und macht ihn glauben, es sei ein guter Bissen.«[17] Hier in dem bunten Gewühl dieses Bacchanals, inmitten der Schreie und der Fettgerüche, inmitten der Marktschreierspäße und der Schaustellungen, inmitten des Rülpsens und Magenknurrens, der schallenden Ohrfeigen, die von den Dienstmädchen verabreicht werden, denen man die Röcke aufbindet, sprießt unter freiem Himmel diese üppige, wunderliche, wilde Vegetation auf, mit den Gesten eines Künstlers und der Seele eines Kindes.

Und dann hatte sich die italienische Komödie von irgendeiner Fiera dell' Impruneta längs der Landstraßen verbreitet; sie hatte ihren mit einer Plane bedeckten und von Ochsen gezogenen Komödienwagen in der Runde herumgeführt: unter der Plane stillte Isabella ein Kind, und wenn es bergauf ging, stiegen die Schauspieler ab und schoben nach. Sie hatte die Zufallslager zu kosten bekommen, die zweideutigen Herbergen, die Abenteuer der Landstraßen; sie hatte die Furten überschritten und die Berge überstiegen; sie hatte in den Scheunen oder im Gasthof »zum grünen Gras« geschlafen: mitten in der Nacht leuchteten Gewehrschüsse am Himmel und in den Dörfern liefen ihr die Kinder schreiend hintennach. Von Markt zu Markt war sie gezogen, von Erfahrung zu Erfahrung, von Erfolg zu Erfolg. Und dann waren die armen einstigen Seiltänzer, die mageren, ausgemergelten Landstreicher, die hektischen Söhne des Schlammes und der Nacht, die sich mit ihren Fingern schneuzten und sich beim Angelusläuten im Straßenstaube niederknieten, – die waren durch das weit geöffnete Tor in den Glanz der Paläste eingezogen[18]. Denn es ist keine Legende, daß Katharina von Medici über ihre Possen »laut lachte wie eine gewöhnliche Sterbliche«; daß, um Scaramuccia oder Lelia zu gewinnen, diplomatische Verhandlungen angeknüpft wurden; daß die Prinzen, die Prinzessinnen und die Könige sie in ihren Staatskarossen mit sich nahmen; daß Maria von Medici bei dem Sohne Harlekins Pate stand; daß sich Tasso neben Isabella an den Tisch des Kardinals Aldobrandini setzte; daß Ludwig XIII. Beltrame zu seinem Leibkämmerer ernannte; daß der König von Polen Mezzetin zu seinem Vergnügungsschatzmeister machte und daß der Kaiser Matthias Fritelin adelte. Zu Ehren der Venezianerin Vicenza Armani läuteten die Städte Italiens die Glocken und ordneten Lanzenstechen an. Zum Begräbnis der Paduanerin Isabella Andreïni schickten die

Schöffen von Lyon ihre Zeremonienstabträger und ihre Fahnen. Begleitet von seinem Hunde, seiner Katze, seinem Affen und seinem Papagei, hielt Scaramuccia seinen Einzug im Louvre. Eines Tages fand er den Dauphin in Tränen aufgelöst und belustigte ihn durch sein Gesichterschneiden so, daß der Sonnenkönig in Windeln sich auf seinem Mantel erleichterte[19].

Man sammelt die Überreste dieses Schauspieles. Man blättert die Anerkennungen der Dichter und die Erzählungen der Zeitungsschreiber durch; man liest die Biographien dieser berühmten Komiker[20]; man schlägt die ärmlichen, dünnen und nackten Scenari nach, die welken Blumen gleichen[21]; man schaut sich »die kleinen Tänzer« von Callot und die Masken von Watteau an und man versucht, sich dieses blendende und tolle Ding vorzustellen, das geboren wurde, zum Himmel aufstieg, glitzerte, eine ganze Welt bezauberte, einen ganzen Zeitabschnitt entzückte und das jetzt tot ist, unwiderruflich tot, ohne eine andere Spur hinterlassen zu haben als das Echo seines Ruhmes und den Abglanz seines Leuchtens.

Da sind die beiden Alten, Pantalon von Venedig und der Doktor von Bologna, die sich schneuzen, husten, spukken, die knauserig, hinfällig und zahnlückig, aber trotz ihrer Kahlköpfigkeit, ihres Katarrhs und ihrer Krücke immer darauf aus sind, ihre Bärte an jungen Gesichtchen zu reiben. Da sind die beiden Bedienten aus Bergamo, da ist Harlekin und Brighella, die Arm in Arm daherkommen und die beiden idealen Dienertypen verkörpern; der eine ist listig, der andere ein Tölpel; der eine verschlagen, der andere albern; der eine hört das Gras wachsen, der andere ist ständig aus den Wolken gefallen; der eine, der das Geschirr zur Erde fallen läßt, stößt sich an den Mauerecken an, stürzt auf den Treppen und streckt alle Viere in die Luft, der andere, ein feiner Kopf, steckt voll von Gaunereien, Betrügereien, Elastizität. Und im Gefolge dieser vier originellen Grundtypen kommen alle die Varianten, die sie erzeugt haben, alle die Entartungserscheinungen, die sie mitgemacht haben, alle die tollen Zweige, die darauf gepfropft wurden oder die aufs Geratewohl darauf wuchsen: Diener, Bauern, Schnapphähne, Schulmeister und Lumpenpack, Bettler aller Art, allerhand Aufschneider, Schlemmer, Gimpel, lächerliche Hopfenstangen[22]. Da sind die Mezzetini und die Truffaldini, die Trivelini und die Scaramucce, die Pagliacci und die Cavicchi, die Burattini und die Pasquarielli; Piero ganz weiß und Scaramuccia ganz schwarz, Tartaglia, der stottert, Francatrippa, der sich vollfrißt, Coviello, der nur Luftsprünge, Witze und Melodien im Kopfe hat. Neapel hat seinen Pulcinella gestellt, Siena seinen Cassandro; Niccolò Barbieri hat Beltrame erfunden, Tiberio Fiurelli den Scaramuccia, Giuseppe Giaratone den Piero, und Domenico Biancolelli hat aus dem abgeschmackten Bauernburschen von Bergamo – das war Harlekin – dieses »große Kind gemacht, mit den geschmeidigen und zierlichen Bewegungen einer jungen Katze«, »diese Mischung von Unwissenheit, Ursprünglichkeit, Dummheit und Anmut«, das Marmontel bewunderte. Jeder hat seinen Charakter und sein Kostüm, seine heimische Mundart und sein Attribut, jeder steht als ein ganzer Kerl da. Dazu kommt das Volk der Liebhaber und Liebhaberinnen, die die Zärtlichkeit, Jugend, Schönheit, das feine Benehmen und die Sprache Toscanas verkörpern[23]: Orazio und Coralina, Isabella und Leandro, Cintio und Flaminia, Lelio und die köstliche Silvia.

Und nach ihnen kommt das geriebene, schlaue Völkchen der Soubretten, der Zerbinetten, der Franceschinen, Diamantinen, Colombinen. Über alle aber schreitet hinweg in stolzer Haltung, den Schnurrbart aufgezwirbelt, den Federbusch im Winde, die Hand auf dem Stichblatt seines langen Rapiers, darin ein Spinngewebe sitzt: der Capitano Spaventa, er heißt auch Aspromonte, Rinoceronte, Firibiribombo, Leonontrone, Arcitonitronante Sbaronne, Escarobombardon de la Papirotonda; der Capitano Spaventa, der kein Hemd verträgt, weil sein vor Wut sich sträubendes Haar es durchlöchern würde wie ein Sieb; der Capitano Spaventa, der sich zu seiner Mahlzeit nur drei Fleischspeisen wünscht, einen Juden, einen Türken und einen Lutherischen; der Capitano Spaventa, der seinen Diener Trappola ausschickt, um dem Großkophta zu huldigen; der Capitano Spaventa, der die Welt vor der Sündflut gerettet, mit den Riesen gerungen, in der Hölle mit dem Tode geschlafen und in einer Nacht zweihundert Mädchen zu Müttern gemacht hat; der Capitano Spaventa, der, sobald Pantalon die Hand nur an die Pistole legt, die Beine über die Achsel nimmt und in der Nacht auf den einsamen Landstraßen vor Angst mit den Zähnen klappert[24].

O ihr reizenden Gestalten auf der malerischen Landschaft! Halskrausen und gestreifte Mäntel, Leinenkittel und weiße Kasaken, Karfunkelsteine und Bänder. Der Degen des Capitano neben der Pritsche Harlekins; das Wollbarett Pantalones neben dem mit einer roten Feder geschmückten Turban Coviellos; Piero in seinem mondscheinfarbenen Gewande; Orazio in seinem goldgewirkten Rock; Scaramuccia mit seiner Gitarre; der Dottore mit seiner Weinnase; Tartaglia mit seinen Augengläsern! Wie viele anbetungswürdige oder wunderliche Strophen des alten Sturm- und Dranggedichtes!

Sie sind boshaft durch und durch und geistreich bis in die Fingerspitzen. Sie sind gleichzeitig Mimen, Akrobaten, Tänzer, Musiker und Komödianten. Und sie sind Dichter[25]. Denn man muß es heraussagen: sie sind es, die das Stück verfassen, sie erfinden es selbst nach Maßgabe ihrer Einbildungskraft, sie improvisieren es in aller Eile und auf der Stelle, wie ihnen die Eingebung kommt. Sie sind keine schülerhaften Nachbeter, die eine mit ihrem Lehrer gelernte Lektion herstottern. Sie sind kein Echo, das nie aus sich herausspricht, ohne daß ein anderer vor ihm gesprochen hat. Sie sind keine Marionetten, die sich vor der Rampe reihenweise aufstellen und nur auf ihr Stichwort warten, um ihr Sprüchlein herzusagen[26]. Sie sind voll Ungeduld, voll Einbildungskraft, kurz sie haben den Teufel im Leib. Sie sind die wunderbaren Künstler des Lachens. Sie sind die Spender der goldenen, göttlichen Heiterkeit. Sie sind die Diener der Improvisation. Sie sind die glücklichen Entdecker. Es genügt, daß ihnen jemand ein in der Geschwindigkeit zusammengekritzeltes Szenarium bringt, daß sie sich morgens mit dem *corago* versammelt haben, um *concertare il soggetto*[27], und daß das Papier am Abend an einer Kulissenstütze aufgehängt bleibt[28], damit sie an der Hand dieser ärmlichen Unterlage weiter erfinden.

Sie sind wohlbewandert auf den Brettern, im Handwerk und in der Kunst, tragen mehr als ein Kunststück in ihrer Zaubertasche und mehr als eine Bosheit in ihrem Sack; bewahren in ihrem wirren Gehirn einen wahren Schatz von Sinnsprüchen, glücklichen Einfällen, Rätseln, Scharaden, Rezepten, blühendem Unsinn, Liedern; kennen alle möglichen Arten von Metaphern, Gleichnissen, Wiederholungen, Gegensätzen, Mißtönen, Tropen und spaßhaften Figuren; haben im kleinen Finger eine ganze Menge von Tiraden, Selbstgesprächen, Verzweiflungsausbrüchen, von glanzvollen Abgängen, von *concetti* glücklicher Liebe, Eifersucht, von Gebet, Verachtung, Freundschaft, Lob, Abschied, die sie alle auswendig gelernt haben und im richtigen Augenblick anzubringen wissen: und so erfinden sie darauflos[29]. Sie errichten ihr leuchtendes Gebäude in die Luft. Sie überlassen sich ihrem fruchtbaren Genie. Sie lassen ihrer betäubenden Begeisterung freien Lauf. Sie gehorchen jeder Überspanntheit und Verrücktheit ihrer Laune. Sie beherrschen alle Register der Gegenrede, des Schmollens, der Keckheit, des Widersinns, des Witzes, der Geistesblitze. Sie ziehen die Gelegenheit bei den Haaren herbei. Sie machen sich geschickt jede Kleinigkeit zunutze. Sie folgen der Eingebung des Augenblicks, der Örtlichkeit, des Saales, der Tönung des Himmels, des Tagesereignisses, und so entsteht zwischen ihnen und den Zuhörern ein Fluidum, aus dem das tolle Stück hervorsprudelt. Auf diese Weise wird es ein Werk aller, wechselt bei jeder Vorstellung, scheint jeden Abend ein anderes zu sein, trägt in sich alle Wärme, alle Munterkeit, alle Merkmale spontanen Schaffens, aufgebaut auf dem Augenblick und für diesen geschaffen.

Ungestüm und zügellos kommt es im höllischen Schritt daher, reißt zum Lachen fort und fegt wie ein Wirbelwind über die Bretter. Es ist ganz Intrige, und zwar Liebesintrige, durchwoben von Verkleidungen, Entführungen, unerwarteter Heimkehr, Erkennungsszenen, Kindesunterschiebungen. Verwechslungen und Verwicklungen sind an der Tagesordnung mit gelungenen Ausfällen, Lazzi, Mimik, Stockhieben und Fußtritten auf den Allerwertesten. Man tastet im Dunkeln. Man stößt aneinander. Man fällt hin. Man verstümmelt die Wörter. Man streckt die Zunge heraus. Man rollt die Augen. Man schneidet Grimassen. Man gibt einander Ohrfeigen mit dem Fuße. Man singt Liedchen. Man gibt Rezepte. Man häuft Sprichwörter, Redensarten, Beispiele. Es gibt Szenen eines unbeschreiblichen Getöses und Tohuwabohus, wo die einen wie die anderen sich auf dem Boden wälzen, wieder erheben, mit aller Kraft anklammern, verwickeln, festhalten und mitten in dem Wirrwarr entfliehen. Einige verabreden sich, dem Pantalon weiszumachen, er rieche übel aus dem Munde. Vom Fenster seines Hauses stößt Pantalon ins Horn, um den Beginn der Jagd anzukündigen. Gratian erscheint, mit einem Hahn auf der Faust. Burattino führt an der Schnur einen Affen. Ein Kind reitet auf einem Bären und führt einen Löwen am Gängelband. Harlekin reißt, bewaffnet mit den Werkzeugen eines Hufschmiedes, Pantalon vier gute Zähne aus; oder er bedient Don Juan bei Tische und wischt die Teller, bevor er sie ihm reicht, an seinem Hintern ab; oder füllt seine Mütze gleich bis zum Rande mit Kirschen und schluckt sie gierig, wobei er so tut, als spucke er die Kerne auf die Zuschauer; oder er pfeift ständig eine Melodie mit gespitzten Lippen; oder er geht jagen und fängt eine Fliege in der Luft; oder er zählt die Knöpfe seines Kittels und sagt: sie liebt mich, sie liebt mich nicht, sie liebt mich; oder sie essen ihrer drei eine Schüssel Makkaroni und weinen dabei heiße Tränen[30]. Burattino setzt sich mit einem Korb voll Lebensmittel auf den Boden; zwei Diebe kommen dazu und machen sich's neben ihm bequem; während der erste Dieb Burattino erzählt, er stamme aus dem Schlaraffenland, und ihn aufmerksam macht, daß das eine Diebsgegend sei, macht der zweite Dieb erfolgreiche Angriffe auf den Korb; während der erste Dieb Burattino dringend warnt, sich vor dem Zugriff dieser Schelme in acht zu nehmen, und nicht müde wird, ihm alle Tricks aufzuzählen, macht der zweite Dieb dem Korb vollends den Garaus; nachdem sich die Diebe unter vielen Bücklingen entfernt haben, trifft Burattino Anstalten, den Deckel von seinem Korb aufzuheben: er findet nichts mehr darin und bricht in Schluchzen aus. Pantalon, dem seine junge Frau Isabella ein paar Worte ins Ohr geflüstert hat, bringt sie fürsorglich und gutmütig bis zur Loggia des Gärtners; er selbst wartet an der Tür, macht den Aufpasser, hält die Vorübergehenden fern, läßt niemand eintreten, legt den Finger auf den Mund; endlich kommt Isabella ein wenig atemlos heraus; Pantalon beglückwünscht sie, wischt ihr mit seinem Taschentuche den Schweiß von der Stirne, bittet sie, sich in einem ähnlichen Falle immer nur an ihn zu wenden; leider muß er einige Szenen später erfahren, daß in der Loggia des Gärtners Orazio versteckt war und daß der Gärtner sein Bett ganz zerwühlt vorgefunden hat. Tartaglia verbirgt sich in einem Heuschober, wenn der Hahn kräht. Jemand bringt Holz, Feuer, einen Kessel und Windeln auf die Bühne, um einer Gebärenden beizustehen. Die Mägde ohrfeigen einander und ihre Herrinnen liegen sich in den Haaren. Pandolfo wirft dem Valerio eine Schüssel an den Kopf. Gespenster erscheinen. Nackte Prinzessinnen sind an Klippen gebunden. Unter den Balkonen werden Gitarren gezupft. Mit nichts, mit zwei oder drei Zutaten, wie einem Stock zum Hauen, einer lebenden Katze und einem lebenden Hahn, mit zwei qualmenden Feuern, vier Gespensterkleidern, einem schmutzigen Hemd für den Capitano, einem Teller Feigen und vielen Laternen, mit einem Baum, groß genug, um im Inneren Platz zu finden, einem schönen Schiff, vier hübschen Nymphengewändern, einem mit Wein gefüllten Nachttopf oder auch mit einem Erdbeben öffnet[31] die Phantasie ihre goldenen Pforten. Der Kalauer, die Groteske werden von dem Wunderbaren verklärt. Die Pirouetten, treffenden Entgegnungen, die Musik, die Tänze, die Späße, die Akrobatenkünste, die Pantomimen, die Mienenspiele, die Überrumpelungen und Donnerschläge folgen einander. Das regt sich, hüpft, macht Purzelbäume, schlenkert mit Händen und Füßen, knistert, schillert, funkelt, brennt, erlischt und huscht vorbei. Alles ist gleichzeitig in Bewegung: die Augen, die Ohren, das Rückgrat; die Hände sprechen, die Finger sind stimmbegabt, die Handbewegungen beredt und vor den entzückten Zuhörern entrollt sich die Erfindung, ungeordnet, bunt, flammend; ein Wunder an Gleichgewicht; tolle Ausbrüche des Lachens; Wirrwarr an Tollheit; ein Sammelsurium von Karikatur, Traum, Hanswursterei, Verrücktheit, Possenhaftigkeit, Poesie und Liebe. Nur ist das Feuerwerk in der Nacht erloschen; es ist zum Himmel aufgesprungen, hat seine Lichtpaläste aufgebaut, den Raum mit Leuchtgarben, Sternen und Strahlen erfüllt; was übrigbleibt, ist ein klägliches Gerippe: einige verräucherte Stangen, einige Fetzen Papier mit geschwärztem Eisendraht. »Seht«, sagte der englische Schauspieler Garrick, »wieviel Ausdrucksfähigkeit der Rücken Carlinos hat!«[32] Ach! Carlino ist tot und nie wieder werden wir seinen Rükken sehen.

Ein rein volkstümliches Produkt des leichten und glänzenden Genies Italiens, hatte die italienische Komödie, ohne je Rivalen oder Nacheiferer gehabt zu haben, ein merkwürdiges Schicksal.

Während man anderwärts noch beim kindlichen Gestammel stehengeblieben war, hatte sie schon eine reiche Erfahrung hinter sich. Zu einer Zeit, da eine starre akademische Kunst wütete, blieb sie freie Phantasie. Sie gab sich – was in der Welt einzig dasteht – als das, was sie wirklich war. So finden wir sie denn auch schon im 16. Jahrhundert mit Drusiano in dem England Elisabeths, mit Ganassa in dem Spanien Philipps II., mit den Truppen der *Gelosi* und *Fedeli* in dem Frankreich Karls IX. Im 17. Jahrhundert bedeckt sie die Landstraßen Europas mit ihren leichten Karawanen, die

Michele Marieschi:
Die Rialtobrücke, ca. 1740

die Kampfpausen erheitern und sich an den Unterdrückern Italiens durch die Aufschneidereien des Capitano rächen. Im 18. Jahrhundert, seit 1716, hat sie sich in Paris festgesetzt, wo sie ihr Haus hat, ihre feste Kundschaft und ihre unbestrittenen Gönner[33]. Mit der italienischen Musik ist die italienische Komödie nunmehr eine Zierde jeden Hofes, ein unvermeidlicher Bestandteil eines jeden Festes, die klassische Unterhaltung der alten Regierungsform. Und in Venedig, wo Pantalon geboren ist, in Venedig, von wo dieser unwahrscheinliche Andrea Calmo, der Freund Tintorettos, Aretinos, Michelangelos hervorgegangen ist, in Venedig, wo man die Tragödie flieht wie die Pest, wo man einen heiligen Abscheu hat vor den geschriebenen Komödien, die nach Öl riechen und an das Lateinische anknüpfen und wo man das Theater weder als Schule noch als Kanzel, sondern ganz einfach als einen Belustigungsort betrachtet, feiert die italienische Komödie ihre Triumphe[34].

In Venedig entfaltet sie ihren schönsten Glanz. In Venedig erntet sie allen Beifall. Und am Ende des Jahrhunderts macht sie mit Carlo Gozzi und dem unvergleichlichen Quartett Darbès, Zacchi, Fiorilli und Zannoni ihre gelungensten Lazzi[35].

*

III Aber die italienische Komödie trägt den Todeskeim in sich. Sie war auf einige durch die Überlieferung geheiligte Masken beschränkt, an denen man nicht rühren durfte; sie drehte sich um zwei oder drei Personen, die ebenso herkömmlich, ebenso gekünstelt und abgebraucht waren wie die *Senes*, die *Servi*, der *Miles gloriosus* des antiken Theaters, aus denen sie hervorgegangen sind; sie kannte, wenn sie nicht gerade mit vollen Segeln im Meere des Wunderbaren schwamm, keinen anderen Horizont als den ewigen Rahmen der Piazza mit ihren Arkaden, ihren Fenstern und ihren Häusern; ihr Hauptinhalt war Intrige, und zwar Liebesintrige; infolgedessen kannte sie die Sitten ebensowenig wie die Charaktere, das Innere der Seelen ebensowenig wie das Innere der Wohnungen: so blieb sie der ganzen Vielfältigkeit, der ganzen Buntheit, der ganzen Unstetigkeit des Lebens verschlossen. Das ist der erste Punkt.

Der zweite Punkt ist der, daß sie von der Betriebsamkeit der Komödianten abhing.

Nun waren diese Komödianten zweifellos prächtige Kerle. Sie waren die echten Söhne dieses Italiens, wo nach Cyrano de Bergerac alle als Komödianten auf die Welt kommen[36]. Sie hatten Haltung und waren witzig, ganz Geste, Laune und Quecksilber. Aber ach! sie waren es nicht immer.

»Wer ›italienischer Komödiant‹ sagt«, schreibt der Flautino Evariste Gherardi, »bezeichnet damit einen Menschen, der gründliche Kenntnisse hat, mehr kraft seiner Einbildungsgabe als gedächtnismäßig spielt, der im Spielen das, was er sagt, verfaßt, der es versteht, mit seinem Gegenspieler auf der Bühne Hand in Hand zu arbeiten, d. h. seine Worte und Handlungen mit denen seiner Kameraden so in Einklang zu bringen, daß er augenblicklich auf alle Bewegungen eingeht, die der andere von ihm verlangt, so daß jedermann glauben muß, sie hätten zusammen geübt.«[37] »Dieses Wunder einer kunstvoll wirkenden Natur«, wie sich Colombine in dem *Chinois* von Regnard und Dufresny ausdrückt, vollzog sich hie und da[38]. Das Gegenteil kam häufiger vor. Auf vier oder fünf ausgezeichnete Schauspieler kommen zahllose aufgeblasene Nullen. Wie viele unglückliche Rollen! Wie viele Burschen und Mädchen ohne Erfahrung! Wieviel alte Männer und Frauen, denen man am liebsten ein Almosen gespendet hätte, wenn sie einem an einer Brücke begegnet wären. Wieviel Ungebildete, die weder lesen noch schreiben konnten![39] Wo ist der Harlekin Casanovas?[40] Wo Francesco Andreïni, der sechs Sprachen beherrschte? Wo Domenico, den der Präsident Du Harlay in Paris in der Bibliothek von Sankt Viktor traf und so voll Bescheidenheit und Kenntnissen fand, daß er sich nicht enthalten konnte, ihn zu umarmen?[41] Wo Molières Lehrer Scaramuccia, der selbst wieder die Natur zur Lehrmeisterin hatte? Wo Carlino, dessen markige Geschmeidigkeit Grimm so gut gefiel? Wo Smeraldina, dieses kleine lebensvolle Geschöpf, dessen Feinheit und frohe Laune Goethe nicht genug loben konnte? Wo Coralina, die Jean-Jacques nach Paris kommen ließ? Und wo Silvia? »Von zehn, die sich einbilden, spielen zu können«, versicherte Niccolò Barbieri, »haben neun keinen Erfolg.«[42]

Und doch ruhte auf diesen neun, die »keinen Erfolg hatten«, das Stück, das sie nicht verdolmetschten, sondern verfaßten. Da sie nun nicht die höchste Komik beanspruchen konnten, verfielen sie in die niedrigste. Da sie nicht auf den Flügeln der Phantasie davonfliegen konnten, krochen sie auf ebener Erde in der Gosse; unfähig, den Geist durch den Geist zu unterhalten, versuchten sie, durch Übertreibung zum Lachen zu reizen. Sie kehrten zu ihrem Seiltänzerursprung zurück. Die Harlekinpossen, die Hanswurstereien, die Albernheiten des Jahrmarkts, von dem sie ausgegangen waren, stiegen mit ihnen wieder auf die Bretter. Dank ihnen verlor die italienische Komödie ihren Ruhmesglanz und wurde eine von Tag zu Tag kindischere und armseligere Mißgeburt; sie nährte sich von vier oder fünf abgebrauchten und fadenscheinig gewordenen Situationen; sie putzte sich mit fünfzig oder sechzig Witzen auf, die in allen Kalendern die Runde gemacht hatten; »noch ehe Harlekin den Mund öffnete, wußte man, was er sagen würde«, so daß man sich am Ende bei allen diesen »Kalauern, Dummheiten und Späßen langweilte«.[43] Um so mehr als diese Späße nicht immer gerade geistreich waren und diese Kalauer gelegentlich einen üblen Geruch ausströmten. Man sah Frauen, die »über ihre Liebesabenteuer und Schwangerschaften sprachen«. Man hörte ein Mädchen ihren Geliebten anflehen, er solle sie heiraten, »weil ihre Schwangerschaft den Höhepunkt erreicht habe«. Flavio und Isabella zeigten sich unbedenklich im Hemd auf der Bühne. Cola sprach über den Urin Lucindens »mit allerhand Gedankensplittern«. Burattino trat mit einem Nachttopf in der Hand auf die Bühne. Harlekin erbrach sich, indem er sich unter fürchterlichen Grimassen bemühte, *»d'aller du ventre«*. Man machte Witze über die Beschneidung. »Ich kann ruhig behaupten«, sagte der Schauspieler Des Lauriers, »daß die keuscheste italienische Komödie in Wort und Handlung hundertmal verruchter ist als irgendeine der unsrigen.« »Alle Komödien, die ich in Venedig gesehen habe«, schrieb Addison, »sind sehr gemein, armselig, zäh und viel unzüchtiger als selbst die unseres Landes.«[44] »Nie in meinem Leben«, fügt der englische Reisende Maihows hinzu, »habe ich soviel Unsinn und Schmutz gehört.«[45] »Diese Possen«, ruft Moratin, »sind der größte Schund, den man sich denken kann, und an keinem anderen Theater Europas sieht man etwas derartiges.«[46] Und auf den Präsidenten de Brosses, der auf seiner italienischen Reise vielen dieser Darbietungen beigewohnt hatte, machten sie den Eindruck »unzusammenhängender, frecher, unwahrscheinlicher Possen, ohne Kopf und Fuß, ohne Berücksichtigung der Sitten und Charaktere.«[47]

Im 18. Jahrhundert macht die italienische Komödie, die auf ein Leben von drei Jahrhunderten zurückblickt, den Eindruck einer erschöpften Literaturgattung. Damit sie fortbestehe, wird ihren Adern neues Blut zugeführt werden müssen. In Frankreich hält sie sich, weil sie eine Wandlung durchgemacht hat, die einer Neuschöpfung gleichkommt, und weil sie hervorragende Geister von Regnard angefangen bis Marivaux mit ihrem Talent durchdrungen haben. In Italien wird sie eine ähnliche Wandlung durchmachen, sich erneuern oder sterben müssen.

In diesem Augenblick trat Goldoni auf den Plan.

Neuntes Kapitel

Das Lustspiel Goldonis

I

Das Leben Goldonis. – Leichte Abenteuer mit lächerlichem Ausgang. – Berufe, die er ausübte, und gesellschaftliche Verhältnisse, die er kennenlernte. – Sein vornehmer Charakter. – Seine Kunst und seine Lebensfreude. – Sein Optimismus. – Seine Güte. – Seine Vertrauensseligkeit. – Er ist für das Lustspiel wunderbar geschaffen.

II

Das Theater Goldonis. – Seine Theaterreform. – Richtlinien dieser Reform. – An die Stelle der Maske setzt er den Charakter. – An die Stelle der Piazza alle Rahmen der Wirklichkeit. – An die Stelle des Intrigen-Lustspiels die ganze Buntheit und die ganze Vielfältigkeit des Lebens. – Seine Lustspiele verzichten auf das Schematische und schlagen alle Töne an. – Der Bourgeois gentilhomme und die Donna Eleonora der Femmine Puntigliose. – Goldoni als »Sohn und Maler der Natur«.

III

Das Venedig Goldonis. – Die Landschaft und die Menschen. – Szenen, gesellschaftliche Verhältnisse, Familienleben. – Bürger, Gevatterinnen, Gondolieri. – Die Baruffe Chiozotte.

•••

IV

Die Commedia dell'arte im Lustspiel Goldonis. – Goldoni als Stegreifdichter. – Der Stegreifdichtung anhaftende Fehler: Mangel an Zusammenhang, das Marionettenhafte, Wiederholungen; die Personen und Situationen nur angedeutet; nichts restlos ausgenützt. – Vorzüge: die Ursprünglichkeit und die Frische der Komik. – Die Fülle Goldonis; sein kristallhelles Lachen.

V

Gran Goldoni!

I

Carlo Goldoni wurde in Venedig am 25. Februar 1707 geboren, in einem großen und schönen zwischen der Brücke von Nomboli und der von Donna Onesta gelegenen Hause, am Ende der Straße Cà Cent' anni, in der Pfarre von S. Tommà.

»Als ich zum ersten Male das Licht der Welt erblickte«, schreibt er, »machte ich mich nicht durch Schreien bemerkbar.« Und er fügt hinzu: »Diese Sanftheit schien mein friedfertiges Gemüt zu offenbaren, das ich seither niemals verleugnet habe.«[1] Er hatte recht. Er war glücklich geboren. Er hat eine unbefangene, lächelnde Seele, die sich vom ersten Augenblicke an auf Erden wohl fühlte und deren unverwüstlicher guten Laune auch die Wechselfälle des bewegtesten Lebens nichts anhaben konnten.

Dieses Leben, das er in drei Bänden französisch geschriebener und in Paris veröffentlichter Memoiren erzählt hat, die Gibbon ebenso lustig fand wie sein Theater[2], gleicht einem Lustspiel, aber einem seiner Lustspiele, die anständig und fröhlich, optimistisch und sittlich, deren Szenen von Licht durchflutet sind, wo die Dinge sich von selbst anordnen und wo alles aufs beste ausgeht in dieser besten aller Welten. Man unterhält sich köstlich beim Lesen.

Wieviel hat er erlebt, von seiner in Venedig verbrachten Kindheit an, in dem großen bürgerlichen Hause wohlhabender Leute, neben dem Großvater, einem Lebemann, neben dem aufrechten Vater, neben der nachsichtigen Mutter, die zu allem schweigt und verzeiht, inmitten des Lachens, inmitten der Fülle und des lärmenden Treibens, bis zu seinem kläglichen Tode, der in einem abgeschiedenen Winkel erfolgte, sozusagen in den Kulissen, in Paris, mitten in den Wirren der Revolution[3].

Mit einem unsteten Geiste begabt, der nach seinem Ausspruche ein Erbteil des Vaters war, zählte er neun Jahre, als er zum ersten Male von Venedig abreiste, um seine humanistischen Studien bei den Jesuiten in Perugia zu machen. Von nun an wird er nichts anderes tun als reisen. Er wird nach allen Richtungen fahren, alle Lebenskreise in diesem komischen und buntscheckigen Italien des 18. Jahrhunderts kennenlernen: in Rimini, wo er Philosophie studiert, in Chioggia, wohin er seinen Vater begleitet, der Arzt geworden ist; in Venedig, wo er als vierter Kanzlist bei seinem Onkel, dem Staatsanwalt Indric eintritt; in Pavia, wo er als Seminarist im päpstlichen Kollegium das Kollare trägt, in Modena, wo er daran denkt, Kapuziner zu werden, in Feltre, wo er Amtsgehilfe des Kriminalkanzlers ist. Er ist fünfundzwanzig Jahre alt, als er in Padua nach einer durchschwärmten Nacht spielend seinen Doctor utriusque iuris macht[4]. In Venedig läßt er sich als Rechtsanwalt nieder, hat einen Beruf und einen festen Wohnsitz, und nun möchte man glauben, daß sein Zigeunerleben ein Ende hat. Aber leichten Fußes geht er wieder auf und davon. Er kann keiner Gelegenheit widerstehen, muß jeder Laune nachgeben, geht fröhlich seines Weges. Bald finden wir ihn von neuem mitten in Projekten: in Mailand, in Verona, in Genua, in Rimini, in Florenz, in Pisa, in Venedig und in der Umgebung von Venedig, bis er sich 1748 neuerdings in Venedig niederläßt, diesmal nicht mehr als Rechtsanwalt, sondern als Dichter der Gesellschaft Medebac und als wohlbestallter Lieferant des Theaters S. Angelo. Das dauert zwölf Jahre. Dann leidet es ihn nicht mehr. Diesmal wechselt er nicht allein die Stadt, sondern das Land und läßt sich in Paris nieder, an dem ihm alles unbekannt ist, Geist, Sitten, Sprache. Er muß gründlich umlernen und von vorn anfangen, aber diese Aussichten beunruhigen ihn in keiner Weise. »Ich war ja erst«, erklärte er, »dreiundfünfzig Jahre alt.«[5]

Während dieser vierzig Jahre, die im Winde zerflatterten, hat er alle möglichen Berufe ausgeübt und alle möglichen Lebensbedingungen kennengelernt. Er ist Gymnasiast gewesen, Seminarist, Studierender der Rechte, Kanzlergehilfe, Staatsanwaltskanzlist, Rechtsanwalt, Sekretär des Residenten von Venedig in Mailand, Konsul der Republik Genua in Venedig, Mitglied der arkadischen Gesellschaft, Dichter, komischer Schriftsteller, und beinahe wäre er Kapuziner geworden. Er hat eine zu Herzen gehende Predigt gehalten: »Man weinte, räusperte sich, wetzte auf den Sesseln hin und her.« Er hat einen Almanach zusammengestellt: »Die Lehren aus der Vergangenheit für die Zukunft«, einen kritischen Almanach auf das Jahr 1732. Und er hat einen Prozeß geführt für ein Wasserservitut. Er ist in die verschiedensten Gemächer eingedrungen, in die des Grafen Lantieri, wo die Tischgenossen sich gütlich tun an einem Weine, der »Kindererzeuger« heißt, bis zu einem üblen Orte, wohin er von seinen Kameraden, Seminaristen, geführt wird, von wo er aber durch einen Sprung aus dem Fenster entflieht. Er hat mit allen möglichen Leuten zu tun gehabt: mit Gelehrten wie Muratori, Zeno, dem Abbé Lami; mit Stegreifdichtern wie dem Ritter Perfetti; mit Schwindlern wie dem Anonymus; mit Diplomaten, Leuten von Rang, mit dem schönen Geschlechte, Schriftstellern, Geistlichen, Schelmen und der Frau des Professors Lauzio, die einen Kropf hatte. Er hat alle möglichen Abenteuer erlebt; in Desenzano, wo die Herberge überfüllt war, hat er in aller Arglosigkeit seines Herzens mit einer hübschen Venezianerin, seiner Reisegefährtin, in einem Zimmer geschlafen[6]. In einem Marktschiff hat ihn ein betrügerischer Mönch, Besitzer eines Schnürriemens der hl. Jungfrau, um sein Geld erleichtert; in Chioggia, wo er seinen Vater bei den ärztlichen Besuchen begleitete, hat er überspannten Mädchen den Puls gefühlt; in Feltre hat er einen Mann untersucht, an dem man das Wippen vollzog; in Udine hat er einen – übrigens unschuldigen – Liebeshandel mit der Tochter eines Kaffeewirts gehabt. Er ist von einem sogenannten Hauptmann aus Ragusa um sechstausend Lire bemogelt worden; von dem Sohne eines Paduaner Fleischers, der ihn beim Spiele gerupft hat, von der Schauspielerin Passalacqua, die für ihn eine überschwengliche Leidenschaft heuchelte und ihn mit einem Schauspieler hinterging, von der Oberin eines Klosters, von einem ältlichen Fräulein, von einer Bedienerin, von einer venezianischen Abenteurerin und im besonderen von allen Frauen. Einmal hätte er sich beinahe verheiratet, da er aber bedachte, die reizende Person, in die er verliebt war, könnte einmal häßlich werden, weil es ihre ältere Schwester geworden war, und da er voraussah, wie ihn das schmerzen würde, hat er darauf verzichtet. Er hat aber später doch in Genua geheiratet, und zwar ein junges Mädchen, das er eines Tages auf einem Balkon erblickte und sofort sehr zärtlich grüßte; sie antwortete ihm bescheiden, er stattete dem Vater augenblicklich einen Besuch ab, führte die Schöne ins Café, schenkte ihr Theaterkarten, so daß die Angelegenheit im Nu ins reine gebracht wurde. An seinem Hochzeitsabend hat er die Pocken bekommen. »Aber zum Glück waren sie nicht gefährlich und ich bin darum nicht häßlicher geworden, als ich früher war.«[7] Er ist viel herumgekommen, hat viel beobachtet, sein Gedächtnis für immer mit Schattenbildern, komischen Situationen versorgt, sehr wenig gelesen, niemals nachgedacht. Und er hat das Leben durch alle Poren in sich aufgenommen.

Als Kind war er hypochondrisch veranlagt und als junger Mann dachte er in einem Anfall von Trübsinn ganz im Ernst daran, ins Kloster zu gehen, doch hat er es verstanden, diese häßlichen Stimmungen zu überwinden.

»Betrachtet Eure Krankheit«, hatte der Doktor Baronio zu ihm gesagt, »als ein Kind, das Euch mit einem blanken Schwerte angreift; wenn Ihr Euch in acht nehmt, wird es Euch nicht verwunden; haltet Ihr ihm aber die Brust hin, so wird Euch das Kind töten.«[8] Goldoni bemühte sich, auf der Hut zu sein, und das tückische Kind des Grames machte sich aus dem Staube, um ihn nie wieder zu belästigen.

Die Beschäftigungen, die man ihm anbietet und die er im Vorübergehen annimmt, gleichen Lustpartien. In Mailand wird er als Kammerherr des Residenten von Venedig nur zu »angenehmen Diensten« verwendet; in Chioggia besteht sein Dienst als Amtsgehilfe beim Strafgericht im wesentlichen darin, »gut zu essen, viel zu spielen, Bälle, Konzerte, Festlichkeiten zu besuchen«; in Feltre nimmt er, wenn er irgendwo in der Provinz einen amtlichen Bericht in einer Kriminalsache aufzunehmen hat, eine Gesellschaft junger Herren und Damen mit. Zwölf Tage und zwölf Nächte lang reitet die tolle Bande unter Feigenbäumen auf anmutigen, von Weingärten eingesäumten Wegen, schläft niemals in Betten, frühstückt aufs Geratewohl bei den Landleuten, veranstaltet unterwegs Bälle und Konzerte, vergnügt sich ohne Unterbrechung auf die natürlichste Weise, während das Protokoll, das als Vorwand dient, in zwei Stunden abgetan wird. Sein Lebensschifflein gleicht der mit Malereien und Skulpturen geschmückten und mit Büchern und Musikinstrumenten ausgestatteten Vergnügungsbarke, die seine Kameraden und ihn in der goldenen Jugendzeit längs der Ufer des Po führte. Es sind ihrer zehn oder zwölf, die nur bei Tag reisen, etwas auf ein gutes Lager halten oder in den reichen Klöstern übernachten; alle spielen ein Instrument, der eine Cello, drei Violine, zwei Oboe, der eine Jagdhorn, der andere Gitarre; Goldoni, der als einziger nicht musikalisch veranlagt ist, bringt die Reiseerlebnisse in Verse und liest sie nach dem Kaffee vor; jeden Abend steigen sie auf das Verdeck, um ein Konzert zu geben, und die Leute auf den beiden Ufern laufen in Massen herbei und schwenken ihre Taschentücher; bei ihrer Ankunft in Cremona werden sie mit hellem Jubel begrüßt; man gibt ihnen zu Ehren ein reiches Mahl, das Konzert beginnt von vorn, Ortsmusiker vereinigen sich mit ihnen und man tanzt die Nacht durch; bei jedem neuen Übernachten herrscht die gleiche Ausgelassenheit[9]. Seine Heiterkeit ist unverwüstlich[10]. Die Sorgen des Lebens vermögen diesem »der Tragik abgeneigten Herzen« nichts anzuhaben[11]. Wenn in der Ferne das Gewitter grollt, erheitert sich der Himmel sofort wieder und die schlimmsten Schicksalsschläge lösen sich in laue harmlose Platzregen auf[12].

Einmal hat er versehentlich ein Operntextbuch ins Feuer geworfen, das seinen besten Besitz ausmachte, für seine ganze Zukunft entscheidend war und seinen einzigen Rettungsanker darstellte; das hinderte ihn aber nicht, mit bestem Appetit zu speisen. »Indem ich mit der Feuerzange die Asche meines Manuskripts durchwühlte, um die Überreste vollends der Vernichtung zuzuführen, kam mir der Gedanke, daß ich nie, bei welcher Gelegenheit es

Gabriel Bella:
Ball auf dem Campo Santa Maria Formosa, ca. 1785

auch sein mochte, meine Mahlzeit einem Kummer geopfert hatte; ich rufe den Burschen und lasse mir auftragen; lange brauche ich nicht zu warten, ich aß gut, trank noch besser, legte mich schlafen und versank in einen ruhigen Schlummer.«[13] Er ist von Deserteuren ausgeplündert worden, die ihm auf der Landstraße seinen Mantelsack, sein Geld, seinen Schmuck nahmen und ihm als einziges Zehrgeld eine Tragödie ließen, die er verfaßt hatte und die *Belisar* hieß; er geht zum nächsten Bache, trinkt einen tüchtigen Schluck Wasser, läßt sich von Bauern das Haus des Pfarrers zeigen, stellt sich dem alten Priester vor und liest ihm sogleich seinen Belisar vor: »Der Herr Pfarrer bat mich um die Erlaubnis, seine Wirtschafterin und seinen Verwalter eintreten lassen zu dürfen; ich für meinen Teil hätte gewünscht, er möchte die ganze Welt zusammentrommeln.«[14] Ein Lohnkutscher hat seine Frau und ihn mitten in einer wüsten Ebene sitzen lassen, ohne Lebensmittel, ohne Geld, ohne eine lebende Seele, von der man den Weg hätte erfragen können; seine Frau weint; er selbst hebt seine Augen zum Himmel und eine Eingebung kommt über ihn. Nur Mut! sagte ich, teure Freundin! Von hier bis zur Catholica sind sechs Wegstunden; wir sind jung genug und gutgebaut, um sie auszuhalten; nur nicht verzweifeln; man darf sich nichts vorzuwerfen haben. Meine Frau war gleich dabei und wir setzten unseren Weg fort. Nach einer Stunde stießen wir auf einen Bach, der zu breit war, um darüber zu springen, und zu tief, als daß meine Frau hätte durchwaten können. Man sah ein Holzbrückchen, das zur Bequemlichkeit der Fußgänger darüber geschlagen war, aber die Bretter waren zerbrochen. Doch ich verliere die Fassung nicht; ich knie nieder, meine Frau schlingt ihre Arme um meinen Hals, ich stehe lachend auf, durchschreite das Wasser mit unbeschreiblicher Freude und sage zu mir selbst: »*Omnia bona mea mecum porto*, ich trage all mein Gut mit mir.«[15]

Wohl hat er die Folter anwenden sehen, wohl hat er sie selbst verfügt[16]; hat Kriege mitgemacht, Schlachtfelder überquert und einmal fünfundzwanzigtausend nackte, ausgeraubte Leichname, die haufenweise dalagen, betrachtet; es war schauerlich wie in einer Leichenkammer; um ihn herum hat man geweint, gelitten, ist gestorben; er selbst hat die Bosheit der Dinge und die Grausamkeit des menschlichen Herzens kennengelernt. Sein Charakter ist so geartet, daß er sich von solchen Greueln sofort abgewendet hat. Was er vom Kriege behält, ist nicht der Schrecken der Schlächterei, sondern die Freude über die Waffenstillstände[17]; und im ganzen Verlauf seines Lebens erinnert er sich kaum an »einige unangenehme Ereignisse«.

Man schaue sich diese Gutmütigkeit, die Rosen auf den Weg streut, näher an. Wie munter und leicht sie ist! Sie gleicht der Anmut eines Kindes.

Jovial, bieder und so leichtsinnig, daß er anläßlich eines Besuches beim Papst Klemens XIII. ihm den Pantoffel zu küssen vergißt, – so geht Goldoni seinen Weg; trotz allem und immer weiter. Er ist nicht der Mann, der sich umdreht oder stillsteht, sich verspätet oder sich sammelt, in etwas aufgeht oder sich in etwas vertieft. Er geht seinen Weg weiter, von Gedanke zu Gedanke, von Abenteuer zu Abenteuer, von Landschaft zu Landschaft. Er lebt weder in der Vergangenheit noch in der Zukunft. Er lebt in der Gegenwart und ist glücklich in ihr. Er ist eines dieser »in Seelenharmonie gezeugten« Kinder, von denen er irgendwo spricht. Er ist das seltene Beispiel eines glücklichen Mannes[18]. Kein Funke von Stolz[19]; nicht einmal falsche Bescheidenheit findet man bei ihm[20]; denn in seinen Memoiren schildert er ausführlich alles Gute und alles Schlechte, das er von sich denkt; er legt den Sachen nur eine bedingte Wichtigkeit bei, sich selbst gar keine. So gehört er zu der Gattung hochgebenedeiter Menschen, deren Berührung man als eine Wohltat empfindet, die selbst gut sind und nicht von vornherein voraussetzen, daß die andern schlecht sind, die selbst gut sind und darum die andern besser machen. Er ist von Grund aus gut. Er ist anständig bis zur Arglosigkeit. Er ist treuherzig bis zur Einfalt. Er hat nichts Krankhaftes an sich, nichts Verdorbenes, nichts Ärmliches, keinen Widerspruch und keine innerlichen Verzerrungen. Er sagt frei heraus, was er sich denkt, aber seine Gedanken sind nicht immer besonders tief.

Er wird das ewige Opfer der Gauner sein. Er wird durch alle Verderbnis seines Zeitalters durchschreiten, ohne sich zu beschmutzen. Bis ans Ende wird er bleiben die faltenlose Seele, das Herz ohne Galle und ohne Winkelzüge, der glatte und einheitliche Geist, die gepriesene Sanftmut, die muntere Laune, der unausrottbare Optimismus, den er am ersten Tage bewiesen hatte. Und er wird durch das Leben gegangen sein, wie er soeben durch den Bach gegangen ist: lächelnd über das Ungemach und die Schläge des Schicksals, all sein Gut mit sich tragend, auf dem Rücken sein liebes Weibchen Nicoletta und den göttlichen Schatz der Fröhlichkeit in seinem Herzen.

Und so ist Goldoni für das Lustspiel wunderbar geschaffen: durch sein mit komischen Intermezzos durchwobenes Abenteurerleben; durch sein Temperament, das Menschen und Dinge entwaffnet; durch seine gute Laune, die dem ärgsten Mißgeschick eine gute Seite abzugewinnen wußte, und durch die Leidenschaft für das Theater, die er mit allen Venezianern seiner Zeit teilte.

Genau genommen, war das Lustspiel die beständige Beschäftigung seines Geistes. Als kleiner Bub vergnügte er sich mit einem Marionettentheater, das ihm sein Vater gebaut hatte; mit neun Jahren verfaßte er sein erstes Stück; mit neuneinhalb Jahren trat er in einer Gymnasialvorstellung zum ersten Male auf den Brettern auf; in Rimini erlustigte er sich am Lesen des Aristophanes, Plautus, Terenz, statt an *Barbara, Baralipton* und Enthymemen, die ihm nicht in den Kopf wollten; doch auch in Rimini litt es ihn nicht: er steckte seine Nachtmütze ein, nahm zwei Hemden mit und ging auf einer Tartane durch, die einen Trupp Komödianten nach Chioggia brachte; überall, wo es etwas zu sehen und zu hören gab, tauchte er mit seiner immer wachen Neugierde auf. Um sich zu unterhalten und um sich zu versuchen, hatte er eine Reihe von Intermezzos, Zwischenspielen, Entwürfen, Operntexten und selbst von Trauerspielen verfaßt; allen Ernstes hatte er für den Impresario Imer gearbeitet, dem er nach Padua und nach Genua gefolgt war; in seinem Lustspiel *Momolo Cortesan* hatte er schon eine Charakterkomödie skizziert; und ständig, auf allen seinen Reisen, in allen Lebenslagen, ja sogar bei seinem Zeitvertreib hatte er seine Aufmerksamkeit dem Theater zugewendet, Theaterfragen im Kopfe gehabt und sich ganz unversehens einen »reichlichen Vorrat an Stoffen angelegt, die sich zur Bearbeitung für das Theater eigneten.«[21] Als dann eines Tages im Jahre 1747 der Pantalone Cesare Darbès in der Advokaturskanzlei, die er in Pisa eröffnet hatte, erschien, ihn mit allerhand Späßen belustigte und zum Schluß unvermittelt ein Lustspiel von ihm verlangte, konnte er nicht nein sagen. Er ließ seine Aktenstöße liegen, seine Parteien sitzen und folgte dem Pantalone, mochte kommen, was da wollte.

Man entgeht nicht seinem Schicksal. Das Goldonis, der unter einem komischen Stern geboren war, wird sein, bis an sein Ende Lustspiele zu schreiben[22].

*

II

Diese Lustspiele sichern ihm den Anspruch auf unvergänglichen Ruhm. Als sich der vierzehnjährige Goldoni eines Tages damit belustigte, in der Bücherei eines Mailänder Rechtsgelehrten, die mit Sammlungen von Theaterstücken angefüllt war, wie sie bessere Leute damals gern besaßen, umzuwühlen, entdeckte er ein französisches, ein englisches und ein spanisches Theater; er fand aber – abgesehen von einigen italienischen Stücken aus der alten Zeit – »keine italienische Sammlung, keine Sammlung, mit der Italien hätte Ehre einlegen können.«[23] Sein Ruhm besteht darin, diese Lücke ausgefüllt zu haben.

Goldoni hat seinem Lande eine Sammlung geschenkt, die ihm Ehre macht. Goldoni hat ihm eine einzig dastehende

»Auslese« vererbt. Goldoni hat für Italien ein italienisches Theater geschaffen.

Dieses Theater ist recht ansehnlich. Er selbst erlebte achtzehn Ausgaben, und die vollständigste Ausgabe, die venezianische von 1788, die durchaus nicht alles aufgenommen hat, zählt vierundvierzig Bände. Es ist die Frucht von fast vierzig Jahren dramatischer Tätigkeit. Es umfaßt eine so unberechenbare Zahl von Stücken, daß wohl nie jemand genau die richtige Anzahl wird angeben können[24]. Es enthält alles Mögliche, Gutes und Schlechtes, Hervorragendes und Mittelmäßiges, Prosa und Verse, Italienisches und Dialekt, Szenarien und Lustspiele, Textbücher, Trauerspiele, Dramen, einen ganzen Haufen oder vielmehr einen ganzen Berg. Und doch löst sich aus diesem Wust der Leitgedanke einer Theaterreform ab. Wohl hat diese nichts Gewalttätiges an sich, denn Goldoni war die Güte selbst; wohl hat sie nichts Planmäßiges, denn Goldoni wollte von vorbedachten Zwecken nichts wissen: trotzdem betont sie sich ganz unmerklich mit den Jahren und Erfahrungen immer schärfer, kommt zum Bewußtsein ihrer selbst, wehrt sich, behauptet ihr Recht und ihr Dasein. Goldoni nimmt den Kampf gegen das alte italienische Lustspiel auf.

Goldoni tritt auf den Plan in einem Augenblick, da es anfing, altersschwach zu werden, und er merkte, woran es ihm fehle. Einzig und allein erleuchtet von einem gesunden Hausverstand und einer Erfahrung, die sich im Schauspiel und in der zeitgenössischen Wirklichkeit entwickelt hat, ist er zur Überzeugung gekommen, daß diese Wirklichkeit viel reicher, bunter, verwickelter und komischer ist als die wenigen Stoffe und Rollen, die von den »Entwurfdichtern« in Szene gesetzt wurden. Und mit seinem munteren Freimut unternimmt er das Wagnis, ein neues Theater anzubahnen. Der Erdichtung stellt er die Wahrheit gegenüber, dem Herkommen das Leben, dem Gekünstelten die Natur. Die Masken werden durch die Charaktere ersetzt. Die fadenscheinige Ausschmückung der Piazza wird erweitert durch alle möglichen Rahmen und alle möglichen Horizonte der arbeitenden Menschheit; und das alte Abenteuer- und Intrigenlustspiel, das alle Literaturgattungen mischt und alle Töne gelten läßt, wird vielseitig, verzweigt, verwickelt sich wie die Wirklichkeit selbst. Und wenn die italienischen Komödianten nach ihrer Phantasie erfanden, liefert er ihnen einen endgültigen Text. Und wenn sie nur unterhalten wollten, setzt er sich zum Ziel, die Sitten zu bessern; und wenn sie nur darauf Wert legten, einander zu gleichen und das Stück weiter fortzuführen, ist er in jeder Hinsicht Neuerer. Er bricht ganz allein, ohne Vorgänger[25], ohne Vorbilder um sich herum, ausgezischt, von Kabalen umlauert, verfolgt von einer wütenden Feindschaft, von der man sich heute keinen Begriff mehr macht[26], mit einer Jahrhunderte alten Übung, probiert andere Wege, öffnet neue Horizonte, und mit Hilfe guter Laune, Selbstvergessenheit und Glauben an seine Sendung gelingt es ihm fast, sich durchzusetzen. Man nannte ihn den Molière Italiens. Nun begibt sich folgendes: An Stelle des ewigen Brighella oder des ewigen Tartaglia oder des ewigen Harlekin, die immer dieselben Späße von sich geben, dieselben Purzelbäume machen, denselben Charakter und dasselbe »Fell« aufweisen, setze man beispielsweise einen Ehemann aus der Zeit, wie man ihn in Venedig treffen konnte; er ist toll verliebt in seine junge Frau, schämt sich aber, so zu erscheinen, gräßlich eifersüchtig, fürchtet aber, sich damit lächerlich zu machen, schimpft über die Cicisbei, ist aber dabei ein schwächlicher Sklave der Mode. Auf seine Anordnung hin empfängt seine Frau allein ihre »Kavaliere«, fährt allein mit ihnen in der Karosse, begibt sich allein in ihrer Gesellschaft in Versammlungen, nimmt ihre Geschenke, heißt ihr Treiben gut, hört ihr Geschwätz an, erträgt ihre Vertraulichkeiten; er ordnet es an und er flucht. Er zieht sich zurück und bereut es, sich zurückgezogen zu haben, läuft dem Wagen nach, in den er vorher nicht einsteigen wollte, kommt unvermutet in den Salon, in den er gar nicht gehen wollte, kündigt an, daß er abreisen werde, und kann sich nicht dazu entschließen, späht, tritt dazwischen, mischt sich ein, verdächtigt, stört, beleidigt die Leute, die er früher angezogen hat, wirkt höchst lächerlich und dabei höchst menschlich. Das ist Don Roberto der *Dama prudente.*

Oder an die Stelle der unpersönlichen Anmut einer Isabella, einer Silvia setze man eine dieser kleinen venezianischen Bürgerinnen, die im schwarzen *zendaletto* durch die grauen *calli* gehen, an den heiligen Tagen eine Goldkette um ihren Hals hängen, ausgezeichnet durch eine flinke Hand, kleinen Schritt und lebhaftes Geschnatter. Von ihrem Manne verlassen, bleibt sie bei dem einsamen Herde, betreut ihr Püppchen, schimpft ihre Magd aus, wacht über die Asche des Herdes und über die Trümmer ihres Glückes und mit Entsagung, Geduld, Rechtschaffenheit und ein bißchen Starrsinn gelingt es ihr, den Ungetreuen zurückzuführen. Das ist die Bettina der *Buona Moglie.*

Oder an Stelle der alten Kracher des früheren Spielplans, die sich gleich ank...n, die man prellt und verprügelt, an Stelle Pantalons, den man so lange zum besten gehalten, bestohlen und zum Hahnrei gemacht hat, bis er bösartig wird und beißt, stelle man sich einen Alten ohne Beschäftigung vor, verarmt, erbittert und vereinsamt. Da er unter dem Schicksal gelitten hat, ist er ein Menschenfeind geworden. Da er nichts mehr zu tun hat, beschäftigt er sich mit seinem Nächsten. Da er nichts mehr zu sagen hat, kann er nur schmähen. Er selbst spielt keine Rolle mehr: so hausiert er mit dem Klatsch, und im Notfall erfindet er ihn; um sich mehr Wichtigkeit zu geben, übertreibt er ihn; und zwar tut er das fast unbewußt, weniger aus Bosheit, als weil er nichts zu tun hat und vielleicht seinen Schmerz dahinter verbergen möchte. Als nun die von ihm Verratenen sich gegen ihn wenden und ihn seiner Schande preisgeben, ist er ganz bestürzt, schreit auf und erkennt, daß die Vereinsamung an allem schuld ist. Das ist die zutiefst geschürfte Figur dieses Theaters, das ist Don Marzio der *Bottega del Caffè*[27].

Don Marzio, Bettina, Don Roberto sind, was Goldoni Charaktere nennt. Denn im Grunde genommen – das sei nebenbei bemerkt – schaut es so aus, als ob für Goldoni alles, was nicht Maske ist, Charakter sei, ebensogut ein Charakter wie eine wunderliche Eigenheit oder eine Fratze, eine Warze oder eine Leidenschaft, eine Eigenschaft oder, wie Diderot sagte, eine Stellung; allerhand Kostgänger treten einem entgegen: ein Lügner, ein Spieler, ein Verschwender, ein prunkliebender Knicker, der gern hoch hinaus möchte, ohne seine Börse aufzutun, ein eifersüchtiger Geizhals, der sich über die Geschenke, die man seiner Frau macht, gleichzeitig ärgert und freut, ein wohltätiger Griesgram, bei dem eine zänkische Laune und ein ausgezeichnetes Herz merkwürdige Kämpfe aufführen; ein Brummbär, ein Geschäftsmann aus der Merceria, ein Cicisbeo, eine Büglerin von Castello, ein Schreiber, ein Arzt, ein Mann des Gesetzes, ein Abenteurer, der alles zusammen gewesen ist. Es genügt, daß seine Personen keine Phantasiegebilde, sondern lebende Wirklichkeiten sind, daß der Mensch aus Fleisch und Blut den wirklichkeitsfremden Typus ersetzt und daß der natürliche Organismus den Platz des gekünstelten, herkömmlichen Gebildes einnimmt.

Sein Lustspiel vereinigt also zunächst alle Erscheinungsformen der zeitgenössischen Wirklichkeit. Es öffnet sich ferner allen Schauplätzen des Augenblicks. Nicht allein auf der Piazza wie in der Italienischen Komödie oder im Salon wie in der Französischen rollt des Lebens Unendlichkeit seine Konflikte ab, bringt seine Personen in Berührung und hetzt seine Leidenschaften aufeinander. Immer handelnd und überallhin ausgebreitet, kennt das Leben alle Gesellschaftsschichten und alle Landschaften. Man kann seinen Horizont nicht einengen, ohne es zu verstümmeln. Die Straße – gut! Aber wie viele verschiedene Häuser, die auf diese Straße schauen! Das Rathaus, das Theater, das Krankenhaus, das Gerichtsgebäude, die Werkstatt, das Gefängnis! Der Salon – gut! Aber wie viele andere Räume neben dem Salon, wo Handlungen angeknüpft und Zwiegespräche angesponnen werden! Das Vorzimmer, die Küche, der Keller, der Boden, der Laden, der Hinterladen und der Hof! Goldoni benützt alle diese Schauplätze. Sein Lustspiel erinnert sich an alle Räume, in die er während seines

Nomadenlebens gekommen ist. Es spielt in den mannigfachsten Rahmen, dringt in die verschiedensten Umhegungen und Heimlichkeiten. Neben Freilichtgemälden stellt es um zwei Kerzen herum eine kleine Welt auf die Bühne; es eröffnet Land- oder Meerperspektiven, aber es zeigt auch unter einer Öllampe das alte Gesicht einer Frau, die sich über eine Stickerei beugt; vom Café geht es in den Palast, vom Hause des Seidenwebers in das Spielkasino, vom Kramladen ins Wirtshaus, vom Geschäft ins Hotel, vom Rathaussaal ins Theater, vom Laufgraben ins Büro des Untersuchungsrichters. Wenn der Salon auch nicht fehlt – man muß auch nur diese schwatzenden, umherschwirrenden Menschlein sehen, wie sie um Karten und Schokoladetassen lästern, Verbeugungen und Klatsch austauschen, einander mit einer Prise, einer Bäckerei, einer Neuigkeit aufwarten –, gelingt es dem Salon doch nicht, das ganze Interesse einzufangen. Wenn sich die Straße zeigt, gelingt es dieser Straße doch nicht, den ganzen Raum einzunehmen. Andere Ausblicke eröffnen sich, andere Orte werden freigelegt. Und die Straße selbst ist nicht mehr eine beliebige Straße, wie sie sich allen Handlungen des alten Lustspiels wahllos zur Verfügung stellte; sie wechselt mit den Orten; sie verliert ihre Eigenschaft als unbenannter Platz; und wie auf einer Leinwand von Canaletto oder von Guardi sieht man die Straße von Venedig erscheinen. Die mit Wappen versehenen Windebäume ringeln ihre Schlangen in dem leuchtenden Wasser; eine weiße Steinbrücke überschreitet die Enge des *rio*; ein Kamin streckt sein schlankes Profil zum Himmel empor; ein Baum steigt hinter einer Mauer auf; eine alte Fähre schlummert am Kai. Eine Gondel kommt, dann eine zweite: »*Oe! – Vien a pian, vien a pian! – Oe! – Premi che te casca la testa*!«

Endlich ist das Lustspiel Goldonis – und das ist der letzte Punkt – kein Intrigenspiel wie die Italienische Komödie, aber auch keine eigentliche Charakter- oder Sittenkomödie. Es stellt ein Gemisch aller Gattungen dar. Man muß darauf achten, daß die Natur keine Gattungen kennt. Unendlich verschlungen, unlogisch und vielfältig, errichtet sie keine schalldichten Wände zwischen der Buntheit der Erscheinungsformen; in der Natur gesellt und widerspricht sich alles; das Tragische und das Komische stoßen zusammen; Lachen und Weinen sind zwei Brüder, die einander gleichen; nichts erscheint identisch und doppelt. So auch das Lustspiel Goldonis. Deshalb trotzt es auch der Klassifizierung[28]. Was sind beispielsweise die *Rusteghi*, die vielleicht sein Meisterwerk darstellen? Eine Charakterkomödie? Ohne Zweifel, da sie uns doch drei oder vier empfindliche, pedantische, geizige, eifersüchtige, herrschsüchtige, zänkische Tyrannen schildern, die das ganze Haus ihre unerträgliche Autorität fühlen lassen; aber gleichzeitig sind diese Flegel Bürger von Venedig, verwachsen mit der alten Ordnung der Dinge, streng konservativ, geschworene Feinde der neuen Moden und Gewohnheiten, durch eine Jahrhunderte alte Zucht auf Mäßigkeit, Sparsamkeit, strengste Lebensauffassung wie auf die rücksichtslose Handhabung der alten *patria potestas* eingedrillt. Da haben wir auch schon die Sittenkomödie. Die *Putta onorata*, die sich in der Welt der Gondolieri abspielt und uns ihr Treiben schildert, die auf der Straße die derbe Figur eines Mädchens aus dem Volk aufhebt und als Muster hinstellt, die zu dem alten so abgebrauchten Mittel der Kindesunterschiebung ihre Zuflucht nimmt, die beschreibt, lacht und moralisiert, ist zugleich eine Rührkomödie, bürgerliche Tragödie, Erbauungspredigt, Volksstück, Sittengemälde, venezianische Landschaft. In dem *Cavaliere e la Dama* baut sich auf dem fast tragischen Vorwurf der unglücklichen Frau eines Geächteten, die den spitzen Zungen der Lästerer und den Krallen der Raubvögel ausgeliefert ist, zweierlei auf: eine sehr hübsche Satire des Cicisbeitums und die Hanswurstereien Pasquinos. Da und dort mischen sich alle Töne und alle Gegensätze stehen dicht nebeneinander; die Degenhiebe folgen auf die Stockhiebe; die Kalauer auf die Herzensangst; die Hanswursterei auf das Wischi Waschi; das Romantische auf die Karikatur; die Gefühlsduselei auf die Ironie. Und wie man hier selten oder gar nicht die Elemente zu einem Stück findet, so findet man selten oder gar nicht die Seele eines einzigen Stückes. Wer ist nur gut oder nur schlecht? Wer ist nur lächerlich oder nur heldisch? Gibt es in der Wirklichkeit ein schlechthin Groteskes und hat die idealste und reinste Gestalt niemals Anlaß gegeben, ausgelacht zu werden?

Man nimmt den *Bourgeois gentilhomme.* Gut. Aber hat Jourdain je gelebt? Hat man je einen Bürgeredelmann getroffen, der nur Bürgeredelmann ist in allem, was er sagt, tut und denkt, gegenüber seiner Frau sowie gegenüber seiner Marquise, gegenüber seiner Magd wie gegenüber seinem Tanzlehrer, gegenüber der Galerie wie sich selbst gegenüber, und zwar ohne daß ihn ein Gewissensbiß peinigt, ohne daß ihn ein Zweifel ankommt, ohne daß er sich einen Augenblick erforscht, besinnt, widerspricht – unerschütterlich Bürgeredelmann bis zum Ende? Vielen Italienern erscheint Jourdain als eine Personifikation[29]. Dagegen halte man die Donna Eleonora der *Femmine Puntigliose* Goldonis, eine kleine Bürgersfrau aus der Umgebung von Neapel, der ihr Reichtum zu Kopf gestiegen ist; Donna Eleonora, die es um nichts in der Welt über sich brächte, sich in den Wagen der Leute ihres Standes zu setzen; Donna Eleonora, die ihren Gatten nach Palermo geführt hat und sich nun in die große Welt einzudrängen sucht; um eingeführt zu werden, demütigt sie sich, steckt alle Beleidigungen ein, findet sich mit allem ab; aber die vielen hinuntergeschluckten Kränkungen bringen sie endlich zur Selbsteinkehr, sie begreift ihre Schmach, entschuldigt sich wegen ihrer Lächerlichkeit, sagt den Gänsen mit den hochtrabenden Titeln die Wahrheit, rächt sich, indem sie ihnen ihr Unrecht zeigt, und mit ihrem Unrecht verwickelt sie sie in ihre Fehler: Donna Eleonora, die übrigens so blaß gezeichnet ist, könnte eher als eine Person erscheinen.

So wurde Goldoni ein glühender Anhänger des *Sequere naturam*. Voltaire, der an ihm rühmte, daß er sein Vaterland von den Harlekinen befreit habe, nannte ihn »einen Sohn und Maler der Natur«[30]. Nach Grosley war er »fruchtbar, einfach, mannigfaltig, aber ungleichartig und nachlässig wie die Natur«[31]. Und er selbst schrieb: »All mein Sinnen ist darauf gerichtet gewesen, in der Ausarbeitung meiner Stücke die Natur nicht zu verwässern.« Nach seiner Ansicht darf die Natur, an der er sich begeistert und vollsaugt, die er beobachtet und bis in die kleinsten Einzelheiten nachahmt, nicht verwässert werden; sie bleibt das vollendetste Modell und die unversiegliche Quelle; aus ihrem Schatze muß man schöpfen, in ihrem Buche lesen, ohne daß die Kunst sich anmaßen dürfte, etwas auszuwählen oder hinzuzufügen. Er fügt nichts hinzu oder höchstens den jovialen Freimut seiner Ehrlichkeit. Denn wenn die Natur, die große Gleichgültige, es ablehnt, Partei zu ergreifen und niemals predigt, predigt er, der kleine, begeisterte Bürger, mit dem treuen, übervollen und liebenden Herzen leidenschaftlich. »Ich suchte überall die Natur«, hat er weiter geschrieben, »und ich fand sie immer schön, wenn sie mir tugendhafte Modelle und moralische Tatsachen darbot.«[32]

Daraus ergibt sich, daß das Lustspiel Goldonis ein wunderbarer Spiegel des Zeitabschnittes ist.

*

III

Man öffnet die vierundvierzig Bände der venezianischen Ausgabe oder die achtzehn der von Pasquali und schon ersteht auch aus diesen vergilbten Seiten das zeitgenössische Italien, ersteht das alte drollige Land und ersteht vor allem Venedig mit seinen Brücken, Kanälen, seinen *Rive*, mit seiner Landschaft und seiner Piazza, mit seinen Märkten, Kaffeehäusern, Kampanilen und mit seinem vielfarbigen, vielgestaltigen Volke. Nirgends ist das Italien des 18. Jahrhunderts besser dargestellt.

Man hört in der Stille des kleinen *Campo* den Ruf des fliegenden Händlers: *Aghi di Fiandra, spighetta, cordoni!* Man hört im Winkel des *Rio* den Streit zweier aufgeregter Gondolieri: *Piutosto afondi che siar! – Piutosto in tochi che dar in drio! – Da in drio, fionazzo d'una quinta in cope! – Sia ti, semenza de buovoli!* Und wenn die Fahrgäste, des Streites müde, ausgestiegen sind und die Gondolieri sich mit leeren Booten entfernt haben, schreien sie, je weiter sie sich entfernen, desto lauter: *Spaccamonti! Capitan Coviello! – Ah! musso! – Ah! dindio!* Man hört, wie der lieblich lächelnde Dialekt den offenen Lippen entschwebt; seine Flüche: *Sangue di Diana;* seine Liebkosungen: *Vissere mie;* seine Sprichwörter: *Chi gha buon naso cognosse i meloni, Sior.* Und man sieht die mutwillige wogende Menge kommen und gehen, sich setzen, schwatzen, vorübereilen.

Man sieht Schmarotzer, Kaffeehausbesitzer, Wirte, Hochstapler, Industrieritter, Klatschbasen, Fischweiber. Der Rechtsanwalt hält mit einer Lustspielperücke seine Verteidigungsrede; der Fischer vom Lido gibt seine Grundsätze zum besten und spuckt dabei gewichtig aus; der Geizhals geht seines Weges, indem er seinen Strumpf strickt; der Cicisbeo stickt in einer Fensternische an einer Spitze und Mirandolina, die Büglerin, hält das Eisen an ihre rosige Wange. Gevatterinnen sitzen zusammengekauert auf Stufen; Modedamen mit Hüftwülsten rühren mit dem Silberlöffel in ihrer Tasse; müßige Kaffeehausgäste wetzen ihr Lästermaul unter einem kleinen Spiegel; Mädchen tanzen die *furlana*; eine Alte singt *alla vilota;* man spielt *Semola.* Man sieht vergnügungslüsterne Fremde, Perückenmacher, Gerichtspersonen, Schöngeister, Seidenweber, Bauern vom Festlande, *Arsenalotti* vom Arsenal, Antiquare, die drei *Orbi* der Piazza; da ist Nicoletto, der immer verliebte Jüngling, der am Ende seines Bandes an Stelle der Uhr eine Medaille mit dem Bilde der Angebeteten trägt[33]; da ist Mme Gatteau, die französische Stickerin, die nicht Italienisch kann und durch ihre Gerüche jedermann in die Flucht jagt[34]; da ist Ser Todero Brontolon, der alte Knicker, der den Zucker und den Kaffee versteckt und seinem Diener eine Predigt hält: »Wißt Ihr, was ich Euch zu sagen habe? Daß ich in der Küche gewesen bin und ein Höllenfeuer gesehen habe, daß ich das Holz von keinem Menschen geschenkt bekomme und nicht wünsche, daß man es so vergeude. – Ah! Ihr seid in der Küche gewesen? – Ja, mein Herr, ich bin in der Küche gewesen. Habt Ihr dagegen etwas einzuwenden? – Nein. Aber als ich vom Markte zurückkam, habe ich das Feuer verlöscht und das Fleisch kalt gefunden und bin über die Magd losgezogen. – Kann ein Topf nicht kochen ohne eine Fuhre Holz! – Wohl, aber doch nicht über ein paar Spänen! – Blas das Feuer wieder an!«[35]

Auf der obersten Sprosse der gesellschaftlichen Leiter macht sich der Marquis von Ripaverde, »den man daran gewöhnt hat, vornehm zu leben«, in seinem Glanze breit: »Man sieht wahrhaftig«, sagt Brighella zu ihm, »daß Eure Herrlichkeit ein großer Kavalier ist!« – »Warum?« – »Weil sie sich darin gefällt, nichts zu tun.«[36] Und ganz unten an der Leiter, im Grunde eines Hinterhofes, verbirgt sich die Witwe Barbara im Dämmerlicht einer stillen Heldenhaftigkeit: »Was soll ich tun? Wenn ich mit dem Haushalt fertig bin, arbeite ich gern, lache mit den Kindern, mit der Magd. Und dann habe ich eine Katze: das ist mein Hofnarr. Wollt ihr das hübsche Tierchen sehen? Wohin hat sich's denn nur verkrochen? Minon! Minon![37]« Lelio trägt Handschuhe mit abgeschnittenen Fingern und eine Schnupftabaksdose aus Horn. Er ist der herabgekommene Adelige, darauf bedacht[38], Figur zu machen. Cleliow zeigt jedem Daherkommenden seine Zunge; wenn man ihm von Trübsal, Unglücksfällen oder Leuten spricht, deren Leib sich plötzlich aufgebläht hat oder die unerwartet gestorben sind, spuckt er aus, um das böse Omen zu beschwören, und sagt *Salute a noi*! – Clelio ist der eingebildete Hypochonder[39]. Und der Graf Onofrio[40], dessen Augen größer sind als sein Magen, ist der Schlemmer, der in Gesellschaften die vergessenen Tassen Schokolade der Reihe nach hinunterschlürft und die abgetragenen Speisen verstohlen in seinen Taschen verschwinden läßt; wenn im Salon zwischen Klatschbasen mit spitzer Zunge ein Zank ausbricht, verliert er seine Kaltblütigkeit nicht, sondern nützt die Gelegenheit und zupft den Grafen Ottavio am Ärmel: »Graf Ottavio, nur auf zwei

Worte. Hört einmal, während diese verrückten Frauenzimmer um Kleinigkeiten streiten, gehen wir doch miteinander in die Küche und essen ein paar Fleischknödel!«[41]

Im Morgengrauen pfeift der Bäckerbursch unter den Fenstern seiner Kunden[42]. Auf einer mit Gemüsen und Kräutern beladenen Barke kommt Dona Pasqua, geführt von zwei Schiffern aus Pellestrina[43]. Vor dem Tor einer vornehmen Villa an der Brenta vertäuen die *Barcaiuoli* den *Burchiello*[44]. In einer Gastwirtschaft packt Brighella, der Vater der Tänzerin Olivetta, deren Kunst so viel Anklang findet, daß sie märchenhafte Einnahmen erzielt, und vor der ein Diener in Livree die Türvorhänge hebt, die vollgestopften Koffer seines berühmten Kindes aus: »Da seht nur, zwei Armleuchter, ganz aus Silber, noch zwei mit unserm Wappen, die Putzscheren, die Putzscherenhalter, ihr seht, alles paßt zusammen. Ja, dann nimm die Untertassen heraus, den Teekessel, den Fußwärmer ... Auch die Becher. Auch das Salzfaß. Alles ist Silber, alles schmeichelt dem Auge ... Und diese goldene Uhr. London. Repetitionswerk. Hundert Dublonen. He! Gibt es so etwas in Italien? Bekommen hier die Tänzerinnen solche Schätze? Ach wir Armen! Ja? Hut ab vor Olivetta!« Und als Olivetta eintritt, schlägt er ihr vor, sich die Hände zu waschen; Mme Olivetta hat sie sich schon gewaschen: Ja, aber du hast dir sie nicht im Silberbecken gewaschen[45].

Hier erscheint die Stirnseite des Theaters am Abend einer Vorstellung: seine Lichter, die sich drängende Menge, die ankommenden Masken, die anlegenden Gondolieri, der Laternenträger, der den eingemummten Gruppen vorangeht, und der Platzanweiser, der sich die Lunge herausschreit: *A prender i viglietti, siore maschere, diese soldi per uno e el pagador avanti, siore maschere!*[46] Und anderswo wird sogar die Bühne des Theaters freigelegt, am Morgen einer Generalprobe, mit den Komödianten, dem Impresario, dem Dichter, dem Souffleur, die zanken, kritisieren, Ratschläge geben, sich Geschichten erzählen, ihre Meinungen abgeben, über die Vorzüge der Italienischen Komödie und des

Gaetano Zompini:
Der còdega, der Laternenträger,
aus *Le Arti che vanno per via nella Città di Venezia*, 1753

Lustspiels Goldonis streiten; in der Zwischenzeit sagen sie wieder ihre Rollen her[47]. Wir sind im Café, wo die Masken umherschwirren. Wir sind im Ridotto, wo Zechinen klingen. Wir sind in der Küche, die von Kupfergeschirr funkelt. Wir sind in dem Durcheinander eines bürgerlichen Umzugs oder in der Stille eines einsamen *traghetto*. Die rotbemützten Gondolieri besprechen dort die Vorteile und Unzukömmlichkeiten ihres Berufes, mag man bei einem Unternehmer sein und dort mit knapper Not ein Pfund Schmalz verdienen oder beim *traghetto*, wo heutzutage auch nichts mehr zu holen ist. Sie jammern über die schlechten Zeiten, die allgemeine Sparsamkeit und über diese Knicker, die, um von Canareggio nach Riva di Biasio zu kommen, zu Fuß laufen wie die Hunde[48]. Oder sie trinken aus dem Hals einer strohumflochtenen Flasche. Oder sie dreschen Karten. Oder sie streiten sich zu ihrem Vergnügen. Da kommt die Frau mit dem Mittagskorb: sofort verstummen sie. Auf den Furchen des gekräuselten Wassers steigt eine Melonenschale unaufhörlich auf und ab. Helle Rockschöße, die von dem Silberdegen gehoben werden; Taubenflügel mit Reif bestäubt; *zendaletti* aus schwarzer Gaze; Masken aus weißem Samt; Kotillons mit tausend Strahlen; geblümte Kleider; Schürzen aus Perkal. Der *magazeno* und der *mezà*; der Laden des Goldwaren- oder des Tuchhändlers; hier zwei Kerzen, die auf einem Spieltische angezündet werden, und hier ein Bettwärmer, der auf den Fliesen herumliegt, neben der Wiege mit dem kreischenden Kinde. Frau Lukrezia ist Witwe geblieben und ersinnt tausend Listen, um schlecht und recht zu leben; sie leiht Geld auf kurze Frist zu hohen Zinsen, verborgt Karnevalskleider, verkauft Glücksnummern in der Lotterie; von der Nummer achtundfünfzig, die ihr Sior Boldo unterbreitet, hält sie nicht viel; sie hat sie vor vierzehn Tagen versucht und darauf von Blut geträumt. »Von was für einem Blut?« fragt Sior Boldo. »Na halt Blut: was braucht Ihr zu wissen, was für eines?«[49] Frau Constanza und Frau Dorotea beklagen sich über ihre Dienstboten: »Die meine hatte fortwährend Männer im Hause, einmal war's angeblich der Bruder, ein andermal der Vetter, und der Wein fand guten Absatz ...« »Genau so wie mein Mädchen: das war nicht größer als ein Stöpsel, aber es trank mir alles aus, sogar die Essigflasche.« – »Das ist noch gar nichts. Laßt euch etwas Gelungenes von einem meiner Dienstmädchen erzählen. Es war schon Zeit, die Schüsseln aufzutragen: das hinderte sie aber gar nicht, sich rasch ein Stück Braten zu Gemüte zu führen ...« – »Die meinige auch. Als wir schon längst im Bette lagen, empfing sie in der Küche ihre Besuche. Sollte man's glauben, daß ich einmal vier um eine *polentina* sitzen sah? ...« – »Genau so wie die meine. Als ich ihr gekündigt hatte und ihre Kleider durchsuchte, fand ich hunderterlei Dinge, sogar Rosinen ...« – »Ach! Sioria, mit diesen Dienstboten ist es schon ein rechtes Kreuz!«[50] Hingegen sind die beiden alten Hagestolze Biasio und Zulian, die einander auf der Piazza begegnen – der eine trägt Spitzenkragen, der andere ein Jabot – von ihren Dienstboten entzückt: »Die meine ist eine Perle. Sie ist geschwind wie der Wind. Kaum ist die Sonne aufgegangen, ist sie auch schon auf den Füßen. Rasch macht sie Feuer und kommt in mein Zimmer; wenn ich ausgeschlafen habe, öffnet sie mir das Fenster, wärmt mir zuvorkommend die Strümpfe und das Flanellleibchen und bringt mir den Kaffee, den wir zusammen trinken ... Heutzutage findet man solche Mädchen gar nicht mehr!« – »Und erst die meine! Am Abend sitzt man zu zweit beim warmen Kamin; man erzählt sich Geschichten; man spielt etwas, sie brät mir Kastanien: die muß man nur sehen, diese Kastanien, zart wie Butter – der reine Marzipan.«[51] Im Bürgermeistersaal des Dorfes ist der Gemeinderat versammelt und bittet Harlekin, den Gemeindediener, die Mütze vor ihm abzunehmen. »Aber ich begegne Euch doch zwanzigmal im Tage und nehme sie nie vor Euch ab! Warum sie jetzt vor Euch abnehmen?« – »Jetzt haben wir Sitzung. Wir sind im Amte. Nimm Deine Mütze ab.«[52] An der Ecke eines *campiello* sprechen zwei alte Weiber, die schon keine Haare und keine Zähne mehr haben, über ihr Alter. »Für wie alt haltet Ihr mich?« – »Und Ihr?« – »Auf einem Ohr höre ich nichts, aber sonst bin ich gesund.« – »Ich habe noch zwei gute Zähne.« Und sie nimmt den Finger ihrer Begleiterin und führt ihn zu der betreffenden Stelle: »Da hinten ... spürt Ihr den großen Scherben?«[53] Da ist das Spielhaus. Da ist die Bücherei des Palastes. Und an dem sternenbesäten Meere liegt der Strand von Chioggia.

Spitzenklöpplerinnen rücken mit ihren Strohsesseln zusammen, stecken die Nase in ihr Klöppelpolster und lassen die Zungen und die Klöppel flink hin und her gehen. Pasqua, Lucietta, Libera, Orsetta, Checa. Die Hände in den Hosentaschen, kommt Toffolo von Sotto-Marina daher, wo er Fenchel geladen hat. »Bringst du uns etwas mit?« – »Was Ihr wollt! ...« – »Na, *Zucche barucche!* ...« Und er schenkt ihnen kandierte Kürbisstückchen. Sie knuspern gierig an der volkstümlichen Leckerei. Das Meer ist blau. Die Sonne lacht. Plötzlich bricht wegen eines Wortes ein Streit los; kreischende Schreie erheben sich, die Sessel fliegen, Schimpfwörter regnen hageldicht: »Checa, das Stinktier! ... Toffolo, das Murmeltier! ... Lucietta, die Aufschneiderin!« Die Männer, Brüder, Bräutigame kommen vom Fischfang zurück und werden sofort vom Stand der Dinge unterrichtet: das ist gerade das Richtige für sie; der eine hebt Steine auf, der andere zieht sein Messer, der dritte holt seinen Schießprügel vom Schiff. Die Weiber weinen, erheben Beschuldigungen, verhöhnen einander als A...gesichter, trocknen sich die Augen, kreischen, heulen und sind mehr denn je geneigt, Ohrfeigen auszuteilen. Alle Augenblicke lebt der Streit von neuem auf. Toffolo Marmottina – »wer ihm diesen Namen gegeben hat, ist ein Luder« – geht zum *Cogitore* und beklagt sich. »Du hast dich gleich an die richtige Instanz gewendet.« – »Was, Instanz?« – »Du verlangst also, daß alle diese Leute verurteilt werden?« – »Ja, Euer Gnaden.« – »Wozu?« – »Zu lebenslänglicher Zwangsarbeit, Euer Gnaden.« – Beide Parteien werden vor den Richter geladen. Sie erscheinen. Die Männer mit schwarzer oder grüner Mütze, das Ohr von einem Golddraht durchbohrt; die Frauen im weißen *ninzoletto*, der rückwärts vom Gürtel auf die Stirn herübergeschlagen wird. Kaum ist die Tür geöffnet, so stürzen sich schon alle herein, um jede die erste zu sein: »Ich! ... ich! ... ich! ...« Der Rolle gemäß wird Checa zuerst vorgeführt. Pasqua: »Natürlich, sie ist ja die jüngste!« Lucietta: »Das ist noch nicht alles. Reich muß man sein!« Orsetta: »Wißt Ihr, laßt uns nicht drei Stunden Maulaffen feilhalten, wir haben zu Hause zu tun!« Libera: »Ich sage Euch nur so viel, nehmt Euch in acht, das ist eine Gefinkelte!« Beim Verhör will sich die eine nicht setzen, die andere will nicht schwören, die dritte ihr Alter nicht angeben, die vierte hat nichts gesehen, die fünfte stellt sich taub. »Seid ihr taub?« – »Ich höre nicht gut.« Endlich renkt der gute Kerl von einem venezianischen Richter – er heißt *Sior Paruca de stopa* die Sache wieder ein, bestellt beim Wirt Flaschen und Bratfisch, läßt die Violinspieler kommen und alle tanzen die *furlana* an Ort und Stelle. Man hat gesehen, wie sich das gelbe Segel eines *bragozzo* am Himmel abzeichnet. Man hat die schwarze Barke Paron Tonis mit Kot beschmutzt in den Hafen heimkehren, man hat Fische abladen und ihre Schuppen in den Körben mit dem dunklen Geflecht glänzen sehen. Paron Fortunato hat seinen geheimnisvollen Seebärenjargon zum besten gegeben. Das Völkchen der Battelanti – Paron Vicenzo, Beppo, Toffolo Titto-Nane – ist in seiner lebendigen Wirklichkeit auferstanden. Samt seinem Salzgeruch ist ein ganzes Fischernest der Adria aufgetaucht. Die ganze alte, kleine Seestadt, wimmelnd und einfach wie Venedig in seinen Anfängen, ist erschienen. Und doch hat man nur ein altes Buch in Halbfranzband aufgeschlagen, auf dem geschrieben steht *Baruffe chiozzotte*[54].

*

Man bewundert diese Beobachtung einer so eindringli- IV
chen und so lachenden Wirklichkeit. Man spendet diesen Stücken, die der Natur aufs Geratewohl abgelauscht sind,

Beifall. Man bejubelt die Lebhaftigkeit so vieler Schattenbilder und Profile, die so lebenswahr gezeichnet und an der Quelle geschöpft sind. Und doch ist das, was uns an dem realistischen Lustspiel Goldonis überrascht, nicht der Unterschied gegenüber der alten Italienischen Komödie, sondern gerade die Ähnlichkeit[55].

So selbständig sich dieses Lustspiel auch gibt, ist es doch aus ihr hervorgegangen, unmittelbar von ihr abgeleitet. Und zwar nicht nur, weil es meist die alte Einteilung in drei Akte beibehält oder ganze Szenen übernimmt, im besonderen die Schubfachszenen[56], oder weil es die gleiche oft possenhafte[57], oft derbe[58] Komik, die Dienermasken und die Unpersönlichkeit der meisten Liebenden aufweist: Goldoni improvisiert eben auch, übrigens ebenso flink und ebenso ungezwungen wie ein alter *commediante dell'arte.*

Ohne Zweifel improvisiert er so, wie es ihm behagt, zwingt seinen Interpreten die Einheit seiner Handlung und seines Stiles auf; drückt dem ehemaligen Lustspiel seinen eigenen Stempel auf und macht aus einer namenlosen Literaturgattung ein Originalwerk – und das ist, die Wahrheit zu gestehen, doch das Wesentliche.

Im allgemeinen braucht er zu einem dreiaktigen Lustspiele acht Tage. Der *Festino*, der fünf Akte hat und in Versen geschrieben ist, wird in einem Zeitraum von fünfzehn Tagen durchdacht, abgefaßt und aufgeführt[59]. Die *Casa nova* wird in drei Tagen und drei Nächten »hingelegt«[60]. Und so geht es immer weiter. So kann sich Goldoni in Paris, wo er zwei Monate zur Verfügung hat, um ein Stück zu schreiben, geradezu ausruhen. »In Paris brauche ich mich weniger anzustrengen«, gesteht er, »weil es eine Spielerei ist, ein Lustspiel in zwei Monaten zu schreiben, während es eine ermüdende Arbeit bedeutet, es in zehn Tagen fertig zu bringen.«[61] So trägt denn auch sein Werk, das den Eindruck des Gesprochenen und nicht des Geschriebenen macht, des in der Geschwindigkeit zusammengekritzelten Freilichtspieles, das Gepräge der Überstürzung.

»Alles, was nur die Zeit ermöglicht, alles, was Sorgfalt

erfordert, alles, was das Ergebnis des Nachdenkens und der Anstrengung ist, fehlt dieser spontanen Schöpfung. Hier ist nichts tief geschürft, nichts gründlich ausgebeutet. Das Werk bleibt nur allzu oft im Zustand der Andeutung oder des Entwurfes stecken, selbst wenn sich Goldoni bemüht und Zeit hätte, anders zu verfahren, sogar in dem *Bourru bienfaisant*, der in aller Gemütlichkeit, französisch und für Franzosen geschrieben, auf Grimm und Bachaumont den Eindruck eines Szenariums machte[62]. Seine Personen erscheinen weniger als durchgearbeitete Figuren denn als lebhafte Skizzen; seine Charaktere weniger als seelisch vertiefte Bildnisse denn als leichte Croquis, undeutliche Seelensilhouetten, flüchtige Notizen, die er mit flinkem und gezücktem Bleistift hingeworfen hat. Die Situationen sind wie im Fluge gesehen und gerade nur angedeutet: ein betriebsamer Nachdichter könnte daraus etwas machen. Der Dialog macht plötzliche Wendungen und springt in echt kindlicher Weise vom hundertsten ins tausendste. Die Dinge werden eingerenkt, wie es eben gehen mag, oft wie Nüsse auf einem Stäbchen aufgefädelt. Wir erleben unvorhergesehene, unerklärliche und unerklärte Lösungen, wir sehen uns plötzlichen Wendungen gegenüber, wo die Bösen, man weiß nicht warum, im Handumdrehen gut werden, das Lächerliche sich verwischt und die Sünden vergessen werden. Die Kunst der Vorbereitungen, des Haushaltens, der Entwicklungen fehlt ebenso wie die Kunst schlechtweg[63].

Goldoni hat es dermaßen eilig, er schreibt in einer solchen Hast, daß es scheint, als habe er nicht die Zeit, sein Werk noch einmal durchzulesen. So wiederholt und widerspricht er sich, behandelt von einem Stück zum andern die gleichen Charaktere und die gleichen Themen und oft gibt er im weitern Verlauf desselben Stückes seinen Personen Eigenheiten, die sie bei der Exposition nicht hatten, oder verändert ganz wesentlich ihre Eigenart im Gang der Handlung[64]. Man kann einwenden: er war gezwungen so zu handeln; die Bedürfnisse des italienischen Theaters legten ihm diese Arbeitsweise auf; im Solde von Komödianten, die ihren Theaterzettel ständig erneuern mußten, konnte er nicht anders, als ins Blaue hinein erfinden und ohne Unterbrechung schaffen. Das ist richtig. Aber ebenso richtig ist, daß die Fruchtbarkeit und Leichtigkeit seines Genies ihm ein anderes Schaffen nicht erlaubten.

Er verweilt und verspätet sich nicht, sondern geht seinen Weg weiter. Und wie er ehemals von Stadt zu Stadt, von Beruf zu Beruf zog, zieht er jetzt von Fund zu Fund, von einem komischen Gedanken zum andern, hält sich bei jedem einzelnen nur so lange auf, als es ihm Spaß macht, solange ihn die Neuheit der Entdeckung reizt, entzieht sich der Notwendigkeit, etwas zu erfinden, und geht lieber anderswohin, um etwas Neues zu entdecken; statt sich zu sammeln, verbreitet er sich; statt sich zu halten, verflüchtigt er sich, um so mehr, je oberflächlicher er ist. Niemals nimmt er sein Werk noch einmal vor und verbessert es[65]. Er gehorcht einzig und allein seinem flatterhaften Geiste, ein Feind des Denkens und der geistigen Anspannung, der sich nie die Nägel abgenagt hat, noch sich an die Zucht des berühmten Schülers Gassendis gebunden fühlt. Es fällt ihm nicht im Traume ein, zu feilen oder literarisch wirken zu wollen. Er ist weder Philosoph noch Dichter noch Denker[66]. Er ist, was er ist[67], und zeigt sich frank und frei, harmlos und unbefangen, wie es seinem Wesen entspricht. Und warum hätte er seiner Natur Gewalt antun und die Anmut seines Temperaments mißhandeln sollen? Gerade dann, wenn er sich ehrgeizig gibt, wie in seinem *Terenz*, wie in seinem *Tasso*, wie in seinem *Molière*, oder wenn er sich besonders anstrengt, wie in seinem *Bourru bienfaisant*, zerfließt sein Reiz in Nichts[68]. Für gewöhnlich tut er seinem Talent keinen Zwang an. Deshalb vollbringt er alles mit Anmut.

Denn wenn sein Lustspiel alle Fehler der Stegreifdichtung aufweist, weist es auch alle Vorzüge derselben auf: es ist wunderbar natürlich, spontan und frisch; weiter bewundernswert durch die Fülle der *vis comica*, die daraus hervorquillt. Ein Nichts genügt Goldoni, um drei Akte einer hellen und fröhlichen Wirklichkeit herzustellen; ein Wort, eine Gebärde, eine flüchtige Erinnerung, ein altes Szenarium, ein neuer Roman[69]. Aus den Vapeurs seiner *prima donna* macht er die *Finta ammalata*, aus den Gaunereien seines Hauptmanns von Ragusa den *Impostore*, aus dem Schattenbild des alten Armeniers Albagigi, dessen er unter dem Uhrturm ansichtig wird, die *Pettegolezzi delle donne*[70]. Wenn man ihn ersucht, einem Stücke einen Roman zugrunde zu legen, was ihn zwingen würde, einen Roman zu lesen, erfindet er lieber ein Stück, aus dem man so viele Romane schöpfen wird, als man will. Einmal erwischt er ein Heft mit leeren Blättern und schreibt die *Incognita*[71]. An einem Faschingsdienstagabend pfeift man ihn aus. Um sich zu rächen, schickt er die erste Schauspielerin vor die Rampe und verspricht dem Publikum sechzehn neue Lustspiele innerhalb des Jahres: natürlich hatte er im Augenblick dieser leichtsinnigen Verpflichtung kein einziges im Kopfe. Als Springinsfeld, der er nun einmal ist, vergißt er, sie zu zählen, und anstatt der sechzehn versprochenen Lustspiele liefert er siebzehn[72]. Unter seinen behenden Fingern wird das Stück geboren und spielt sich gewissermaßen von selbst; aus seinem Gedächtnis, das so vollgepfropft ist wie sein Theatermagazin, springen tausend Schattenrisse auf; tausend Einfälle, die er der Natur abgelauscht hat, drängen sich unter seiner Feder; eine lärmende, fröhliche Schar strömt herbei, man weiß nicht woher, und stößt sich an den Eingangspforten seines Denkens. Er braucht keine komplizierten Maschinerien, Verwandlungen und Überrumpelungen. Vier Stühle, ein Tisch, ein Schokoladeservice, das genügt: seine poetische Ader beginnt zu wirken[73]. Die schwankenden Gestalten bekommen Fleisch und Blut. Er selbst belustigt sich, lacht als erster über seine Entdeckung und teilt uns die nagelneue Überraschung brühheiß mit. Es will nicht viel sagen, daß er zwei- oder dreihundert Stücke fertig geschrieben hat, nein, jedes dieser Stücke ist an sich ein Schatz, weist eine unendliche, verschwenderische Fülle auf und würde anderwärts die Kosten zweier oder dreier Lustspiele bestreiten[74]. Niemand hat mehr Situationen erfunden, mehr »Fälle« ersonnen, mehr Intrigen gewoben, mehr Zwischenfälle kombiniert, die Lächerlichkeiten schärfer erfaßt, mehr Charaktere eingeschmuggelt, mehr Personen auf die Beine gebracht, mehr Fröhlichkeit gebraut und unbekümmert mehr Reichtümer verschleudert[75]. Und das Lachen, das diesem Wust entsteigt, ist ein freies, jugendliches, reines Lachen, zwanglos, unbeschwert von Gedanken und nicht angekränkelt von Bitternis. Es sprudelt zur Sonne auf wie ein plötzlicher Ausbruch des übervollen Herzens.

*

V *Gran Goldoni!* schrie ehedem die begeisterte Menge an den Abenden der erloschenen Karnevale.

Ja, großer Goldoni, der beruhigt und vereinfacht, unmittelbar wie eine Naturkraft und urhaft wie ein Geschöpf des goldenen Zeitalters! Großer Goldoni, mit der liebenswürdigen Freundlichkeit und dem Entgegenkommen, der guten Laune und dem guten Willen, durchsichtig wie das Wasser des Quells und klar wie Kristall! Großer Goldoni, der sich in die Herzen einschmeichelt! Großer Goldoni, der, verunglimpft, verhöhnt und verkannt, durch sein Lachen über die Hindernisse triumphierte, sich durch gütiges Verzeihen für die Beleidigungen rächte und den Menschen, seien sie traurig, schlecht oder böse, immer noch das heilsame Beispiel des Glückes gibt.

Zehntes Kapitel

Carlo Gozzi und seine »Fiabe«

I

Die Anhänglichkeit Italiens an seine alte Commedia dell'arte.

II

Carlo Gozzi, der Bruder Gasparos. – Sein Leben als einsamer Dachs. – Seine Schrullen, seine Zornesausbrüche und sein Poltern. – Seine Eigenheiten und sein Pech. – Wie er seine Sonderheiten betont. – Wie er sich von der verhaßten Gegenwart und von dem »Jahrhundert der Aufklärung« abwendet. – Wie er sich in den Traum und in die Vergangenheit flüchtet.

III

Die Märchenspiele Carlo Gozzis. – Dieses Theater stellt sich in bewußten Gegensatz zu dem Goldonis. – Im Lande, wo alles möglich ist. – Fern von den drei Einheiten: dem Wahren, dem Vernünftigen, dem Möglichen. – Übernatürliche Ereignisse und Personen aus der anderen Welt. – Feen, Geisterbeschwörer, Drachen, Prinzen, ferne Wälder, verzauberte Paläste, Wundergärten. – Pantalone, Tartaglia, Brighella und Truffaldino.

IV

Die literarische Satire. – Die Poesie der alten und einfachen Dinge. – Der Orient. – Die erste Kindheit. – Carlo Gozzi erzählt dem alten, unschuldigen Volk von Venedig schöne Märchen.

V

Das letzte Aufleuchten des alten Lustspiels.

Und doch war das alte Lustspiel, das Goldoni durch etwas I
Neues ersetzen wollte, das nationale Theater schlechthin, das die Italiener erfunden und dem sie den Stempel ihres Genius aufgedrückt hatten, die einzige komische Beitragsleistung ihrer Rasse, ihr Monopol und ihr Triumph[1].

Es war etwas Altes und Hübsches. Es war die Poesie, die Fröhlichkeit, die ungebundene und unumschränkte Ausgelassenheit. Es war die Kindheit, die Versonnenheit, die liebe süße Vergangenheit, die am Grunde der Erinnerung ein Lächeln wachruft. Und für gewisse anhängliche Geister war es ein bitterer Gedanke, zu erleben, wie es auf Nimmerwiedersehen verschwand. Die Wirklichkeit, die man an seiner Statt einführte, wog seine geflügelte Phantasie nicht auf. Die kleinen Spitzhüte und die geblümten Kleider ersetzten schlecht die Masken von ehedem, die aus Ironie und Lebenslust geschnitzt waren. Das Wischi-Waschi der moralisierenden Stücke schlug ein flitterbehängtes Völkchen in die Flucht, dessen Personen die jahrhundertealten Gäste der heimischen Einbildungskraft geworden waren, dessen Heldentaten und Lazzi ebenso viele verehrungswürdige Gewohnheiten darstellten, deren Geschichten ganze Generationen einfacher Seelen geschaukelt, bezaubert und entzückt hatten.

Wieviel Glück knüpfte sich doch an den Knüppel Harlekins! Und diesem alten Freunde sollte man ade sagen? Die Hasenpfote an seinem Barett nicht mehr sehen? Seine Possen nicht mehr hören, die gleichgestimmte Kinder zum Lachen brachten.

Carlo Gozzi empfindet die Gefahr am tiefsten. Und er tritt hier in die Bresche.

*

Ach, wie sonderbar nimmt sich in dem zuckenden und fun- II
kelnden Venedig das bizarre Schattenbild und das lange

Rückgrat des schwermütigen Menschen aus! Harlekin, Hut ab vor Carlo Gozzi[2].

Auch er gehört zu der »Dichterherberge«, zu der das arme Haus der verschwenderischen Gozzi herabgesunken ist. Er ist der Schwager Irmindas – leider! Und er ist der Bruder Gasparos, so wie dieser immer damit beschäftigt, Papier vollzuschmieren, einen Reim zu suchen, sich mit Hirngespinsten anzustopfen, sich von Tau zu nähren, aber ohne die Anmut seiner Bildung, ohne das Lächeln seines Geistes, düsterer, mehr in sich gekehrt, mehr gereizt und verbittert.

Geboren ist er in Venedig im Jahre 1723; schon im Alter von sechzehn Jahren trat er in das Heer ein, wo er in Dalmatien das lustige Leben der jungen venezianischen Offiziere führt; nach drei Jahren kehrt er heim und ist achtzehn Jahre lang, inmitten von Prozessen und Rechtsverdrehern, bemüht, die Trümmer seines zerrütteten väterlichen Gutes zu sammeln, dann lebt er fünfundzwanzig Jahre unter Komödianten und besonders unter Komödiantinnen, er hört sie an, berät, leitet, schilt sie, führt sie in die *casotti*, begleitet sie auf der Straße, bringt ihnen angelegentlich die Rechtschreibung, Französisch und Sittsamkeit bei; sie tanzen um den mageren Menschen herum, flüstern und tollen um den Schweigsamen, verscheuchen durch ihr Lachen seinen Kummer[3], dann ist er wieder – und war es vielleicht immer – in dunkle geschäftliche Unternehmungen verwickelt, handelt mit Spitzen, Plüsch oder Roßhaar oder aber mit Kakao oder Zyperwein, wenn nicht gar mit Karossen oder mit Hühnerkäfigen und geht so weit, einem Drahtbinder, der von Haus zu Haus geht, um zerbrochene Töpfe einzuflechten, seine Dienste anzubieten[4]: der Graf Gozzi ist ein armer Teufel, ein alter Junggeselle und ein Dichter dazu. Wenn ihn die Patrizierin Caterina Tron auf der Straße trifft, ruft sie ihm zu: »Guten Tag, alter Brummbär.« Und in der Akademie der Granelleschi nennt man ihn den Sonderling.

Er ist wie sein Bruder ein geschworener Feind von Verbeugungen und Hokuspokus; zu ungeschickt, auf den

Straßen, in den Laden, auf Unterhaltungen zu schmeicheln; fühlt sich nur wohl an abgelegenen Orten und auf verlassenen Spazierwegen; nützt viele Federn ab und schont dafür um so mehr seine Lungen; geht mit langsamen Schritten einher; stößt sich den Kopf an den Türschwellen an und ist unheilbar traurig. Vergebens gibt er sich unendliche Mühe, heiter zu erscheinen, und kitzelt sich, um lachen zu können, trägt eine überschäumende Lustigkeit zur Schau, dankt dem Himmel für das fröhliche Gemüt, das er ihm gegeben hat, und wiederholt nach jedem Mißgeschick dieses refrainartig wiederkehrende Wort *si rida*[5]: »er ist unheilbar traurig.« Er steckt voll von Verdruß, Groll und Beschwerden. Immer hat er auf jemand zu schimpfen, auf seine Schwägerin[6], auf den Abbé Chiari[7], auf den Rechtsanwalt Goldoni, auf die Komödiantin Ricci, »den boshaften Schmetterling«, auf den Sekretär Gratarol, »den eingebildeten Gecken«. Es scheint, daß die Galle der bittere Kern seines Wesens sei und daß sein Talent den Stachel brauche. Er schreibt nur im Zorn und um seinen Zorn zu erleichtern[7]. Er geht herum mit gerunzelten Augenbrauen, verriegelter Stirn, stachlicher Laune, grillenhaften Bildern im Kopf; immer bereit zu Ausfällen und zu Sarkasmen. Und er ist seltsam bis zur Wunderlichkeit. Nichts, was diesem Original widerfährt, ist gewöhnlich. Selbst das Pech, das auf den überspannten Menschen einstürmt, hat nichts Alltägliches an sich. Alle Kobolde der Lagune verbünden sich, um ihm die verruchtesten Streiche zu spielen. Ist er im Begriff, sich zu rasieren, so kann man sicher sein, daß er mitten in der Arbeit von einer wichtigen Angelegenheit unterbrochen wird; wenn er sich, um einem gewissen Geschäfte nachzugehen, heimlich entfernt, öffnen ihm zur Seite zwei schöne Damen eine Tür; wenn es irgendwo eine einzige Regenpfütze gibt, wird er unfehlbar hineinsteigen. Nach getanem Tagwerk hält man ihn für einen anderen, für den Patrizier Paruta, für Daniele Zanchi, für den Impresario Michele dell' Agata (der doch offenkundig kleiner und dicker ist). Der küßt ihm den Saum seines Mantels, der verlangt Geld von ihm, der bittet ihn um eine Wohnung, der dankt ihm, daß er seinen Sohn aus dem Gefängnis befreit hat, ohne daß er wüßte, woher die Leute kommen. Als er in einer Mondnacht mit dem edlen Francesco Gritti auf der Piazza spazierengeht, gibt ihm der edle Andrea Gradenigo zwei Rippenstöße und ruft ihm zu: »Schau, daß du ins Bett kommst, alter Esel!« Wieder kommt er in einer Novembernacht ganz durchfroren aus Friaul zurück, einzig und allein von dem Wunsche beseelt zu schlafen, und findet seine Straße abgesperrt; sein Palast glänzt in hellem Lichte, zwei Wachen schlagen ihm die Türe vor der Nase zu; ein von Goldborten gleißender Majordomus öffnet sie ihm endlich und führt ihn von Saal zu Saal, inmitten des Glanzes eines venezianischen Festes, das hier abgehalten wird, in seinem Hause, ohne sein Wissen. Man kann nicht einwenden: derartige Vorkommnisse seien doch ungewöhnlich[8]. Derjenige, dem sie passieren, ist nicht der Erstbeste. Und da sich der Graf Carlo Gozzi verschieden fühlt, bemüht er sich geflissentlich, seine Besonderheit zu betonen.

Um ihn herum wechselt die Mode in Venedig unaufhörlich: er bleibt seinem ungetreuen Schneider Giuseppe Fornace treu, trägt seit dem Jahre 1735 die gleiche Perücke und kauft sich nicht eher neue Schuhschnallen, als bis die alten zerbrochen sind. Um ihn herum überläßt sich die Seele in Venedig »den leichten Lüsten Cytherens«; ein Hauch von Liebe bläht die Segel und die Seufzer auf; Küsse flüstern hinter den Jalousien; er ist weder keusch noch ausschweifend noch heuchlerisch und verabscheut den schlechten Lebenswandel, die Schlüpfrigkeit und die Liederlichkeit; er verachtet »die geschwätzigen Hofmacher und die Freibeuter der Venus«; eine Kurtisane erscheint ihm ebenso verdammenswert wie der Menschenfresser Bojardos; und dem jungen Mädchen, das seinerzeit von einem Obersten vergewaltigt worden ist und das ihn anlockt, antwortet er: »O mein kleines Idol, Ihr kennt die wahre Süßigkeit der Liebe nicht und glaubt, sie bestünde darin, nach Art der Tiere den Trieb zu stillen!« Man ist gleichgültig oder zweifelsüchtig: er bleibt religiös wie ein alter Mann oder ein kleines Kind.

Man schwätzt: er schweigt. Man wandelt auf schiefer Bahn: er steigt bergan. Alles, was neu ist, erscheint schön: ihn erbittert alles Neue[9]. Er ist ein eingefleischter Konservativer, ein bißchen verrückt, schämt sich aber seiner Verrücktheit nicht, glaubt an die Wirksamkeit des Galgens und an die Oberherrlichkeit des lieben Gottes; er zieht die schwachen Geister den starken vor und schätzt die starken Geister nicht gar hoch ein; ist, soweit es auf ihn ankommt, nie so tief gesunken, daß er sich für den Auswurf der Menschheit hielte; kostet die alten Dichter ohne nationale Hintergedanken aus; hat sich den Garten der Einfalt und Reinheit als sein neutrales Herrschaftsreich erwählt und ist mit Leib und Seele bei seinem Beruf: er nennt sich einen Don Quichotte. Vor dem Erhabenen und der »Aufklärung« seines vorurteilsfreien Jahrhunderts hat er einen heiligen Abscheu. Ein Hauskobold erscheint ihm reizvoller als ein philosophisches System; ein Vorurteil zulässiger als ein Gallizismus, ein Hirngespinst wahrhaftiger als die Wirklichkeit. Die moderne Philosophie bringt ihn zur Verzweiflung. Die Modewörter: »empfindsam – gefühllos – meine Brüder – meinesgleichen – Stimme des Blutes – Schrei der Natur« sind ihm ein Greuel. Über das Rührstück muß er lachen. Wenn er das Wort »Göttin Vernunft« hört, tobt er. Der Abbé Chiari, der ihn mit Versen, so lang wie Flötenrohre, verfolgt, kann ihn verjagen. Der Advokat Goldoni, abgeschmackt, liederlich, platt wie eine Tatsache, versetzt ihn in Wut. Bei Voltaire, Rousseau, Mirabeau, Helvetius und »anderen Betrügern« wird ihm schlecht. Und er ist so veranlagt, daß er all ihrem Kauderwelsch, das in den Büchern spukt, die Geister verseucht, auf die Theater einstürmt, die Sitten untergräbt, die alte Welt verdirbt und zu zerstören droht, ein Kinderlächeln, eine Ammenliebkosung oder ein Märchen vorzieht. Ja, ein Liedchen, das von einer Wiege aufsteigt, eine *storia*, die Cigolotti auf der Piazza vorträgt, eine alte Maskenkomödie, darin Harlekin Pantalone, wie es sich gehört, verprügelt, enthält in seinen Augen mehr Sinn, mehr Weisheit und mehr Wahrheit als ihre ganze Physik, Moral, ihre Reformen,

Francesco Guardi:
Ausfahrt des »Bucentoro« an Christi Himmelfahrt, 1775 – 1780

Theorien, Enzyklopädien, Gefühlsduseleien und Krokodilstränen. Wollte man ihm die »Eselshaut« erzählen, so würde ihm dies ebenso wie dem kleinen Gernegroß einen unendlichen Spaß machen. Er bleibt der überzeugte Parteigänger der alten Dinge und der alten Leute, der alten Gebräuche und der alten Gewohnheiten, der alten Heilmittel und der alten Ausdrücke, der Geschichten und Rezepte erfahrener Frauen, der Diener, die ihr ganzes Leben im selben Hause bleiben, und des alten Theaters, das sich kein anderes Ziel setzt, als zu entspannen und zu unterhalten[10]. Er ist der leidenschaftliche Bürger dieses alten, unverrückbaren und unbeweglichen Venedig, wo sich nichts geändert hat und wo sich nichts ändern darf. Und das Heimchen, das ihm im Kopfe zirpt, ist das Heimchen des Herdes.

So räumt er also das Feld den neuen Moden, den Sophisten, den Schönheiten des Fortschrittes, den Entdeckungen der Wissenschaft und der Freiheit der Ausschweifung; dreht einem verderbten Jahrhundert, das sich über Männer wie Plato und Petrarca lustig macht, den Rücken und lebt im Geiste die dahingegangene Zeit nochmals durch, wo die Frauen noch keine Männer, die Männer noch keine Frauen und Männer und Frauen noch keine Affen geworden waren[11], und flüchtet sich in die Vergangenheit wie hinter einen Wall und in den Traum wie auf die Insel der Seligen.

Fern von allen Plattheiten und allen Anmaßungen, in unwahrscheinlichen Gefilden, hinter den mit Silber und Ambra verbrämten Wolken schreitet er in seinem Scharlachmantel und mit dem Tiefsinn eines Mannes, der ein unirdisches Traumleben führt, einher. Ein blasses Lächeln leuchtet auf dem Grund seiner leidenden Seele auf. Eine Spinne hängt ihre Goldnetze an die Wände seines Gehirns. Die Laune spielt ihm auf einer Porzellangeige irgendeine fremdartige Melodie vor. Tausend verschrobene Gestalten streichen vor seinem Auge umher; tausend gespenstisch gekleidete Wesen steigen aus seiner Erinnerung auf; der Gesichtskreis seiner Landschaft dehnt sich, weiter und immer weiter, verwischt und verliert sich im Unendlichen. Die

Phantasie tröstet ihn über die Wirklichkeit; das Übernatürliche macht ihn von der Natur frei; die Einbildung heilt ihn von dem Leben. Vergebens klatscht die Welle sachte unten an die Marmortreppe, auf die sich seine Träumerei niedergelassen hat; oder es zeichnet sich ein feuerschwammfarbenes Segel auf den Opalbarken ab; oder es bietet ein Vogelhändler den Vorübergehenden seine *osei che canta* an: er sieht weder Welle noch Segel noch Vogel. Er sieht nichts und hört nichts. Er lebt im Wolkenheim. Er schwebt in der Ferne und im Himmel. Ach! liegt nicht auch die Schönheit des Lebens – und gerade sie – in der Ferne und im Himmel? Alle Dinge, die hier vor sich gehen! Alles, was die Ohren der Menschen nicht ergründen können! Alles, was die fleischlichen Augen nicht erschauen! Und was der Brodem erzählt, der im Mondschein aus den Lagunen aufsteigt und die Runde tanzt! Und die Sylphen und die Irrlichter und die Feen und das Geheimnis und der Wind! Der Wind bläst: verstehst du, was er singt? Ferne Einfälle, zerstreute Stimmen, reizende Spiegelungen; Welt des Unsichtbaren mit den flüchtigen Schatten und den gedämpften Schritten; Seufzer, Sehnsucht, Widerschein, Rauch. Ja alles, was mit Rauch geschrieben wird. Das Erdbeben von Lissabon hat eine auf der Welt einzig dastehende Truppe von Komödianten nach Venedig zurückgeführt; auf den Brettern von S. Samuele entfesseln Sacchi, Fiorilli, Zannoni und Darbès Abend für Abend unter den Masken Truffaldinos, Tartaglias, Brighellas und Pantalones Beifallsstürme[12]; Goldoni feiert Triumphe, die Prosa tobt sich aus und das Jahrhundert langweilt sich: da kommt eines schönen Tages des Jahres 1761 Carlo Gozzi auf den Gedanken, jenen Schauspielern ein Stück zu bringen, wie er es sich denkt. Er hat es einem alten Märchen entnommen und nennt es *Amor delle tre Melarancie.*

So entstand sein Fiabe-Theater[13].

*

III Das Fiabe-Theater Gozzis stellt sich bewußt in diametralen Gegensatz zu dem Theater Goldonis.

Das eine war ganz Beobachtung, das andere ist ganz Phantasie. Das eine war ganz Wirklichkeit, das andere ist ganz Dichtung. Der eine bewegte sich in der Natur, der andere wählt das Übernatürliche zu seinem Element. Goldoni war in keiner Weise literarisch: Gozzi schöpft vor allem aus Büchern. Goldoni bemühte sich, regelmäßig zu sein: Gozzis Dichtung legt Wert darauf, weder Kopf noch Fuß zu haben. Goldoni diente der Wahrheit: Gozzi kennt keine andere Herrin als die Poesie. Goldoni wollte die Welt besser machen: Gozzi hatte kein anderes Ziel vor Augen als zu unterhalten. Seine *fiabe* oder *fole* oder *favate* sind nichts weiter als unnütze Märchen. Es macht ihm Spaß, dem alten Volke von Venedig, das infolge seines Alters wieder zum Kinde geworden ist, schöne Märchen zu erzählen.

Nein, weg mit diesem törichten Geschwätz, das in den Niederungen wuchert, in den Laden, Schenken und auf den *traghetti*; genug dieser öden Prosa, die das gemeine Volk im Munde führt, entsprechend seinen schmutzigen Löchern und seinen kleinlichen Interessen; pfui über die dickbäuchigen Bürger, über diese Mädchen in geblümter Schürze, über diese Grazien vom *campiello*; zum Teufel mit dieser Wahrheit, dumm, platt, albern, blödsinnig wie das Leben, gemein wie die Gosse, schlecht und recht aufgeputzt, lappenweise erbettelt und sklavisch wiedergegeben! Dort drüben aber, in der Unendlichkeit, winkt all das, was sich der Geist frei erfindet! All die Poesie und Wohltat der alten Ammenmärchen! Ach, Träume im blauen Äther! Anbetungswürdige Luftgespinste! Köstlicher Unsinn!

Wir sind in dem Lande, wo alles möglich ist und wo sich der blaue Vogel niederläßt. Man sieht sprechende Tauben, Könige, die in Hirsche, und Bettler, die in Könige verwandelt werden; vertrocknete Menschenschädel, aufgespießt auf Lanzen, die in den Mauern stecken: sonderbare Gewohnheiten, wie z. B. in China, wo man sich aufs Knie wirft und mit der Stirn auf den Boden schlägt; Statuen, die über die Lügen der Mädchen lachen[14]; Treppen, die vierzigmillionensiebenhundertzweitausendundvier Stufen haben; Tischleindeckdich in der Wüste, daraus Stimmen hervordringen, während sich unter den Klängen einer unsichtbaren Symphonie die Wüste in einen schönen Garten verwandelt. Die handelnden Personen sind irdische Könige und Kartenkönige, verzauberte Prinzessinnen, Magier, Geisterbeschwörer, Minister, Wesire, Drachen, Vögel, Ausschnitte aus der Piazza und auch die vier Masken der erlauchten Gesellschaft Sacchi: Tartaglia, Truffaldino, Brighella, Pantalone. In ihrem Palaste, der aus der Nacht geboren wurde, fühlt sich die schöne Barberina todunglücklich, weil sie, der doch alle Güter der Erde mühelos in den Schoß gefallen sind, nicht in der einen Hand das *tanzende Goldwasser* hält und in der anderen den *singenden Apfel.* Norando, der Prinz von Damaskus, erscheint auf einem Seeungeheuer. Dilara zeigt unter dem Kleide einen Bocksfuß. Ein Stier strömt aus seinem Horn und aus seinem Schweif Feuer aus. Ein Drache vergießt Tränen, so groß wie Haselnüsse. Eine Schlange mit flammendem Rachen schießt aus einem Grabmal hervor. Eine Galeere fährt an und gibt sieben Kanonenschüsse ab. Pantalone schwingt sich gar zum Admiral auf; auf dem Verdeck seines Schiffes stehend, pfeift er dreimal und das Rudervolk antwortet ihm jedesmal mit einstimmigem Geheul. Man hört barbarische Märsche, Wirbel von trauerflorumhängten Trommeln, Schluchzen und Schreie von Frauen aus dem Grunde einer Höhle. Reisen zum Monde werden im Handumdrehen vollbracht, Jagden auf Bären und Hirsche mit Hunden und Hakenbüchsen im Forste abgehalten. Grausame Schlachten werden mit furchtbaren Amazonen geliefert und krumme Türkensäbel vom Leder gezogen. Inmitten einer Wüste sprechen Truffaldino und Brighella über die *commedia dell'arte*; unter den Zweigen der Bäume erzählen Truffaldino und Brighella einander Märchen; unter einem Lagerzelte wechseln Truffaldino und Brighella im Mondschein Verse von Ariost; und Tartaglia und Pantalone, alle beide im Hemd, ihre Kerze in der Hand, streiten sich nächtlicherweile im Thronsaale. Man hält die Hand aus dem Pavillon heraus und draußen regnet es Tinte. Man erlebt Blut- und Feuerregen, die auf Lazzi niedergehen, Stürme und Donnerschläge, Erdbeben, Feuerstrudel, in die zwei Kinder lebendig geworfen werden, Erscheinungen, Vorzeichen, Wunder. Und je mehr Wunder geschehen, desto schöner ist es. Nichts erscheint glaubhaft. Hier kann nichts aus den armen Gesetzen des gesunden Hausverstandes erklärt werden[15].

Wo ist man? Auf welcher Nirgendheiminsel? In welchem Zauberwalde? Welche unbekannte Stadt zeichnet ihr azurnes Profil auf der Anhöhe ab? Welches Königreich beherbergt dieses spektakelhafte Menschenvolk? Von wo kommen diese Turbane, diese Tiaren, diese plattnasigen Gesichter, diese geflochtenen Bärte, diese gottvollen Bräuche, diese Kostüme aus einer anderen Welt, diese fremdartigen Abenteuer? Kann man's wissen? Man ist Gott weiß wo, tausend Meilen weg von der Erde; tausend Meilen weg von den drei Einheiten: dem Wahren, dem Vernünftigen, dem Möglichen, in dem einzigen Vaterlande, das zählt, in dem Lande der Widersprüche, in der verkehrten Weltordnung. Aber diese Leute wissen alles, was in Venedig vorgeht, wer der Sterndeuter Cingarello ist oder die Kurtisane Saltarei oder der Marktschreier Masgomieri oder die tolle Bettina. Barberina trägt ein Kleid von dem venezianischen Schneider Canziani und eine Frisur von dem venezianischen Perückenmacher Carletti[16]. Der Ruf der Rosenverkäuferin ist auch unter den Arkaden des Traumes zu hören: *Rosa pelae, zizole col confetto!* Das Liedchen des armen Buben ist auch zu den Kastagnetten des Jenseits erschollen:

Gli occhiali son caduti
Non vedo più le note;
Dindon, dindon, carote,
Non c'è per voi pietà.[17]

Und wenn ein furchtbarer Ansturm auf die Mauern von Tiflis unternommen wird, steigt der Zeitungsausrufer der Piazza mit dem speckigen Hute auf die Bühne und verkündigt den Ausgang: »Neuer, anschaulicher und einzig echter Bericht, der Euch die große und blutige Schlacht vor den Mauern der Stadt Tiflis beschreibt und erklärt.«[18] Und der Geschichtenerzähler Cigolotti, der in den Dienst des Zauberers Durandart getreten ist, zu dem hat sein Herr gesagt: »Cigolotti, trage immer eine schwarze durchlöcherte Soutane, eine Leinenmütze auf dem Kopf und zerrissene Schuhe, rasiere dich nur alle zwei Monate einmal und verdiene dir den Lebensunterhalt mit Geschichtenerzählen auf dem Hauptplatz von Venedig.«[19] Cigolotti erscheint in Person in Roncevaux, einen Papagei auf der Hand. Verzauberte Inseln; herrliche Gefilde und Gärten; Thronsäle »mit zwei Kissen zum Sitzen« oder »mit Schreibtisch« oder »mit Sofa«; staunenswerte Gefühle; unerhörte Heldentaten; heldische Verse; und inmitten dieser Zauberwelt, vertraut, heimisch und zum Greifen vor uns hingestellt: Pantalone, Tartaglia, Brighella, Truffaldino!

Pantalone ist so verständig, so gescheit. Er sieht niemals ein X für ein U an. Um zwölf Uhr weiß er genau, daß es Mittag ist. Er findet immer das richtige Wort. Er spricht es mit dem örtlichen Akzent aus, in dem lieblichen venezianischen Dialekt: *Sioria ... sta nonola ... un cor negro.* Er wird ohne sein Hinzutun in überirdische Geschehnisse verwickelt, vor denen er doch eine höllische Angst hat; man könnte sich dort wohl gar eine Lungenentzündung oder Hitzblattern holen[20]. Er verwünscht *sta sorte de amori.* Er nennt denjenigen, der eine Hydra geheiratet hat, »ein verheiratetes Häufchen Unglück«. In seinem Kopf geht es um, als wenn sich ein feuriges Rad darin drehte. Wäre nicht die Weihe des Ortes, er ginge in die Küche, um sich das Essigfläschchen zu holen[21]. Hört er von einer Hochzeit sprechen, so denkt er nicht an die *Raccolte*, sondern an das Rübenkompott, das in den Geschichten das Fest würzt. »Alter Dummkopf«, sagt Tartaglia zu ihm, »du kommst mir vor wie ein Knirps von siebzig Jahren.«[22] Und in der Tat ist dieser Bursch aus einem solchen Holz geschnitzt, daß er die Kinder zum Fressen gern hat; immer rennt er hinter ihren blonden Locken her; immer reibt er seinen Stachelbart an ihren hellen Gesichtchen. »Geht schlafen, Sier Pissotto!« sagt er zu dem Prinzen Jennaro ... Wie könnte er da an einen Treubruch dieses Prinzen glauben, den man unter seinen Augen ins Gefängnis schleppt? »Ich kenne ihn, diesen Knaben, ich habe ihn erzogen. Seit seiner Kindheit ist er immer die Aufrichtigkeit selbst gewesen. Er war nie einer Lüge fähig. Wenn er eine Tasse zerbrach, einen Apfel nahm, ins Bett wi...te, sagte er nicht: Die Katze, das Mädchen, der Wauwau war's. Er sagte sofort: Frau Mutter, ich war's, ich bitte um Verzeihung, ich will's gewiß nicht wieder tun.«[23]

Truffaldino erscheint nacheinander in der Gestalt eines Wursthändlers, eines Serailaufsehers, eines Wüterichs, eines modernen Philosophen, eines Profoßen. In seiner Eigenschaft als Profoß bewacht er in einem dunklen Verlies die sanfte, treue Sklavin Zirma. Umsonst hat er seiner Herrin zu Gefallen die furchtbarsten Martern über sie verhängt, hat ihr mit Kohle einen Schnurrbart gemalt, hat ihr sechsundzwanzigtausendsechshundertdreißig Nasenstüber verabreicht oder ihr sogar drei Tage Schweigen anbefohlen. Zirma gehorcht und singt. Geduldig flicht sie und singt dabei. Sie singt das Liedchen, das nach der Melodie der Irene geht:

Qual calma all' interno
E mai l' ubbidire ...

Und vorn auf dem Boden liegt, wie auf einem Stich von Tiepolo, ein Stock[24].

Aber was ist Brighella nicht alles gewesen, bevor er als Färber in der Stadt Samarkand endete! Hilf dir selbst, so hilft dir Gott! Zuerst ist er Stallknecht gewesen, dann hat er als Lakai gedient; von seiner Herrin davongejagt, weil er ihrem Hündchen, das auf seinen Scharlachmantel gepißt, einen Klaps gegeben, hat er sich als Barbier versucht. Hilf dir selbst, so hilft dir Gott! Sein Laden ist abgebrannt und man hat ihn der Brandstiftung bezichtigt: er ist entflohen, hat die Welt durchwandert, alle Mittel versucht, überall Schiffbruch erlitten und nun ist er in Samarkand; seine Kunden sind Weiber, denen es, wenn sie ein gelbes Hemd haben, nach einem pompadourfarbenen gelüstet, und wenn sie ein hochrotes Kleid haben, nach einem zitrongelben. Hilf dir selbst, so hilft dir Gott[25].

Tartaglia trägt auf dem Magen ein Pflaster, von dem er immer satt bleibt. Wenn er König ist und ihn Gram beschleicht, schreit er wie ein Esel. Sein Diener Truffaldino dagegen erfreut sich der besten Gesundheit von der Welt: »Urin klar, Appetit gleichmäßig, Tag und Nacht, vor und nach dem Essen. Das gewisse Geschäft gelingt ihm immer zu denselben Stunden, zum Nutzen des Herrn[26].«

Bald tauschen Feen Verse in einem Unterholz mit üppigem Grün. Bald macht sich ein Völkchen von Krummbeinigen und armen Schluckern an einer Kirchentür ein Almosen streitig[27]. Ninetta, die Tochter des Königs Moncul, ist lebendig begraben unter der Ausgußöffnung eines Waschplatzes, wohin ihr der Vogel Belverde in seinem Schnabel ein Fläschchen bringt[28].

Truffaldino leiert mit verbundenem Kopf und dickem Wanst seine Litanei her: »Wer schenkt mir armem, kranken Menschen etwas, der nicht mehr arbeiten kann, *poveretto*? Muß ich Euch meine Leiden schildern, *poveretto*? Ihr seht sie mit Euren eigenen Augen, *poveretto*! Wassersüchtig, seit vier Jahren mit Fieber behaftet, *poveretto*! Von den Ärzten und Menschen aufgegeben! *Poveretto*!«[29] Im tiefen Walde verbirgt Pantalone in einer Hütte seine Tochter Sarché und seine Weisheit; ach das dumme Kind, das eine Stadt sehen möchte! »Sechstausend Weiber *in cargadura*; zwanzigtausend Schmeichler aus Paris, die es auf dem Gewissen haben, wenn jene noch schlechter werden; fünfhundert Kaufleute, die es bedauern, nicht mit Blut handeln zu dürfen; vierzigtausend Personen, die einander küssen und verraten, dreitausend Diebe, die dich bis auf das Hemd ausrauben;

achttausend, die den Galgen verfluchen, der sie hindert, nach Gutdünken zu morden; hundert arme, alte Leute, die so weise sind, daß sie lächerlich erscheinen; sie predigen Gottesfurcht, Weisheit und der Verfall der Sitten, der Geschäfte, der Familie geht ihnen nahe: so schaut eine Stadt aus, liebe Tochter. Willst du wirklich, daß wir hingehen und sie anschauen?«[30] Da ist in ihrem von einem rostigen Tor, einer verfaulten Schnur und einem hungrigen Hund bewachten Schloß die Riesin Creonta im Schleppkleid[31]. Da ist ferner die Bäckersfrau, die den Backofen mit ihren Zitzen reinfegt. Da ist endlich Renzo, der in eine Statue verliebt ist.

Die Riesin Creonta sagt Verse her, die ebenso schlecht sind wie die des Abbé Chiari. Die herzlose Prinzessin Turandot gibt in akademischem Tone Rätsel zu knacken[32]. Von heiliger Begeisterung durchdrungen, improvisiert der Dichter Brighella Verse, die in die *Raccolte* Aufnahme finden könnten: leider wird er, sobald die Eingebung verraucht ist, wieder der Freßbalg, der er früher war, und holt sich im nächsten Geschäft eine dicke Leberwurst. Pantalone verkleidet sich als verschimmelter pyrrhonischer Philosoph. Calmon, der vor vierhundert Jahren gelebt hat, Calmon, der dahin gelangt ist, das Menschengezücht zu verachten, der sich lieber hätte die Zunge herausreißen lassen, als daß er die edlen Taten seiner Mitbürger als Heldenmut anerkannt hätte, hat es erleben müssen, wie sich sein Herz zu Stein verhärtete; er ist ein Steinbild geworden, ein träger, lebloser Körper, eine schwere im Gras hingelagerte Masse. Aber in der Nacht und unter dem Krachen eines Erdbebens sieht man, wie er aufsteht und spricht: »Liebe dich selbst«, erklärt er, »dann wirst du werden, was du gern sein möchtest.« »Liebe dich selbst«, erklärt er, »liebe die andern und folge der Vernunft, die nicht die Sklavin der gebrechlichen Sinne ist, sondern die Tochter der Ratschlüsse des Himmels!« Und Calmon erklärt weiter: »Hebe die Schweinsschnauze von der Erde auf, schmutziges Tier, schau den Himmel und die Gestirne an und hänge nicht dein Denken hienieden an die Sinnenlust und das Nichts!«[33]

Wir sind auf dem Hügel des Riesen. Wir sind im Palast des tanzenden und spielenden Goldwassers. Wir sind am Hof des Kartenkönigs, dessen Sohn so traurig geworden ist, daß ihm alle Heiterkeit zuwider ist, daß er faule Reime spuckt und daß sein Atem die *martelliani* vergiftet. Truffaldino und Brighella erörtern, in einen Tiger und einen Löwen verwandelt, den Geist der Tiere, und Truffaldino möchte gern Soldat werden, wenn er nicht überzeugt wäre, das Wesen des Tigers sei sanfter[34]. Renzo und Barberina gehen, schön wie der Tag, aus dem Walde, sie, ein Holzbündel auf dem Rücken, er, eine Büchse auf der Schulter, beide ein Buch in der Hand. Denn Renzo und Barberina haben die modernen Bücher sehr eifrig gelesen, die in Venedig nach dem Gewicht verkauft werden und die die Menschen von Vorurteilen reinigen, indem sie ihnen den inneren Wert der menschlichen Handlungen vor Augen führen[35]. Da ist Smeraldina, die Frau des Selchers, die diese wackern Kinder in einem Bache gefunden, in den sie jemand, in Wachsleinwand gewickelt, geworfen hatte. Sie hat sie mit ihrer Milch ernährt, mit ihrer Liebe umhegt und wie ihre eigenen Söhne aufgezogen; aber sie hat sich aus Eigennutz so geopfert; aus Eigennutz hat sie Tag und Nacht gedarbt; aus Eigennutz hat sie nicht nachgelassen in ihrer täglichen Entsagung und in ihrem stummen Heldentum. »Smeraldina«, erklären sie ihr kraft der Weisheit, die sie aus den Büchern geschöpft haben ... »kehrt ein und versucht Eure Vernunft zu entwikkeln, sie von Euren Sinnen loszulösen und durch sie Euern Eigennutz zu zügeln!« Tartagliona ist eine böse Königin; Gulindi ist eine unzüchtige Königin; Mezzafer, mit einer langen Pfeife, ist ein despotischer König. Aber Sinadab ist das alles zusammen und obendrein noch ein Heuchler. Sinadab kann eine Frau nur vierzig Tage behalten, nachher verwandelt er sie in eine Stute; in Neapel hat Tartaglia ähnliche Vögel kennengelernt, die die armen Mädchen sitzen ließen, nachdem sie ihre Lust ausgekostet hatten. In Venedig sind Pantalone keine untergekommen, schwören möchte er allerdings nicht darauf, daß es nicht auch hier welche gibt[36]. Wie in einem alten Sonett *alla burchia* im Quattrocento zeichnen sich die Umrisse eines alten Hauses oder einer alten Frau ab, einäugig, bucklig, krätzig, sauertöpfisch, triefäugig, über und über mit Geschwüren bedeckt – ein wandelndes Krankenhaus[37]. Wie in dem leuchtenden Gedicht eines Künstlers von Ferrara besteht die Prinzessin Dardane, als Ritter mit heller Rüstung verkleidet, den Schild am Arm, die Lanze in der Faust, den Busch am Helmstutz, einen fürchterlichen Zweikampf mit der Hydra[38]. Truffaldino dient Smeraldina, gleich ihr türkisch gekleidet, unter einem Sonnenschirm wie auf einer Freske Tiepolos in der Villa Valmarana.

So zu lesen in dem *Amor delle tre Melarancie* oder in dem *Re Cervo* oder in der *Zobeide* oder in den *Pitocchi fortunati.* Lauter Tollheiten, durch und durch.

*

IV Es ist die Satire der zeitgenössischen Sitten, des literarischen Geschmacks, wie er sich rundum entwickelt hat, der neuen Philosophie und der neuen Moden. Und neben der Tragikomödie des Abbé Chiari, der realistischen Komödie Goldonis, neben dem Fortschritt der Prosa und des Kauderwelsch verkörpert sie die Poesie, die ganze Poesie der einfachen Dinge[39].

Da ist weiter, jenseits der Murazzi, dort, wo die Linie des Meeres und der Wirklichkeit verschwindet, der märchenhafte Orient wie eine Luftspiegelung, der Goldfirst seiner Mythen und seiner Minaretts, das getriebene Silber seiner Pforten, die sich auf Rosengärten öffnen, das blaue Email seiner Moscheen, die kostbaren Steine seiner Mosaiken und der traurige Gesang seiner Muezzins. Gebete steigen von den Teppichen auf, Düfte entschweben den Räucherpfannen, und auf dem roten Streifen des Sonnenunterganges zeichnet ein mit aromatischen Stoffen beladenes

Kamel seine Silhouette ab. Da ist die Poesie der Vergangenheit. Da ist die Poesie der Ferne. Da ist weiter die Poesie der Kindheit: ihre Zärtlichkeit, ihre Gläubigkeit, ihr Lächeln, ihr Glück, ihr ganzer Reiz.

Das Kind ist so klein, Fleisch wie Milch und Blut und Grübchen in den Wangen. Die Frauen tätscheln es mit ihren flinken Fingern. Sie drehen es hin und her, wischen es ab, zeigen es einander. »Ach, mein Marienkindchen!« sagen sie. »Liebes Popotscherl ... Du bist mein Spitzbub ... Du bist mein Herzchen ... Komm her, mein Paradies!« Sie sagen: »Heilige Madonna! So ein Kobold! ... so ein Quecksilber![40]« Sie belustigen es mit ihren Händen:

La Pimpinela la va, la vien ...

Sie schupfen es auf ihren Knien:

Tru, tru, tru, tru, cavalo,
La mama vien dal balo ...

Sie nehmen seinen kleinen Finger, dann einen andern, dann wieder einen andern und sagen:

Questo gà fato 'l vovo,
Questo l' a messo in fogo,
Questo l' a cusinà ...[41]

Und unter dem Laubdach des Maulbeerbaumes, darin die Grillen singen, erzählt das mitteilsame Großmütterchen. Sie erzählt eine der Geschichten, die so beginnen: Es war einmal ... Sie erzählt eine der Geschichten, wo sich wie ein Kehrreim dieselben Worte wiederholen: »... und geht und geht ... und läuft, was er laufen kann ... und fischt, was er fischen kann.«[42] Sie erzählt eine dieser ewigen Geschichten, die allen Völkern gehören, allen Rassen, und die allezeit und in jedem Zeitalter die Unschuld der Kinder entzückt haben. Die Grille singt, das Heimchen zirpt, Großmütterchen erzählt. Und das Kind lauscht mit geöffnetem Munde; es rührt sich nicht mehr, versteht, ist hingerissen, schafft an der Erzählung mit, schwebt erwartungsvoll in höheren Regionen und horcht; in den Schoß geduckt, horcht das Kind bewegungslos; es lächelt; es entschläft; und die angefangene Geschichte setzt sich im Traume fort[43].

Im Theater S. Samuele horchen heute die Perücken und Masken wie früher das Kind. Alle, wer sie auch sein mögen, Prokurator und Heizer, Spion, Geiger, Buchhändler, Pförtner, sind sie Kinder gewesen. Alle haben sie an ihrem Daumen gelutscht, ihren Fuß in ihr Patschhändchen genommen, aus vollem Halse gesungen, ohne zu wissen, wie und was. Alle sind sie voll Zuversicht ihres Weges gegangen, indem sie sich an einer Rockfalte festhielten. Allen hat eine Frau das Näschen in ein Taschentuch gepreßt und dabei gesagt: »Schneuz dich!« Alle haben sie plötzlich durchdringende Schreie ausgestoßen, vor dem Menschenfresser gezittert, an die wundervollen Hochzeiten geglaubt, die mit Rübenkompott und abgezogenen Mäusen gefeiert werden. Und alle haben beim Herde oder unter dem Maulbeerbaume der alten Märchenerzählerin zugehorcht, die jetzt verstummt ist.

Die Menschheit war sich immer gleich und einmütig, bevor die arglose und durchsichtige Seele verwickelt und getrübt wurde, als das Herz noch nicht überladen und müde war, überall ja und amen sagen zu müssen, als der Geist sich dem Lichte öffnete und sich an der Schönheit des Tages berauschte. Auf diesen Standpunkt hat sich Carlo Gozzi gestellt. Wie Großmütterchen hebt er den Zeigefinger und sagt: Es war einmal ... Venedig, das einschläft, Venedig, das sich im Rhythmus seiner Welle und im Rhythmus seiner Vergangenheit schaukelt, Venedig, das sich vergißt, sich einlullt, nichts wissen, nichts begreifen, nichts hören will von der Zukunft, die sich auftürmt, und von dem Gewittersturm, der sich vorbereitet, erzählt Carlo Gozzi Märchen, um ihm zu helfen, sich zu unterhalten und um es noch mehr zu erheitern ...

So in den *Pitocchi fortunati*, im *Cervo*, im *Augellino Belverde*, in all diesen Tollheiten, in diesem ganzen, aus Sehnsucht, Ränken und Träumen bestehenden Theater[44].

*

Mindestens hatte er es sich so gedacht[45]. V

Ihm bleibt der Ruhm, der alten Komödie seiner Heimat zu einer neuen Blüte verholfen zu haben. In dem Augenblick, da Goldoni und er auf den Plan traten, war diese Komödie im Untergehen. Dank ihm, der sie übrigens fast ebenso veränderte wie sein Gegner[46], warf sie in Venedig ihren letzten Abglanz.

Dann aber wurde die Menschheit anderen Sinnes und verfinsterte sich für immer.

Elftes Kapitel

Die Abenteurer und Casanova

I

Venedig, die Stadt der Abenteuer und das Vaterland des Abenteurers. – Romantische Existenzen. – Was sich unter der bautte und im Labyrinth der Kanäle verbirgt. – Die Vorliebe der Venezianer für Abenteuer. – Zeitgenössische venezianische Abenteurer. – Antonio Longo. – Gratarol. – Da Ponte. – Goldoni. – Casanova.

II

Das Leben Casanovas. – Seine Geburt in Venedig. – Seine Familie. – Seine Erziehung. – Die ersten zwanzig Lebensjahre. – Der Edelmann Bragadin und seine zwei kabbalistischen Freunde. – Das lasterhafte Venedig und die Taten Casanovas. – Seine Gefangenschaft in den Bleikammern. – Seine Flucht durch Europa. – Seine Abenteuer, seine Verbindungen, Studien und Rencontres. – Er kommt nach Venedig zurück. – Er leistet der »Serenissima« Spionendienste. – Er stirbt zu Dux in Böhmen.

III

Der venezianische Charakter Casanovas. – Seine Schelmenstücke. – Seine Leidenschaft für die Frauen. – Seine Fähigkeit zu genießen. – Sein oberster Grundsatz ist jederzeit gewesen, sich zu unterhalten. – Das ist ihm auch geglückt. – Casanova, der »Ritter der Freude«. – Casanova als Produkt Venedigs.

I

Es gibt in Venedig alle Arten von Verstecken, von Winkeln und Schlupfwinkeln. Es ist voll von versteckten Treppen, verborgenen Türen und Absteigquartieren, deren Geheimnis »selbst die Eifersucht« nicht ergründen würde[1]. In diesem Labyrinth von Kanälen und Gäßchen läßt es sich gut Verstecken spielen. So ist Venedig denn auch die idealste Stadt der Abenteuer. Es ist das Vaterland der Abenteurer.

Ja, dieses einzigartige Wesen des 18. Jahrhunderts, dieser Proteus in plötzlichen Verwandlungen und raschen Entschlüssen; dieser nie um Auswege verlegene Hermes, der sich überall durchschwindelt: dieser Sohn des Glücks und der Gelegenheit, der kommt, geht, sich abwendet, zurückkehrt, alles versucht, immer zwei Eisen im Feuer hält und immer wieder auf seine Füße zurückfällt; diese schmiegsame, ungreifbare Persönlichkeit, ohne Wohnsitz und ohne Milieu, ohne Beschäftigung und ohne Wurzeln, deren Werk das Leben und deren Leben ein Roman ist, ist in Venedig daheim.

Man kommt nachts nach Hause: ein Fenster öffnet sich. Eine Stimme macht: Pst! Ein Strick rollt sich ab und an seinem Ende hängt ein Korb, in dem sich ein Kind befindet[2]. Man sitzt im Kaffeehaus und unterhält sich mit geistreichen Leuten. Da zieht dich ein Gondoliere beim Ärmel zu einer in der Finsternis verankerten Gondel, darin man statt seiner Geliebten eine Unbekannte findet, die erbebt und bei deinem Nahen aufschreit, sich aber trotzdem bei den Händen nehmen, Sorbet anbieten und sich ihre Geschichte, die einer neapolitanischen Prinzessin, entlocken läßt[3]. Man hat im Ridotto einem armen Teufel, der einem seinen Namen auf der Rückseite einer Karte gekritzelt hat, vier Soldi gegeben. An einem Tage der Langeweile forscht man ihm nach. Man trifft ihn in einer bescheidenen, gut möblierten Wohnung, voll von Büchern, wo er mit seiner himmlisch schönen Tochter wohnt; er ist ein ehemaliger Student der Medizin, welcher dann den Beruf eines venezianischen Bettlers ergriffen und dabei zehntausend Dukaten erworben hat. Weil du ihm oft ein Almosen an der Ecke der Brücke von

S. Gregorio gegeben hast und er sich gern an dein edles Benehmen erinnert, hat er beschlossen, dich zu seinem Schwiegersohn zu machen[4].

Eine Kleiderhändlerin geht auf den *Fondamenta* von Cà Corner spazieren, als ein Scharlachmantel sie anredet und bittet, ihn zu seinem Herrn zu begleiten; sie steigt ohne Mißtrauen in die Gondel; die Vorhänge sind zugezogen, man verbindet ihr in der höflichsten Weise die Augen, knebelt sie und nach einigen Kreuz- und Querfahrten führt man sie in ein Zimmer mit rohrgeflochtenen Möbeln, wo ein maskierter Herr neben einer Dame in weißem Kleid und schwarzem Mantel sitzt: hinter einem roten Vorhang verbirgt sich ein Priesterkleid[5]. Komische, romantische, galante Abenteuer werden auf Schritt und Tritt in diesem Lande des Unwahrscheinlichen und dieser Allerweltsstadt des Vergnügens geboren. Sie bringen einen Hauch von Unvorhergesehenem in das Leben, durchkreuzen ihre heimlichen Fäden, öffnen ihre verborgenen Pforten, zünden die Laternen der Nonnen an, schmuggeln sich auf Zehenspitzen in die Geheimnisse ein und verhüllen sich hinter der Stille, die auf der Schwelle[6], den Finger an den Lippen, zuhört. Hinter der Schutzwehr der seidenen *bautte*, hinter dem nachsichtigen Lächeln des Inquisitors – wie viele zweifelhafte Existenzen suchen Schutz und Zuflucht in dieser Stadt, welche, wie der englische Dichter Beckford sagt, die Stadt der Welt ist, wo der hinkende Teufel das ergiebigste Feld für seine Beobachtungen hätte und wo sich, wie der italienische Abenteurer Gorani sagt, ein anständiger Kerl am besten verstecken kann[7]. Wie viele Geheimnisse! Wie viele zweideutige Gesichter, Gestalten und Vorexistenzen! Law, der unter dem Namen eines Chevaliers Desjardins vom Ertrag des Spieles lebt, während sein Bruder in der Bastille sitzt und seine Frau in Aftermiete wohnt[8], der Graf de Bonneval, welcher, den Turban auf dem Kopf, mit gekreuzten Beinen auf einem Teppich Allah anbetet, die Fäden weitverzweigter Umtriebe in seiner Hand hält und den die Drei zu vergiften beschließen[9], Lord Baltimore, der mit seinem Leibarzt und einem aus acht Frauen bestehenden Harem reist, der wieder von zwei Negern beschützt wird, Ange Goudar, »ein Mann von Geist, Zuhälter, Dieb beim Spiel, Polizeispitzel, falscher Zeuge, Betrüger, frech und häßlich«[10], und seine bildschöne Frau Sara, früher Kellnerin in einer Londoner Bierhalle, welche in Neapel in ihrem Palast am Posilipo die Hofgesellschaft empfängt und sie ihrem Reiz unterjocht hat[11]; Mädchen in Männerkleidern, falsche Prinzen, flüchtige Finanzleute, Urkundenfälscher, Griechen, allerhand Glücksritter, Überbringer aller möglichen Aufträge, große verrückte Herren und die Könige Candids. Das Ganze eine Menschheit aus den Spielzimmern und von den Ufern des Meeres herbeiströmend. Das Ganze ein Gewimmel von sich auflösenden Organismen. Das Ganze ein Schaumgebilde. Das eifersüchtige Meer hat sein makelloses Kleid von diesem Auswurf gereinigt. Die Gesellschaft hat diese Parasiten, die aus ihren Wunden geboren sind und von ihnen leben, ausgeworfen. Venedig empfängt sie und bedeckt sie mit seinem Mantel[12].

Das Abenteuer ist überall. Das Theater ist ein Theater der Abenteuer. Der Tagesroman ist ein Abenteuerroman. Das Leben ist ein Leben der Abenteuer. In früheren Zeiten bestiegen die großen Handelsherren ihre Schiffe, gingen auf Entdeckungen aus, und die neuen Wege, die sie eröffneten, die Kolonien, die sie begründeten, die Inseln, die sie für ihr Vaterland eroberten, waren ihre königlichen Abenteuer. Heute nähren die Urenkel Marco Polos weniger umfassende Gedanken, aber der Drang, der ihre Ahnen in die Ferne trieb, ist ihnen geblieben. Sie haben ihren Tatendrang, ihren kühnen Mut, ihre Reiselust geerbt. Sie brennen darauf, sich hervorzutun, sich zu regen, ihren Horizont und ihren Wohnort zu wechseln. Aus *Conquistadores* sind Abenteurer geworden, sie leben in Wirklichkeit das unstete Leben eines Gil Blas, eines Figaro, eines Tom Jones, und ihre zeitgenössischen Biographien ähneln zumeist Abenteurerromanen.

So die Memoiren dieses seltsamen Antonio Longo, der, seines Standes Notar, außerdem noch Gelegenheits- und

Lustspieldichter, Impresario, Sekretär eines reichen Sonderlings, hie und da – es ist zum Lachen – Tierarzt, Hofmeister in Treviso ist, der beinahe Adjutant eines hochadeligen Moskowiters geworden wäre und sich im Duell mit einem spanischen Granden geschlagen hätte, in sich Talent für das Novellenschreiben, für Sammelwerke entdeckt und die Gründung eines nützlichen, gefälligen, kirchlichen und landwirtschaftlichen buchhändlerischen Unternehmens in Angriff nimmt[13]. Da sind die Erinnerungen des Edelmannes Pier Antonio Gratarol. Er, der Abkömmling eines alten venezianischen Geschlechtes, venezianischer Grande, Staatssekretär, wird von dem eifersüchtigen Carlo Gozzi auf die Bühne gebracht; da zerreißt er voll Verachtung sein rotes Gewand, überschreitet ohne Erlaubnis die Grenze der Dominante, sieht auf sein Haupt einen Preis von seiten der Serenissima gesetzt, irrt von Braunschweig nach Stockholm, von Stockholm nach London, von London nach Lissabon, von Lissabon nach Baltimore, dient in den Reihen des Glücksritters Beniowsky, erleidet in Madagaskar Schiffbruch, führt eine aufreibende, verheerende Lebensweise und stirbt auf unaufgeklärte Weise[14]. Da sind ferner die Erinnerungen des Lorenzo da Ponte, getaufter Sohn eines Juden aus Ceneda, Abbé, Lateinprofessor, Lehrer der humanistischen Wissenschaften, Erzieher bei den Pisani, Dichter revolutionärer Verse, Psalmen, die von Foscolo gerühmt wurden, und von Libretti Mozarts. Vom *Magistrato delle Bestemmie* angeklagt, am Freitag Schinken gegessen zu haben, verbannt er sich freiwillig aus Venedig und seinen galanten Gondel-Intrigen, geht nach Dresden, wo er sich zu gleicher Zeit in die zwei Töchter eines Malers und in dessen Frau verliebt, und von Dresden nach Wien, wo er als Theaterdichter im Wettbewerb mit dem Abbé Casti die Gunst Kaiser Josefs II. erringt, sich aber dann seine Ungnade infolge einer Affäre mit einer Sängerin zuzieht. Er verheiratete sich ganz überraschend mit einer jungen Engländerin, der er nicht mehr als fünf Piaster zubrachte, bereist Holland, Belgien, England, macht in London als Impresario Bankrott, läßt sich dort als Buchhändler nieder, schifft sich nach der Neuen Welt mit einer Schachtel Violinsaiten ein, fängt in Amerika als Krämer an und stirbt dort als italienischer Sprachmeister[15].

Da sind die Memoiren Goldonis, dessen Wanderleben das eines Abenteurers, aber eines ehrenhaften Menschen ist. Und da sind vor allem die Memoiren Casanovas.

*

Der ist ein Abenteurer großen Zuschnitts. Mit Cagliostro II
ist er der markanteste italienische Abenteurer. Er entflieht über die Grenzen seines Vaterlandes, um Europa anzugehören, das er nach allen Richtungen hin durchfurcht, in allen Gesellschaftsschichten erforscht hat. Kein Lebenslauf war so voll Zufälligkeiten. Keine Seele bietet eine solche Mischung widersprechendster Fähigkeiten. Keine Persönlichkeit erschien doppelzüngiger als die dieses Januskopfes, dessen Rätsel auch heutzutage noch nicht ganz gelöst sind[16].

In Venedig am 2. April 1725 einer Ehe, die an sich schon ein Abenteuer scheint, entsprossen, hat er eine wundervoll schöne Schauspielerin Goldonis zur Mutter und zum Vater einen Abkömmling von Hidalgos, in dessen Adern Priester-, Soldaten- und lateinisches Satirikerblut gerollt hat. Er wird von einer venezianischen Großmutter erzogen, die ihn, wenn er an Hämorrhagien leidet, zu einer Hexe führt. In das höhere Geistesleben wird er von dem Senator und schlüpfrigen Dichter Giorgio Baffo eingeführt. Zeitig mit den freien und leichten Sitten dieser frivolen Stadt vertraut, war dieser hemmungslose, unheimlich geistreiche, geschmeidige, geschwätzige und feurige Bursche, der sich von allen Gewissensbissen freizumachen wußte, keine zwanzig Jahre alt, als er Student in Padua, flaumbärtiger Seminarist in Venedig, Amtsgehilfe des Bischofs von Martorano in Kalabrien, in Rom Sekretär des Kardinals Acquaviva, Fähnrich eines

Geschwaders von Korfu war und, in sein Vaterland zurückgekehrt, im Theater von San Samuele Geiger wurde. Er war von einem geistlichen Seminar davongejagt und in der Festung von S. Andrea eingesperrt worden, hatte auf der Insel Casopo eine Belagerung mitgemacht, kannte die Schliche der Falschspieler und Dirnen, hatte mit schamlosen Fuchsschwänzern zu tun gehabt, wußte Horaz auswendig und gewann mit einer chemischen Formel einem Quecksilberhändler in Neapel eine große Summe ab. Eines Tages, als er in der Villa Ludovisi mit der Gattin eines Advokaten, die er auf der Reise kennengelernt hatte, eben in einer stürmischen Unterhaltung begriffen war, hatte eine kleine im Gras verborgene Schlange ihr Liebesspiel belauscht. »Schau den kleinen Kobold an«, sagte die junge Frau zu ihm, »er ist das geheimnisvollste Wesen in der Natur und ist sicher dein oder mein Geist.«

Als Violinspieler in Venedig steigt er einst am Morgen eines Festes die Treppen des Palazzo Soranzo hinab, wo er eben im Orchester mitgewirkt hat; da begegnet er einem Senator, in dem Augenblick, als dieser einen Brief aus seiner Tasche fallen läßt. Schnell wie der Blitz hat ihn Casanova aufgehoben, in seine Gondel getragen und ist auch schon mit ihm eingestiegen. Unterwegs wird der Senator vom Schlage gerührt. Casanova läßt ihm die ersten Hilfeleistungen angedeihen, macht sich entschlossen bei seiner Pflege zu schaffen, weicht keinen Schritt von seinem Bett, trifft Entscheidungen und Anordnungen. Der Edelmann Bragadin, der als liebenswürdiger Philosoph im Schoß der Freundschaft lebte, war »schön, gelehrt, spaßhaft und von sanftem Charakter«. In Gesellschaft seiner beiden Freunde, Dandolo und Barbaro, die wie er Patrizier, Junggesellen, Frauenfeinde und Feinde der weiblichen Sitten waren, ergab er sich im geheimen den okkulten Wissenschaften. Überzeugt, daß seine schnelle Wiederherstellung einem übernatürlichen Grunde zuzuschreiben sei, sah er in dem Geiger, der so unvorhergesehenerweise seinen Weg gekreuzt hatte, einen guten Engel und der schlaue Komödiantensohn ging mühelos auf diesen

Pietro Longhi:
Der Scharlatan, 1757

Gedanken ein. Casanova improvisierte augenblicklich eine Geschichte: er hat von einem alten Einsiedler in den Bergen von Carpegna das Geheimnis erhalten, das das Volk Kabbala nennt und die Wissenschaft den Schlüssel Salomons. Er legt davon die erstaunlichsten Proben ab: er wiederholt und vervielfacht sie spielend. Die Folge davon war, daß sich diese drei Greise nicht mehr von diesem von Gott auserwählten Jungen trennen können, der eine solche Zaubergabe besitzt und ihnen versichert hat, daß er drei Tage, nachdem er sein Geheimnis preisgegeben hätte, sterben müsse. Casanova bewohnt den Palazzo Bragadin, wird dort freigehalten, hat eine Gondel zu seiner Verfügung, einen eigenen Kammerdiener und zehn Silberzechinen Taschengeld im Monat. »Denke an dein Vergnügen«, hat der außerordentlich kluge Senator hinzugefügt[17]. Casanova ist zwanzig Jahre alt und er lebt in Venedig!

Dreist wie ein Diener in der Komödie und ebenso wie er ein wenig possenhaft, befolgt der hübsche mit Horaz aufgepäppelte Junge diesen Rat haargenau. Er läuft sich überall die Hörner ab und verbreitet überall das Feuer, das ihn verzehrt. Er erlaubt sich die gewagtesten Liebesabenteuer. Er treibt sich in allen Winkeln der geheimen Stadt umher, von denen er den letzten Schleier hinwegzieht und die seine Memoiren schonungslos preisgeben. Seine Jugend erinnert an eine tändelnde zeitgenössische Geschichte, und wie eine spielerische Geschichte dieses Zeitalters ist jede Seite mit anmutigen frivolen Stichen geziert. Da gibt es nichts als durchschwärmte Nächte, Spielpartien, Soupers bei Kerzenschein, Blumensträuße für Chloris, improvisierte Verse, leichte Liebesabenteuer, leicht geschürzte mythologische Erzählungen und spitzbübische Oarystis. Man sieht nur hübsche Gesichtchen, lächelnde Mündchen, glänzende Augen, pikante Entkleidungsszenen und geöffnete Mieder. Man ist über die herkömmlichen Moralbegriffe erhaben. Hemden gleiten von mutwilligen Beinen herunter und schlanke, nackte Gestalten zeigen ihren rosigen Schimmer an den Fingerspitzen, an den Knospen des Busens und an der Rundung der Knie. Tolle Abenteuer Cytherens! Unter stürmischen Liebkosungen und feurigen Umarmungen schwinden die Stunden. Eros lächelt.

Als Casanova am Ufer von San Giobbe vorbeikommt, erblickt er in einer zweirudrigen Gondel eine herausgeputzte, von einem alten Priester begleitete Bäuerin. Auf der Stelle springt er in die Gondel, beginnt eine Unterhaltung, und als sie in Mestre ankommen, ist er am Ziel. An einem Oktoberabend, als er maskiert durch die Straßen schlendert, entsteigt eine verhüllte Frauengestalt der Postkutsche aus Ferrara. Da sie etwas verwirrt scheint, lüftet er den Hut und redet sie an. Ohne großen Widerstand läßt sie sich in das nächstgelegene Kaffeehaus begleiten; zuerst wird er der Berater und dann der Geliebte dieser hübschen Gräfin aus Bologna, die nach Venedig gekommen ist, um ihren Verführer zu suchen. Einst lernt er auf einer Reise eine wunderschöne Französin in Begleitung eines alten ungarischen Kapitäns kennen. Sie ist entzückend in ihrer Verkleidung als Offizier. Er verbindet sein Schicksal mit dem ihrigen, trennt sie von ihrem Begleiter, heftet sich an ihre Sohlen, hört ihr am Hofe von Parma begeistert zu, wie sie über Philosophie spricht oder Cello spielt, führt sie nach Genf, wo diese Unbekannte, von der er weder Vergangenheit noch Stellung noch Namen kennt, mit tränenvollen Augen auf ewig von ihm Abschied nimmt. »Niemals hat ein reizender Traum so lange gedauert«, sagte sie beim Auseinandergehen zu ihm. In Venedig hat er unter der Statue des Colleoni sein erstes Rendezvous mit einer leichtfertigen und freigeistigen Nonne, einer dreiundzwanzigjährigen blauäugigen Messalina, die einen der erlauchtesten Namen des »Libro d'Oro« trägt; sie kommt allein, keck in der Verkleidung eines Kavaliers, in einem mit Gold gestickten rosa Samtrock, schwarzen seidenen Kniehosen, mit Diamantringen und diamantenbesetzten Schnallenschuhen, eine englische Pistole in der Tasche. Casanova führte sie in ein mit verschwenderischer Pracht ausgestattetes Kasino ein, wo sie bald darauf nur mehr ein indisches Spitzentuch um ihre schönen Schultern trägt.

Es gibt keine verbotene oder erlaubte Frucht, in die der junge Wolf nicht seine Zähne gräbt, keine unerlaubte und raffinierte Lust, die er nicht genießt, kein Vergnügen, selbst wissenschaftlicher Natur, dem er sich nicht hingibt. *Aude sapere*, dieses horazische Wort hat er sich zum Leitspruch erwählt. Er hat den Mut, alles zu tun und alles zu ergründen. Er gehört dem Venedig in seiner Auflösung an, das sein rosiges Fleisch im Azur spiegelt und in Vergnügungen wie im Meere untertaucht. Er nimmt Teil an jener kosmopolitischen und eleganten Gesellschaftsschicht, die aus dem Ort des Vergnügens eine Modestätte macht, die zur gleichen Zeit als Spielzimmer und Ballsaal dient. Ohne auf das verursachte Ärgernis zu achten, geht er erhobenen Hauptes seinen Weg. Er stellt sich bloß und bringt sich ins Gerede, aber er fürchtet nichts[18]. Im Café Rinaldo trionfante verliest er die Schmähschriften, die er verfaßt, die Namen der Frauen, die er verführt hat. Und dies alles mit so lauter Stimme, mit einer solchen Schamlosigkeit und überlegenen Verachtung der elementarsten Gesellschaftsbegriffe, daß er am Ende der neun oder zehn Jahre dieses ausschweifenden Lebens sogar der duldsamsten Republik dieser Welt verdächtig geworden ist. Eines schönen Tages verhaftet Messer Grande, trotz der hohen Protektion seiner drei alten Freunde, »diesen höchst intriganten Menschen, der gewohnt ist, auf anderer Kosten zu leben, den Freund der Ausschweifung und großen Kartenspieler«.[19]

In die Bleikammern geworfen und durch einen Richtspruch des höchsten Tribunals dazu verurteilt, hier drei Jahre zu schmachten, entweicht er nach fünfzehn Monaten; es ist dies die berühmte Flucht, die zum eisernen Bestande des Anekdotenschatzes des 18. Jahrhunderts gehört und zu deren Erzählung er zwei Stunden braucht[20]. Aus Venedig entflohen, sieht man ihn nunmehr rastlos auf allen europäischen Straßen; quer durch das Frankreich der Frau von Pompadour, durch das Spanien Arandas, das Portugal des Grafen Pombal, das England der George, das Rußland Katharinas, das Preußen Friedrichs II., das Polen Stanislaus'. Er lernt alle Kulissen und alle Alkoven kennen, alle Hintergründe und alle Niederungen, alle Kanzleien und offenen Stellen, alle Prunkpaläste und alle Höhlen. Er geht gleichmütig von einem königlichen Palast in eine Spelunke, von einem glänzenden Fest in ein dunkles Gefängnis, aus einem goldstrotzenden Saal in den Schlupfwinkel eines Waldes oder in den Schmutz einer Rumpelkammer. Er kennt die tausendein Personen der Gesellschaft seiner Zeit, Prinzen, Kardinäle, Dirnen, Schauspielerinnen, Ballerinen, Offiziere, Enzyklopädisten, Kabbalisten, Rosenkreuzer, Kastraten, Mitglieder des Arkaden-Ordens, Philosophen, Mimen, Gesandte, Jesuiten. Seine Memoiren sind die reichhaltigste Galerie der zeitgenössischen Porträts, das vollständigste Museum der Unterhaltungen und Laster dieser Epoche, gleichsam die intimste Enthüllung ihrer Dessous[21]. Benedikt XIV., den er Tränen lachen gemacht hat, ernennt ihn zum Ritter vom goldnen Sporn und zum apostolischen Protonotar *extra urbem.* Friedrich II. bietet ihm die Stelle eines Lehrers in seinem Kadettenkorps in Pommern an. Katharina II. unterhält sich mit ihm über die Reform des Gregorianischen Kalenders. Stanislaus horcht ihn über die Satiren des Horaz aus. In Stuttgart vergiftet man ihn, in Warschau erweist ihm der General Graf Branicki die Ehre, sich mit ihm zu duellieren. In Barcelona improvisiert er im Gefängnis mit Bleistift eine Widerlegung der Geschichte Venedigs des Franzosen Amelot de la Houssaye. Aus mutwilligen Streichen, Escapaden, Intrigen, Stockschlägen, Duellen, Gefängnis, Spiel, Lektüre, besonders aber aus Liebesabenteuern – daraus besteht sein Leben. Und sein Reisewagen ist in ewiger Bewegung. Man weiß nicht, woher er kommt, wohin er geht, was er ist, was er macht, wovon er lebt und wie sein richtiger Name lautet. Er legt sich den Namen Casanova de Seingalt bei, und als ihn einmal ein römischer Prälat fragt, ob er der Bruder des berühmten Schlachtenmalers Francesco Casanova sei, erwidert er ärgerlich, der Maler Casanova sei sein Bruder. Und als sich der Bürgermeister von Straßburg bei ihm erkundigt, mit welchem Rechte er den Titel de Seingalt trage, antwortet er »mit dem Rechte des Alphabets«. Als ihm Kaiser Josef II. erklärt, daß er gegen diejenigen, die sich den Adel durch Kauf erwürben, Verachtung hege, sagte der Unverschämte: »Und gegen die, die ihn verkaufen, Sire?« Er besitzt eine große Geschmeidigkeit, Leichtigkeit und Anmut. Vor allem ist er Feinschmecker. Er verblüfft mit Vorliebe[22], liebt den Skandal und setzt sich über die Gefahr und die ihm erwachsenden Schwierigkeiten frohen Mutes hinweg. Sobald eine Sache unmöglich erscheint, unternimmt er sie[23] und überläßt sich nie der Verzweiflung. Er trifft seine Entscheidungen und Handlungen, »wie ein Mensch, der gebetet hat«. »Wenn ein Mensch gebetet hat«, erklärt er, »so zeigt er Gottvertrauen und handelt.«[24] Er ist übrigens ein bißchen prahlerisch veranlagt, spricht in hochtrabenden Worten, lacht laut, ereifert sich wegen Geringfügigkeiten, beruhigt sich sogleich und fährt fort, als ob nichts geschehen wäre. Er rühmt sich seiner Verbindungen, Uhren, Juwelen, Spitzen, Waffen und Diamanten. Er gehört zu denen, die das Geld mit nachlässiger Gebärde zum Fenster hinauszuwerfen verstehen. Den Degen an der Seite, seinen diamantenbesetzten Orden am Bande um den Hals tragend, in rosa oder aschgrauen Samt gekleidet, stellt er sich keck hin. Er hat eine geistsprühende Stirn. Er steigt immer in der vornehmsten Herberge ab, hält sich eine Equipage, führt ein glänzendes Haus und hat eine zahlreiche Dienerschaft. Sein Diener Le Duc reitet ihm auf seinen Reisen als Kurier voraus. Er setzt tausend Dukaten auf eine Karte, konstruiert eine kabbalistische Pyramide, macht einen Spaß, zettelt eine Intrige an, befriedigt seine Laune und geht. Er ist wie vom Teufel besessen, braucht immer Abwechslung, und da er nie das Bedürfnis empfunden hat, sich fest niederzulassen, außer in Zürich, wo er an einem melancholischen Abend daran dachte, ins Kloster einzutreten, – geht er immer wieder auf und davon. Manchmal bricht er indes schneller auf, als er es gewünscht hätte, so wenn ihn irgendein Polizeioffizier oder ein Ritter des Saint-Louis-Ordens beiseite genommen und ihm etwas ins Ohr geflüstert hat.

In Florenz verprügelt er einen jüdischen Impresario, der einer von ihm beschützten Sängerin gegenüber kontraktbrüchig geworden ist. In Köln kitzelt er den Journalisten Jacquet, der ihn als Abenteurer in seiner Zeitung verrissen hatte, mit seinem Stock. In Wien schießt er mit einer Pistolenkugel einem eigensinnigen Arzt, der ihn wider seinen Willen zur Ader lassen wollte, eine Haarlocke weg. In der Bibliothek von Wolfenbüttel hat er angenehme Wochen damit verbracht, aus der Ilias und der Odyssee eine Reihe von Dokumenten zu sammeln, die kein Scholastiker, nicht einmal der große Pope vor ihm geprüft hatte. In Madrid ruft ihn eine unbekannte Dame von ihrem Balkon aus an und führt ihn zu einem großen Himmelbett, zeigt ihm ihren nackten Geliebten, den sie eben erdolcht hat, und bittet Casanova, seinen Leichnam in den Fluß zu werfen. In Solothurn spielt er die »Ecossaise« in den Räumen der französischen Gesandtschaft. In Neapel hört er noch gerade rechtzeitig, nur zu zeitig für sein Vergnügen, daß die reizende junge Frau, die sich seinen Umarmungen hingeben wollte, seine Tochter sei. Choiseul empfiehlt ihn an D'Affry[25]. Louis de Muralt verdankt ihm den Titel eines Arkadiers[26]. Der Abbé de Gama denkt an ihn bei der Entsendung einer geheimen Mission zum Augsburger Kongreß. Im zwanzigsten Band seiner Geographie bestiehlt ihn Anton Friedrich Busching in der unverschämtesten Weise[27]. Metastasio in Wien, Jean-Jacques in Montmorency, der Marquis d'Argens in Aix, Orelli und Pestalozzi in Zürich, Haller in Laroche, Voltaire in Délices haben diesen ewigen Wanderer, der mit dem Staub aller Straßen bedeckt war, gesehen[28]. Crébillon lehrt ihn die französische Sprache; er hat sie so schnell erlernt, daß er, wenn man ihm glauben darf, in Paris verschiedene Ausdrücke in Mode gebracht hat, z. B. *Ah! la grosse boule! Ah! le cher bonhomme! Drôle de tête!*[29] So wie er in Ancona eine als Knabe verkleidete Schauspielerin trifft, die sich für einen Kastraten ausgibt, weiß er die Auszeichnung d'Alemberts zu würdigen, »der bescheidensten Person«, die er jemals gesehen habe; wie er in einer Spelunke mit einem Eseltreiber ein Hühnchen gerupft hat, besucht er Fontenelle, dem gegenüber er behauptete, eigens aus Italien gekommen zu sein, um ihn zu sehen. »Ich muß gestehen, mein Herr«, erwidert der boshafte Neunzigjährige, »daß Ihr Euch dazu lang genug Zeit gelassen habt.« Und wenn er sich in Bern mit seiner seltsamen Haushälterin Dubois, die Locke liebte, in dem fragwürdigen Etablissement La Matte belustigt, speist er dort auch mit vierzehn oder fünfzehn Senatoren, »indem er die Wonne auskostet, in einem Kreise so edler Menschen Mensch zu sein«. Wenn er über keine Barmittel mehr verfügt, zahlt er mit Frechheit. Ohne Beruf, versucht er sich in allen: als Spion in Dünkirchen, Unterhändler für königliche Effekten in Amsterdam, Theaterimpresario in Deutschland und Gründer einer Blaudruckfabrik in Paris. Ohne auch nur eine Ahnung von Finanzwissenschaft zu haben, improvisiert er vor Páris-Duverney einen Plan der königlichen Lotterie, der, wie er behauptet, angenommen wird. Er beschäftigt sich mit Mathematik und verfaßt eine Denkschrift über den mathematischen Folgesatz über die Verdoppelung des Hexaeders[30]. Ferner beschäftigt er sich mit Geschichte und läßt auf die Widerlegung des Amelot de la Houssayeschen Werkes drei den polnischen Wirren gewidmete Bände folgen. Er beschäftigt sich mit Dichtkunst und übersetzt die Ilias in italienische Oktaven. Er betätigt sich als Romanschriftsteller und erzählt in seinem *Icosameron* die wunderbaren Abenteuer Eduards und Elisabeths im Lande der Megamikroi. Er beschäftigt sich mit Philosophie und verfaßt eine systematische Widerlegung des Voltaireschen Lehrgebäudes, gibt sich mit Theater, Gelehrsamkeit, Moral, Theologie, Geschichte und Kritik ab, so zwar, daß man ihm eine beträchtliche Summe von Publikationen verdankt[31], ebenso alle möglichen Arten von Dialogen, Essais, Schmäh- und Streitschriften, Plänen und Projekten, unveröffentlichten Gedichten, ja sogar eine Abhandlung über die Schamhaftigkeit[32]. »Ihr seid ein Universalgenie«, sagte Fabrice zu Gil Blas. Wie Gil Blas war auch er ein Universalgenie. Indem er sich erinnert, daß »der am meisten ausgepfiffene Schauspieler der ist, der stecken bleibt«, bleibt er niemals stecken. Er dreht seinen Mantel nach dem Winde, packt die Gelegenheit beim Schopf, ist voll Betriebsamkeit, schleicht und schmeichelt sich überall ein, hält und behauptet sich, glänzt und macht sich aus dem Staube, ist übrigens nie unternehmender, als wenn er sich in einer Sackgasse weiß, und ist nie im Besitze größerer Hilfsmittel, als wenn ihm das Glück den Rücken gekehrt hat.

Im Jahre 1774, nachdem er von der Inquisition begnadigt worden war, läßt er sich in Venedig als Spion nieder[33]. Aber neun Jahre später – er hatte in einem Schlüsselroman »*Ne' Amori ne' Donne*« den Edelmann Grimani, der es gewagt hatte, seinen Zorn herauszufordern, angegriffen – sieht er sich wiederum gezwungen, ins Exil zu gehen. Er durchläuft aufs neue die ganze Welt, versucht aufs neue sein Schicksal und fängt zum zwanzigstenmal sein Leben frisch an, bis er endlich in Teplitz den Grafen Waldstein, der ein Anhänger der Magie war, trifft und von ihm in sein Schloß nach Böhmen geführt wird, wo er nach vielen Wechselfällen, Flucht, Streitereien und Prozessen, Streichen, Escapaden, Zänkereien, literarischer Betätigung und Aufregungen am 4. Juni 1798 als Bibliothekar stirbt[34].

Er war groß, gelenkig, mager, sonngebräunt wie ein Bergamaske, mit einer Adlernase und Feueraugen. Und die junge Gemahlin Da Pontes, die ihn auf ihrer Hochzeitsreise kennengelernt hatte, konnte die Beredsamkeit, Lebhaftigkeit und das sonstige Gehaben dieses wunderbaren Greises nicht genug bewundern[35].

*

Im Verlaufe des 18. Jahrhunderts, das doch so reich ist an III
Finanzgenies, Politikern und Freibeutern der Liebe, welche die öffentliche Meinung durch die Beweglichkeit ihres Geistes in Erstaunen setzen, die Aufmerksamkeit durch den

Glanz ihrer Talente fesseln und denen es gelingt, die ersten Rollen auf dem Welttheater zu spielen, sind solche bewegte Existenzen nicht selten. Um nicht von den Italienern Alberoni, Marsigli oder Gorani zu sprechen, sind Law und Bonneval, Grammont und Beaumarchais einige Beispiele hiefür. Was dem Venezianer einen besonderen Charakter verleiht, sind die Triebfedern seines Handelns.

Er hat nichts von einem gewöhnlichen Abenteurer an sich. Mein Gott! Ein gewöhnlicher Abenteurer hat meistens einen Hintergedanken, er verfolgt ein bestimmtes Ziel, dem er planmäßig zustrebt; er schleicht sich überall ein und setzt sich mit allen Mitteln durch; der Drang nach Reichtum oder nach Befriedigung seines Ehrgeizes bildet den Gipfelpunkt seiner Interessen; durch alle möglichen Mittel, besonders aber durch schlechte, muß er ans Ziel gelangen. Bei Casanova ist dies nicht der Fall. Er unterhält sich bloß. Frei von jeglicher Berechnung, im höchsten Grade unbesonnen, ohne irgendeine Lebensregel – denn er verkörpert den Geist der Unbotmäßigkeit – denkt er nur daran, sich zu unterhalten. Er denkt nicht nach, sieht nicht voraus, heuchelt nicht, ist unbeständig, handelt aus dem Gefühl heraus, schnell wie eine Sprungfeder, rasch wie der Blitz, gibt seiner Laune, seinem Hochmut oder seinem Zorn nach[36], jagt hinter dem Augenblick her und pflückt die Freude der Gegenwart. Für diesen interessanten Wirrkopf war die Befriedigung seiner Leidenschaft, seiner Zerstreuung und Unterhaltung alles.

Ja! Es ist sonnenklar. Ohne andere sichere Hilfsmittel als die Intrige und das Spiel lebt er von Betrügereien und diese verdienen den Galgen. Sie erinnern an gute Possen, die man den Leuten spielt. Sie stammen vom Theater und von den biedern Schwänken her, die die Griechen *kerdaleophron* nannten. Scapin hat niemals lustigere Streiche erdacht, um Géronte Dukaten zu erpressen. Das hat man in Venedig gesehen, als er mit den drei Kabbalisten befreundet wurde und ihnen die seltsame Geschichte aus den Bergen von Carpegna erzählte. Oder als er in Padua einem Kirchenfürsten, der unter den Kuriositäten seines Antikenkabinettes das echte Messer besitzt, dessen sich Simon Petrus bediente, um dem Malchus das Ohr abzuschneiden, einredet, daß dieser Besitz ohne die kostbare Scheide, die das Messer umschloß und die Gott selbst angedeutet habe mit den Worten »*Mitte gladium tuum in vaginam*« wertlos sei. Und er verfertigt auch gleich aus einem alten im Hofe seiner Herberge aufgeklaubten Stiefel die heilige Reliquie, die er mit einem offiziellen Dokument versieht, das er in der städtischen Bücherei mit Hilfe von Wörterbüchern zusammenschmiedet[37]. Man muß ihn nur sehen, wie er der alten Marquise d'Urfé allen Ernstes vormacht, daß er sie durch ein nur den Rosenkreuzern bekanntes Mittel in einen empfindsamen Jüngling, den die jungfräuliche Tochter eines Adepten von ihm empfangen habe, verwandeln werde[38]. Die Komödie findet ihre Fortsetzung in Aachen, in einem geheimnisvollen Garten in der Nähe einer den Strahlen des Mondes ausgesetzten Badewanne, wohin er die edle weißhaarige Witwe führt; er verbrennt Rauchwerk, sagt Gebete her, spricht Beschwörungsformeln, entkleidet sich und lädt seine Begleiterin ein, dasselbe zu tun: alle beide steigen nun splitternackt ins Bad, senden schweigend einen Brief an den Mond ab und erwarten geduldig die Antwort. Sie erhalten sie bald in Gestalt von silbernen Zeichen auf dem geheiligten Wasser[39]. Übrigens unterhält sich Casanova in erster Linie bei allen diesen drolligen und überdies außerordentlich rentablen Einfällen – denn sie setzen sich in klingende Münze um. Er läßt seiner komischen Laune freien Lauf. Er opfert dem Gott des Lachens. Er vergißt dabei den Zweck, den er verfolgt, und mit ihm vergißt man ihn gleichfalls angesichts der spaßigen Mittel, die er anwendet.

Gewiß, er ist ein Mann, wie ihn die Frauen brauchen, der von den Frauen lebt und durch Frauen lanciert wird, während die Männer gewöhnlich als Genossen der Freude in seinem Leben figurieren. Übrigens liebt er die Frauen leidenschaftlich. Die Frau ist ihm nicht Mittel, sondern Endzweck. Bevor er noch daran denkt, ihre Gunst zu erringen, verehrt er sie. Er ist imstande, sich für ihre schönen

Augen aufzuopfern. Charakteristisch für ihn ist, daß er um der Liebe willen die ärgsten Tollheiten begeht, sein Glück aufs Spiel setzt, seine Zukunft zerstört, die begehrenswertesten und mühseligst errungenen Stellungen preisgibt. Die Liebe steht im Vordergrund seiner Geschäfte, ist die beste seiner Vergnügungen. Keiner hat ihr besser gedient, keiner war verliebter und jugendlicher in seiner Leidenschaft als dieser Enkel Aretinos mit der feurigen Einbildungskraft eines zärtlichen Knaben. So sind denn auch die meisten seiner Abenteuer galante Abenteuer. Bäuerinnen, Patrizierinnen, Betschwestern und Dirnen, Hausmeisterstöchter und Töchter hochadeliger Abkunft – es kümmert ihn wenig, woher diese köstlichen Geschöpfe stammen; die Hauptsache ist, daß er sie liebt, – denn er ist imstande, selbst königliche Bissen zu verschmähen – und das Wesentliche ist, daß er Gegenliebe erringt; denn Gewaltanwendung widerstrebt seinem System. Er geht von einer zur anderen, so unbedenklich, wie ein Insekt von Blüte zu Blüte gaukelt. »Herr Botschafter«, sagte die Barbarigo zu dem Abbé de Bernis beim Abschied, »seid versichert, daß ich immer für Euch die gleichen Gefühle haben, aber Euch nie treu sein werde!«[40] Im Gegensatz zu der Barbarigo ist er niemals untreu und immer unbeständig. Casanova hat für alle dasselbe elementare, unverhüllte, aller Schleier und aller Scham ledige Gefühl, das aber ebenso aufrichtig wie heftig und ebenso glühend wie natürlich ist. Er liebt die Frauen wegen ihrer hübschen Gesichtchen, ihrer verborgenen Reize, um ihrer lasziven Unschuld willen; er liebt sie auch wegen ihres zärtlichen Geplauders, ihres anziehenden Geistes[41]; bei ihm nimmt der Geist an den Festen Cytherens teil, und wenn man ihm glauben darf, »verdient die Freude der Liebe ohne die Freude am Wort nicht den Namen der Freude«[42].

Zugegeben: er unterhält sich auf eine unedle Weise. Seine Heldentaten sind etwas anrüchig und seine Memoiren erinnern an Alkovengeschichten. »Meine Lebensgeschichte«, schrieb er, »ist die eines Junggesellen, dessen Hauptbeschäftigung darin bestand, die Freuden seiner

Sinne zu pflegen!« Etwas Wichtigeres hat es für ihn nicht gegeben[43]; einer hannoverischen Dame, die ihn nach seinem Beruf fragte, antwortete er: »Gnädige Frau, ich bin meines Zeichens Genußmensch.«[44] Und doch, obwohl er sich derart verleumdet, ist es nur Prahlerei: er kennt auch andere Vergnügungen. Überhaupt gibt es kein Vergnügen, das er nicht kennengelernt hat. So unterhält er sich über die Unwissenheit Jean-Jacques' (der das Russische für einen aus dem Griechischen entstandenen Dialekt hielt) und belustigt sich an dem albernen Latein auf dem Beinhaus von Murten in der Schweiz. Wenn Messer Grande bei seiner Festnahme den *Kartäuser-Pförtner* neben seinem Bett findet, findet er außerdem auch Petrarca und Ariost. Wenn er sich beim Kartenspiel mit einem gewissen Croce, einem abgefeimten Falschspieler, auf Halbpart verbindet, genießt er die Erinnerung an einige Menschen, die er glücklich gemacht hat[45]. Und wenn er sich in einer Rosenlaube Belustigungen, die des Pinsels eines Albani würdig gewesen wären, überläßt, gerät er anläßlich seines Aufenthalts in Groß-Griechenland bei dem Gedanken an Pythagoras in Entzücken; vor den Ruinen von Sagunt bricht er in Tränen aus; in Vaucluse bedeckt er die Überreste von Lauras Haus mit Tränen und Küssen. Zu Unrecht behauptete Gasparo Gozzi, daß man von ihm nur »Undankbarkeit und Frechheit« erwarten dürfe: er kostet die höhere Freude aus, Almosen zu spenden, die Not des Nächsten zu achten, bezeugt dem Wucherer und dem Lüstling die gebührende Verachtung und verdammt den Ehebruch, der ihn »in seinen christlichen Gefühlen kränkt«. Obwohl er durch allerhand verdächtige Bande mit Schurken, Schelmen und Narren in Verbindung steht und sich verkleidet in ihre Orgien mischt, liebt dieser Bursche die Literatur, verfügt dieser Schelm über ein reiches Wissen und weist dieser Narr den liebenswürdigsten Geist der Welt auf. Er ist imstande, an den Kopf eines Verleumders seinen Teller zu werfen, ist religiös und hat nie ermangelt, zu Gott in der Art Petrarcas zu beten:

Con le ginocchia della menti inchine.

In Ermangelung eines Charakters besitzt er Geschmack. Er leistet sich jeden Luxus, sogar den der Anschauungen der guten Gesellschaft und der Urteile der Leute von Stand. Die *Pucelle* von Voltaire, die Erzählungen des Abbé Casti, der Zynismus Jean-Jacques' finden seine Mißbilligung. Er wird seine Memoiren nicht *Confessions* nennen, da Rousseau diesen schönen Titel beschmutzt hat. Voltaire, »bei dessen Lektüre man lachen muß, so wie der Tabak zum Niesen reizt« und der niemals die Religion der Evangelien von der durch die Menschen entstellten zu unterscheiden wußte, fehlt es nach seiner Ansicht an Sittlichkeitsgefühl[46]. In der Literatur, Politik, Volkswirtschaftslehre vertritt er gemäßigte, liberale, ein wenig schüchterne Ansichten; er beklagt die Auswüchse, deren sich die französische Revolution schuldig gemacht hat; in dem Streit der Frau Dacier stellt er sich entschieden auf Seite der Alten; er ist ein Parteigänger des freien Handels und der freien Meinung; will auf lebenswichtige Artikel keinen Zoll zulassen; zeigt sich über alles und jedes genau informiert; er weiß, was man wissen muß, rühmt, was man rühmen muß, ist imstande, aus dem Stegreif über Jamblichos zu sprechen; und so leistet sich dieser Stammgast von Spielhöllen, dieser Lieferant für den »Hirschpark«, dieser Priester der Venus libitina das besondere Vergnügen, ein »ehrbarer Mensch« zu sein, oder als solcher zu gelten.

Bei ihm ist alles Vergnügen oder Quelle des Vergnügens. Alles scheint ihm belustigend oder belustigt ihn; das Studium und die Ausschweifung, die Gefahr und die Karten. Er unterhält sich bei der Arbeit ebenso wie beim Gebet; ebenso wenn er sich in Dax der Lösung des delischen Problems widmet, wie wenn er in Genf eine angehende Priesterin der Kypris in die Geheimnisse dieser Göttin einweiht; ebenso wenn er in Rom eine ganz kleine, schüchterne Jungfrau in dem bescheidensten Kostüm betrachtet, »die verwirrt ist und errötet wie eine Person, die sich nicht recht traut«, wie wenn er in Grenoble Fräulein Morin das Horoskop stellt und ihr die Liebschaft mit Ludwig XV. voraussagt; ebenso wenn er sich in Délices mit Voltaire über Algarotti, über die *versi martelliani* und über die makaronische Poesie unterhält, wie wenn er in Stuttgart, die Pistolen in den Händen und sein Jagdmesser zwischen den Zähnen, der Überwachung deutscher Söldlinge trotzt; ebenso wenn er der Tintoretta sein Hemd leiht, wie wenn er in den Bleikammern das *Rationarium temporum* von Petau liest; ebenso wenn er in einem Garten von Venedig einer sechzehnjährigen Patrizierin golddurchwirkte Strumpfbänder anlegt, wie wenn er in Rußland, im Park der großen Katharina die Büste einer alten Frau entdeckt, die den Namen Avicennas trägt; ebenso wenn er der jungen Irene betrügerische Kartenkünste beibringt, wie wenn er in der Oper in Paris einen respektlosen Italiener zurechtweist. »Er ist ein Mensch«, berichtete der Spion Manuzzi den Staatsinquisitoren, »dessen einzige und wichtigste Angelegenheit darin besteht, sich um jeden Preis zu unterhalten.«

Und was das Allerseltsamste und fast Unbegreiflichste ist: er hat damit Erfolg gehabt. Er hat sich ohne Wanken unterhalten und keine Minute gelangweilt. Er ist nicht nur ohne jegliche Gewissensbisse, sondern auch ohne Ekel, ist nicht nur frei von Müdigkeit, sondern auch von bösen Ahnungen. Er verabscheut nicht nur nicht sein Treiben, sondern lächelt sich selbst zu. »Ich liebe mich«, erklärte er[47]. Er ist unersättlich, niemals blasiert und nützt die Zeit, die ihm nichts anhaben kann. Er vergißt zu altern[48]. Die Welt, die er mit solchen Lebensansichten bevölkert hat, scheint ihm nicht leer; unser Planet erschien ihm nicht wie Voltaire als eine »Latrine des Universums«. Er kränkt sich nicht sehr, »niemals gefunden zu haben, daß seine Geliebte übel riecht«. So wird er ohne Zweifel und ohne Zögern das Ende seiner Laufbahn erreichen. Kein Mensch hat weniger mit der Seele und mehr mit allen Poren genossen. Keiner hat seinen wilden Trieben mehr und seinem moralischen Empfinden weniger nachgegeben. Niemand hat in seine Sinnlichkeit

Luca Carlevarijs:
Die Piazza San Marco von Westen gesehen, ca. 1725

mehr Anmut, Geist und Geschmack gelegt[49]. Niemand hat es darin zu einer größeren Meisterschaft gebracht als er. Niemand hat sich hingebungsvoller dem Leben geschenkt, hat irdischer und intensiver gelebt als dieser reuelose Genießer, der nur einen einzigen Tag seines Lebens als verloren erachtete, denjenigen, da er nach einer durchschwärmten Nacht dreißig Stunden durchschlief[50]. Und niemand hat weniger gelitten, sich ärger gegen den Schmerz gesträubt, ist der unerbittlichen Pein des Geschickes besser entschlüpft als dieser hartnäckige Genußmensch, der nicht einmal imstande war, sich »die Möglichkeit des Unglücks« auch nur vorzustellen, und der nur ein einziges Ungemach einbekannte, die Hämorrhoiden, die er sich in den Bleikammern zugezogen hatte[51].

Im Quattrocento wäre er irgendein Tyrann geworden, später ein Kirchenfürst, noch später ein Glücksritter. Da er in Venedig, der Stadt der Freude, geboren ist und im 18. Jahrhundert, dem Jahrhundert der Freude, lebt, wird er zum Ritter der Freude. Denn ihr dankt er seinen Aufstieg und seine Erfolge[52]. In seiner Nähe vergißt man alles Trübe in seiner Vergangenheit, alles Verdächtige in seinem Tun, um nur auf seinen Geist, seine Anekdoten, seine Heiterkeit, sein helles Lachen und den Hauch von Fröhlichkeit, den er ausströmt, und auf das glückliche Beispiel, das er gibt, zu achten. Er ist unterhaltend, so wie er sich selbst unterhält: In seinem Reisewagen ist es unmöglich, sich auch nur einen Augenblick zu langweilen. So öffnen sich ihm auch alle Türen und dieser Parasit des Lebens ohne Rang, ohne Titel, ohne Beruf und ohne Geld[53] erreicht die ersten Plätze. Er ist der Freund des Prinzen von Ligne, der ihn »als seltenen, achtungswerten und warmer Freundschaft würdigen Mann« schätzt[54]. Er ist ein Freund des Grafen von Lamberg, der ihn »einen Mann von tiefem Wissen« nennt[55], und des Grafen von Waldstein, der ihn in seinem Schloß beherbergt. Er korrespondiert dauernd mit den höchsten zeitgenössischen Persönlichkeiten Europas[56]. Er selbst ist eine Persönlichkeit seiner Zeit. Und dieses unerhörte Glück ist nicht nur ein

Zeichen des Zeitalters, es ist ein Triumph Venedigs, der frivolen, komischen, glücklichen Stadt, die glaubte, daß die Fröhlichkeit alle Türen sprenge, die die Liebe als Spiel und das ganze Leben als Fest auffaßte. Es gab sich nicht damit zufrieden, das alte Regime, das in seinem Feuerwerk vollends erstarb, anzulocken. Es brachte einen Casanova hervor.

Zwölftes Kapitel

Die Bürger

I

Venedig, die See- und Handelsstadt. – Der Rialto und die Bürger.

II

Das zurückgezogene Leben der Bürger. – Es spielt sich nicht auf der Piazza ab. – Von Festlichkeiten wissen sie nichts. – Ihre Wohnungen, Sorgen und Geschmacksrichtungen. – Ihre Vergnügungen und Geschäfte. – Die Rusteghi von Goldoni.

III

Einst spielten die Bürger keine Rolle. – Ihre jetzige Bedeutung. – Von nun an rekrutieren sich die Talente aus dem Bürgerstand. – Und ihre Werke atmen den Geist dieses Standes. – Pietro Longhi. – Goldoni. – Die Ehrenrettung des Pantalone. – Der »dritte« venezianische Stand.

IV

Die Bürger werden vom öffentlichen Leben ferngehalten. – Sie befassen sich weder mit Politik noch mit Religion. – Sie sind weder Freigeister noch Jakobiner. – Ihr beschränkter Konservatismus. – Ihre sittliche Überzeugung. – Das Venedig der Vergangenheit lebt in ihnen fort.

V

Wie ihre alten Vorzüge in der neuen Ära verschwinden.

Und doch gibt es in Venedig nicht nur die wundervolle Piazza, von der sich bereits Petrarca fragt, »ob es auf der Erde noch etwas Ähnliches gebe«. Es gibt nicht nur prächtige Fassaden, die ihre Pracht in den toten Wassern spiegeln. Und es gibt nicht nur Lebemänner, Künstler, Virtuosen, *zentildonne* oder Abenteurer. I

Es gibt den Rialto mit seinen Banken, Lagerhäusern, der Börse, wo die Verkehrsbeamten wohnen, wo zur Zeit der Dämmerung die Glocke der Realtina den Schluß der Arbeit ankündigt, wo sich in einer Atmosphäre von Arbeit, Lärm und Teer eine Menschenmenge drängt und schiebt. Um die *campi* herum, in Höfe eingebettet, entlang der engen, wasserumsäumten und in klösterlicher Ruhe daliegenden Gäßchen stehen unscheinbare Häuser mit niedrigen Dekken, trostlosen, von keinem Lächeln erhellten Zimmern, die keine Arabeske ziert, wo kein Triller ertönt[1]. Und in diesen Häusern wohnen die Bürger.

Der Reisende, der in Schnallenschuhen nach Venedig kommt, weiß nichts von ihnen. Was weiß der überhaupt von Venedig? Er war in den Kaffeehäusern, in den Theatern, im Ridotto. Man hat ihn zu den Aufführungen der Waisenmädchen der Scuole geführt, hat ihn das Arsenal besuchen, die Schatzkammer bewundern, in der Bibliothek die Handschriften und Marmorbilder betrachten lassen. Hier war Morelli der Führer. Er wird einer Regatta, einem Hochamt und einer Prozession beigewohnt haben. Vielleicht hat er bei den Farsetti die berühmte Sammlung von Gipsabgüssen angeschaut und indem er sich allzugerne, wie der Astronom Lalande, auf die Ciceroni verließ, »die um dreißig Soldi im Tag den Fremden die Gelehrsamkeit des Altertums und die Sitten und Gebräuche des Volkes verkaufen«, hat er von seiner Reise ganz bestimmte Eindrücke mitgebracht, mit dem Bewußtsein, alles in sich aufgenommen zu haben[2]; die Bürger aber hat er doch nicht gesehen. Und trotzdem sind auch sie da.

*

II Hermetisch abgesperrte Wohnungen, stickige Zimmer, verschlossene Seelen, bescheidene Sitten und Gewänder in der Farbe welken Laubes; Horndosen, gefüllt mit Paduanischem Tabak; Weisheit, mit Sprichwörtern gewürzt. Im Hintergrunde hebt sich ein Völkchen ab, so einförmig, grau und friedlich. Ja, in dieser rosenroten Stadt mit den leichtfertigen Chören gibt es bescheidene Existenzen, die sich hinter Mauern dem Blick entziehen, gibt es versteckte Heimlichkeiten, die sich im Halbschatten verbergen, gibt es kleine einfache Leute, die den Wert eines Hellers und eines Augenblicks zu schätzen verstehen, und wenn sie irgendwo auf einem Gegenstand ein Stäubchen bemerken, es wegblasen.

Die leben zurückgezogen, fernab von der Piazza, deren Lärm in ihren Augen eine andere Welt darstellt, fast ein fremdes Land, das wie durch einen Wall von ihnen abgeschlossen ist. Nur von Zeit zu Zeit verirrt sich ein Schellengeläute, der Triller einer Quinte, ein fröhliches Lachen bis zu ihrer stillen Klause und erinnert sie daran, daß da draußen eine närrische Welt tobt. Sie wissen nichts oder nur wenig von der *Nina pazza per amore*, die in San Moisè gespielt wird, nichts von dem malvenfarbigen Schleppkleid, das die »französische Puppe« in der Merceria zur Schau stellt, nichts von dem aufgeregten Getue hinter blanken Fensterscheiben, das die Gemüter erhitzt. In ihrem Denken rollt kein langes Band seine Anmut ab, tönen keine Appogiaturen, hält kein schelmischer Amor am Bug einer Gondel sein reizendes Füßchen in der Hand. In ihrer Phantasie lächelt nicht die Helle eines Spitzhutes. Ihre Laune setzt sich nicht in rosafarbigem Gewande auf schwarze Lederkissen mit Seidenstickereien. Die Dämchen, die lachend vor der Bude der *Burattini* stehenbleiben, sind nicht ihre Freundinnen. Indem sie weder Ambrapuder auflegen noch Goldspitzen tragen, atmen sie nicht die Luft dieses Jahrhunderts. In zwanzig Häuser eintreten, bloß um wieder herauszugehen, sich in den Hüften wiegen, sein schönes Bein bewundern, ein Ballettliedchen nachpfeifen, als Neuigkeiten Dinge an-

Canaletto (Giovanni Antonio Canal):
Der Markusplatz von den Arkaden der Westseite gesehen, ca. 1758

hören, die man schon erfahren hat, sprechen, ohne etwas zu sagen zu haben, und sich und andere langweilen – o diese Armen, die keine anderen Sorgen haben[3]! Die Bürgerinnen verkehren mit diesen Leuten nicht. Sie mißtrauen deren Eleganz und deren Schmuck; sie würden sich nicht in dieses Rauschen von Seide und diesen Lichterglanz hineinwagen, wo man Gefahr läuft, auf den Fächern lächerlich gemacht zu werden. Wenn sich ihre Töchter so das Paradies vorstellen, so sind sie eben dumme Gänse. Gesetzt, ein Fremder fragte sie, wer die Bastardella sei und ob es wahr sei, daß die Cellini, die einer skandalösen Liebschaft mit einem Türken bezichtigt worden war, von zwei sachverständigen Frauen »als Jungfrau und in jeder Beziehung unschuldig« befunden wurde[4], so wären sie um die Antwort verlegen, trotz ihres aufrichtigen Wunsches, dem Herrn Reisenden zu Diensten zu sein. Diese Neuigkeiten sind nicht die ihren. Ihre Neuigkeiten sind: die Einfahrt eines Schiffes in den Hafen oder die Erhöhung der Lebensmittelpreise auf den Märkten oder eine Fastenpredigt. Sie sind über alles Wissenswerte ebensogut unterrichtet wie ein Marktbericht oder eine Zeitung und wissen, was zu wissen von Nutzen ist, z. B. die Wechselkurse, den Preis der Getreidearten, der Nahrungsmittel, die zu vermietenden Wohnungen, die in den Straßen verlorenen Gegenstände, die Namen der Kridatare und das außer Kurs gesetzte Geld. Geschäft ist Geschäft, und man könnte nicht sagen, daß die ihrigen schlecht seien. Sie haben zu den jungen Leuten kein Vertrauen[5]. Sie schnupfen eine Prise. Sie zitieren Sprichwörter. Sie necken mit der Spitze ihres dicken Fingers eine Elster in ihrem Käfig. Sie bekunden die Sicherheit jener Leute, die in ihren Büchern wie auch in ihrem Geist gute Ordnung halten. Sie sind auch über die Sonnenfinsternis unterrichtet. Wenn eine solche angekündigt wird, gehen sie mit den anderen auf die Riva und betrachten sie durch geschwärzte Gläser.

Fern von dem Wirbel, um die Pfarrkirchen geschart, befinden sich diese traulichen Winkel! Alle diese Plätzchen getreuer Fürsorge, wo das Schmachtlied eines Seilers, das

Brausen der nahen Orgel und das eintönige Psalmodieren der Domherren im Chor das Leben begleiten.

Man tritt ein. Die Möbel und die Sorgen sind immer die gleichen. Bei jedem Schritt verlieren sich die Gedanken. Eine Katze spinnt auf einem Strohsessel. Ein kleiner erblindeter Spiegel schaut aus einem Nußrahmen hervor. Der Geruch einer Kerze verbreitet sich im Raum. In seiner von Genauigkeit erfüllten *mezà* beendet der vom Rialto heimkehrende Vater eine Addition: 17 + 7 = 24 ... + 5 = 29 ... + 3 = 32 ... + 4 = 36 ... ich schreibe 6 an und zähle 3 weiter. Im Zimmer in der Nähe des Fensters, durch das ein Strahl des Lichtes hereinfällt, säumt die Haustochter bescheiden eine Schürze. Die Mutter schürt mit der Stricknadel ihren *scaldino* oder kratzt sich damit am Kopf. Gekreuzte Brusttücher, aufsteigende Kopfschleier, feine Schatten. *I batte* – man klopft. Es erscheint der Straßenkehrer, der Bäcker, die Magd vom zweiten Stock, eine Tasse in der Hand, um ein wenig Zucker auszuborgen, der oder jener, mit dem man nur ein paar Worte wechselt, der ein wenig Zerstreuung bringt und die Eintönigkeit der gleichen Stunden unterbricht; es kommt eine Nachbarin oder ein alter Freund, der ein gern gesehener Gast und ein verschwiegener Vertrauter ist. Man spricht ungezwungen, begrüßt sich eifrig und kredenzt zwei Finger Malvasier in einem gut ausgespülten Glase. Und im Verlauf des weichklingenden Gespräches entwickelt sich der durch Komplimente, Verbeugungen, Ausrufe mit gerungenen Händen, Seufzer, Sprichwörter und Klagen über die Gegenwart unterbrochene Dialog. Heutzutage weiß man nicht mehr, worauf man bauen soll, heutzutage sind die Dienstboten nur mehr Zierpuppen, die Kinder haben den Respekt, die Frauen den Verstand verloren; die Ursache dieses Wahnwitzes ist der Mißbrauch von Kaffee, Schokolade und anderen Genußmitteln, die nur dazu da sind, um den Magen zu verderben. Die heutigen französischen Küchenchefs haben die venezianische Küche mit allen ihren Saucen, Extrakten und Suppen vergiftet; heutzutage sind die Nahrungsmittelpreise wirklich unerträglich gestiegen;

»heute, den 12. Mai 1743«, verzeichnet Zanetti in seinem Journal, »sind vier Pfund grüne Erbsen um vierunddreißig Lire verkauft worden«[6]. Die Venezianer sind immer wohlerzogen. Wenn sie husten, halten sie artig die Hand vor den Mund. Wenn ihr Nachbar niest, wünschen sie ihm *Felicità*! Der Besuch verabschiedet sich. Wieder erfolgen die nämlichen Komplimente wie beim Kommen ... *Riverisco i loro signori ... Serva umilissima ... Patron mio riverito ... Perdonino se mi sono preso l' ardir di venirli a incomodar.* Und dann, wenn der Besuch fort ist, senkt sich das Schweigen wieder herab und man hört aufs neue das Liedchen des Seilers, das Brausen der Kirchenorgel und das Psalmodieren der Domherren.

Sie lachen verschmitzt, während sie den Ring ihrer Börse auf den Soldo gleiten lassen, den sie soeben dazugeworfen haben. Sie tragen ihr Haar in Zöpfen geflochten und kleine Hüte ohne Borten. Sie verabscheuen die nachschleifenden Bänder, die Poesiealbums und die Zeitvergeudung. Sie halten die Ausgabe von zehntausend venezianischen Pfund zum Ankauf einer mit Diamanten geschmückten Schuhschnalle für reine Narrheit. In den Laden handeln ihre Frauen viel und der Kaufmann erkundigt sich bei ihnen nach ihrer Gesundheit und den Fortschritten ihrer Kinder in der Schule.

Manchmal sind sie bis zur Lächerlichkeit hochmütig, stachelig, grob, ausfällig, rauh, gallicht, übellaunig, barsch, satyrhaft, wie die vier *Rusteghi* Goldonis. Ein Beispiel hierfür ist der alte Maurizio, der seinen Sohn Filipeto noch im heiratsfähigen Alter von einem Diener begleiten läßt, oder Simon, der seiner Frau nicht erlaubt, einen Besuch zu empfangen, nicht einmal den ihres Neffen; oder Lunardo, der sich anmaßt, seine Tochter zu verheiraten, ohne daß sie überhaupt weiß, wem sie zugedacht ist. »Höre: in Gegenwart meiner Frau, deiner Mutter, dieser beiden Edelleute und ihrer Gattinnen tue ich dir kund, daß du verlobt bist.« Man muß diese Wilden nur tadeln hören, wenn die Türen verriegelt sind. »Ihr habt recht, guter Alter«, sagen sie, »heutzutage findet man nicht mehr solche junge Leute wie zu unserer Zeit. Erinnert Ihr Euch noch? Man tat nicht mehr und nicht weniger, als was der Herr Vater wünschte.« Und sie sagen:

»Ich hatte zwei verheiratete Schwestern. Ich glaube, sie nicht zehnmal im Leben gesehen zu haben.«

»Ich sprach fast gar nicht, nicht einmal zu meiner Frau Mutter.«

»Ich weiß bis heute nicht einmal, was ein Schauspiel oder eine Oper ist.«

»Mich hat man eines Abends mit Gewalt in die Oper geführt und dort habe ich fast die ganze Zeit geschlafen.«

»Als ich noch ein kleiner Junge war, sagte mein Vater zu mir: ›Willst du, daß ich dich die Neue Welt anschauen lasse, oder soll ich dir zwei Soldi geben?‹ Mir waren zwei Soldi lieber.«

»Und ich sparte soldiweise meine Neujahrsgeschenke, bis ich hundert Dukaten zu vier Prozent verzinsen konnte, und wenn ich heute noch diese Summe berühre, empfinde ich eine solche Genugtuung, daß ich es gar nicht sagen kann, nicht aus Geiz, nicht wegen der vier Dukaten Zinsen, sondern weil ich mir dabei denke, daß es das Geld ist, das ich mir als kleiner Junge erworben habe.«

»Suche mir jetzt einen, der ebenso handelt! Sie werfen heutzutage das Geld beim Fenster hinaus. Mit vollen Händen!«

»Sprechen wir nicht von dem Geld, das beim Fenster hinausgeworfen wird. Die wollen sich halt um jeden Preis zugrunde richten.«

»Und die Ursache von alledem ist die Freiheit.«

»Ja, mein Herr, heute sind sie noch naß hinter den Ohren und fangen schon an, auf eigene Faust herumzustreifen.«

»Wißt Ihr, wer sie das alles lehrt? Ihre eigenen Mütter.«

»Reden wir nicht weiter davon! Ich habe Dinge gehört – Dinge ...«

»Ja, sie sagen: ›Der arme Kleine! – er soll sich nur zerstreuen, soll er denn an seinen Sorgen zugrunde gehen?‹ Wenn Besuch kommt, rufen sie ihn: ›Komm her, mein Herzchen ... Betrachtet nur diese Farben, Frau Lukrezia! Bekommt Ihr da nicht auch Lust ...? Wenn Ihr wüßtet, wie gescheit er ist. Komm, Schatz, sing dein Liedchen, sag deine hübsche Truffaldinoszene auf. Ohne Übertreibung, er kann alles, tanzen, Kartenspielen und Sonette dichten. Er hat eine gute Freundin, wißt Ihr, und sagt, er will sie heiraten! ... Er ist ein bißchen frech, aber Geduld, er ist doch noch so klein. Nicht wahr? Er wird schon vernünftiger werden! Komm, mein kleiner Liebling, gib geschwind Frau Lukrezia einen Kuß ...‹ Hört mir auf! So eine Schande! Schamlose, geistlose Weiber!«[7]

Sie würden keine Venezianer sein, wenn sie nicht meist heiterer Laune wären. Ihre Herbheit wird durch ein Lächeln gemildert, so daß sich in das verbittertste Gesicht plötzlich tausend kleine Fältchen graben, wie in einen auf einem Wandschrank vergessenen rosigen Apfel. Einer ehrbaren Unterhaltung zeigen sie sich nicht abgeneigt. Sie genießen mit aufrichtiger Freude das Vergnügen, vorausgesetzt, daß es erlaubt ist. Ihre Freuden sind recht bescheiden, darum aber nicht weniger wirklich[8], sei es ein Schwank oder der Duft einer *Polentina*, der in ihrer Nähe aufsteigt. Sie verabscheuen die moderne Küche, aber sie wissen doch ein Stück gut zubereiteten Nierenbraten nach Gebühr zu schätzen. Wenn sie sich auch von den Theatern, den *Casotti*, *Burattini*, der Piazza und dem Listone fernhalten, gönnen sie sich gerne eine Partie *Tondina*, *Meneghella* oder *Mercante in fiera*, wobei sie keine Silbersoldi, sondern nur Kupfer einsetzen. Und wenn sie auch von den *Chiassetti*, *Pachietti*, Kindereien und Schnurren nichts wissen wollen, sind sie dem Besuch eines guten Schauspiels im Fasching, einem Hausball im engsten Familienkreis mit den *Orbi di Piazza*, oder zu Frühlingsanfang einer kleinen Landpartie in Gesellschaft ihrer Frau, wobei sie den Stock und in einem Korb das Essen mitführen, nicht abhold, vorausgesetzt, daß sich diese Feste nicht zu oft wiederholen[9]. Die Igel, die sie eben noch waren, und die »Bosnickel«, wie ihre Gattinnen sie nannten, bleiben nicht dauernd verdrießlich. Sie kennen verschiedene Annehmlichkeiten des Lebens. Sie verstehen es, ihre Taler zu genießen.

»Und dabei sagen die anderen Leute, daß wir es nicht verstehen, unsere Taler zu genießen.«

»Die Armen! Können die in unser Herz sehen? Glauben diese Menschen wirklich, daß es keine andere Welt gibt als die, die sie genießen? O, Gevatter, es ist ein großes Vergnügen, sagen zu können: ›Ich habe mein Auskommen, leide keinen Mangel und im Notfall habe ich außerdem hundert Zechinen zur Verfügung‹.«

»Ja, und dabei auch gut zu essen, fette Kapaune, schöne Poularden und ausgezeichneten Kalbsnierenbraten.«

»Und dies alles gut zubereitet und billig, weil man immer bar bezahlt.«

»Und im eigenen Heim, ohne Spektakel und Murren, ohne daß jemand seine Nase hineinsteckt!«

»Und dann kennt niemand unsere Geschäfte.«

»Wir sind die Herren.«

»Wir stehen nicht unter dem Pantoffel.«

»Und unsere Kinder benehmen sich als Kinder.«

»Auch meine Tochter ist so erzogen worden.«

»Ich erwarte Euch heute beim Nachtmahl. Wir haben vier Stück Kalbsbries. Mehr brauche ich Euch wohl nicht zu sagen.«

»Wir werden sie essen.«

»Wir werden uns gut unterhalten.«

»Wir werden vergnügt sein.«

»Und da sagen diese Leute noch, daß wir Wilde sind.«

»Pah, Affengesichter!«[10]

Sie kennen den Platz am Rialto, wo die Lagerhäuser stehen. Sie verkehren mit Konsuln, Beamten, Angestellten, Schreibern, Lastträgern und Bootseigentümern. Sie leben vom Handel und von den Erträgnissen des Meeres. Sie sind Kaufleute oder Brokatweber. Sie haben noch Schiffe, die auf ihre Rechnung nach Syrien fahren. Das kleine Landgut, das sie besitzen, bedeutet für sie eine Einnahmequelle, nicht einen Luxus.

*

III In früherer Zeit galten sie nichts, nicht einmal soviel wie eine Weichsel. Zählt ein roter Heller?

Angesehen waren nur die Würdenträger in ihrer Scharlachrobe, die Humanisten und Gelehrten, die das geistige und öffentliche Leben in Beschlag nahmen. »Seit jeher«, sagt der Doge Foscarini, »waren es die nämlichen Geschlechter, die in Venedig im Staatsrat die Republik regierten und durch Ausübung der schönen Künste adelten; und die Giustinian und die Barbaro und die Bembo bildeten die herrlichen, an Bürgertugenden und Talenten reichen Dynastien; und Leute von unadeliger Herkunft, wie Tizian und Aretino, lebten wie Edelleute in ihren Palästen; und alle verbanden sich in dem erhabenen Streben, inmitten der Säulenpracht, der purpurnen Vorhänge eine prächtige Seele zu offenbaren; und der den einfachen Bürgerstand repräsentierende Pantalone, der auch die einfachen Kleider der Bürger trug, war der ›*Cagh' in aqua*‹, über den man sich immer wieder lustig machte.«

Jetzt zählen sie.

Sie erscheinen am Horizont. Indem sie sich ihres guten Rechtes als arbeitende, handelnde und erwerbende Menschen bewußt werden, verlangen sie das Wort für die Durchführung ihrer Idee. Sie setzen sich selbst im Leben des Geistes durch, der ihre Prägung annimmt. Aus ihren Kreisen kommen die meisten zeitgenössischen Talente, von dem guten Goldoni an, der Bürgerssohn ist, bis zum Grafen Algarotti, dem Bruder eines Krämers[11], oder bis zu den beiden Gozzi, die ein Abgrund von den erlauchten Fürstenhäusern trennt. Wenn auch einige von ihnen in den Palästen arbeiten oder in den Salons glänzen wie Algarotti, Tiepolo oder die

Rosalba: die Mehrzahl bleibt dem Geist ihres Ursprunges treu. Sie verkündigen laut das gemäßigte, pflichtgetreue Genie ihrer Klasse, voll Philistrosität und Gemütlichkeit, mit Bosheit und Jovialität gewürzt. Sie breiten ihre trauliche und häusliche Seele aus, so daß man bei der Prüfung ihres Werkes, beim Anhören eines Schauspiels von Goldoni, bei der Betrachtung eines Bildes von Longhi, beim Lesen einer Prosaabhandlung des *Osservatore* geradezu erstaunt ist. Ist das vielleicht die wunderbare verzauberte Insel, die das Kunststück zusammengebracht, aus Sekunden Stunden zu machen, und die für die Seele eine neue Art Glück erfunden hatte? Sie, die auf das Ancien régime ihre Illusionen von Anmut und ihre Luftspiegelung von Schönheit ausstrahlte? Wo sind die brokatenen Gewänder, wo die hauchdünnen Gewebe mit dem goldigen Schimmer hingekommen? Wohin die mutwilligen Putten in der Umrahmung der Wandfüllungen? Hier gibt es keine langhalsigen Gitarren mehr, die ihre Serenaden verstreuen, keine die Menuette begleitenden Klaviere aus Rosenholz, keine Barke nach Cythera auf dem mondbeschienenen Kielwasser, keine goldenen Ruder, keine Papierlaternen, dafür aber ruhige Anständigkeit, landläufige Sittlichkeit, einen auffallend entwickelten Gemeinsinn und eine wundervoll ausgeglichene Klugheit mit einem Stich ins Salbungsvolle und Satirische.

Man betrachte nur diese Frauen mit Maske und Spiegel, die Pietro Longhi gern malte. Trotz ihrer anspruchsvollen Erscheinung machen sie mit ihren Apfelkörben, ihren bescheidenen Nipptischchen, ihren Dienerinnen und ihren Kinderchen eher den Eindruck friedlicher Hausfrauen, die sich nur als Damen von Welt aufspielen. Oder die paar großen Herren, die Goldoni auf die Bühne bringt. Ohne Bildung und ohne Manieren, ohne Schönheitsgefühl. Ihre Anmut ist die Anmut eines Pedells. Sie trachten elegant zu erscheinen und befleißigen sich einer schönen Umgangssprache. Wenn Goldoni sie darstellt, so stellt er eine Welt, die er selbst nicht kennt, dar. Er spricht von ihnen wie von Fremden[12].

Pietro Longhi:
Kleines Familienkonzert, 1741

Hier wie anderwärts ist es die Familie, die sich enthüllt, nicht die Welt, – das Zimmer, nicht der Salon. Und hier wie anderwärts, wie in den Zeugnissen jener humanistischen Abbés, Lehrerpoeten und Verfasser von Pasquillen, fehlt das Erhabene[13]. Es genügt, die Gutmütigkeit, die hier herrscht, mit dem flammenden Traum eines Tiepolo zu vergleichen, um dies zu verstehen. Vergeblich legte die alte Aristokratie in ihr Sterben eine solche Eleganz; die ganze Anmut und der ganze Luxus dieser höheren Gesellschaftsschicht und dieses glänzenden Augenblicks, wo der Geist die Sinne verfeinert und wo das Laster sich mit Liebenswürdigkeit schmückt, ist in der Regel dem zeitgenössischen venezianischen Werke, einer bürgerlichen Leistung von bürgerlichem Ausdruck, fremd.

Pantalone ist nicht mehr der Hosensch... des alten Lustspiels. Mit einem Schlage von seiner Wucherer-Gemeinheit befreit, hat er sowohl an Bedeutung wie an Würde zugenommen. Bei Carlo Gozzi wird er zum liebenswürdigen Greise, rührend wie die erste Kindheit; und im Theater Goldonis wird er zur Wahrheit selbst. Statt daß man sich über ihn lustig macht, ist er es, der die anderen am Schnürchen hält; er führt die Handlung, deren Fäden er ganz in der Hand hat; er findet bei jeder Gelegenheit das richtige Wort und spricht die Moral des Stückes aus. Er ist Bürger und Kaufmann, aber weit entfernt, über seinen Stand zu erröten, ist er geradezu stolz auf ihn. Er besitzt die stille Sicherheit dessen, der sich selbst genügt und der seinen Platz an der Sonne verdient. »Der Handel«, erklärt er, »ist der Welt nützlich, dem Leben der Völker notwendig, und wer ihn ehrlich wie ich ausübt, muß sich nicht Plebejer schelten lassen.«[14] Durchdrungen von seiner Rolle, verachtet er die vergoldeten Frechheiten unnützer Mäuler. »Plebejer«, fährt er fort, »ist der, der als Erbe eines Titels und einiger Ländereien sein Leben in Müßiggang verbringt und sich kraft seiner überragenden Stellung dazu berechtigt glaubt, die Welt mit Füßen zu treten.«[15] Und diesem so überzeugten Venezianer flößt sogar der Adel kein Vorurteil ein; er schätzt ihn nur nach Verdienst und er betrachtet ihn nur in Bezug auf seine Leistungen, nicht aber in Bezug auf sein Wappenschild. »Ihr seid Gräfin geworden«, sagt er zu Doralice, »aber der Titel genügt nicht, um sich Achtung zu verschaffen, wenn man nicht auch die Liebe seiner Mitmenschen errungen hat ... Seid bescheiden, geduldig und gut, dann werdet Ihr wahrhaft adelig sein!«[16] Gefällig, ohne sich dabei aber ausnützen zu lassen, statt des Degens mit einer Zunge bewaffnet, die er trefflich zu gebrauchen weiß[17], ein Freund der Frauen, der sich aber niemals durch ihr Getue blenden läßt, ein Freund der Ordnung, des Friedens, guter Mahlzeiten[18]; ohne Verrenkungen wie ohne Nerven, phlegmatisch und lächelnd, voll guten Humors und guten Willens, zum Guten hinstrebend, wenn auch hunderttausend Meilen entfernt von dem Heldenmut eines anderen Zeitalters, steht dieser zufriedene und gesunde Geselle am Gipfel des Goldonischen Theaters, dessen ganze Weisheit er verkörpert und von dem er die Schlußfolgerung zieht[19]. Er stellt in Venedig einen neuen Stand der Dinge und einen neuen Zustand der Seele, den dritten Stand, dar.

*

IV Darüber hinaus mischen sie sich nicht in politische Angelegenheiten. Die Politik ist ein geheiligtes Hoheitsgebiet, das den Fürsten und Rittern von der Stola vorbehalten ist, die auf dem Broglio lustwandeln und im Großen Rat ohne weiteres ein- und ausgehen. Mögen sich diejenigen, denen es zukommt, mit diesen vornehmen Gegenständen beschäftigen. Was kümmert sie das? Es riskieren, eine Meinung zu äußern oder gar eine eigene besitzen? Nicht daran zu denken! Oder es wagen, diesen weisen, hochgebietenden Herren einen Rat zu geben oder gar ihre *correzioni* und *parti* zu kritisieren? Keine Spur! Das allein würde genügen, um sich einen Besuch des Messer Grande auf den Hals zu ziehen:

nun man weiß zu gut, welche Art von Justiz das schreckliche Tribunal ausübt! Einmal in die Bleikammern geworfen, – gute Nacht – da weiß man nicht mehr, wann man wieder herauskommt. Nicht als ob sie über die laufenden Ereignisse nicht unterrichtet wären. Sie lesen die »Postillone« und die »Kuriere«. Gevatter Agapito erfährt daraus, daß man soeben die Hochzeit des Königs der Mongolei mit der chinesischen Erbprinzessin gefeiert hat: »Teufel noch einmal!« ruft er aus, »die haben sich aber mit dieser Heirat beeilt; ich wette, daß ich der erste Mensch in Italien bin, der es weiß!«[20] Oder er findet in seiner Zeitung, daß China eine Gesandtschaft an den tartarischen Groß-Khan geschickt hat, daß aber voraussichtlich die Tartaren diese Gesandtschaft nicht empfangen werden. »Wie?« ereifert er sich, »sie werden sie nicht empfangen? Warum? Aus welchem Grunde?« Und untereinander diskutieren sie diese Fragen und zeigen sich über diese Dinge so auf dem laufenden, wie es sich eben für Männer ziemt, im Gegensatz zu der Albernheit der Frauen. Im übrigen halten sie das Maul. Sie mischen sich nicht in politische Angelegenheiten[21].

Sie mischen sich aber auch nicht in religiöse Angelegenheiten. Sie kümmern sich um nichts, was in Venedig verboten ist. Die Religion ist ein erhabenes Mysterium, das erklären zu wollen unserem schwachen Menschenverstande nicht zukommt. So sieht man sie denn auch beim Ave Maria das Haupt entblößen, an Prozessionen mit einer dicken Kerze in der Hand teilnehmen und am Sonntag sich zur Vesper z. B. in die Kirche S. Angelo begeben, wo der Katechismus vorgetragen, Responsorien gesungen, das Allerheiligste ausgesetzt und viele fromme Gebete gesprochen werden. Die Freigeisterei behagt ihnen ebensowenig wie das Jakobinertum. Es fällt ihnen auch gar nicht ein, etwas umzustürzen. Was immer gewesen ist, soll immer so bleiben. Man darf daran nichts ändern. Jene Menschen, die alles ändern wollen, sind kleinlich und gefährlich. Das anerkannte Dogma, die bestehende Ordnung, das erhabene und ehrwürdige Gesetz haben keine festeren Stützen als sie.

In Wolle, nicht in Seide gekleidet, tragen sie nur »Zucchero«-Hüte und »Paletta«-Schuhe, haben nie etwas am Schnitt ihrer Kleider, an der Fassung ihres Schmuckes, an ihren Speisestunden und an den Artikeln ihres Credo geändert. So sind sie bis aufs äußerste konservativ. Sie leben nach antiker Art. Mit Carlo Gozzi sind sie Parteigänger des Alten und dessen, was sie den »alten Stil« nennen, der alten verräucherten Gesetze der souveränen Republik, an denen die Gegenwart Verrat übt. Sie sind die treuen Diener der Vergangenheit. Sie bewahren die Überlieferung, wie sie den häuslichen Herd bewahren.

Ihr ganzes Gehaben ist ein fortgesetzter Protest, angefangen von ihrem zurückgezogenen Leben. Während andere sich zerstreuen, sammeln sie sich. Andere verschwenden, sie häufen Schätze an[22]. Während andere sich langweilen, arbeiten sie, Zechine auf Zechine häufend, und haben keine Zeit, sich zu langweilen. Es steht den großen Herren frei, sich die schlimmsten Ausschweifungen zu erlauben, die Nacht zum Tage zu machen, zu unmöglichen Stunden die Mahlzeiten einzunehmen, in ihren Salons Schauspielerinnen zu empfangen oder, wie der Edelmann Andrea Querini, sich gar von seinen Töchtern duzen zu lassen und sie *mio caro ochio e ochieto* zu nennen[23]. Sie nehmen diese Sitten nicht an. Ziemt es sich, für ein Mittagsmahl in drei Zimmern drei Tische vorzubereiten, einen für die Suppe, einen für den Braten und einen für das Dessert? Oder sich die Schnauze mit soviel Pomade einzufetten? Oder sich halbnackt vor einem Manne zu zeigen, der einem das Mieder zuschnürt? Oder – mit Verlaub zu sagen – ein Seidenhemd anzuziehen oder gar ein Paar Pantoffeln, »die teurer als drei Stuten sind«?[24] Ihre Kinder sagen zu ihnen »Ihr« und nennen sie »Herr Vater«. Ihre Töchter gehen mit gesenkten Blicken zur Kirche[25]. Ihre Frauen glätten sich die Haare mit Brunnenwasser und fügen ohne ihre Einwilligung nicht ein Band zu ihrem Kopfputz hinzu. Wenn Gesellschaft zum Speisen erscheint, nehmen sie ihre Schürzen herunter, das ist alles. Wenn sie Silbergeschirr und Schmucksachen besitzen, benützen sie sie niemals; denn sie haben mehr Freude an ihrem Besitz als an ihrer Zurschaustellung. Was bedeuten alle diese Mäntelchen und die *Cartoline* auf der Stirn und dieses Riesending, das die Frauen über den Hüften tragen? Indem sie so tun, als ob sie den Gebrauch nicht verstünden, geben sie ihm Spottnamen, wie Weltkugel, Retorte, Kochkessel, Labyrinth, Barkenfelze, Sonnenschirm für die Füße, Wachtelnetz oder Kinderwagen[26]. Und dann erst diese Schönheitswässerchen, Elixiere, Pasten, Schleppkleider, diese *bombè*, diese *fianchetti* oder falschen Busen, diese geschminkten und falschen Gesichter? *Gran Parigi!* schreien in den Kaufläden die albernen Frauenzimmer, deren Kleider »einen Weizenspeicher« kosten. Sie dulden weder die Worte noch die Sitten noch die Moden »dieses großen Paris«. Sie sind Patrioten bis zu den Kochtöpfen.

Umsonst haben sich so viele Dinge ereignet, daß man sagen möchte: »alles ist heute in Mode«.[27] Es scheint, daß nichts von alledem in den Kreis ihrer Abgeschiedenheit gedrungen ist. Ihre Moral ist noch genau so unverrückt wie drei Jahrhunderte früher. Pantalone mag großartig aufgelegt sein: wenn aber ein Cicisbeo um seine Frau herumstreicht, wird er wütend wie ein alter Anhänger der Kommune und droht, »ihn verschwinden« zu lassen[28]. Pantalone mag das zarte Geschlecht lieben, und man sieht ihn in der Tat, wie er eine Birne schält, inmitten zweier Kätzchen, die mit ihm kokettieren. Wenn sie es aber verdienen, so züchtigt er sie mit derselben Ehrlichkeit und Pünktlichkeit wie ein Zeitgenosse Sacchettis[29]. Und die Bettina der *Buona Moglie* von Goldoni, die das eheliche Ideal dieser ganzen Welt verkörpert, Bettina, die schweigt, wenn ihr Mann sie prügelt, damit die Nachbarn nichts merken, Bettina, die still vor dem Herd weint, verlassen von dem Ungetreuen, Bettina, die den Abwesenden gegen alle verteidigt, die jede Stimme des Hasses aus ihrem Herzen verjagt, die von ihrer Schwelle die Einflüsterungen der Kupplerin verbannt, weder sich noch allen anderen die geringste Klage, den mindesten Zweifel, das mindeste Urteil gestattet, ist die Schwester der unglücklichen Griselda von Boccaccio, eine Sklavin, die gleich ihr an die Launen ihres despotischen und allmächtigen Herrn gefesselt ist.

Ihr kleinen Frauen, die ihr mit Schönheitspflästerchen auf der Wange und Launen im Kopfe lustwandelt, lacht nicht über diese zurückgezogenen Existenzen. Wohl sind sie im Laufe der Ereignisse in den Hintergrund getreten wie ein altes Wrack in einer Ecke des *campiello*: in ihrer Verborgenheit bewahren sie noch einzigartige Tugenden. In den scharf umrissenen, lakonischen, finsteren, strengen und wilden, hart arbeitenden, pflichttreuen und in das Gute verbissenen vier »*Rüpeln*« von Goldoni lebt auch heute noch etwas von der gigantischen Seele des untergegangenen Venedig.

*

V Nur lösen sich derartige Eigenschaften täglich in der weichen Luft, die vom Strand herweht, auf. In seine Gewohnheit verbohrt, arbeitet der alte Pantalone noch in seinem Laden; seine Kinder, die sich schämen würden, ihr Gesicht an diesem Orte zu zeigen, spielen mit den von ihm angehäuften Dukaten auf dem Kanal »Butterbrot«. Sein Sohn tauscht Elle und Waage gegen Kartenspiel und Liebeleien, und seine Tochter, die sich in der Rolle einer Zentildonna versucht, hat sich einen Cicisbeo erwählt. In demselben Maß wie von herabgekommenen verkrachten Adeligen ist das zeitgenössische Venedig voll von Emporkömmlingen oder von Kleinbürgern, die gern hochkommen möchten, die sich mit Maskeraden und kostspieligen Landaufenthalten zugrunde richten[30]. Man muß es doch auch so machen, wie die Nachbarin, die Base oder die Freundin. »Um es den anderen gleichzutun«, keift Pantalone, »kompromittiert man sich ... Wozu sind die Geschmeide, die ein Königreich kosten, totes Kapital darstellen und Junge bekommen könnten? Um es den anderen gleichzutun. Warum kommt man in

Schwierigkeiten? Um es den anderen gleichzutun. Warum macht man Krida? Um es den anderen gleichzutun. Und um es den anderen gleichzutun, schreckt man selbst vor bösen Dingen nicht zurück! ...«[31]

Sie gehören nicht zu den Leuten, die beim ersten Frühlingszeichen ihr Flanellhemd ausziehen. Sie denken mit Sehnsucht an den früheren Himmelfahrtsjahrmarkt und ihre drei schönen Straßen, die voll der schönsten Warenhäuser waren[32]. Indessen, wenn sie vor einer Baracke einen grinsenden Affen bemerken, können sie ein Lächeln nicht unterdrücken.

Nein, von diesen ehrenwerten Leuten wird das Heil des bedrohten Vaterlandes nicht ausgehen. Aber auch vom Volk nicht.

Dreizehntes Kapitel

Das Volk

Die Rolle des Volkes in der zeitgenössischen venezianischen Gesellschaft. – Wie es den Raum ausfüllt. – Seine ausgesuchte Sanftmut und Höflichkeit. – Seine Kunsthandwerke; die Spitzenklöpplerinnen, Glasbläser, Weber. – Seine Dichtung; die Sprichwörter, Gebete und Lieder. – Das Volk allein singt in Venedig. – Die schöne, wohlerhaltene Rasse. – Die gesunde Moral des Volkes. – Seine Muskelkraft. – Seine Spiele, Tänze und Heldentaten. – Die Leidenschaft seines Herzens. – Bettina, seine Tochter und sein Symbol. – Die Gondolieri. – Welch bewunderungswerte soziale Reserve das Volk darstellt. – Es ist niemals zum Bewußtsein seiner Rechte gekommen. – Sein Glück.

Das Volk selbst spielt in der zeitgenössischen venezianischen Geschichte keine andere Rolle, als es in einer alten Komödie spielt. Es ist der Diener, die Soubrette, der Filz, der Lastträger, der Gondoliere: weiter nichts. Und doch ist es unermeßlich.

Es füllt den Hafen, den Molo, die Inseln, das Meer. Es trinkt im *magazeno*, arbeitet in der Werkstätte, tanzt auf dem *campiello* die *furlana*, singt in der Nacht und auf dem Bug der Gondeln, wo es wie auf einem Herrschersitze thront, es steht aufrecht, während alle anderen sitzen, aufrecht beim Werk, während die anderen ausgestreckt auf den Pfühlen liegen.

Es ist unermeßlich. Da gibt es die Seiler und die Kalfaterer, Arsenalarbeiter und Krambudenbesitzer, Schiffsbauer, Kapitäne, Fischhändler und Hafenfuhrleute. Da gibt es Seidenweber und -mangler, Glasbläser und alle die andern. Da sieht man alte Leute vor den Türschwellen, die sich um den Preis bei einer Regatta oder um ein Terno in der Lotterie streiten; Perlfasserinnen, Muschelöffnerinnen, Verkäuferinnen von Rosenknospen, Salat und Kohlsprossen. Da sind die Mädchen im *bocassin*, die Pietro Longhi in einer Szene auftreten läßt: drei Monate freuen sie sich schon auf die nächste *sagra.* Und da ist der Gassenjunge, der nackt auf der Riva herumstolziert. Man wirft einen Soldo ins grüne Wasser, er taucht unter und erscheint wieder, den Soldo zwischen den Zähnen, mit lachenden Augen und an der Stirn klebenden Haaren.

Es ist unendlich und so höflich, sanftmütig, von so artiger Ironie und so zuvorkommender Liebenswürdigkeit. Wenn ein Fremder um den Weg fragt, verläßt es seine Arbeit, bemüht sich, seine heimische Mundart abzulegen, und begleitet ihn sogleich. Wenn man ihm gestattet, am Faschingsdonnerstag an dem prächtigen Diner im Goldsaal teilzunehmen, genügt es, wenn ein Türhüter mit den Schlüsseln rasselt, und es zieht sich ohne Murren zurück. Wenn man auf der in eine Arena umgewandelten Piazza den nordischen Grafen das großartigste Stiergefecht bietet, gibt es keine Wachen, keine Gewehre, die an der Pforte seine leidenschaftliche Neugierde zurückhalten müßten[1]. Das wäre überflüssig. In den Theatern spuckt man von den Logenbrüstungen auf das Volk herunter.

Es ist ein Künstler. Es hat Geschmack für die Schönheit und bringt sie mit seinen groben Händen zum Ausdruck. Unter den Klöppeln seiner Spitzenmacherinnen entstehen diese weißen, schmiegsamen, hauchdünnen, traumhaft durchscheinenden Gebilde, gewebt in Reif oder in Schaum, deren Fäden den feinen Faden gleichen, wie sie die heilige Jungfrau am tauigen Spätsommermorgen von Zweig zu Zweig spinnt. Am Ende der Blasrohre schwankt das flüssige Glas und belebt sich, schwillt an, wie der Busen einer jungen Frau, entfaltet sich wie eine Blumenkrone, verbreitert sich zu einem bunten Kelch, irisierenden Schalen, zarten Erscheinungen, reinen Formen und Nuancen, in denen alles Licht des Himmels und des Wassers sich sammelt. An dem Ladenwebstuhl seiner Webermeister bedeckt sich die feuerfarbige oder schneeige Seide mit Gold- oder Silberblumen, wird zu einem kostbaren Stoff, strahlt einen lebhaften Glanz aus, und die armseligen Mauern der Bude verbleichen ringsum. Das Volk schafft die Goldgewebe. Das Volk erzeugt das schöne Glas. Das Volk macht den berühmten venezianischen Rosettenstich. Es ist kunstsinnig[2].

Es dichtet auch. Von dem Fenster des *campiello* läßt die anmutig lächelnde Putzmacherin Lucietta in einem Körbchen Zorzetto eine Blume herab. »Oh, welch schöne Blume«, ruft der sechzehnjährige Knabe und fügt hinzu, »sie gleicht der, die sie gemacht hat.«[3] Das ist nichts und zugleich alles: eine Anmut im Grunde der Seele, die ebenso lächelt wie am Fenster die Jugend der Lucietta. Wir alle, so elend es uns auch gehen möge, können doch in unser Dasein diesen Strahl von Poesie bringen. Das Volk von Venedig trägt ihn hinein.

Es hat so schöne Sprichwörter: *La filia che va a l' altar co la so innocenza-fin i alberi ghe fa la riverenza*[4]. Es hat so süße Liebesworte: *Cara tata, care raise, vissere mie!* Es hat so herzige Kosenamen. Seine Umgangssprache ist voll von Zärtlichkeiten. Seine Ausdrucksweise ist bilderreich. Und zu dem kleinen Knirps, der schlimm war und dabei lächelt, sagt es, indem es ihn in die Wange zwickt: »*Oramai ve conosso, sior santoccio!*« Wenn es sich an der Schwelle der Kirchentür mit Weihwasser besprengt, sagt es:

Aqua santa che me bagna;
Spirito Santo che me compagna;
Bruta bestia, va via de mi ...

Und wenn es die Hände zum Vaterunser faltet, spricht es:

Pater noster pichenin,
Su l' altar de l' oselin;
L' oselin el giera verto
E San Pietro giera scoverto ...[5].

Gerade aus seinen Reihen gehen so viele Stegreifdichter hervor wie Antonio Bianchi, der Schöpfer von Heldengedichten, der ein einfacher Gondoliere war, oder wie Zuani Sibiliato, den man zu den Condulmer beruft, damit er vor den Herzögen von Lothringen improvisiere. Gleichzeitig war er Eigentümer eines Weinschiffes.

Das Volk weiß ganze Gesänge Tassos auswendig, ebenso eine Reihe der gereimten Wunderlegenden, die es im Familienkreise vorträgt. Es ist das dankbarste Publikum der Geschichtenerzähler. Auf dem Molo, wo die Zaubergeschichte ihre Abenteuer von Duellen, Verwandlungen, Sirenen, Hippogryphen und Drachen entrollt, hört es auf der Erde sitzend, mit ausgespreizten Beinen und die Kinder auf dem Schoß, mit offenem Mund und mit gesenkten Augen zu; und wenn der Märchenerzähler gerade im spannendsten Augenblick seine Geschichte unterbricht und, den Hut in der Hand, herumgeht, findet es in der Tiefe seiner Tasche einige alte Soldi, um sie ihm zuzuwerfen; ja, in seinem düsteren, an Mühen und Entbehrungen reichen Leben hat es

Gaspare Diziani:
Das Fest der Hl. Martha, 1750 – 1755

doch einen Soldo für die nutzlose Schönheit übrig. Und längs irgendeiner verfallenen Mauer spielen seine drei Käse hohen Enkelkinder im Kinderwagen.

La madonna in caregheta,
La madonna in caregon,
La polenta sul balcon ...[6]

Es ist das Volk, das singt.

Ein stiller Hof und eine alte Frau. Die Alte singt. Sie singt eines jener alten Lieder, die in früheren Zeiten bei ihrem Nahen wie ein Liebesgruß emporstiegen. Mit geschlossenen Augen und mit dem Kopfe wackelnd, singt sie leise:

Go visto una colomba el cielo andare
Che la svolava su per un giardino;
In mezo 'l peto la gavea do ale
E in boca la tegniva un zenzamino.
Vustu saver l' amor del zenzamino;
L' oder xe grando, e 'l fior l' è picenino!

Und sie fährt fort:

El mio moroso xe dal Bassanello
Elo xe mato, e mi no go cervelo,
Elo da mato me vol menar via;
E mi, da baroncela, ghe andaria.[7]

Eine Frau begleitet auf dem Tamburin und die Mädchen tanzen. Sie scheinen so hell inmitten des grauen Hofes. Man kann sie mit einer Blume oder einer *pasta da marzapan* oder einem *pometo di riosa* vergleichen. Und sie haben eine Rose ins Haar gesteckt, um aller Welt zu zeigen, daß sie verlobt sind.

Tanzmusik, endlose Serenaden, Bootsgesänge auf erleuchteter Barke, getragene Melodien, Kantilenen in Moll und Liedchen ertönen und verklingen. Wer schuf diesen wohlklingenden Schatz von Rhythmen und Reimen? Was weiß man davon! Bald steigt er aus den Tiefen der Vergangenheit auf wie eine Alge zur Meeresoberfläche, bald trägt er auf seinen glänzenden Flügeln die Launen des Tages empor: aber er gehört dem Volk zu eigen, da ihn das Volk gebraucht. Während der verwöhntere Geschmack seinen Kunstliedern auf dem Spinett oder auf der Orgel Ausdruck verleiht, singt das Volk; das Volk hüllt die Zeit in ein tönendes Gewand, das Volk bewirkt in Venedig, daß Geräusche Töne werden. Es singt während der Arbeit, bei der Ruhe, beim Vergnügen; es singt auf den lauen Steinfliesen, wo es sich müde hingestreckt hat, und es singt in der strahlenden Sternennacht, wo seine Liebe erwacht, und dank ihm ist die Nacht von Gesang erfüllt.

Es ist kraftvoll, unverbraucht und wohl erhalten. Es glaubt noch an die unbezähmbare Gewalt. Es weiß noch mit schönen Gebärden Anker und Netze auszuwerfen. Es lebt Aug' in Auge mit dem Element, das es bekämpft und mit dem es eng verbunden ist. Es atmet einen biederen Salz- und Schweißgeruch aus. Etwas von dem Heldenmute der ursprünglichen Inselbewohner, die ohne Land, ohne Steine und ohne Holz die glänzende Stadt auf dem Schlamm erbauten, lebt noch in seiner Kraft mit ihren starken Äußerungsformen fort.

Die Marangona, welche den Beginn des Arbeitstages, und die Realtina, welche seinen Schluß verkündigt, sind die Glocken, die in seinem Leben eine ausschlaggebende Rolle spielen. Es liebt jene Spiele, wo sich die Arme betätigen. Seine Festlichkeiten sind die edlen sportlichen Leistungen, wie die »*Forze d'Ercole*«, die Stierkämpfe und die Regatten in Wind und Wetter, deren Preis in einer Fahne besteht. Sein Tanz ist kein graziöses Menuett, sondern die grobe ländliche *furlana*. Der Ruf, den es ausstößt, bleibt der alte Ruf der Anhänglichkeit, der die Welt in Schrecken versetzte: »*San Marco.*« Und auf seinen Barken, die auf den Wellen dahinsausen, zeigt das gelbe und rotschwarze Segel, das an dem Mast aufklatscht und sich zu den Wolken erhebt, wie eine alte Standarte den Löwen und das Buch. Andere prahlen mit ihrem Flitterstaat: der Golddraht, der von Venedigs Fischern im Ohr und seinen Töchtern am Halse getragen wird, erscheint als ein Teilchen des Goldkleides, in das es einst gehüllt war. Andere bedecken an den Faschingsnachmittagen die Lagunen mit Koriandoli und ihrem Geplauder. Das Volk aber übersät sie bei Sonnenaufgang mit Gemüsen und Kräutern; mit Früchten und Trauben beladene Barken erscheinen und verschwinden wie ein ländlicher Triumphzug[8]. Und wenn bei anderen, die durch das weichliche Leben gezähmt und geschwächt sind, alle Leidenschaft verstummt ist, flammt die Glut seiner Leidenschaft immer noch hoch. Sie häuft sich auf, sie zürnt, schon bei dem geringsten Anlaß entzündet sie sich und spricht beleidigende Worte. Sie strömt beim Blitzen des Messers oder aufflammender Wut aus[9]: »Wenn ich einen beiße, dann vergifte ich ihn mit der Wut einer Wahnsinnigen«[10], singt eines seiner Volkslieder. Unter dem Scheine stolzer Ruhe und leichten Spottes behauptet sich ungebrochen die edle Rasse. Seine Absichten sind rechtlich, gerade wie der Bugspriet eines Schiffes, und sein Herz ist unbefangen wie eine Liebesdevise auf einem tätowierten Arm.

Seine Tochter und vielleicht auch sein Sinnbild ist jene Bettina mit der Goldhaube, die Goldoni eines Tages auf die Bühne gestellt hat: ein starkes und stolzes Mädchen und ebenso energisch wie eine von Veronese gemalte kraftvolle Venus[11]. Umsonst streicht das elegante Laster um ihre armselige Hütte, sie zermalmt es mit ihrer Verachtung. Sie ist wehrhaft genug, um mit einem Manne zu kämpfen. Sie ist die richtige Frau dazu, um mit einem Schulterstoß einen herausstaffierten, parfümierten und gezierten Stutzer, der mit ihr anbinden will, hinauszuwerfen. Sie kennt das Leben und gesteht es, ohne zu erröten: »Ein Edelmann kommt nicht in das Zimmer eines anständigen Mädchens, um Porree einzukaufen!« Sie liebt ihren Pasqualino ohne Wanken und bewahrt ihm ihre Reinheit. Sie zieht Brot und Knoblauch mit ihm einem Kapaun bei einem anderen vor. »Gut, unter einem Stiegenhaus, aber mit meinem Pasqualino!« Und wenn Pasqualino ihr den Ehering angesteckt hat, läßt sie scheu nicht die Hand in der seinigen, nicht aus Angst vor ihm, sondern vor sich selbst. Sie ist ein Naturwesen, ein wildes Geschöpf, die hochaufgeschossene, prächtige Plebejerin, die in der freien Luft der Straße und des Meeres aufgewachsen ist und mit ihrer Gestalt die sie umgebende gekünstelte und oberflächliche Gesellschaft in Schatten stellt. Sie ist gleichsam das Schoßkind dieser schlauen und treuen, verschwiegenen und eifersüchtigen Gondolieri, welche wohl dienen, aber »ohne sich jemals die Hände dabei zu beschmutzen«[12]. Sie haben in den Kaufladen Kredit und sind durch ihre Witze bekannt. Mit dem verdienten Geld erhalten sie eine Familie. Sie haben ein mit Bildern aus dem Altertum und mit Regattentrophäen geschmücktes Heim und hier wenigstens machen sie darauf Anspruch, Herren zu bleiben. Und sie sagen: »Polenta, allerdings, aber bei mir zu Hause.« Und sie geben zu: »Wir tragen die rote Mütze, aber über einer freien Stirn.« Sie spielen *Morra.* Sie führen eine schnelle Hand und eine kühne Sprache. Sie nennen sich »Gevatter«. Statt zu sagen »Zehnerl«, sagen sie »*una gazetta*«. Es gehen ihrer mehr als hundert zu einer Lustspielaufführung[13]. Sie verabscheuen die Polizei, »die wie die Ärzte dem Übel überall nachspürt«. Und sie lieben leidenschaftlich ihr Vaterland. »Wir lieben es von ganzem Herzen, wir würden seinetwegen unser Blut vergießen und uns mit dem Teufel schlagen, wenn wir hörten, daß man über die Königin der Meere schlecht spricht.«[14]

Man fühlt das Vorhandensein eines wunderbaren Speichers mit einem Vorrat an frischen, jungen Kräften, denen kein Abenteuer etwas anhaben konnte und welche das größte soziale Vermögen darstellen. Hieraus erwüchse ein starker Rückhalt, wenn das Volk bestünde. Aber das Volk besteht nicht, da es nicht zählt. Es ist nie im öffentlichen Leben gestanden[15]. Es ist nie zum Bewußtsein seiner Rechte gekommen. Im Theater kann man aus den Logen auf das Volk spucken, als wenn man auf den Boden spuckte. Es denkt nicht daran, sich darüber zu beklagen. Es denkt überhaupt an nichts. Es ist glücklich.

»Es gibt vielleicht kein Volk«, sagt der Deutsche Maier, »das mit seinem Schicksal zufriedener, seinen Herren ergebener, mehr im Innersten von der Weisheit seiner Regierung durchdrungen, seinem Vaterland anhänglicher wäre.«[16] »Es scheint nur eine einzige Familie zu bilden«, fügten die russischen Großfürsten hinzu, und Goethe nannte den Dogen den »Großpapa« des ganzen Geschlechtes[17].

Vierzehntes Kapitel

Das Ende Venedigs

I

Der Verfall Venedigs seit drei Jahrhunderten. – Seine Altersschwäche. – Sein herannahendes Ende.

II

Alle die Anzeichen seiner Entartung. – Das Elend. – Seine Verschwendungssucht und Unkenntnis des Geldwertes. – Der Friede und die Nachteile seiner zu langen Zucht. – Die Erschütterung des öffentlichen Geistes.

III

Die Verderbtheit. – Ausschweifungen, Schlemmerei und Hurerei. – Die Sitten der zentildonne – der Würdenträger – der fremden Geschäftsträger. – Die Nachsicht mit dem Laster. – Der Pfuhl. – Der Fäulnisprozeß des Organismus. – Die sittliche Begriffsverwirrung. – Das Bewußtsein der Gefahr. – Unmöglichkeit, dem Sturm etwas entgegenzustellen. – Erscheinen Bonapartes.

IV

Der kleine achtundzwanzigjährige Korse. – Sein Ehrgeiz, sein Genie und sein Heer. – Seine Art zu sprechen. – Seine Forderungen. – Die Bestürzung in Venedig bei seiner Ankunft. – Es verteidigt sich durch die Diplomatie. – Napoleons Politik gegenüber Venedig. – Der Präliminarfrieden von Leoben und der Vertrag von Campo Formio. – Seither ist Venedig dem Untergange geweiht. – Das letzte Todesringen. – Gleichzeitig wird es von allen Seiten bestürmt. – Der Zwischenfall Laugier. – Die Kriegserklärung von Palma Nova. – Venedig liefert sich ohne Widerstand dem Eroberer aus. – Die Abdankung vom 12. Mai 1797.

V

Die Franzosen in Venedig. – Das Ende der tausendjährigen Republik. – »Man kann nicht immer lachen.«

Und nun das bittere Ende. Ein rosiger Hauch, ein höchster Zauber, ein Versunkensein in Vergessenheit: Das Ende ist da! Venedig liegt in den letzten Zuckungen, Venedig hat sein Schicksal erfüllt und lebt seine letzte Stunde, Venedig wird sterben. Die große, ungeheure und blendende Erscheinung wird vergehen.

Seit dreihundert Jahren ist Venedig ins Mark getroffen. Seit der Entdeckung Amerikas und des Seeweges nach Ostindien hat es erleben müssen, wie seine Macht schwindet und sein Stern erbleicht. Schon 1468 hat es Negroponte, 1570 Zypern, 1689 Kandia verloren. Das 18. Jahrhundert entreißt ihm seinen letzten Besitz: 1715 das wenige, das ihm in Kreta verblieben ist, 1718 Morea und die besten Häfen an der albanischen und dalmatinischen Küste, einen um den andern. Es hat den schändlichen Frieden von Passarowitz annehmen müssen. Die Einrichtung des Freihafens von Ancona und des Marktes von Sinigaglia war ein wohlgezielter Stoß gegen seinen Handel[1]. In seiner Nähe, ihm gerade gegenüber, erhebt sich Triest in der Adria, und im Mittelmeer blühen und gedeihen gleichsam ihm zum Trotz Genua und Livorno. Der Österreicher und der Bourbone haben es um seinen Einfluß in Italien betrogen; England und Holland haben ihm seine Vorherrschaft zur See geraubt; mit Angelo Emo ist seine Seemacht ins Grab gesunken. Einzig bestrebt, mit Eleganz seine Hand aus dem Spiel der großen Konflikte zu ziehen, beteiligt es sich nicht mehr an den sich rundum abspielenden Krisen, weder am Russisch-Türkischen Krieg noch am Österreichischen Erbfolgekrieg noch an dem schrecklichen Abenteuer der Revolution. Es unterhält mit allen Mächten gute Beziehungen und erklärt sich weder als Freund noch als Feind irgendeiner Macht. Als Sklave dieser Neutralität, die keine Freundschaft erzeugt und auch keinen Haß verträgt, hält es sich abseits. Es lebt als Außenseiter des Lebens. Es hat sich überlebt. Es ist ein altes harmloses Ding geworden, von dem Europa wie von einem herrenlosen Gut spricht, wohin es die erstbesten als Gesandte schickt und das man eben um seiner Schwäche willen bestehen läßt. Früher bedeckte der Löwe von San Marco die Welt mit seinen ausgebreiteten Schwingen; jetzt ist er nur mehr jener abgerichtete Löwe, den man im Karneval des Jahres 1762 in einem *casotto* der Piazza zeigt, ein armes gezähmtes Raubtier mit gebleichtem Fell, das Malteserhündchen necken und das man in die Sprechzimmer schleppt[2]. Das köstliche Licht, das da leuchtet, ist nicht der blendende Glanz der Morgenröte, sondern die letzte Glut des Sonnenunterganges. Und unter dem strahlenden Schein entdeckt man bei näherem Zusehen überall den Verfall.

*

II Ja, Schönheit und Heiterkeit! Der schöne Traum mit den buntfarbigen Täuschungen! Die Gondel, die am Bug ihren kleinen Lichtstern trägt, auf mondbeschienener Fläche betrachten; dem Harfenspiel der Wassertropfen lauschen, die von den funkelnden Rudern fallen. Alles erschlafft und versinkt zu gleicher Zeit. Die Quellen des Lebens ziehen sich von dem großen, erschöpften Herzen zurück. Dem stumpfsten Reisenden offenbart sich der drohende Untergang.

Schon macht sich die Dürftigkeit bemerkbar. Aus den Löchern des goldverzierten Purpurmantels blickt das Elend. Im Vergleich zu den wenigen neu hergerichteten Palästen, zu den wenigen neueingeweihten Kirchen, wie viele rissige Fassaden, geborstene Wände, mit Brettern verschlagene Fenster! Wieviel Ruhm bröckelt da Stück für Stück ab[3]. Im Vergleich zu ganz wenigen Fresken, die bestellt werden, und den wenigen Museen und Galerien, die sich füllen, wie viele ihrer Schätze beraubte königliche Paläste! Antike Überreste, blendend weiße Marmorstücke, kostbare Geräte, herrliche Statuen, Gemälde von Paolo Veronese »mit sechsunddreißig Figuren«, das alles ist zu verkaufen[4]. Öffnet man die zeitgenössischen Blätter, so sind sie voll von Anzeigen von zu verkaufenden Gegenständen, so voll wie ein

Trödlerladen, so daß Gorgi die Republik mit »einer alten H…, die ihre Möbel verkauft«, vergleicht[5]. Wenn auch einige Patrizier noch heute ihre Stellung behaupten, so ist die Menge derjenigen, die ihr Schamgefühl mit ihrer Erniedrigung verloren haben, besonders groß. Sie bilden eine eigene Gruppe, besser gesagt, einen eigenen Stand, die Barnabotti. Neben einigen Beispielen stolz getragener Armut findet man da vor allem klägliche Beispiele von Verworfenheit[6]. Durchlöcherte Mäntel, schwarz gewordene Litzen, arme Schlucker, die keinen Ausweg mehr sehen; Schmarotzer mit krummen Rücken und alle diese unterhöhlten Existenzen, grau in grau, wie Strandgut; sie leben von verzweifelten Auskunftsmitteln oder von Krumen, die von den Tischen der Reichen fallen. Da ist Carati, der mit einem Restchen grünen Seidenfadens seine schwarzen Hosen stopft, Zani, der allabendlich anderswo Bettgeher ist, der »elende und nackte« Soranzo, der den Hanswurst für den Pöbel an den berüchtigten Straßenecken abgibt. In den Wirtshäusern halten sie die Hände hin, betteln an den Haustüren und stehlen auf dem Markt kleine Fische, die sie im Ärmel verstecken. Sie liefern Goldoni einen neuen Theatertypus, den *scaduto*, der ebenso häufig ist und ebenso grotesk wirkt wie der Bürgerliche, der emporkommen will. »Oh!« ruft Bettina aus, »wie viele große Herren tragen heute ein Viertelpfund dunkles Mehl in ihrem Schnupftuch nach Hause!« Wo sind die tausend schwer reichen Edelleute, die der Doge Tommaso Mocenigo in seinem friedlichen Testament von 1434 aufzählte? Wo das Brausen und Schwirren der Werkstätten, darin der Reichtum geschaffen wurde? Wo die Schmiede des Arsenals, in der die Macht geschmiedet wurde? Das Nägeleinschlagen, Pechsieden, Schiffskielausbessern und das Gewimmel eines Volkes um die Schiffe auf den Werften: Dante hatte dies alles erlebt. Er hatte die altehrwürdigen Werkstätten Venedigs rauchen und flammen gesehen wie eine Höhle der Titanen und in seinem Gedächtnis spiegelte sich die Erinnerung wie eine *bolgia* der Hölle[7]. Heute zählen Montesquieu und die anderen Reisenden kaum vier- bis

Canaletto (Giovanni Antonio Canal):
Der Campo di Rialto, 1758–1763

fünfhundert Arbeiter, die sich mehr unterhalten als arbeiten. Die Zinngießer schließen ihre Laden. Die Drechsler verlangen die Herabsetzung der Steuern, von denen sie erdrückt werden. Die Weber können die Zinsen für die Anleihen, die sie aufnehmen müssen, um zu leben, nicht zahlen. Die Steinmetzen sind zu bitterer Armut herabgesunken[8]. Statt der achtundzwanzigtausend Stück Wolle, die im 16. Jahrhundert jährlich erzeugt wurden, produziert Venedig nicht mehr als siebenhundert[9]. Dabei steigt der Luxus im Verhältnis zum anwachsenden Elend. Je mehr die alte Stadt verarmt, desto mehr verschwendet sie, als ob sie den Wert des Geldes zu schätzen verlernt hätte, seit sie aufgehört hat, es zu verdienen. Am Anfang des Jahrhunderts hatten die Festlichkeiten anläßlich der Wahl des Dogen Ruzzini 34 473 venezianische Pfund gekostet; 1789 bei der Wahl des letzten Dogen Manin kosten sie 189 192. Während die Werkstätten leer stehen, sind die hundertsechsunddreißig Geselligkeits*casini* und die Salons der fünftausend Familien, die zur Zeit des Unterganges der Republik allabendlich Empfänge abhalten, überfüllt[10]. Während die Industrie stillsteht, zählt die Schule der Perückenmacher, eine geheiligte nationale Einrichtung, im Jahre 1797 achthundertzweiundfünfzig Teilnehmer[11]. Und von allen den großen Unternehmungen, die der Staat früher betrieb, ist nach Ange Goudar nur der Biribi übriggeblieben[12].

Der lange, nur allzulange Friede hat sein Werk vollbracht. Es ist nicht gut, wenn der Mensch keine andre Gefahr fürchtet als die der vier P... *Pantalone, Prete, P...* und *Pietra bianca*, vor denen ein Lokalsprichwort den Fremden warnte. Bei solchen Grundsätzen wird die reinste Seele verdorben. Früher eilte beim Läuten der Sturmglocke eine ganze Armee zu den Waffen. Wo soll man jetzt Waffen finden? Die man hat, gleichen Musealstücken, Theaterrüstungen, Waffen des Mittelalters, alte Hellebarden und Degen, Flinten und Musketen, mit schlecht gefügten Schlössern, ausrangiertes Eisenzeug, mit denen der deutsche Hauptmann Archenholtz nicht einmal »ein preußisches Regiment« ausrüsten würde[13]. Einst erhielt die stetige Sorge die Tatkraft. Der Waffenlärm klopfte an die Herzen, wie sich die Wellen des Meeres am Damm brachen, der Waffenlärm formte die Seelen für die großen Unternehmungen. Und angesichts des Feindes feuerte die gesamte Artilleriebesatzung der Galeeren auf einmal, und das Grollen dieses Donners klang in den Ohren des begeisterten Volkes wie ein festlicher Salut. Jetzt macht sich ein jeder aus dem Staube, wenn auf der Piazza zufällig ein Gewehrschuß kracht[14]. Wenn dieser Nichtsnutz von Casanova sich den Spaß macht, in die Kurierpost des venezianischen Gesandten in Wien die Ankündigung eines Erdbebens für den 25. Mai 1783 hineinzuschmuggeln, bricht eine Panik aus und die Patrizier flüchten in Scharen in ihre Landhäuser[15]. Ehedem erinnerte das Jubeljahr an eine Waffentat und trug den Namen nach einem Krieg, einer Schlacht oder einem Siege. Jetzt nimmt es den Namen einer Sängerin an und man spricht vom Jahr der Todi, so wie man früher vom Jahr von Lepanto sprach[16].

Die öffentliche Meinung vergißt, diese tapferen und hochgemuten Seelen zu schaffen, in denen das Bewußtsein eines ganzen Volkes lebte, ein Teil eines ganzen Volkes zitterte und in denen außer Gott nur noch San Marco wohnte. Es scheint, daß die Patrizier mit dem Stolz ihrer Toga auch den ihrer Vorrechte und Würde verloren haben; bebänderte Hüte, Scharlachmäntel, weiße Zöpfe oder die weiße Allongeperücke des alten Dogen Pisani – sie kleiden sich wie die anderen und machen es so wie sie. Vor der Pforte der Signoria, wo sie ihre Adelslivree anlegen mußten, erwartet sie schon eine Gondel mit einem Kleiderkoffer, damit sie sich so schnell wie möglich ihres lästigen Prunkes entledigen können. Manchmal warten sie nicht einmal, bis sie auf die Straße kommen, und auf der Schwelle des Sitzungssaales erscheint Graf Pepoli und ist schon in einen Ärmel seines Harlekinkleides geschlüpft. Der ruhmvolle Ehrgeiz, zu dienen, die eifrige, für jeden selbstverständliche Hingabe an das öffentliche Wohl, das unwiderstehliche Bedürfnis, dem gemeinsamen Vaterland die ganze Liebe seines Herzens und die ganze Kraft seines Geistes darzubringen, keinen anderen Stolz zu kennen, als es in die Höhe zu bringen, keinen anderen Lohn zu verlangen, als zugleich mit ihm zu wachsen; in diesen Dingen nie zu zaudern, sogleich zuzustimmen und alles zu opfern, wirklich alles, seine Freuden, seine freie Zeit, ja selbst seinen Schmerz – das sind heutzutage vergessene Gepflogenheiten[17]. Würden sind Bürden, Ehren sind Lasten geworden. Pfui über die lästige Tätigkeit, die den Geist einzwängt und ihn dem süßen Nichtstun entreißt! Man wird diese Fesseln um die Wette abschütteln, dermaßen, daß die hervorragendsten, ehrwürdigsten und allerersten Würden der Republik der größten Geringschätzung begegnen, indem sie zurückgewiesen werden[18]. In Venedig will man weder Bürger noch Ritter noch Senator sein[19]. Nicht einmal mehr Doge. Bei der Nachricht, daß er zum höchsten Würdenträger seines Vaterlandes erwählt worden sei, bricht der letzte Doge von Venedig Lodovico Manin in Tränen aus, fällt in Ohnmacht, kann nichts essen und zeigt ein so klägliches Gehaben, daß man ihn auf sein Zimmer und zu Bett bringen muß. »Mich erfaßte bei dieser Wahl ein derartiges Angstgefühl«, gibt er zu, »daß ich kaum wußte, was ich tat.«[20] Die Ereignisse überstürzen sich. Man müßte eigentlich Vorsorge und Maßregeln für das öffentliche Wohl treffen: es zeigt sich aber, daß der Sitzungssaal des Dogenpalastes verödet ist; die großen Herren sind auf dem Lande bei ihren Mätressen, mit ihren kleinen Albernheiten beschäftigt; es geht um den Todeskampf Venedigs: nichts aber kann an ihrer liebenswürdigen Gleichgültigkeit etwas ändern, und während es sich um das Leben oder Sterben der Stadt handelt, pflücken sie lächelnd inmitten des grünen Rasens frische Blumen.

Früher waren, um eine Entscheidung rechtskräftig zu machen, zwölfhundert Stimmen im Großen Rat nötig; 1785 brauchte man nur mehr achthundert, später sechshundert; am 12. Mai 1797 bei der Sitzung, in der die Auflösung der Republik unterschrieben wird, sind nur mehr fünfhundertsiebenunddreißig Stimmberechtigte da. Der Bürgersinn ist zu einer rostigen Trophäe im Arsenal geworden; der Stolz nichts anderes als die auf dem Boden den Motten überlassene Perücke eines Würdenträgers. Die Spinne spannt ihre Faden des Vergessens über die großen Erinnerungen. Der Adel, auf den diese aristokratische Oligarchie sich so eifersüchtig zeigte, den sie mit so vielen Schutzwällen umgeben und gegen so viele Abenteuer verteidigt hatte, der die Seele des Staates war, der Adel, der wie ein Eschenstamm in den Grund gerammt war und auf dem Gipfel wie eine Perle an der Dogenmütze prangte, – der Adel ist zu verkaufen. »Der Adel wird um hunderttausend Dukaten verkauft«, schreibt Montesquieu. »Das goldene Buch ist ein Kassabuch geworden«, berichtet Ange Goudar! Und was das Traurigste ist: er findet keinen Käufer mehr. Am 19. März 1775 beschließt man, vierzig Familien, die eine Rente von zehntausend Dukaten besitzen, zum Patriziat zuzulassen: es waren keine zehn, die sich darum bewarben.

*

Unter dem glänzenden Schein frißt die bedenklichste Verderbnis. Ein unsichtbares Krebsgeschwür vollendet sein sicheres Werk. Vermengt mit dem Duft der Wohlgerüche steigt schon der üble Geruch eines den Würmern verfallenen Organismus auf. III

Man muß schließlich und endlich die Dinge beim rechten Namen nennen, von Ausschweifungen, Schlemmerei und Hurerei reden. Man muß es heraussagen, daß aus den »*zentildonne* Kurtisanen geworden sind«[21], die sich der schamlosesten Prostitution ergeben, ohne auch nur im entferntesten daran zu denken, sich mit den Schleiern des Geheimnisses zu umhüllen[22]. Es kommt vor, daß Kuppler auf der Piazza jedem, der da kommt, Frau Prokurator so und so oder Frau Cavaliere so und so antragen, so daß es oft einem Ehemann passiert, daß ihm seine eigene Frau angepriesen wird[23]. Nicht nur aus den Theatern, deren Impresarios sie geworden sind, oder aus den Spielhöllen, wo sie als Croupiers fungieren, beziehen die Patrizier ihre Einkünfte, sondern auch aus verrufenen Häusern[24] – und das mit einer solchen Frechheit, daß sich am 15. September 1796 die Republik gezwungen sieht, einzuschreiten, »um diesem Gewerbe einen Riegel vorzuschieben«. Man kann von dem Geist und dem Talent eines Casanova gebannt sein; vom moralischen Standpunkt aus ist er ein unflätiger Mensch. Und doch besteht das Gesetz der Moral. Es ist das heiligste der menschlichen Gesetze. Niemals hat ein Mensch ungestraft seine geheimnisvolle innere Ordnung umgangen oder sie vergewaltigt. Wenn man Venedig unter dem Gesichtspunkt der Sittlichkeit betrachtet, so tut sich einem ein Pfuhl des Lasters auf.

Auf der Oberfläche des altehrwürdigen tausendjährigen Organismus entwickeln sich die Pusteln der Auflösung. Sie ist fast allgemein, nicht nur bei den Großen, was selbstverständlich ist, sondern auch bei denjenigen, die mit gutem Beispiel vorangehen sollten, bei den leitenden Beamten, den Gesandten und berühmten Würdenträgern, bei jenem Dolfin, der als Gesandter der Serenissima am Pariser und Wiener Hofe an den spitzbübischen Vertraulichkeiten seines venezianischen Agenten Ballarini besonderes Gefallen findet[25]; bei jenem Memo, der als Gesandter der Serenissima beim Heiligen Stuhl »schamlos die freiesten Geschichtchen selbst in Gegenwart der ehrwürdigsten Prälaten vorträgt«[26], bei jenem Sebastiano Mocenigo, der, Podestà, Vizehauptmann in Verona, Gesandter der Serenissima in Spanien und Frankreich, wegen *infamie del suo costume* in dem Kastell zu Brescia eingesperrt werden muß[27]. Die herrschende Seuche greift wie ein Aussatz sogar auf die fremden Gesandten über, so daß es scheint, man könne nicht einmal die Luft dieses Himmelsstriches einatmen, ohne sofort Schaden an seiner Seele zu nehmen. Herr von Froullay verführt in ihrem Kloster die Patrizierin Maria da Riva[28]. Herr von Montaigu betätigt sich nur bei Orgien, Kurtisanen, Spiel und dergleichen[29] und man weiß genug von der Art der venezianischen Heldentaten, die Casanova dem Abbé von Bernis zuschreibt. 1791 genießt nach den vertraulichen Mitteilungen, die der Sekretär des neapolitanischen Geschäftsträgers im Kaffeehaus von dem Spion Benincasa erhält, der Nuntius unter dem Deckmantel, der Comtessa Cattaneo den Hof zu machen, die heimlichsten Freuden der Liebe. Der spanische Gesandte und sein unzertrennlicher Campos tragen die Beinamen Don Giovanni und Don Giovannino; der französische Gesandte sieht von Frau Seymour, die bereits dem toskanischen Gesandten ein Kind geschenkt hat, Vaterfreuden entgegen; der russische Gesandte beschäftigt sich ausschließlich mit der Liebe zu seiner Mailänderin. Der Chevalier Micheroux treibt die Ausübung berechtigter ehelicher Freuden bis zur Geilheit; der englische Geschäftsträger ist soeben in Vicenza infolge eines zu starken sexuellen Exzesses mit einer Messalina der Bühne verschieden[30]. Man könnte hier von einem Hof des Aretino sprechen und tatsächlich ist diese Stadt auch ein solcher geworden, wo die Akten des Inquisitors von Verwarnungen und Verurteilungen Adeliger strotzen, »bald wegen jugendlicher Ausschweifungen, bald wegen Vergewaltigungen, unerlaubter Gespräche, anstößigen Verkehres, Verführungen, Ehebrüchen, unsinniger Verschwendung, wegen Verletzung der öffentlichen Moral oder der patrizischen Würde«.[31] Montesquieu hatte diese Freuden ausgekostet. Auch er ist in dem wollüstigen Schlamm untergetaucht. Zum Unterschied von Messalina jedoch erklärte er sich gesättigt, ohne müde zu sein.

Man muß gerecht sein. Ohne Zweifel sind derartige Sitten dem gesamten Europa des 18. Jahrhunderts gemeinsam[32]: weder das Paris der Regentschaft noch das England Hamiltons, weder die Höfe Friedrichs des Großen oder Katharinas, nicht einmal der der sittenstrengen Maria Theresia, weder die idyllische Schweiz noch das kalvinistische Genf sind in dieser Beziehung einwandfrei; Casanovas Memoiren sind dafür ein trauriger Beleg. Eine Besonderheit Venedigs ist die Nachsicht, die das Laster findet, das geringe Aufsehen, das es erregt, die Offenheit und Selbstverständlichkeit, mit der es hervortritt. Menschen und Sachen lächeln ihm zu, als ob die Fähigkeit, sich zu entrüsten und über etwas zu erröten, verlorengegangen wäre.

Ein junger Mann lebt ganz offen von den unlauteren Beziehungen zu einer siebenundsiebzigjährigen Ordensschwester im Kloster von S. Cosmo alla Giudecca[33]. Ein Foscarini, dessen Frau wegen ihres liederlichen Lebenswandels von Gerichts wegen eingesperrt worden ist, erklärt, daß er auf diese Art und Weise aller materiellen Hilfsquellen beraubt sei, und erhält vom Staat eine monatliche Rente von zehn Zechinen[34]. Es befremdet weiter nicht, daß Casanova an seiner Tochter seine Lust zu büßen wünscht: arg aber ist es, daß er es selbst mit der größten Gemütsruhe zugibt. Man wundert sich ebensowenig darüber, wenn ein Patrizier mit seiner Geliebten eine Gondel besteigt, als »wenn man sieht, wie er seine Maske im Vorzimmer der Signoria ablegt«[35]. Wenn diese Dämchen Arm in Arm mit den Edelleuten über die Piazza gehen, so »grüßen sie alle Männer, als ob sie Damen von Rang wären«[36]. Der Prediger, der sich anschickt, die Fastenpredigt zu halten, nimmt seine Mätresse mit, »ein gut angezogenes und sehr hübsches Mädchen«[37]. In einem öffentlichen Schauspiel schäkert ein Priester in der Soutane am Fenster mit einer der bekanntesten Kurtisanen, »die ihm mit dem Fächer derb auf die Nase schlägt«[38]. Im Augenblick der Ankunft des Präsidenten de Brosses »entsteht ein wütender Wettstreit zwischen drei Klöstern der Stadt, wer das Glück haben wird, dem neuen Nuntius eine Geliebte zuzuführen«. Am hellichten Tag kann sich ein Abbé auf der Gasse nach der Adresse eines Freudenmädchens erkundigen. Jeder beeilt sich, ihm zu Diensten zu sein, und die ganze Nachbarschaft führt ihn hin »mit demselben Eifer, als ob es zu dem verdienstvollsten Werke ginge«[39]. Man kann beobachten, daß brave, um das Wohl ihrer Kinder besorgte Eltern den Wünschen ihrer Sprößlinge in dem Augenblick zuvorkommen, da ihr Alter sie äußert. Ja es ist geradezu

Pflicht »einer guten und vorsichtigen Mutter«, ihrem Sohn eine bequeme Freundin zu verschaffen, die sie auf Grund ihrer Erfahrungen erwählt hat[40]. Die armen Leute verkuppeln ihre Töchter, ohne daß dies Anstoß erregt, im jugendlichen Alter. Die Sache wird notariell durch einen regelrechten, rechtskräftigen Vertrag festgelegt, wo alles vorschriftsmäßig abgefaßt ist, Beschaffenheit der Ware, Zeit der Lieferung, die Höhe der ausbedungenen Summe. »Der Preis«, berichtet der Deutsche Maier, »schwankt gewöhnlich zwischen hundert und zweihundert Zechinen.«[41] Schon am Ende des 17. Jahrhunderts, wo nach Saint-Didier »unter zehn, die sich hingeben, neun sind, deren Mütter oder Tanten selbst den Handel abschließen«, waren derartige Verträge landläufig. Das 18. Jahrhundert gibt ihnen noch eine heitere Seite. 1781 bietet die Mutter einer Tänzerin, die für die Jungfrauenschaft ihrer Tochter keine Verwendung findet, dieselbe für eine Zechine pro Karte in der Lotterie aus[42]. Manchmal verbinden sich mehrere, um eine Mätresse gemeinsam zu unterhalten oder sich sie im vorhinein zu sichern. Jean-Jacques Rousseau und sein Freund Carrio, die eine derartige, in Venedig nicht seltene Vereinbarung getroffen haben, »besuchen gemeinsam das ihnen von seiner Mutter verkaufte elf- bis zwölfjährige Mädchen«. »Ich war ganz weg beim Anblick dieses Kindes«, schreibt Rousseau. »Es war blond und sanft wie ein Lämmchen, und man hätte es niemals für eine Italienerin gehalten.«[43] Man spielt sogar um seine Kleider Karten, und es kann einem geschehen, daß man nackt in seine Wohnung zurückkehrt, wie es 1762 dem adligen Abbé Niccolò Grioni passiert[44]. Man setzt unter Umständen sogar seine eigene Frau ein[45]. Und was tut es, wenn man mit obszönen Broschüren unter dem Mantel herumläuft? Bezeichnend aber ist die große Beliebtheit dieser Schriften, so daß Kavaliere, Gelehrte und Damen sich so weit vergessen, sich sie zu verschaffen, und daß derlei Schriften in aller Harmlosigkeit von Leuten edelster Abstammung signiert sind[46]. Giorgo Baffo ist ein friedlicher und wortkarger Senator der Serenissima; er ist ein ehrenwerter und geehrter

Michele Marieschi:
Campo di San Giovanni e Paolo

Mann und errötet wie ein kleines Mädchen bei schamlosen Gesprächen. 1789, bloß zwanzig Jahre nach seinem Tode, erscheint die Gesamtausgabe seiner Verse. Man öffnet diese unter seinem Namen veröffentlichten, mit seinem Wappen und Bildnis geschmückten Oktavbände: niemals hat sich soviel Geist in den Dienst eines derartigen Schmutzes gestellt.

Man fühlt, daß alle Hemmungen beseitigt, alle Bande gelockert, alle moralischen Regungen vernichtet sind. Die Freiheit ist nicht, wie man sie stolz definiert hat, »die Macht zu tun, was man soll«. »In diesem schlechten, von einem Polizeioffizier regierten Orte, wo man alles tun und sagen kann, was einem beliebt, wo man von früh bis spät in Gesellschaft des Lasters lebt«, da ist die Freiheit die Macht zu tun, was einem gefällt, das *quod placet omne licet* des Tasso, die Regellosigkeit, die Ausschweifung, die Liederlichkeit, das Recht, keinem anderen Herrn als seinen Launen oder Trieben zu dienen. »Bei hellichtem Tag die Freudenmädchen zu besuchen, sie zu heiraten, nicht zum Abendmahl gehen zu müssen, vollkommen unbekannt zu bleiben und unabhängig in seinen Handlungen zu sein: das ist die Freiheit in Venedig«, schrieb Montesquieu. Und er fügte hinzu: »Aber man sollte gehemmt werden. Der Mensch ist wie ein Uhrwerk, das desto besser geht, je fester es angezogen wird.«[47] Die Seele ist aufgeschwollen und in vollständiger Auflösung. Die gelöste Moral ist nichts weiter als ein mit Jauche bedeckter Brei. Das alte wurmstichige Gebäude steht nur mehr durch ein Wunder des Gleichgewichtes aufrecht. Die ehrwürdige, hinfällige Republik, von Altersschwäche und durch Greisenhaftigkeit zermürbt, »unterliegt der Zeit wie alles, was ein vergängliches Dasein hat«.[48] »*La xe vecchia, la xe vecchia sta buzzarona!*« rief in Venedig der aus, den man den »Padrone« nannte. Sie ist infolge ihres Alters kindisch geworden. Sie ist so alt wie »jener Knirps von siebzig Jahren«, wie Pantalone dem Tartaglia vorkommt. Sie geht dem Ende zu: ein Nasenstüber – und sie fällt um. Und jeder weiß es.

Denn vielleicht noch trauriger als dieser Mangel an moralischem Bewußtsein wirkt der Umstand, daß der Geist merkwürdig hellsichtig geblieben ist, wirkt die klare Voraussicht des Unterganges. »Dieses Jahrhundert«, ruft der Doge Foscarini aus, »wird unseren Söhnen und Enkeln noch schrecklich werden.« Und Flangini fügt hinzu: »Söhne, o geliebte Söhne, für uns Alte mag ein Rest der Republik übrigbleiben, aber für Euch Kinder ist sie ganz erledigt!« Ja, diese altersschwachen, aber scharfsichtigen Greise zeigen sich ebensowohl des Verderbens bewußt und die Gefahr vorausahnend als unfähig, das drohende Unheil zu bannen. Am 22. Mai 1779 schreibt Giuseppe Gradenigo, der Sekretär der Inquisition, an seinen Bruder in Frankreich: »Bei dem ersten Auftauchen irgendeines Schiffes mit fremden Truppen werden wir unser Land nicht in einer Schlacht, sondern in einem Augenblicke verlieren.«[49] »Wir haben«, ruft Paolo Renier in einer Sitzung des Großen Rates vom 30. April 1780 aus, »weder Land- noch Seetruppen noch Verbündete; wir leben aufs Geratewohl, dank einem gnädigen Schicksal und dank der hohen Meinung, die man von der Klugheit unserer Regierung hat.«[50] »Eure Exzellenzen«, berichtet Erizzo am 30. Oktober 1784, »haben keine geschickten und fähigen Offiziere, und wenn sich jemals die Gelegenheit ergäbe, sie in irgendein fremdes Land zu schicken, so möge man meine Kühnheit nicht übelnehmen, wenn ich offen zu behaupten wage, daß sie sehr in Verlegenheit wären.«[51] »Alles geht schlecht«, fügt ein anderer Senator hinzu, »es gibt keinen Handel, kein Geld, keine Soldaten, keine Offiziere; die wenigen, die man findet, sind im Spital. Womit will der Senat Krieg führen?«[52] Und nach den Berichten des letzten Dogen sind die Dinge derart auf die Spitze getrieben, »daß man weder das Übel noch die angewandten Heilmittel ertragen kann«[53]. Auf welche Weise wird es möglich sein, dieser langen Arbeit innerer Zersetzung Einhalt zu tun? Durch welchen galvanischen Strom diesen Körper wieder zu beleben? Wo ist das Salz, um diese Fäulnis aufzuhalten? In welchem Felsen könnte man den Hebel verankern? ... Im Volk? Das zählt nicht. In den Bürgern? Die haben nichts zu sagen. In den gesundgebliebenen Teilen des alten Patriziertums?

Aber die Besten wissen keinen anderen Rettungsanker als das Beispiel der Vergangenheit[54]. So erweckt man in hochtrabenden Ansprachen, die von der *bigoncia* gehalten werden, die großen Erinnerungen; oder man verbietet die Einfuhr ausländischer Waren oder man ordnet an, daß die Caféhäuser um zwei Uhr nachts zu schließen sind[55]. Und das Bacchanal geht weiter. Der Karneval verdoppelt sich[56], und der Wahnwitz kennt keine Grenzen mehr.

Da kommt Bonaparte.

*

IV Dieser kleine Korse mit den blitzähnlichen, plötzlichen Entschlüssen. Mager, gebieterisch, schweigsam. Lange, flache Haarsträhne über den Ohren. Die Generalsschärpe über den Gehrock gelegt. Achtundzwanzig Jahre alt.

Er kennt nichts von den anmutigen Seiten des Lebens. Er hat niemals diese Süßigkeit, die das Lächeln einer alten Welt aushaucht, gekostet. Er ist in Armut, Stille, Arbeit, fern von den andern aufgewachsen. Er hat eine der furchtbarsten Seelen, die jemals geboren wurden, mit Ehrgeiz genährt, um seinen Willen herum alle Energien geschart und um sein Denken alle Blitze gesammelt. Da ist er nun.

Mit einer Armee in Lumpen und mit Steinschloßgewehren, schlecht ausgerüstet, schlecht bezahlt, barfuß, ohne Geld, ohne Branntwein und ohne Brot[57]; als Offiziere eine Truppe von Söldnern wie Augereau, Haudegen wie Lannes, Prahlern wie Murat, ehemaligen Freibeutern und Seeräubern wie Masséna: so ist er plötzlich an der Schwelle des lächelnden alten Italien aufgetaucht. Er ist wie ein Gewitter hereingebrochen. Er waltet dort wie eine Gottesgeißel. Vor seiner wirbelsturmartigen Wut hat er alle Hindernisse zusammenbrechen sehen. Noch vor seinem Einmarsch in Tirol hat er in vierzehn Schlachten und siebzig Gefechten den Sieg davongetragen, mehr als hunderttausend Gefangene gemacht, dem Feinde fünfhundert Feldgeschütze, zweitausend großkalibrige Kanonen, vier Brückentrains abgenommen; er hat dreißig Millionen an den Staatsschatz abgeliefert; er hat mehr als dreihundert Meisterwerke des alten und neuen Italien dem Museum geschickt; die Könige von Sardinien und Neapel, der Papst und der Herzog von Parma haben um seine Gunst gebuhlt; er hat die Engländer aus Genua, Livorno und Korsika vertrieben[58]. In Montenotte, Millesimo und Mondovi, überall hat Kanonendonner sein Genie verkündigt. Sein schreckliches Werk wird mit Blut geschrieben. Was kümmert ihn da auf seinem Wege dieser Schatten einer überlebten Republik mit ihrer altweiberlichen Höflichkeit, die niemandem etwas zuleide tun kann, nicht einmal im Scherz? Ohne vorangegangene Mitteilung überschreitet er die Grenze. Ohne Schwertstreich überschwemmt er das Land. Ohne ein Wort der Entschuldigung verletzt er die alte Neutralität. »Eine unfähige, feige Bevölkerung, nicht im mindesten für die Freiheit geschaffen, ohne Festland, ohne Wasser«, so wird er sie kennzeichnen, wenn er von ihr spricht. Er verachtet sie so sehr, daß er sie verschachert, bevor er sie noch erobert hat. Er kümmert sich so wenig um ihre tausendjährigen Rechte, daß er sie, noch ehe er in die Hauptstadt der Dominante eingezogen ist, Österreich im Vorfrieden von Leoben anbietet.

Sofort spricht er als Herr und ist auch tatsächlich Herr in Peschiera, Legnago und Verona. Lautes Wort, brüske Gebärde, gerunzelte Stirn. Er braucht das und jenes und noch allerhand andere Dinge, wie Gewehre, Kanonen, Pferde, Maultiere, Lebensmittel, Futter, alles, was ihm fehlt, alles, was seine barfüßigen Helden fordern: den Artilleriepark von Legnago für die Belagerung von Mantua, ein Spital mit zweitausend Betten für seine Verwundeten von Brescia, die Festung Peschiera, tausend Zentner Mehl, sechstausend Pinten Branntwein, zweihundert Packesel und sechzig Zugpferde außer den neunzig für die Schiffahrt bereits festgesetzten – das alles binnen achtundvierzig Stunden, mit der Drohung, sonst alles zu zertrümmern[59]. Er duldet weder Einwendungen noch Gegenrede. Unmöglichkeit ist ein Wort, das in seinem Sprachschatz nicht vorkommt. Er versteht nichts von der Unmöglichkeit dieser Dinge. Er leugnet sie. Wenn man sich eine schüchterne Anspielung auf den Schaden, den seine Truppen dem Lande zufügen, erlaubt, so wirft er, ohne die venezianische Note zu Ende zu lesen, das Blatt auf den Tisch und lädt für den Abend den General-Proveditore ein, sich vor ihm zu rechtfertigen. Venedig hat Frankreich verraten. Venedig hat Ludwig XVIII. aufgenommen. Venedig hat Beaulieu Peschiera besetzen lassen. Er hat den Auftrag bekommen, Verona in der Nacht niederzubrennen[60]. Er wartet nur eine Antwort aus Paris ab, um gegen Venedig zu marschieren[61]. »Ernst und grämlich«, schreibt Contarini über ihn an den Senat, und Mocenigo fügt hinzu: »Ein Mensch, der für die Macht seines Willens keine Grenzen gelten läßt und bei jedem Widerspruch blitzschnell zu Drohungen und Gewalttätigkeiten übergeht.«[62]

Man sieht einander bestürzt an. Was soll das bedeuten? Woher kommt diese neue Stimme? Warum dieser brutale Angriff? Wer ist dieser furchtbare Bote, der über sich selbst hinauswachsend groß ist wie die Schuld, groß wie der Zorn Gottes, groß wie das unabänderliche Drama des Lebens. Ist es ein Rächer, der sich erhoben hat? Herr des Himmels, ist das der Anfang des Gerichtes? Ist das der Blutstrom, der sich über den Schmutz ergießt?[63] Man glaubt nicht daran. Man erschöpft sich in Protesten von ausgesuchter Liebenswürdigkeit. Man sendet an diesen unhöflichen General Noten auf Noten, Eilbriefe auf Eilbriefe. Man schickt ihm liebenswürdige Patrizier, die sich höflich nach seiner Gesundheit erkundigen und ihn zu seinen Erfolgen beglückwünschen. Gleichzeitig greift man, von Furcht gepackt, zu außerordentlichen Maßnahmen, ernennt beispielsweise Foscarini zum General-Proveditore und Nani zum Proveditore zur See, dem man Condulmer als Stellvertreter beigibt. Man ruft die kreuzende Flotte zurück, hebt Truppen aus, treibt Steuern ein, verproviantiert die Nehrungen, organisiert Bürgerwehren und erneuert für fremde Kriegsschiffe das Verbot, in den Hafen einzufahren. Aber ach! Ein Volk, eine Armee, einen Glauben brauchte man, und alles das gibt es nicht mehr. Es gibt nicht einmal mehr einen Mann; weder Valaresso, der mit Tränen in den Augen fleht, man möge ihn nicht zum Proveditore machen, noch Foscarini, der diese Würde »unter Tränen und Seufzern« annimmt. Und was könnte Foscarini auch ausrichten, da der oberste Auftrag dahin lautet, die Ruhe des Staates ungeschmälert zu bewahren und seinen Untertanen Freude und Wohlergehen zu bringen[64]. So bleibt also den Zitternden nur die alte stumpfe Waffe der Diplomatie. Man bedient sich der Diplomatie gegen die Blitzschläge des Himmels[65].

Als Napoleon den Mincio überschritt, hatte er kein anderes unmittelbares Ziel, als Beaulieu, der sich nach Peschiera geflüchtet hatte, zu verfolgen. Aber sehr rasch sah er, daß er an den unglücklichen Staaten der entwaffneten Republik einen glänzenden Fund gemacht habe. Vielleicht dachte er zuerst nur daran, Venedig die Lasten des schweren Krieges, den er gerade führte, tragen zu lassen[66]. Aber bald kam er angesichts der liebenswürdigen Nachgiebigkeit Venedigs auf den Einfall, ihm vier bis fünf Millionen aufzuerlegen und sie nach Paris zu schicken, um sich beim Direktorium in Gunst zu setzen. Endlich verfiel er auf den Gedanken, er könnte es allenfalls Österreich als Kompensation gegen die von Frankreich heiß ersehnten Rheinprovinzen anbieten. Seit er sich diesen alten in der Luft liegenden Gedanken zu eigen gemacht und sich in seinem schnell arbeitenden Gehirne das Projekt des Präliminarfriedens von Leoben, des Vorspiels des Vertrages von Campo Formio, festgesetzt hatte, war die Serenissima verloren[67]. Seitdem ist, was immer sie auch tun mochte, ihr Todesurteil gesprochen. Umsonst wird sie sich von Tag zu Tag nachgiebiger zeigen. Er, den der französische Gesandte in Rom einen kleinen Tiger nannte, ist dem alten weißgewordenen Löwen an den Hals gesprungen. Blasse Blutstropfen rinnen zur Erde.

Die Stimme wird immer gebieterischer, die Eisenruten schneiden immer tiefer ins Fleisch. Er peitscht mitleidlos darauf hin. Er höhnt die Gelehrten, Senatoren und Gesandten, die man ihm schickt, ins Gesicht. Er spricht über ihre doppelzüngige Geschwätzigkeit, ihre Geschichtenmacherei, ihre »diplomatischen Noten, das Werk eines schlechten Sekundaners, dem man die Erweiterung eines Themas als Aufgabe gestellt hat«.[68] Mit einem spöttischen Lächeln ersucht er, man möge dem Proveditore von Bergamo ausrichten, er solle beim Anblick der ersten französischen Truppenzüge nicht gleich vor Furcht zusammenknicken[69]. Er läßt es zu, daß seine Generalstabsoffiziere vor den Abgesandten der Serenissima, die er zu Tisch gebeten hat, sich wie Troßbuben über die Einrichtungen der ehrwürdigen Republik lustig machen, daß sie über die Bleikammern, über den Canal d'Orfano, die unterirdischen Verliese, lachen, und daß sie schamlos die schlimmsten Albernheiten der französischen Geschichtsschreiber wieder auftischen. Er selbst kennt die hochehrwürdige Verfassung nicht oder tut wenigstens so, als kenne er sie nicht. Er spricht von dem Rat der Achthundert und den zehn Inquisitoren. Man soll sich aber ja über nichts beklagen, selbst nicht über Erpressungen, Geldeintreibungen, die Gewalttaten und Beleidigungen, die Faustschlägen ins Gesicht gleichkommen. Die geringste Klage würde die Katastrophe herbeiführen. »Wir haben nicht einmal«, schreibt Lippomano am 10. Dezember 1796, »die Genugtuung der Armen und Unterdrückten, nämlich sich beklagen zu können.«[70] Und Bonaparte steht jetzt nicht mehr allein da. Da ist auch der Österreicher; da sind die Armeen von Wurmser und Alvinzi, die sich das Beispiel zunutze machen und das Land verheeren und brandschatzen. Auch Algerien verdoppelt, durch die Not der Republik ermutigt, seine kühnen Handstreiche zur See. Und da ist die Revolution, die, offensichtlich durch den Eroberer gehegt und begünstigt[71], in den Provinzen die Runde macht, den neuen Ideen eine ganze Reihe Unzufriedener gewinnt und gleich einer Zündschnur in Bergamo, Brescia, Cremona und Salò explodiert. Es scheint, als ob sich alles Unheil gegen die unglückliche Republik verschworen habe. Sie büßt ein für allemal. Sie weint nun die Tränen, die sie früher nicht geweint hat. Ihr Gebiet wird der Tummelplatz von Leuten, die dorthin ihre Trains führen, dort ihre Kanonen donnern lassen, ihre Gräben ziehen und Garnisonen halten und ihre Befehle in einer unverständlichen Sprache ausgeben. Tatenlos und furchtsam sieht sie zu. Sie hat nichts zu gestatten, so wie sie ja auch nichts hindern kann. Alles, was geschieht, alles, was nicht geschieht, wird ihr in die Schuhe geschoben. Wenn von einer namenlosen Kugel irgendein verirrter Soldat in der Nacht tödlich getroffen wird, ist sie schuld daran. Wenn bei den Bauern der Täler von Salò sich eine antijakobinische Bewegung geltend macht, so ist sie schuld daran. Wenn sich in Verona zu Ostern in einer Aufwallung gerechten Nationalstolzes ein Volk, das sich zu sehr gebeugt hat und sein eigener Herr sein will, erhebt, ist sie schuld daran. Man macht sie für diese abscheulichen Verbrechen verantwortlich. Das alles sind gute Vorwände, um ihr Ohrfeigen zu verabreichen, die sie zu Boden werfen. Am 15. April schickt Bonaparte seinen Adjutanten Junot nach Venedig. Es ist Feiertag, Karsamstag, wo gemäß einer Jahrhunderte alten Gewohnheit alle Politik ruht und wo die frommen Zeremonien in den Kirchen nach schönem alten Ritus vollzogen werden. Das Kollegium hat unverzüglich einberufen zu werden. Der Bürgerliche mit Sporenstiefeln tritt erhobenen Hauptes ein, setzt sich neben den Dogen an den Platz des Nuntius und hier bezichtigt er vor allen den Senat in seinem eigenen Hause der Hinterhältigkeit[72]. Am 20. April läßt Bonaparte trotz der klaren, ständig erneuten Gesetze, die den Kriegsschiffen die Einfahrt in die Lagunen verbieten, den Kapitän Laugier gerade gegenüber dem Lido kreuzen, sich bis vor die Festungskanonen wagen, die Signale mißachten, die Befestigungen verhöhnen, mit vollen Segeln in den Hafen einfahren und, als Laugier, von einer Kugel getroffen, fällt, soll dieses Attentat als höchste, ungeduldig ersehnte Beleidigung gelten[73].

Am 25. April in Graz, wo die Abgesandten der Republik ihre Erklärungen vorbringen, platzt die Bombe. Abgehackte Sätze, kurze Worte: »Ich will keine Inquisition und keinen

Senat mehr ... Ich will für Venedig ein Attila sein ... Ich werde eure Bleikammern zerbrechen ... Ich brauche eure Vorschläge nicht mehr ... Ich werde Gesetze geben ... Die Regierung ist alt ... sie muß fallen!«[74] Am 30. April in Triest verschließt er seine Türe vor den letzten Gesandten Venedigs: »Meine Herren, ich kann Euch nicht empfangen, Ihr und Euer Senat trieft von Franzosenblut.«[75] Am 1. Mai erklärt er von Palma Nova aus den Krieg.

Joubert hat Befehl, sich nach Bassano zu begeben, Baraguay d'Hilliers nach Mestre, Victor in Padua zu bleiben. Masséna besetzt Görz, Guieu Klagenfurt, Sérurier Sacile, Bernadotte Laibach, Delmas Spilimbergo. Von den zwei Kavalleriedivisionen ist die erste unter Dugua in Udine, die zweite unter Dumas in Treviso einquartiert. Jede Verbindung Venedigs mit dem Festland ist nunmehr abgeschnitten[76].

Wir sind am Vorabend der Ereignisse, in der Nacht vom 30. April, beim Dogen. Schon von den Zattere glaubt man Kanonendonner zu hören. Eine dringende Konferenz von der Art, wie sie an Stelle der Senatssitzungen treten und wo man nach dem Brauche *da mo'* abstimmt, ist in den Gemächern Manins einberufen worden. Sie beratschlagen. Der Proveditore Dolfin schlägt vor, zu dem ihm flüchtig bekannten französischen Finanzminister Monsù Haller zu gehen. Der Procuratore Pesaro spricht mit Tränen in den Augen davon, daß er auswandern wolle: für einen Ehrenmann sei jedes Land ein Vaterland, und bei den Schweizern könne man sich leicht betätigen; doch scheint er sich, nachdem er eine Prise Tabak genommen hat, zu beruhigen. Kanonendonner dröhnt. Ein von Condulmer geschickter Kurier bringt die Nachricht, daß in Fusine die Franzosen ihre Schanzen begonnen haben. Der weißhaarige Doge geht auf und ab und man hört ihn zwischen den Zähnen murmeln: »Diese Nacht werden wir nicht einmal in unseren Betten sicher sein.«[77]

Bis dahin hat sich die Republik bloß unterworfen und gelitten. Im Angesicht der Revolution hat sie ihre gewöhnliche Haltung, zuerst einer friedlichen, dann einer bewaffneten Neutralität bewahrt. Sie hat die Gesandten der neuen Regierung empfangen, ebenso wie sie Ludwig XVIII. empfangen hat, der unter dem Namen eines Grafen von Lille nach Verona geflüchtet war. Sie war darauf bedacht, niemanden zu verstimmen und es mit niemand zu verderben, keine unwiderrufliche Entscheidung zu fällen, sich nie bloßzustellen, die Ereignisse herankommen zu lassen, abzuwarten und Zeit zu gewinnen. Unter dem Druck der Ereignisse hat sie Ludwig XVIII. wieder fortgeschickt. Beim Fortgehen hat er gebeten, man möge den Namen der Bourbonen aus dem Goldenen Buche löschen. Der Notwendigkeit gehorchend, hat sie die kaiserlichen, dann die französischen Truppen einmarschieren lassen. Tag für Tag, Stunde um Stunde hat sie Beschimpfungen ertragen, Schmähungen und Beleidigungen eingesteckt, ihren Grimm hinuntergeschluckt. Sie hat Straßen gebahnt, Rechnungen bezahlt, Millionen für die Verpflegung jener Lumpenbanden, die wie eine wilde Meute ihr Land verwüsteten, ausgegeben[78].

Sie hat diejenigen verfolgt, die jene rücklings niederschossen. Sie hat ihre Festungen geschleift, eine unermüdliche Geduld und Nachsicht bewiesen, alles bewilligt, alles eingesehen, alles ertragen, alle Requisitionen über sich ergehen lassen, sich in immer höflicheren, immer demütigeren Entschuldigungen erschöpft. Wird sie sich endlich beim Donner der Kanonen auf sich selbst besinnen? Wird die Gefahr das vermögen, was alle Beleidigungen nicht vermocht haben? Wird sie, da doch alle Kompromisse vergeblich waren und da sie umsonst alle Demütigungen bis zum bitteren Ende ertragen hat, schließlich doch eine Geste der Würde finden, die sie wieder emporhebt, wenn sie sie schon nicht rettet? Wird sie den Mut der Verzweiflung aufbringen, der das Opfer unter dem Messer sich aufbäumen läßt, diesen triebhaften Heldenmut des gehetzten Tieres, das sich auf die mit gesträubtem Schweif nahende Meute stürzt und wohl stirbt, aber noch verendend beißt? So tief Venedig auch gesunken ist, bleibt ihm doch noch seine Flotte, fünfundzwanzig Linienschiffe, fünfzehn Fregatten, Briggs, Kutter, Bombardier-Galioten, Kanonenboote, Galeeren, *sciambecchi* – im ganzen vierundachtzig bewaffnete Einheiten, die oft bis siebzig Kanonen zählen[79]. Es bleibt ihm außerdem noch eine Truppe, die Arsenalotti, die Bocchesi, die Slavonier, die die Plätze füllen und Venedig in ein Heerlager verwandeln; die Lunten brennen und so wachen sie in der Stille um die schwarzen Höllenrachen gelagert[80]. Aber ach! Condulmer weigert sich, die Hauptstadt zu verteidigen. Zusto, der Proveditore der Lagunen, sucht um seine Entlassung an. Pesaro hat seinen Plan ausgeführt und ist nach Österreich entflohen. So senkt denn Venedig sein Haupt und liefert es dem Richtbeil aus.

Venedig gehorcht in allen Stücken, fügt sich in alles, öffnet seine Bleikammern, seine Kerker, seine Verliese, wo man bloß noch sieben arme Gefangene findet. Es beseitigt mit einem Federstrich den Obersten Gerichtshof, der seit mehr als drei Jahrhunderten die Majestät seines Schreckens verbreitete. Es verhaftet die »Drei«, die kein anderes Verbrechen begangen haben, als die Gesetze ihres Vaterlandes zu erfüllen, und setzt sie gefangen. Ist das alles? Vielleicht braucht es noch mehr? Wie? Man soll es nur sagen! Man will Geld? Aus freien Stücken trägt man sechstausend Zechinen in Goldbarren zu Monsù Haller. Die Entlassung der treuen Schiavoni? Aus freien Stücken schifft man sie ein, zahlt ihnen den Sold für den ganzen Monat Juni voraus und beklagt sich noch, daß Morosini, der beauftragt ist, sie auf das Festland zurückzubringen, dabei zu langsam verfährt. Sollen die ehrwürdigen urkundlichen Gesetze der Hydra zum Opfer gebracht werden? Von selbst bietet man sie an. Man gibt alles preis, seinen Namen, seinen Stolz, seine Geschichte, seine Vergangenheit[81]. Denn es handelt sich jetzt um viel mehr, als den Wünschen des Barbaren entgegenzukommen, es gilt, ihn um Hilfe zu bitten gegen die Schiavoni, deren Vaterlandsliebe, die sie allzu genau nehmen, Besorgnisse erweckt, gegen die Arsenalotti, die sich gegen die vom Rat bereits beschlossene Abdankung auflehnen könnten, gegen das Volk, das tollkühn genug ist, sich mit dem Besieger Österreichs und Italiens messen zu wollen. Man ruft die

Franzosen ins Land. Und in der Tat – nach der Sitzung vom 30. April, wo sich die dringende Konferenz entschlossen hat, das Vaterland aufzuopfern, und nach der Sitzung vom 1. Mai, in der der Große Rat diesen Beschluß unterzeichnet hat, war es Zeit, die Franzosen herbeizurufen.

Als am 12. Mai der Große Rat zum letzten Male versammelt ist und, durch einige auf der Piazza abgegebene Gewehrschüsse erschreckt, in der allgemeinen Verwirrung abdankt, erhebt sich der Ruf auf der Straße, der früher in den Schlachten erklang, der früher das Brüllen der Meereswogen übertönte und den Kanonendonner begleitete: »San Marco!« Es sind die Schiavoni, die ihn ausstoßen, die Gondolieri, das Volk und der Abschaum der Straße. Sie hissen auf den Masten das alte Löwenbanner. Sie bewaffnen sich mit Messern und Knütteln. Sie gehen auf die Kokardenträger los und stürzen sich auf die Laden der Jakobiner. Sie bedrohen die Paläste der Revolutionäre mit solcher Heftigkeit, daß man gegen diese Rasenden auf dem Rialto Artillerie auffahren muß[82].

Viel Lärm um nichts. Letzte Todeszuckungen! Schauer, der noch über den Leichnam des Enthaupteten läuft! Der Schauer vermindert sich, dann hört er auf. Alles schweigt. Venedig ist tot! Venedig hat sich selbst gemordet. Es ist ruhm- und kampflos zusammengestürzt, als ob es keine Ehre mehr im Leibe hätte, als ob es seinen ganzen Vorrat an Ruhm im Leben erschöpft hätte, als ob ihm zum Sterben keiner mehr übrig bliebe[83].

*

In die unbesiegte Stadt, die über Europa und das Meer triumphiert, die vierzehn Jahrhunderte der Unabhängigkeit überdauert hatte und deren Wassergürtel niemals verletzt worden war, sind die Franzosen eingezogen. V

In der Nacht vom 14. auf den 15. Mai 1797 haben sich das fünfte und das dreiundsechzigste Linienregiment in kleinen Abteilungen auf den vierzig Schaluppen, die ihnen nach Mestre geschickt wurden, eingeschifft[84]. Bei Sonnenaufgang besetzen 3231 Mann unter dem Befehl des Generals Baraguay d'Hilliers die Inseln, Schlösser und Plätze. Wohin das Auge blickt, sieht man Soldaten. Sie sind in S. Secondo, S. Giorgio d'Alega, in der Certosa; sie sind in S. Niccolò vom Lido, S. Andrea, S. Pietro, in der Festung Alberoni; sie sind auf dem Rialto und im Arsenal; auf der Piazza zeigen ihrer vierhundert hinter den aufgepflanzten Gewehrpyramiden »eine lebhafte und lärmende Freude«.

Ausgemergelte Körper, aber voll Energie, pulvergeschwärzt, auf dem Hut als einzigen Schmuck die Kokarde. Das sind die Besieger Venedigs, jene Männer, die barfuß marschiert sind, ohne Branntwein gelagert, in die Patronen statt ins Brot gebissen und sich in den tollsten Kanonendonner gestürzt haben. In Lodi sind sie im Laufschritt von einem Kartätschenhagel überschüttet worden. Auf dem Plateau von Rivoli haben sie sich auf schneebedeckter Flur geschlagen. Im Paß von Tarvis haben sie über den Wolken gekämpft. Sie haben drei Armeen Wurmsers die Stirne geboten. Ohne Rast und Ruhe, ohne Quartier, mitleidlos gegen sich selbst und die anderen, mit knurrendem Magen und während von fern die Kanonen donnerten, haben sie achtzehn Monate hindurch nur das eine getan: marschieren, kämpfen, anlegen, niedersäbeln und schultern: Feuer! Marschieren und immer marschieren. Sie haben im Waffenlärm gelebt und Entsetzen ausgestreut. Sie haben sich an der Gefahr wie am Wein berauscht. Sie haben den Tod ermüdet und den Sieg besiegt. Man möchte sagen, daß sie, aus einem anderen Holz geschnitzt und aus einer anderen Zeit hervorgegangen, die Zukunft beherrschen. Es ist eine andere Rasse und eine verschiedene Seele. Ein neues Zeitalter und ein neues Jahrhundert bricht an ...

Wo seid ihr, schöne, alte Dinge einer bessern Vergangenheit? Galante und reizende Sorgen, leichtbeschwingte Seelen, teure Sorglosigkeit, Vergessenheit alles dessen, was es Trauriges und Häßliches im Leben gibt! wo das Pulver nur zu Feuerwerk diente! wo man nur lebte, um sich zu vergnügen. All das ist nun zu Ende. Eine Welt ist gestorben, die niemals wieder erstehen wird. Eine Daseinsform zerfällt in Staub. Die Violinen sind verstummt. Der Traum ist zerflattert. Die Barke mit den Illusionen ist vorübergezogen. Lebt wohl, ihr kleinen Masken! Auf dem Platz von San Marco sind jetzt die Bajonette kreuzweis aufgestellt.

»Man kann nicht immer lachen!« So lautet der unwahrscheinliche Titel des letzten Kapitels der Erinnerungen von Gozzi. Sie glaubte es nicht, die alte liederliche Republik. Sie wußte nicht, daß jeder Fehler seine Sühne findet. Sie wußte nicht, daß der Tod die große, die tragische Wirklichkeit hienieden bedeutet. Sie wußte nicht, daß das nicht mit Tränen erkaufte Glück mit Tränen bezahlt werden muß. Oh! Welche Schmach wird sie noch auf sich laden müssen, um die Allmacht des verkannten Gesetzes zu begreifen. Dieses ganze Ende ist jämmerlich! Umsonst gaben sich diese Helden des Vergnügens so starken Illusionen hin, daß sie fast uns selbst täuschten. Die Mehrzahl unter ihnen erlebte den Zusammenbruch der Freude[85]. Und der dramatischste von allen diesen Zusammenbrüchen ist der Untergang des Vaterlandes, das nicht einmal die Schmach seines Falles empfindet, das, von seinem Bezwinger geohrfeigt, Loblieder zu seinem Preis anstimmt, das auf dem Leichnam seiner Unabhängigkeit lachend den Freiheitsbaum aufpflanzt, die Farandole tanzt und ein Bacchanal herum aufführt ...

Erst wird noch der empörende Friedensschluß von Campo Formio über die Stadt kommen müssen und nach den Franzosen die Kaiserlichen und durch fast fünfzig Jahre der österreichische Doppeladler, der sich in die Eingeweide ihres Löwen eingegraben hat, damit sie sich wieder ihrer selbst besinne. O glorreiche Belagerung! Als unter dem Hagel der Granaten die Gondolieri singend die Pulverladungen zuführten.

Nein, Venedig ist nicht von der Völkerkarte ausgelöscht. Daniele Manin rächt es für Lodovico, und seine Revolution von 48 macht vor der Geschichte seine Abdankung von 97 wieder gut.

Giandomenico Tiepolo:
Detail aus dem Fresko »Il mondo nuovo«, 1759–1797

ANMERKUNGEN

Erstes Kapitel

Einleitung

1 Carducci. Seine Einleitungen zu den *Poeti erotici* und zu den *Lirici del secolo XVIII.* – Zur Vervollständigung aller bibliographischen Angaben vergleiche man die allgemeine Bibliographie am Ende des Buches.

2 Goethe, Aus meinem Leben. Erstes Buch.

3 Vor dem Frieden zu Aachen zerfiel es in fast achtzig Fürstentümer. Nach dem Frieden zu Aachen wurde es in zehn Staaten aufgeteilt.

4 Sainte-Beuve, *Causeries du Lundi*, II, 421.

5 »Der unselige Zustand Italiens war derart«, schreibt Romanin, »daß sozusagen kein großes Ereignis in Europa vor sich ging, ohne daß sich die Kämpfenden auf seinem Boden trafen.« *Storia documentata*, VIII, 80.

6 »Mit seinem Pulver«, schreibt Algarotti, »schießt der Engländer aus Kanonen, der Franzose aus Mörsern. Das Pulver des Italieners ist naß und aus dem wenigen, das ihm trocken geblieben, verfertigt er kunstvolle Raketen.« *Opere*, IX, 68.

7 Die Erklärung stammt von Pater Cesari.

8 »Seit 1500«, sagt die *Gazzetta Veneta* vom Jahre 1772, »ist Venedig nur mehr ein Land dritter Ordnung.«

9 Im 18. Jahrhundert ist das Improvisieren eine echt italienische Kunst. Europa klatscht in einmütiger Begeisterung den Sängern und improvisierenden Dichtern Italiens Beifall. Über einige von ihnen vgl. Emilio de Marchi, *Lettere e Letterati italiani del secolo XVIII.* Über die berühmte Corilla Olimpica schlage man das Buch Ademollos nach.

10 Als man den italienischen Sänger Vestris fragte, welches die größten Männer seiner Zeit seien, antwortete er: »Ich, Voltaire und Friedrich II.« Wenn er das glauben konnte, so ist das weniger sein Fehler als der seiner Zeit.

11 Vernon Lee, *Studies of the eighteenth Century in Italy.*

12 Quinet.

13 Die Venezianer führen ihre Geschichte bis in das Jahr 421 zurück, wo die erste dem hl. Jakob geweihte Kirche gegründet wurde. 697 wurde der erste Doge gewählt. *Venezia e le sue lagune*, I, 773.

14 1729 ordnet der Gerichtshof an, Bonneval zu vergiften, 1767 einen Störenfried an der montenegrinischen Grenze. 1755 verfügen die Drei, da die *cose venefiche* »in den Aktenkasten verstreut sind«, »alle derartigen Sachen« in einem besonderen Schrank zu verwahren,

»mit einem Buch, das die Dosis und die Wirkung eines jeden Giftes erklärt«. Bazzoni, *Le Annotazioni degli Inquisitori di Stato*, S. 65.

15 Z. B. der Abbé Cattaneo, der Abbé Pedrini, der Tänzer Testagrossa, der Abenteurer Casanova. 1713 ist einer der besten und geschicktesten Spione Bernardino Gabinotti. Seine Spezialität war, die Diener in den Gesandtschaften zu bestechen. Am Ende des 18. Jahrhunderts ist es sehr schwer, unter den Adeligen Spione zu finden. Vgl. Baschet, *Les Archives de Venise* und Bazzoni, *Un Confidente degli Inquisitori di Stato* usf.

16 Vgl. Saint Didier, den Abbé Richard, Lalande usw.

17 Romanin, *Storia documentata della Repubblica di Venezia* und *Lezioni di Storia veneta.*

18 Nach Lady Montagu bringt eine Martinenghi ihrem Gatten »zehntausend Zechinen zu und die Hoffnung auf eine Erbschaft von dreitausend Pfund Sterling Rente, den prächtigsten Palast von Brescia, der jeden in London an Schönheit übertrifft, einen weiteren Palast auf dem Lande, endlich Wälder, Geschirr, Geschmeide und andere bemerkenswerte Annehmlichkeiten.«

19 Oreffice, *La villa di Strà.*

20 Sie kosten sie 109 740 Franken, 13 Soldi. Santa, *Il viaggio di Gustavo III re di Svezia negli Stati veneti e nella dominante.*

21 Renier-Michiel, *Origine delle Feste veneziane*, IV, 92.

22 Man sehe sich im Museo Correr die Livree eines dieser Schweizer an.

23 Einzig und allein in dem Palast Foscarini sind »nicht weniger als zweihundert reich ausgestattete Gemächer«. Brosses, *Le Président de Brosses en Italie*, I, 203.

24 Gräfin Wynne de Rosenberg, *Le séjour des comtes du Nord à Venise en janvier 1782.* Der spätere Zar Paul und seine Gattin Maria Feodorowna reisten unter diesem Namen.

25 Romanin, *Storia documentata*, VIII.

26 Bellaigue, *Marcello.*

27 Meneghelli, *Di Angelo Emo e delle sue gesta. – Pesenti, Angelo Emo e la marina veneta del suo tempo.*

28 Marco Foscarini, *Della Letteratura della nobiltà veneziana*, S. 10.

29 *Non gho che Dio e che San Marco in peto …* schreibt einer von ihnen.

30 Goethe, Italienische Reise, Venedig, den 7. Oktober abends.

31 Die Bücherei der Pisani steht dem Publikum jeden Mittwoch und Samstag zur Verfügung.

32 Man fände kein Ende, wollte man die schönen Bestellungen aufzählen, die von den Patriziern bei den zeitgenössischen Künstlern gemacht wurden, und zeigen, wie sie für ihre Person die alte Überlieferung der Renaissance aufrecht erhielten.

33 Gräfin Wynne de Rosenberg, *Altichiero.*

34 Morpurgo, *Marco Foscarini e la Venezia del secolo XVIII.*

35 Molmenti, *Un Maldicente. La Società veneziana sul finire della Repubblica*, S. 345.

36 Molmenti, *Galanterie e salotti veneziani.*

37 *»Rendo or pubbliche queste poesie perchè le feci per publicarle.«* Caterina Dolfin-Tron. *Sonetti in morte di Gio-Antonio Dolfin.* Vorrede.

38 *Allo specchio, talor, Padre, m'appresto*
Lieta di riveder nel mio sembiante,
La cara forma del tuo volto istesso ...
39 *Tutto ció ch'egli amava amo ed onoro,*
Amo la terra che un di'l sostenne,
E il freddo sasso, ch'or lo chinde, adoro.
Dell' empia sorte sua, che mia divenne,
Fino agli assalti rei non mi scoloro;
Amo la vita, che da lui mi venne.
40 *Ma ni fia d'un Dolfin, muger da un Tron,*
Bato grinta per Dio, mi non me mazzo,
E se casco non casco in zenochion.

41 Castelnuovo. *Una Dama veneziana del secolo XVIII.*

42 Nach Romanin tun sich während der letzten fünfzig Jahre der Republik mehr als zweihundert Namen in Literatur, Kunst und Wissenschaft hervor. *Lezioni di storia veneta*, II, 279. Tiraboschi versichert, daß keine Stadt Italiens damals so viele zählte.

Zweites Kapitel

Das leichte Leben

1 *Mémoires*, V, 326.

2 Lady Montagu sagte weiter: »Wer Venedig gut kennt, muß zugeben, daß es der Mittelpunkt des Vergnügens ist.«

3 »Es ist nicht nötig, besonders geschickte Botschafter dahin zu schicken«, sagt der Abbé de Bernis, »mit Rücksicht auf den geringen Einfluß, den die Republik Venedig auf den Gang der Ereignisse in Europa hat.« *Mémoires*, S. 166.

4 »Er rühmte sich, der größte Mann Europas zu sein.« Gradenigo, *Commemoriali*, 19. Mai 1757, zitiert von Malamani, *Il Carnovale*, S. 682.

5 »Seht«, rief 1775 der französische Abenteurer Ange Goudar aus, »wieviel Arbeit die Serenissima in weniger als einem Vierteljahrhundert geleistet hat: sie hat Vorschriften erlassen betreffend die Stiere, die Hunde, die Ballspiele, die Verkaufsladen, die Rendezvous, die Wohnungen, die Versammlungen, die Malvasierweine, die Plätze, die Städte, die Feste, die Heiligen, die Karten, das Bassettspiel, das Pharaospiel, den Ridotto.« *Plan de Réforme proposé aux cinq correcteurs de Venise actuellement en charge.*

6 Die Dogaressa Contarini wartet, auf der Treppe ihres Palastes stehend, auf ihre goldene Barke. Die Signoria empfängt die Gesandten der Graubündner. Der Doge Manin befiehlt dem knienden General Nouveiller, den Aufstand in Bergamo niederzuschlagen. Man sehe sich diese Gemälde im Museo Correr an.

7 Archenholtz, England und Italien.

8 Casotti, *Da Venezia nel 1713.*

9 Baschet, *Les Archives de Venise*, S. 646.

10 Baschet, Ebenda, S. 647.

11 Lorenzo Da Ponte, *Memorie*, I, 37.

12 »Ich habe sonst nirgends«, sagt der Abbé Richard, »soviel Zuvorkommenheit und Leutseligkeit gefunden.« »Ich erinnere mich«, fügt Baretti hinzu, »an eine Dame aus Venedig, die ihren Sohn streng tadelte, weil er mich gefragt hatte, ob es in meiner Heimat auch einen so schönen Platz gebe wie den von S. Marco, und ihn nötigte, mich für seine Unhöflichkeit um Verzeihung zu bitten.« Carlo Gozzi spricht »von dieser Leutseligkeit und dieser vertraulichen Sanftmut, die fast alle Patrizier von Venedig auszeichnet«. Er erzählt von seinem Onkel Tiepolo einen reizenden Zug davon. »Als er eines Abends aus seiner Gondel stieg, strauchelte er in seinem langen, weiten Patrizierkleide und wäre beinahe ins Wasser gefallen. Um ihn aufzuhalten und seinen Fall zu verhindern, ließ der Gondoliere das Ruder, das er in der Hand hielt, fahren. Es schlug heftig gegen den rechten Arm seines Herrn und zerschmetterte ihn. Der Gondoliere merkte nichts davon. Der Herr merkte es recht wohl, sagte aber kein Wort. Er stieg die Treppe empor, und sobald er in seine Wohnung getreten war, trat der Kammerdiener auf ihn zu, um ihm wie gewöhnlich seine Kleider abzunehmen. Er sprach ganz ruhig: Zieh nur recht sachte aus, mein rechter Arm ist entzwei ...« *Memorie inutili*, I, 203.

13 »Es gibt keine Nächte in Venedig; ein ewiger Tag leuchtet dort.« Orteschi. »Es gibt wohl kaum eine andere Stadt, wo wie in Venedig der schönste Zeitpunkt, um eine Unterhaltung zu beginnen, die Zeit um zwei Uhr nach Mitternacht ist.« Ballarini. »Hier zieht man sich erst an, wenn man anderwärts daran geht, sich niederzulegen.« Goudar.

14 Auf der Piazza bei den neuen Procuratien heißen sie: *al Tamberlan, al' Albero d'oro, alla Venezia trionfante, alla Regina, alla Fontana, alla Colomba, alla Generosità, alla Regina del Mare, al Rinaldo trionfante, al Melon, alle Due Fontane, al Dose.* – Bei den alten Procuratien: *al General, all' Arma di Franza, al Cedro, alle tre Re Maghi, al Re di Napoli, alla Viola, a S. Lorenzo, alla Realtà, al Re di Spagna, alla Patria del Friuli*, al *Cochio di Fortuna, alla Corona, a S. Antonio.* – Bei der Zecca: *alle Due Torri*, al *Mondo, alla Sma Trinità, a S. Zorzi* usf.

15 »Die Männer und die Frauen haben gesonderte – manchmal sogar mehrere – *casini*«, schreibt Frau von Boccage. »Das des Grafen Durazzo ist so hübsch, daß es in Paris nichts gibt«, sagt Lamberg, »das ihm Feinheit und Geschmack streitig machen könnte.« Baffo beschreibt uns ihren Rosen- und Veilchenduft, ihre hellen Malereien, ihre reizenden nackten Gestalten: Phryne ohne Leibchen und *bocasin.* Durch diese *casini* öffnet sich das Zentrum der Stadt nach Orteschi »der Mode, dem Spiel, der Liebe, der Ausschweifung, der Kritik, der Schmähsucht, dem Müßiggang«.

16 »Es macht sich schön, in manchem Café bis fünfhundert Personen zu sehen. Da wird geschwätzt, gesungen, kritisiert, kokettiert,

beobachtet, getrunken, gegessen. Jeder tut, was ihm gerade gefällt. Wieviel Lustspiele hat Goldoni aus so unterhaltenden Orten geschöpft!« *Nuova Veneta Gazzetta*, 7. August 1772.

17 Vittorio Malamani, *La Moda a Venezia nel secolo XVIII.*

18 »Kleider nach französischer, spanischer, englischer, ungarischer, russischer, chinesischer, tatarischer Art: ich sehe, daß Männer wie Weiber von der Wut besessen sind, die Gewandung aller Völker der Welt nachzumachen und durcheinanderzumischen.« Chiari, *Commedie da Camera*, Bd. II. *La Moda.*

19 »An einem Abend kann man in dem Empfangszimmer der Teotochi-Albrizzi zwanzig verschiedene Sprachen, dazu noch sechs italienische Dialekte sprechen hören.« Molmenti, *Un Maldicente*, S. 343.

20 Bezüglich der Scharlatane der Piazza siehe die anschauliche Schilderung Moratins, *Obras postumas*, I, 473 fg.

21 »Wir erblickten auf dem Broglio in einer Art Tonne, die auf einem Brettergerüst stand, beschattet von einem farbigen Regenschirm, einen Dominikaner, der sich ereiferte, mit seinen Händen lebhaft herumfuchtelte, sich wie toll gebärdete, aber in der rührendsten Weise. Die Leute, zum größten Teil Matrosen und Handarbeiter, hörten ihm ziemlich geduldig zu, die Pfeife im Munde, die Hände auf dem Rücken; sie verließen ihn indes von Zeit zu Zeit, um sich zu ergehen oder um auch einem Händler mit Kirchenliedern zuzuhören, der am entgegengesetzten Ende des Platzes Aufstellung genommen hatte, und offenbar auch, um nicht in den Bereich des Opferstockes zu kommen, den ihnen ein Amtsbruder des Predigers unaufhörlich unter die Nase hielt. Dieses würdige Paar bot das spaßigste und eigenartigste Bild.« De la Roque, *Voyage d'un amateur des arts*, III, 321.

22 Über die Erzähler siehe unter andern Schilderungen die von Grosley, Goethe, Moore. »Am ersten Tage, als ich auf die Piazza kam«, schreibt Moore, »erblickte ich auf der *Riva degli Schiavoni* eine große, schwarz gekleidete Gestalt, die, den Hut in der Hand und lebhaft mit den Armen fuchtelnd, die Vorübergehenden, die Gondolieri, die Müßiggänger anlockte: ›Ihr schönen und tugendhaften Frauen‹, rief er mit voller Lungenkraft, ›ihr edlen und tapfern Kavaliere, ihr teuern Gönner, kommt und hört mich gnädig eine kleine Weile an; es handelt sich um Abenteuer, die ein galanter Ritter erlebt hat; ich werde sie euch darstellen, wie sie mir sein eigener Diener erzählt hat, der Dalmatiner Zaloccubrini, kommt!‹ – Kein Mensch trat näher. – ›Mein Held ist ein liebender Ritter, ausgerechnet dazu geschaffen, euch zu gefallen, o Zentildonne!‹ – Eine Kräutlerin entschloß sich, dem Rufe zu folgen. – ›Und es ist ein mutiger christlicher Ritter!‹ – Zwei oder drei Gondolieri erheben sich von den warmen Fliesen und treten hinzu. – ›Ein venezianischer Soldat, ein Held von S. Marco!‹ – Die Voübergehenden bleiben stehen und der noch dünne Kreis schließt sich um den Erzähler. – ›Ihr werdet hören, mit welch wunderbarem Mute unser Landsmann über die fürchterlichen Ränke eines großen Magiers triumphierte!‹ – Der Kreis wird immer dichter, und da eine Menschenansammlung immer neue Menschen anzieht, wächst die Menge von Sekunde zu Sekunde. Während der Erzähler seine

Geschichte von Zweikämpfen, Verwandlungen, Drachen, Sirenen und Hippogryphen zum besten gibt, indem er die farbenreichen Bilder entrollt, mit denen uns Messer Ludovico vertraut macht, und die Aufmerksamkeit auf ihrem Höhepunkt angelangt ist, macht allmählich der Hut des Dichters die Runde, um die Kupfermünzen einzuheimsen ...« Moore, *A view of society and manners in Italy.* Vgl. Philarète Chasles, *Etudes sur l'Espagne et les influences de la littérature espagnole*, S. 532.

23 *Mentre celebra messa un religioso,*
Chi zioga con un can, chi fa el bufon,
Chi leza qualche gotica iscrizion
Sotto la statua d'un guerrier famoso,
Chi stabelisce accordi, chi impiega
Xe a far l'amor, chi strepita, chi zioga
D'occhio ...
Malamani, Il Settecento, I, 117.

24 »Es gibt keine Angelegenheit, Streitigkeit, keine Gnade, kein Amt, das man nicht durch sie ordnen oder durch sie erhalten könnte. So einflußreich sind sie geworden, daß sie sozusagen überall ihre Hand im Spiele haben.« Lamberti, zitiert von Fulin, *Studi nell Archivio*, S. 149.

21 Die Abenteurer. Die Leute von Welt. Die meisten Schriftsteller: 1700 Addison; 1728 Montesquieu; 1730 Pöllnitz; 1739 der Präsident de Brosses; 1743 Rousseau; 1749 Cochin; 1752 der Abbé de Bernis; 1757 Mme du Boccage; 1758 Grosley; 1759 Lady Montagu; 1763 der Abbé Coyer; 1764 der Abbé Richard; 1765 Lalande; 1770 Burney; 1775 der Herr von la Roque; 1780 der preußische Hauptmann Archenholtz; 1780 der Arzt Moore; 1786 Goethe; 1788 Andrès; 1789 Young; 1793 Moratin; 1792 Frau Vigée-Lebrun, um nur einige der berühmtesten Besucher oder der interessantesten Zeugnisse zu zitieren.

26 Lorenzo da Ponte, *Memorie*, II, 100 fg.

27 »Man sieht hier«, schreibt die Lady Montagu ihrer Tochter, »weder alten Schmuck noch alte Liebe.«

28 »Hier«, schreibt der Abbé Richard, »gibt sich jeder seinen Neigungen ohne Gewissensbisse und unbekümmert hin.«

29 *»Era tuttavia spensierato: da taluni sarebbe detto pigro, da altri filosofo.«* Rossi.

30 Der Fürst von Ligne.

31 *»In principio del suo nascimento la fecero sfogo del cuore allegro: si comminciò a ballare e a cantare per riderei, e cosi la dovea rimanere.«* Gasparo Gozzi.

32 *»Fate, s'egli è possibile, che intorno all' uomo rida l'aria da cui è circondato; levategli via dagli occhi quanto potete aspetti di miseria e di dolore.«* Gasparo Gozzi.

33 Maier, Beschreibung von Venedig, II, 184.

34 Carlo Gozzi, *Memorie inutili, Stravaganze e contrattempi à quali la mia stella mi volle soggetto*, III, 187.

35 Algarotti, *Opere*, X, 184.

36 »Niemand ist hier alt, solange er nicht ans Bett gefesselt ist«, schreibt Lady Montagu. – *»Xe vecchio chi xe morto«*, sagt der alte Biasio in den *Massere* von Goldoni.

37 *Gh' era un certo signor*
Che provava el dolor
De veder ch' i so amici
Se credeva felici ...
Lamberti. L'Ochial.

38 Goldoni, *Una delle ultime Sere di Carnovale*, I, II.

39 »In meinen Augen ist die Langeweile das größte Übel, da ist mir der Schmerz noch lieber«, schreibt die Renier-Michiel. »Ich war so beschäftigt, daß ich nicht Zeit fand, mich zu unterhalten«, schreibt Goldoni. »Das Vergnügen und die Zerstreuung sind das beste und sicherste Mittel gegen unsere Leiden«, schreibt die Rosalba. Nach dem Sturze der Republik schreibt der in Zurückgezogenheit lebende letzte Doge Lodovico Manin: »Ich ging niemals mehr in ein Kasino ... ich nahm nicht einmal mehr eine Patenschaft an ... und die paarmal, die ich ins Theater ging, saß ich in dunklen, versteckten Logen.«

40 Zanetti, *Memorie per servire all' istoria dell' inclita città di Venezia.* – Ballarini, zitiert von Molmenti: *Un Maldicente: la società veneziana sal finire della Repubblica* usf.

41 J. Rusteghi III, 2.

42 *Diario Veneto.*

43 *Nuova Gazzetta Veneta*, 17. April 1762.

44 *Diario Veneto*, 25. Januar 1765.

45 »Um vier Uhr morgens aufstehen, mit dem Boote ins offene Meer hinausfahren, um ein Bad zu nehmen, über den Markusplatz zurück, im Hauskleid die Schokolade trinken, bis ein Uhr herumlaufen, hin und her gehen, ein gutes Mittagessen nehmen, zwei oder drei Stunden schlafen, sich um sieben Uhr wieder auf den Weg machen, gondeln, umherlaufen, bis Mitternacht Besuche machen, in der Zwischenzeit eine Unmenge von Limonaden, Kaffee, Schokolade, Eis usf. schlecken, zum Abendmahl auch nichts anderes essen – das ist das Leben in Venedig.« Grosley, *Observations sur l'Italie et les Italiens*, S. 422.

46 »Es gab keine Straße, kein Plätzchen, keinen Ort in der Stadt, wo man ihn nicht von Zeit zu Zeit traf und wo er sich nicht bemüht hätte, durch seine Handlungen, seine Lieder und sein anmutiges Gebaren die Leute von ihrem Trübsinn abzubringen; und er hatte Glück damit, denn es bildete sich immer ein großer Kreis von Zuhörern um ihn; beim ersten Klang seiner Schellentrommel öffneten sich die Fenster, und man hörte von allen Seiten ein fröhliches Lachen ... Was ihm auch widerfahren mochte, er tat nichts als lachen und scherzen; nie gab es einen Menschen, der ihn mürrisch und klagend gesehen hätte. Was scheint schrecklicher als die Armut? Hat er sich je über sie beklagt, er, der aus Erfahrung wußte, daß jeder Tag sein Brot bringt, und morgens singend ausging, während ein anderer mit dem Kopf an die Wand gerannt wäre? ... Ich meine nicht, daß es ein jeder machen soll wie er, singend durch die Straßen ziehen, auf

die Schellentrommel schlagend und seine Klingel schwingend, bald als Frau gekleidet, bald als großer Herr; so meine ich es nicht, nein; denn wenn es alle so machten, so wäre das eine allgemeine Torheit, und man möchte glauben, daß alle zur Kirchweih gingen; aber ich meine: über lustige Dinge plaudern, unschuldige Scherze machen, einander herzerfreuende *gentilezze* sagen, das ist Arznei für die Seelen, die unter der Last der Geschäfte und der Qual des Daseins seufzen.« Gasparo Gozzi, *Opere*, III, 241.

47 Italienische Reise, Venedig, 12. Oktober.

48 Die Feste z. B. Man lese die Einzelheiten in dem zeitgenössischen Buch der Giustina Renier-Michiel nach.

49 Goldoni, Vorrede zum IX. Band seines Theaters.

50 Man beachte die venezianische Bedeutung des Wortes *bizarro.* »Es wird manchmal«, sagt Goldoni, »für launisch, phantastisch und sogar außerordentlich gebraucht, wie im Französischen; aber man verwendet es auch noch öfter als gleichbedeutend mit fröhlich, lustig, glänzend.«

51 Die possenhaften Madrigale von Croce, genannt Chiozzote. Die Fresken von Carpaccio. Die Briefe von Calmo. Die *Capricci* von Tiepolo usf.

52 Goldoni sagt weiter noch: »Wie der Grundzug des Wesens des venezianischen Volkes die Fröhlichkeit ist, so ist der Grundzug der venezianischen Sprache der Scherz.« *Mémoires,* S. 181.

53 Rossi, *Costumi veneziani*, zitiert von Molmenti, *Venezia*, S. 288.

54 In einem Trauerspiel, dem Goethe beiwohnte, reichte in einer Szene der Tyrann seinem Sohne das Schwert und forderte, daß dieser auf der Stelle seine eigene Gemahlin umbringen sollte. Das Volk fing bereits an, sein Mißvergnügen über diese Zumutung zu bezeigen, und es fehlte nicht viel, so wäre das Stück unterbrochen worden. Sie verlangten, der Alte solle sein Schwert zurücknehmen, wodurch denn freilich die folgenden Situationen des Stückes aufgehoben worden wären. – Endlich entschloß sich der bedrängte Sohn, trat ins Proszenium und bat demütig, sie möchten sich nur noch einen Augenblick gedulden, die Sache werde noch ganz nach Wunsch ablaufen. Italienische Reise, Venedig, den 6. Oktober früh.

55 Goethe, ebenda, Venedig, den 5. Oktober nachts.

56 Catuffio Panchianio Bubulco (Zaccaria Vallaresso). *Rutzvanscad il Giovine arcisopratragichissima tragedia*, S. CXXXII. In einer andern »Erztragödie« *Il Naufragio della Vita nel Mediterraneo della Morte* des Dichters Francesco Gritti sterben alle, das Stück endet mit einem Monolog in zwanzig Versen, die aus lauter einsilbigen Wörtern bestehen.

57 Casanova, *Mémoires*, II, 34.

58 Longo, *Memorie*, I, 103.

59 »Ich werde den Mitgliedern sagen, daß Ihr ein Esel seid und ein Schwein dazu.«

60 Ein Roman von Gritti benennt sich: »Meine Geschichte oder Memoiren des Herrn von Tommasino, geschrieben von ihm selbst. Narkotisches Werk des Doktors Pippuf, wahrscheinlich

letzte Auflage.« – Ein Fragment Casanovas trägt folgenden Titel: »Ergänzung zu Saddher, Fragment des Veddatab von Zaradhust, auf das später Shastab folgen soll. Es wurde gefunden in den Ruinen des Tempels von Xis in Medien von Dondamhis Hhartunin und von diesem Alexander dem Großen überreicht, ins Griechische übersetzt, dann in die moderne Sprache übertragen von einem wißbegierigen Irländer, der es einem türkischen Buchhändler in Saloniki abkaufte.« – Das *Teatro alla Moda* von Benedetto Marcello ist von dem Herausgeber des Buches seinem Verfasser gewidmet, »gedruckt im Marktflecken Belisiana, mit dem Wahrzeichen eines Bären im Schiff. Es wird verkauft in der Korallenstraße am Tor des Orlandopalastes und wird alljährlich mit neuen Zusätzen wiedergedruckt werden.«

61 Man findet hier Kapitel, die Titel folgender Art tragen: Ich helfe einem Priester, der vom Publikum ausgezischt worden ist und vom Altar zum Laden eines Selchers entflieht.

62 Man findet hier Manteldiebstähle, Geschichten von Augengläsern, die man in der Suppe, oder von Käse, den man in seinem Bett entdeckt, alle möglichen spaßhaften Abenteuer, Alibis, Verwechslungen, unzusammenhängendes Geschwätz und Schabernack.

63 Über die Gewohnheit der venezianischen Advokaten zu plädieren, ihre Schreie, ihr Heulen, ihr ungezwungenes Mienenspiel, ihre Gepflogenheit, die Brust zu entblößen, sich bis zum Nabel nackt zu zeigen, ihre Hemden im Hintergrunde des Saales zu wechseln, lese man Goethe, Italienische Reise, Venedig, den 3. Oktober, Baretti, d'Orbessan, Grosley nach. »Nie hat mich eine venezianische Komödie so belustigt wie die Verteidigungsrede eines Advokaten«, schreibt Grosley. – »Heute«, sagt Goethe, »habe ich ein Lustspiel gesehen, das mich viel mehr belustigt hat: ich habe einen Rechtsfall im Dogenpalast plädieren hören ...« usw.

64 Das Werk Gasparo Gozzis, seine *Gazzetta*, sein *Osservatore* wimmelt nur so von solchen komischen Szenen, die er auf der Straße aufgegriffen hat. – Im Fornogäßchen in S. Polo sitzen mehrere Klatschbasen auf der Schwelle: »Eine strickt, eine andere spult, eine dritte häkelt, jene näht; im Grunde genommen haben sie ja alle ihre besondere Beschäftigung und in dieser Hinsicht sind sie verschieden, aber alle sprechen gleichzeitig von Tagesanbruch bis Sonnenuntergang und darin gleichen sie einander; zu ihrem Geschwätz gesellt sich noch eine Schullehrerin, die nicht weiß, welche Wissenschaft sie ihren Kindern beibringen soll, und sie daher an den Ohren zieht, Kopfnüsse austeilt, mit der offenen Hand auf den kleinen Podex klopft, daß sie aus vollem Hals schreien, so daß man manchmal gleichzeitig einen Chor von weinenden Kindern hört und von Frauen, die der Lehrerin ihre Grausamkeit vorhalten, während sich die Lehrerin verteidigt: weder Sophokles noch Euripides haben je in der Tragödie einen Chor erfunden, der diesem gleicht.« – Im Hofe von Cà Barozzi hat die Frau eines Matratzenmachers im Lotto einen Terno gewonnen: »Man öffnete die Fenster, machte die Türen angelweit auf, stürmte von den Treppen herunter; zehn Frauen sprangen gleichzeitig auf die glückliche Gewinnerin los, die den Gewinnzettel in der Runde

herumzeigte; man vergewisserte sich über die Richtigkeit mittels eines Gondoliere, der zufällig da war und lesen konnte; es stimmte: von den zehn Frauen hat jede neunzehn Taler gewonnen; zehn Münder schrien freudig auf; die Träume und die daran geknüpften Kombinationen wurden ausgetauscht: alle begannen einander zu umarmen; ein Haufen Kinder hüpfte und schrie um sie herum; eine Obstlerin riß ihre Schürze vom Körper und zerfetzte sie in tausend Stücke; eine andere warf ihre Pantoffeln weit von sich und begann barfuß zu tanzen; ein Gondoliere bemächtigte sich eines dicken zwerghaften Mädchens, hob sie auf und stellte sie nieder wie einen Stampfer ... und seit diesem Tage ist die Traurigkeit aus diesem Gärtchen verbannt, und man spricht nur mehr von Vergnügungen und von Schätzen.« – »Vor einigen Tagen fand ich beim Überschreiten einer Brücke drei halbnackte Kinder, die mit den Zähnen klapperten und eine so klägliche Szene aufführten, daß es herzzerreißend war. Ich tat für sie, was ich konnte, ging weiter, blieb aber dann, ich weiß nicht warum, stehen. Es dunkelte schon. Die Szene hört auf und verwandelt sich in eine ruhige Erörterung. Der eine sprach: ›Was meinst du, spiele ich meine Rolle gut?‹ Der andere entgegnete: ›So halbwegs. Nur die Stimme muß mehr kreischen!‹ Der dritte sagte: ›Das ist wahr. Wir wollen die Instrumente stimmen.‹ Als sie meinten, daß die Töne ordentlich zusammenstimmten, sagten sie: ›So ist's recht, so ist's recht!‹ und sie lachten. Und jedesmal, wenn jemand vorüberging, erhob der Chor seine Stimme. Ich hielt mich eine halbe Stunde versteckt und hörte mir diese Musik an. Dann trat ich vor. Sie stutzten. ›Ihr könnt es immer noch nicht‹, sagte ich zu ihnen. Und ich begann, ihnen eine Lektion zu geben, nach eben den Grundsätzen, die ich gehört hatte. Anfangs hörten sie mich verwundert an, dann aber machten sie sich alle auf einmal aus dem Staube.«

65 »Die Einförmigkeit ist etwas, das in diesem Lande am meisten in Erscheinung tritt«, schreibt Goldoni aus Paris. »Alle suchen es den andern nachzumachen, und wer etwa geneigt wäre, ein eigenes Leben zu führen, nimmt eine Maske vors Gesicht und bemüht sich, ähnlich zu erscheinen. Trotz des Strebens nach Gleichförmigkeit scheint der besondere Charakter ein wenig durch, aber die Karikatur ist so unbedeutend, daß sie den Augen des Fremden sehr leicht entgeht.« Vorrede zur *Buona Madre.* Und anderwärts: »In Paris gibt es eine gewisse Gleichförmigkeit des Lebens und der Sitten, die einen der Mühe, aber auch des Vergnügens überhebt, besondere Beobachtungen zu machen. Man kann keine lächerlichen Originale entdecken.« *Lettere di Carlo Goldoni*, veröffentlicht von E. Masi, S. 187.

66 Der Abbé Tribolato, der infolge seiner Bosheit in vier oder fünf Cafés sehr beliebt ist, bezieht von einer Gesellschaft, die sich an seinen derben Späßen ergötzt, ein Stipendium. Nur der Ritter Giovanni Bonfadini hat ihm versprochen, ihn ordentlich zu verprügeln, wenn es ihm einfiele, je Gutes von ihm zu erzählen. – Der Abbé Testa ist ein Philosoph, um den sich die Salons raufen; merkwürdigerweise ist er in Spinnweben verliebt, zum Zynismus geneigt und schläft in einem schmutzigen Loch mit vier Fenstern ohne Scheiben, das der Wind

durchfegt. Er lebt da mit einer Ratte, die er in seinem Bett schlafen läßt; nährt sich nach pythagoräischer Art von Kräutern und läßt es sich nicht nehmen, diese im Hintergrunde des Cafés, wo er Stammgast ist, eigenhändig zu putzen und zu waschen. Seine Serenität, der Doge Manin, die erlauchten Senatoren Alvise Emo und Bernardo Memmo helfen ihm bei dieser Arbeit. Der Graf Alessandro Pepoli, Senator in Bologna, aber Patrizier in Venedig, enthüllt sich an dem gleichen Tage als tragischer und komischer Dichter, als Epiker, als klassischer und Grotesktänzer, als Seilkünstler, Kutscher, Ruderer, Musiker, Flötenspieler, Lakai, Deklamator, Billardkünstler; und er kann auch mit Fahnen jonglieren. – Longo, *Memorie.*

67 *Messetta, bassetta e donnetta.*

68 Sobald ein Ding oder eine Person groß erscheint, hat man das Bedürfnis, sie zu verkleinern. Die Zeitgenossen Tiepolos nannten ihn »Tiepoletto«.

69 »Eine einfache Fehde zwischen zwei Gondeln genügt am Montag, um alle Straßen, Fenster, Laden, Kais, Brücken und andere Orte, die an den Canal Grande stoßen, auf den beiden Ufern und in seiner ganzen Länge mit Zuschauern zu füllen.« *Gazzetta Veneta Urbana*, 13. Juni 1787.

70 Bazzoni, *Un Confidente degl' Inquisitori di Stato*, S. 297.

Drittes Kapitel

Die Feste, der Karneval und der Landaufenthalt

1 Giustina Renier-Michiel, *Origine des Fètes vénitiennes*, Vorrede.

2 Mme. du Boccage, *Oeuvres*, II, 156.

3 Lady Montagu erzählt von einer einfachen Regatta, der sie im Mai 1740 beiwohnt. Die Peotte der Pisani-Mocenigo stellt den Wagen der Nacht dar: man sieht darauf die Stunden in Gestalt von vierundzwanzig Statuen, den Mond, der inmitten der Sterne aufgeht; reiche Livreen von Gondolieri, die dreimal längs des Kanals gewechselt werden, ebenso wie der Schmuck der Statuen. Die Gondel Soranzos stellt das Königreich Polen dar: Provinzen, Flüsse, Malereien, Goldschmuck, Künstlerorchester in polnischen Kleidern. Die Gondel Contarinis stellt Apollo auf dem Parnaß dar, mit dem Pegasus, den neun Musen und der Fama. Die Gondel des Prokurators Foscarini stellt den Wagen der Flora dar, gezogen von Amoretten und mit Blumen besät. Die Gondel eines zweiten Contarini zeigt den Triumph der Tapferkeit; die Corrers das Adriatische Meer, wie es die Hoffnung Sachsens in seine Arme aufnimmt; die Mocenigos den Garten der Hesperiden, die Querinis den Wagen der Venus,

»gezogen von Tauben, die so gut nachgebildet waren, daß man glauben konnte, sie würden gleich vom Wasser auffliegen.« Ein Doria stellt den Wagen der Diana dar: »Die Göttin schien in einem weiten Walde zu jagen. Bäume, Hunde, Hirsche und Nymphen, alles war natürlich nachgebildet; die Gondolieri waren als Bauern gekleidet; Endymion, unter einem Baume liegend, schien über den Anblick der Göttin in heller Begeisterung zu sein.« Ein Labbia stellt Polen dar, wie es Sachsen krönt. Ein Morosini den Triumph des Friedens: zu seinen Füßen liegt die Zwietracht in Ketten und vor ihm tanzt der Chor der Freuden.

4 *Nuova Veneta Gazzetta.*

5 Gräfin Wynne de Rosenberg, *Il Trionfo dei gondolieri*, S. 24.

6 Man sieht den Adel gemischt mit dem Volke, den Fürsten mit dem Untertanen, das Seltene mit dem Gewöhnlichen, das Schöne mit dem Häßlichen. Es gibt weder Behörden mehr noch Gesetze, die in Kraft stünden. Casanova, *Confutazione*, II, 104.

7 »Ich zweifle nicht«, sagt Addison, »daß die geheime Geschichte eines Karnevals in Venedig eine sehr interessante Sammlung liefern würde.«

8 Als der Nuntius des Papstes einmal maskiert war, warf sich ihm ein Mann zu Füßen und bat ihn um seinen Segen. Montesquieu, *Voyage en Italie*, S. 33.

9 »Seit der Karneval herrscht«, seufzt der Buchhändler Colombani, »schaut es so aus, als ob niemand mehr lesen könnte, kein Mensch verlangt mehr ein Buch von mir ... Alle diese Bücher verschimmeln mir unter den Händen und alle diese Schleifen mit auffallender Schrift, die ich herumlege, ... können ebensogut als Grabinschriften aufgefaßt werden.« Gasparo Gozzi.

10 Malamani, *Il Carnovale di Venezia nel secolo XVIII*, S. 681.

11 Carlo Gozzi, *Opere non teatrali*, S. 177.

12 »Faschingsdienstag habe ich auf dem St. Markusplatze mehr als vierzigtausend Personen beisammen gesehen«, schreibt der Abbé de Bernis. Der Prior Casotti hat hunderttausend gesehen. *»E non conto chiacchiere!«* fügt er hinzu.

13 D'Ancona, *Una Macchietta goldoniana.*

14 Goldoni, *Mémoires*, I, 280.

15 *Maniera tenula dagli uomini e dalle donne per vestirsi in maschera nel carnevale*, veröffentlicht von Malamani, *Il Settecento a Venezia*, II, 24.

16 Zompini, *Le Arti che vanno per via nella città di Venezia.*

17 »Niemand konnte besser als Goldoni das Gehaben, den Ton, die Überschwenglichkeit dieser Art von Marktschreiern nachmachen; das ist seine Lieblingsmaske.« Grosley, *Op. cit.*, II, 9.

18 *Riforma del Carnavale, novella giapponese. Gazzetta Veneta Urbana.*

19 »Wenn ihr mit einem Harlekin sprecht, werdet ihr ihn ebenso windbeutelig finden wie einen Franzosen, ebenso spitzbübisch wie einen Irländer; der Rechtsgelehrte hat einen streitsüchtigen Ton, der Arzt ein pedantisches Gehaben. Sie zeigen viel Lebhaftigkeit in der Sprache; diejenigen, die kein Talent dazu haben, lassen die Hände davon. Man kann sicher sein, daß man über jeden Menschen lachen

muß, den man auf seinem Wege trifft. Ich habe mehr Witzworte an diesem einen köstlichen Tage gehört als während einer ganzen Woche in jedem andern Lande.« Maihows, *Voyage en France, en Italie, aux Iles de l'Archipel*, II, 217.

20 Die Liedchen vom Rauchfangkehrer, von der kleinen Witwe, von der Mandel, von der Wachtel, vom Gärtner, vom Mesnerknaben usf. Man lese sie nach bei Malamani, *Il Settecento a Venezia*, II, 341 ff.

21 Molmenti, *Un maldicente*, S. 289. – Diejenigen, die keine Villen haben und in der Dominante bleiben müssen, richten es sich ein, so gut sie können. So erklären sich die Landpartien der kleinen Frauen, diese *garanghelli*, die im Oktober nach einem Punkte der Küste gemacht werden und nur einen Tag dauern.

22 Über Altichiero vgl. die Gräfin Rosenberg; über Valmarana Molmenti; über Strà Oreffice u. a.

23 »In diesen Landhäusern muß man die Venezianer sehen; sie sind hier ganz anders als in der Stadt ...« Pöllnitz, *Lettres et Mémoires*, II, 113. – Vgl. Goldoni, *Le Smanie per la Villegiatura, Le Avventure della Villegiatura, Il Ritorno dalla Villegiatura, La Villegiatura, I Malcontenti* usw.

24 Schon 1733 gestattet ein Gesetz während des Landaufenthaltes goldene oder silberne Knöpfe, Schnüre und Verzierungen und Goldborten auf dem Hute. Die Frauen dürfen farbige Kleider tragen. – Malamani, *La Moda a Venezia nel secolo XVIII.*

25 »... Und nach und nach zerstreut sich die Gesellschaft; jede geht mit ihrem Galan in den Garten oder zum Ufer ... Das ist die Stunde, wo sich die Aufrichtigkeit geltend macht, das Herz läßt sich mit der Hand greifen, die Dunkelheit gibt Mut zu Liebeserklärungen ... Dann kommt die Morgenröte ... und man legt sich beim Licht der Sonne schlafen.« *Nuova Veneta Gazzetta*, 16. Juni 1762.

26 Ernesto Masi, *La Vita, i tempi, gli amici di Francesco Albergati.*

27 Longo, *Memorie*, I, 87.

28 »Während der Feste habe ich Besuche von 20 Personen zu Roß empfangen: Männer und Frauen; denn die Frauen reiten hier alle wie die selige Herzogin von Cleveland. Das sind meine Gutsnachbarn auf zehn Meilen in der Runde. Sie kamen mit der löblichen Absicht, vierzehn Tage bei mir zu verbringen, obwohl ich vorher keines dieser Gesichter gesehen hatte.« Lady Montagu.

29 »Ich will gar nichts gesagt haben«, ruft der eine von ihnen aus, »aber ich bin die beste Würze des Landaufenthaltes. Wenn es gilt zu tanzen, so tanze ich Menuett, Furlana, mit oder ohne Musik, mit Leuten, die tanzen können, und solchen, die es nicht können, und wenn ich tanze, so lachen sich alle krank. Wenn es nötig ist, nehme ich eine Geige und spiele herzzerreißend. Was Gesang anlangt, so habe ich eine solche natürliche Gabe, daß alle glauben, ich hätte es gelernt, wo ich doch nicht einmal weiß, was Solfeggien sind; ich singe zum Davonlaufen Tenor, Alt, Baß, in Begleitung und solo, und kein Mensch kann die Liedchen der Piazza besser vortragen als ich. Bei Tisch lachen alle über mich; ich finde großartige Reime, selbst solche, die gar keine sind. Wenn ich einen Schluck getrunken habe,

bin ich erst gar köstlich; da mache ich mir aus keinem Menschen mehr etwas, ich sage allen Unverschämtheiten. Man haut mir, ohne daß ich es weiter übelnehme, Ohrfeigen herunter, bläst mir Rauch ins Gesicht oder bewirft mich mit Apfelgriebsen; manchmal haben sie mich vom Kopf bis zu den Füßen beschmutzt, daß es zum Totlachen war. Mit mir macht man jeden Schabernack, ich unterhalte die ganze Gesellschaft. Sie haben mich mit gebundenen Händen Aale aus einem Eimer nehmen, Makkaroni essen und Kuchen aus Kleie verschlingen lassen: was weiß denn ich? Hunderterlei Scherze und alle auf meine Kosten, gnädige Frau. Und dieses Jahr diene ich Euch und ich werde Euch zeigen, wer ich bin. Ich habe besondere Zauberkünste gelernt, kann Muskatnüsse verschwinden lassen, ein Band zerschneiden, das dabei ganz bleibt, einen Vogel aus einem Kartenspiel herausfliegen lassen und ihr werdet sehen, wie diese Bauern mit offenem Munde ausrufen: ›So ein Teufelskerl! So ein Zauberer!‹ Ihr werdet sehen, wie ich tanzen, wie ich meine Glieder verrenken kann! ... *Madama, votre servitor Madama, allegraman toujour, allegraman toujour!*« Goldoni, *I Malcontenti*, I, 14.

30 Da sind alle Landpfarrer, die leidenschaftlich gern »Gänsespiel« spielen. Da ist ein Mönch aus der Nachbarschaft, der sich rühmt, außer einem guten Appetit auch die Fähigkeit zu besitzen, in den Lustspielen zu soufflieren. Da ist ein Dorfbarbier, der pompvoll auf sein Schild schreibt: »Hier wird geheilt, zur Ader gelassen, hier werden Perücken verkauft, Zuchthengste vermietet und Säcke verliehen.« In den *Memorie* Longos wimmelt es von solchen absonderlichen Käuzen.

31 Longo, *Memorie*, II, 142.

32 »... Wenn Ihr kommt, werden Euch zehn oder zwölf in einer Hecke verborgene Nachtigallen willkommen heißen und nie werdet Ihr einen lieblicheren Gesang hören. Ich werde auf der Schwelle stehen und Euch, ein *Alleluià* singend, mit offenen Armen entgegenlaufen. Ihr werdet sofort von Kapaunen, Enten, Hühnern und Indianen in Empfang genommen werden und Pfauen werden um Euch ein Rad schlagen. Vielleicht wird Euch das langweilen, aber Ihr werdet schon Geduld haben müssen, denn diese Tiere können Euch nicht gut erklären, daß sie Euch gehorsam und ergeben sind und daß sie sich für Euch mit Vergnügen ... kochen, braten und in Stücke schneiden lassen werden. Die Führerin dieses Heeres ist eine kleine hinkende Bäuerin, die beste Haut, die es auf der Welt gibt ... Zu trinken bekommt Ihr einen rubinfarbigen Wein, der Euch im Handumdrehen, und kaum daß Ihr ihn geschmeckt habt, vom Hals in die Blase rinnt und von da zur Erde. Wir haben Brot so weiß wie frisch gefallener Schnee, besonders aber eine solche Herzensfreude *che non si canta sempre, perchè la voce manca più presto della contentezza.*« Gasparo Gozzi, *Opere*, XIII, 146.

33 *Par che più vita non la gabia, è vero,*
Al'omo che non è fatto per amarla,
Ma quel che l'ama con un cuor sincero
Anca nel so riposo el sa trovarla

Sempre l'istessa a esercitar l'impero,
Elo la vede in tutto, e la ghe parla
Ne' venti, ne la neve e ne la piova,
E forse assae più grande el la ritrova.
Collezione delle migliori Opere scritte in dialetto veneziano, § III, p. 6.

Viertes Kapitel

Die Frauen, die Liebe und der Cicisbeo

1 *Questo si è il catalogo di tutte le principal et più honorate cortigiane di Venetia, il nome loro, et il nome delle loro pieze, et le stantie ove loro habitano, e di più ancora vi narra la contrata ove sono le loro stantie, et etiam il numero de li dinari che hanno da pagar quelli gentilhomini, et al che desiderano entrar nella sua gratia*, Venedig, 1547. – Diana, genannt das Wiesel, am Rio della Fornasa, *pieza la mare*, kostete zwei Taler. Paolina, eine geborene Canevo, in S. Lucia, *pieza una so massera*, kostete dreißig. – Orford, *Leggi e memorie venete sulla prostituzione.*

2 »Diese berühmten Buhlerinnen, die ehedem den Adel bei sich empfingen, die Fremden anzogen, in alle Intrigen verwickelt waren und oft nützliche Kenntnisse vermittelten, gibt es heute nicht mehr.« Bernis, *Mémoires*, 421.

3 »Die Folge davon war, daß die Sprechsäle, die vor weniger als einem halben Jahrhundert mit verzauberten Palästen verglichen werden konnten, zu unserer Zeit nur mehr frömmelnde und alberne Nönnchen beherbergten.« Lamberti, Fulin, *Studi*, 151.

4 »Herr Denon stellte mich seiner Freundin, Frau Marini, vor, die seither den Grafen Albrizzi geheiratet hat. Sie war liebenswürdig und geistreich. Am selben Abend schlug sie mir vor, mich ins Café zu führen, was mich ein wenig überraschte, da ich den Brauch des Landes nicht kannte.« Frau Vigée-Lebrun, *Souvenirs*, 246.

5 »Die zurückgezogensten Frauen ... haben die Gewohnheit, in der Öffentlichkeit so geräuschvoll und mit einem solchen Gehaben und Getue aufzutreten *che in qualche modo non risparmiano al virile sesso la penetrazione de' sensi.*« Orteschi, *Sulle passioni, i costumi e i modi di vivere de' Veneziani*, S. 14.

6 »Sage dem h: *Joanes* daß die widerische berlein immer von ihm reden, und vorauf die *Madelle: catharina*, und er soll bald wieder auf Venedig komen, um sich eb: die *attáca* geben zu lassen, dass ist, sich auf den boden dem hintern brellen lassen, um ein rechter Venezianer zu werden: mir haben sie es auch wollen thuen, haben alle 7 weibsbilder zusamm geholfen, und doch waren sie nicht im stande,

mich zu boden zu bringen ...« (Die Briefe W. A. Mozarts und seiner Familie, Ausgabe L. Schiedermair, München, Georg Müller, 1914, Bd. I, S. 28.

7 Gradenigo, Malamani, II *Carnovale*, S. 682.

8 Goldoni, *Le Donne Curiose.*

9 *Le parla de politica/Al casin, al café,/Sul leto e sul bidè* ... Barbara, Malamani, *Il Settecento*, I, 54.

10 Forcellini, *Lettere*, S. 325.

11 *Mémoires*, 421.

12 *Plan de Réforme*, S. 59.

13 Goldoni, *Le Femmine Puntigliose*, II, 14.

14 *Le done g'ha sete spiriti in corpo ... Xe più difficile a far la guardia a'na femina che a un saco de pulesi ...* Venezianische Sprichwörter.

15 *I finirà po' col volerne in casa*
Anzi, anzi in cusina
Co la lume da ogio
A cuser canevazze,
A taconar le veste e i gabanoni,
A sti novi Licurghi, a sti Soloni.
Barbaro, Raccolta di poesie in dialetto veneziano, S. 125.

16 »Das weibliche Geschlecht in Venedig ist von seltener Schönheit«, sagt Young.

17 Er findet darin auch Theater, Promenaden, Ballsäle, Kabinette und *casini. Diario Veneto*, 3. Februar 1765.

18 *E gran sorte giera 'l darghe*
In tel c... un pizzegon.
Baffo, Raccolta universale delle opere, IV, 42.

19 »Zur Stunde, da wir den Markusplatz verließen, d. h. um drei oder vier Uhr, kamen die Damen in Begleitung ihrer Verehrer daher. Sie verbringen hier die ganze Nacht mit Spaziergängen, die nur von Gondelfahrten unterbrochen werden, und kehren an Festtagen erst heim, nachdem sie eine Messe gehört haben.« Grosley, *op. cit.*, 13.

20 Sie fügen hinzu: »Wir werden uns freuen, uns mit euch zu unterhalten, und es wird uns ein Vergnügen sein, mit euch einen Rundgang um den Platz zu machen.« Pöllnitz, *Lettres et Mémoires*, II, 108.

21 Malamani, *Giustina Renier-Michiel, i suoi amici, il suo tempo*, S. 49. – Cesarotti, *Cento lettere inedite a Giustina Renier-Michiel*, herausgegeben von Malamani.

22 *Morbin, sestin, cocola* usf.

23 Molmenti, *Galanterie e Salotti veneziani.* – Stendhal, der sie als alte Frau kannte, schrieb von ihr: »Die glänzendsten Salons von Paris sind sehr abgeschmackt und sehr hausbacken verglichen mit der Gesellschaft der Frau Benzon.«

24 Molmenti, *Un Maldicente*, S. 347. – Eines Tages hatte sie einem Fremden ihre Loge im Theater verkauft. Da lief in Venedig ein Epigramm um, das sie beschuldigte, ihre Loge teurer zu verkaufen als ihren Körper. »Das ist wahr«, entgegnete sie, »denn diesen schenke ich bei Gelegenheit her.«

25 Malamani, *Isabella Teotochi. – Albrizzi, i suoi amici, il suo tempo.* –

Foscolo, *Lettere a Isabella Teotochi-Albrizzi*, herausgegeben von Chiarini.

26 Occioni-Bonaffons, *Di un Epistolario femminile*, S. 859.

27 Malamani, *op. cit.*

28 Sainte-Beuve, *Premiers Lundis*, II, 209.

29 Marcantonio Sorzi, Giovanni Pozzobon, Giacomo Mazzolà, Lodovico Pastò, Francesco Gritti, besonders Antonio Lamberti. – Über einige dieser Dichter lese man nach Giuseppe Ferrari, *De la Littérature populaire en Italie*; Enrico Castelnuovo, *Della Poesia vernacola veneziana.*

30 *Collezione delle migliori Opere scritte in dialetto veneziano. – Raccolta di poesie in dialetto veneziano d' ogni secolo.* – Malamani, *Il Settecento a Venezia, La Musa popolare.*

31 *La Biondina in gondoletta.* Das Lied wurde geschrieben von Antonio Lamberti für Maria Benzon auf eine Melodie von Mayer. Es wird noch auf den Kanälen von Venedig gesungen.

32 *El ti e el vu* von Lamberti.

33 *Vado pensando, nonola,*
Quelo che amor facesse
Quando che 'l te vedesse:
No xelo un bel pensier?

Mi ghe scometerave
Che 'l restaria incantà
E che dopo el dirave:
Sta dona che xe quà?

Cussi el dirave, nonola,
E po dopo bel belo
Quel mato de putèlo
Te vegnerìa a basar

Prima la man, po un brazzo,
E po el farìa un sestin,
E po dopo el furbazzo
A pian, a pian pianin

L' anderìa rampegandose
Più in su, più in suso ancora
Dixendo: la inamora
Costìa l'isteso Amor.

E no 'l starìa più quieto,
Come i putèli fa;
El chiaparìa un ochieto
La boca, e po ... chi sà?

E ti po, disgustandote,
Ti lo manazzaressi:
Putèlo, ti diressi,
Sta quieto, via, sii bon

E lu come i putèli,
Mezo mortificà,
In quei to bei caveli
Tuto quanto imbautà.

Parlandote, pianzendote,
Tanti sesti el farìa,
Che al fin te sentirìa
Dirghe: vien quà, baron ...
El pensier von Lamberti.

34 Frau Vigée-Lebrun und der Baron Denon haben sich in der Nacht auf dem Friedhof verirrt: Zwei Soldaten vergessen »Wer da« zu rufen. »Sie hielten uns ohne Zweifel für zwei Liebende, die in Italien immer Hochachtung genießen.« Frau Vigée-Lebrun, *Souvenirs*, S. 250. – Ein Mädchen schreibt ihrem Liebhaber; sie wird aber krank und muß das Schreiben unterbrechen; die Mutter setzt ganz einfach den Schluß hin: *»Finisco la letera io della mia figlia, la quale non hano potuto andar havanti per un gran male ...«* Gasparo Gozzi, *Opere*, XIII, 150.

35 *»Messaline sentimentali«*, sagt ein zeitgenössischer Dichter von ihnen.

36 »Und auch in jeder Hinsicht so vollkommen«, fügt der Präsident hinzu.

37 Rousseau, *Confessions*, B. VII.

38 Aldo Parenzo, *La Fuga di Giustiniana Gusson.*

39 Rinato Fulin, *Maria da Riva, Studi.*

40 »Sie hatte keine besondere Bildung«, fügt Da Ponte hinzu, »aber ihr Gehaben hatte etwas so Anmutiges, ihre Sprechweise etwas so Heiteres, daß sie sogleich alle für sich einnahm ...« Da Ponte, *Memorie*, I, 20 ff.

41 Carlo Gozzi, *Memorie*, III, 142 ff.

42 »O Gott, ich trage dein süßes Wesen in mein Herz eingegraben; Verführer, was hast du aus mir gemacht? Welche Leidenschaft kommt der meinen gleich? Ach, sie ist nur zu begreiflich! Mein Liebling, wer ist edler als du? Welche hat einen Mann, der dir vergleichbar wäre? Gott hat mir dieses Gut gegeben, Gott und die Madonna, die ich stündlich verehre und anrufe.« Molmenti, *Galanterie e salotti veneziani*, S. 210.

43 »Wir alle drei fühlten oft das Bedürfnis, unsere Seelen zur Vorsehung zu erheben, um ihr für den wirksamen Schutz zu danken, mit dem sie von uns die Fährlichkeiten fernhielt, die den süßen Frieden, dessen wir uns erfreuten, hätten stören können.« Casanova, *Mémoires*, I, 148.

44 Molmenti, *Vie privée*, S. 435.

45 Rousseau, *Confessions*, VII.

46 Goldoni, *Il Cavaliere e la Dama*, I, 7.

47 Foscolo, *Il viaggio sentimentale di Lorenzo Sterne*, S. 143.

48 Über das Cicisbeotum vergleiche Neri, *Costumanzi e sollazzi.* Molmenti, *I cicisbei a Venezia.* Marenduzzo, *I cicisbei nel Settecento* usf.

49 In Paris wundert sich Goldoni, daß die Ehegatten zusammengehen:
A Parigi, le moglie e i mariti
Vanno insieme ai teatri e ai passeggi,
Per le vie, per le chiese e pei conviti.

50 Costantini, *Lettere critiche*, III, 105. Cicisbei alle mogli per patto.

51 »Der Malteserritter Sacramozo, liebenswürdig, gebildet, vielgereist, den ich in Holland und in Paris kennengelernt hatte, hat die Liebenswürdigkeit gehabt, in Venedig meinen Cicisbeo zu spielen. Das erstemal, da er mir die Ehre erwies, mich auf meinen Besuchsgängen zu begleiten, sah er, wie ich unruhig wurde, weil ich meine Karten vergessen hatte; möchtet ihr glauben, daß ich gedruckte Karten in seiner Tasche fand? ›Das gehört zu meinem Amte‹, sagte er; ›ich muß Euch auch auf ein Eis ins Café führen und am Abend auf den Markusplatz oder an den Canal grande mit Euch spazierengehen, was bei der drückenden Hitze eine angenehme Erfrischung bedeutet.‹« Frau von Boccage, *op. cit.*, S. 162.

52 In der *Dama prudente* von Goldoni sagt Donna Eularia zum Marquis: »Ich bin nicht gewohnt, mich vor den Kavalieren an- und auszukleiden.« »Oh!« entgegnet der Marquis, »das ist doch gang und gäbe, und es vergeht vielleicht kein Tag, wo ich nicht die Ehre habe, irgendein Mieder zuzuschnüren.«

53 »Man versichert mir, daß hier eine Neuvermählte oder eine andere, die sich in der Oper langweilt, nach Mitternacht ihrem Cicisbeo eine Lustpartie vorschlägt, die für den, der gewohnt ist, auf dem Wasser zu fahren, einen besonderen Reiz hat, d. h. sie besteigen eine Gondel, legen einen Weg von dreiviertel Stunden zurück, um das feste Land zu erreichen, lassen sich in der Sänfte eine Stunde weit tragen, nehmen eine Tasse Kaffee und kehren zu ihrem Schiffe zurück, das sie morgens in die Stadt zurückbringt. Die Gewöhnung an die Freiheit mildert hier zweifellos den schrankenlosen Genuß derselben.« Frau von Boccage, *op. cit.*, S. 163.

54 Costantini, *Lettere critiche, giocose, morali, scientifiche ed erudite*, IV, 75.

55 Chiari, *Commedie da Camera*, I, 3.

Fünftes Kapitel

Die Schriftsteller, Gasparo Gozzi

1 »Die Buchdrucker hier arbeiten besser als die von Florenz«, sagt Casotti. »Man druckt hier mehr Bücher als in andern Städten Italiens, und sie kosten die Hälfte dessen, was man in Paris bezahlt«, sagt Lalande. »Man druckt hier mit ausdrücklicher Bewilligung Übersetzungen französischer Werke, die man sich selbst in Paris nur mit stillschweigender Bewilligung herauszugeben getraut«, sagt Grosley. »Man ist wirklich ganz erstaunt, auf Schritt und Tritt Bücher, Buchladen, Buden, Stände zu finden, wo man nur Bücher verkauft«, sagt Andrès. »Man hört die Bücher auf den Straßen ausrufen wie Blumen, einen Soldo das Büschel«, sagt Chiari.

2 Forcellini, *Lettere*, S. 64.

3 Niccolò Tommaseo, *P. Chiari, la letteratura e la moralità del suo tempo. Storia civile nella letteraria*, S. 260.

4 Bazzoni, *Un confidente*, XVIII, 35.

5 »Meine Familie und meine Freunde sind Zeugen«, schreibt Antonio Longo in seinen *Memorie*, »daß ich von meinem zartesten Alter an immer, wenn ich im Fieber liege, nur in Versen sprechen kann.« Mit neun Jahren verfaßt Carlo Gozzi sein erstes Sonett; es handelt von einem Hündchen und ist für eine Hebamme bestimmt. Da Ponte verlangt schelmischerweise von seinem Vater Geld in Sonetten:
Mandatemi vi prego, o Padre mio,
Quindici soldi, o venti, se potete … usf. usf.

6 Chiari, *Commedie da Camera*, II, 9.

7 »Ich erinnere mich«, sagt Baretti, »an einen gewissen Fabricio, einen ziemlich gebildeten Menschen, der in Venedig etwas mehr als drei Schilling für den Bogen bekam, indem er die Enzyklopädie von Chambers und das Leben Ciceros von Middleton übersetzte.«

8 *Peregrino ferma il passo,*
Qui giace il Lalli in pace eterna e cheta,
Che nacque ricco e poi morì Poeta.

9 *Atti dell' Accademia granellesca.* – Daniel Farsetti, *Memorie dell' Accademia granellesca.* – Gasparo Gozzi, *Opere*, VII, 131 ff. – Carlo Gozzi, *Memorie inutili*, I, 246 ff.

10 »Beim Erscheinen des Arcigranellone«, schreibt Farsetti, »nahm jeder eine der kleinen Holztrompeten, die ich zu diesem Behufe gekauft hatte, und unter ihrem betäubenden Lärm begleiteten wir ihn ein gutes Stück Weges. Dann setzten wir ihn in einen großen Lehnstuhl aus Nußholz, den man auf einer großen Tragbahre befestigt hatte. Vier Burschen hoben sie auf und so ließen wir ihn mehrere Male um den Garten herumtragen. Dann stellten wir ihn vor einer alten, halbverwitterten Statue nieder, zwei der Akademiker brachten den Kranz, den sie aus Rettichen und Endivien gewunden hatten – auch einige grüne Pflaumen hingen daran –, und setzten ihn ihm aufs Haupt. Von neuem blies man die Trompeten und überreichte ihm

die Sonette, die man haufenweise hatte drucken lassen und die der Sekretär Piantoni in Prosa verfaßt hatte. Dann wurde der Lärm der Trompeten und der Hochrufe so groß, daß er die Leute an die Fenster lockte. Als sie die Geschichte hörten, wollten sie sich zu Tode lachen.« Daniel Farsetti, *Memorie*, S. 13.

11 Die des Doktors Matteo Fiesco an den Arcigranellone beginnen folgendermaßen:
Fo di berreta all' Arcigranellone,
E caldi ti presento i miei sonagli,
E gli accomando alla tua protezione,
Tu li defendi da punture e tagli,
Son sani, e grossi fuori d' ogni ragione:
Ne c' è granel, che il loro peso eguagli;
Son lisci, forbiti e naturati
E potrebbon servirti pur d' occhiali ...

12 Der *Pendente.* Der *Penzolone.* Der *Sperticato.* Der *Asciutto.* Der *Velutto.* Der *Mancino.*

13 Über die übrigen Akademien von Venedig lese man nach Battaglia, *Delle Accademie veneziane.*

14 Über Gasparo Gozzi vergleiche Niccolò Tommaseo: Vorrede zu den *Scritti vari* von *G. G.* und *Storia civile nella letteraria*, S. 180; Malmignati, *Gasparo Gozzi e i suoi tempi;* Malamani, *Gasparo Gozzi.*

15 In den zeitgenössischen *Raccolte* findet man Verse von Giacomo Gozzi, von Francesco Gozzi, von Carlo Gozzi, von Marina Gozzi, von Girolama Gozzi. Wie viele man dort von Gasparo Gozzi findet, ist unglaublich.

16 *Il Poeta Fanatico*, I, 4.

17 »Das Steinpflaster wies Höhlungen auf, als wäre es vom Krebs zerfressen. Die Fenster gewährten allen Winden der Bussole freien Eintritt. Die Wandverkleidungen waren, soweit überhaupt vorhanden, verrändert, zerrissen und hingen in Fetzen herunter.« Carlo Gozzi, *Memorie inutili*, I, 118.

18 *»Non si sapeva«*, schreibt einer der Söhne des Dichters, *»dove posar le natiche.«* Malamani, *Gasparo Gozzi.*

19 Carlo Gozzi, *Memorie inutili*, I, 153.

20 *Opere*, XVI.

21 *Sol ti ricordo che il miglior terreno*
Ch' io m' abbia al mondo è un oriuol d' arena.

22 Es gibt mehrere Ausgaben der *Opere* Gasparo Gozzis. Die Paduaner aus dem Jahre 1818, von Dalmistro besorgt und 16 Bände stark, ist die vollständigste. Sie ist hier zugrunde gelegt. Aber sie umfaßt bei weitem nicht das ganze Werk Gasparo Gozzis.

23 Lukian, Longus, Kebes, Chrysostomus, Basilius, Athenagoras. – Plautus, Horaz, Plinius, Columella, Persius, Cicero. – Klopstock. – Pope. – Brumoy, Saint Lambert, Vatelet, Dorat, Voltaire, Destouches, Boursault, Frau von Graffigny, den Maler Hoterot, alles Erdenkliche.

24 Die *Gazzetta Veneta* erschien von 1760–1761, zweimal in der Woche. Man fand sie bei Florian, beim Buchhändler Colombani und im Café der Riva del Vino. Der Kopf trug eine Verzierung, die einen

kletternden Affen darstellte, mit dem Spruche *Ipsa alimento sibi.* »Ihr seht«, schreibt der Buchdrucker Pietro Marcuzzi in seiner ersten Nummer, »daß man immer nur Postillione, Neuigkeiten und Zeitungen veröffentlicht, die die Ohren mit fernliegenden Dingen erfüllen und keine weitere Wirkung haben, als daß man in allen Teilen der Stadt Namen von Schlachten, Laufgräben und andern derartigen Dingen hört. Die Leute laufen und kaufen in Massen diese Blätter, woraus man ersieht, daß die Neugierde sozusagen eine zweite Natur des Menschen ist. Und doch hat niemand etwas davon, und Gemüt und Geist gehen leer aus.« Im Gegensatz hierzu wollte die *Gazzetta Veneta* nützlich sein. Man fand darin »alles, was zu kaufen, zu verkaufen und zu mieten ist, was man gern haben möchte, was man gefunden oder verloren hat, in Venedig oder Umgebung, den Preis der Waren, den Wechselkurs und weitere Notizen, die für die Öffentlichkeit teils ergötzlich, teils nützlich sind.« Der *Mondo Morale*, der in fliegenden Blättern 1761 zu erscheinen begann, ist ein kleiner allegorischer Roman, worin eine *Congrega di Pellegrini* allerhand Geschichten erzählt. Der *Osservatore* ersetzte 1761 die *Gazzetta Veneta.* Wie diese erschien auch er zweimal in der Woche, Mittwoch und Samstag, und kostete fünf Soldi. Der *Spectator* Addisons diente ihm als Muster. Über die Zeitungen Gozzis und seine Beziehungen zu Addison vgl. Zanella, *Paralleli letterari*; Treves, *L'Osservatore di G. Gozzi*; Zambler, *Gasparo Gozzi e i suoi Giornali*; Segrè, *Due fortune giornalistiche.* Das Wesentliche aus diesen drei Zeitungen ist in den *Opere* Gasparo Gozzis gesammelt worden.

25 Der Bub fragt den Vater, was die Sterne sind. »Mein Kind, die Sterne sind Sterne, glänzende Dinge, wie du siehst.« – »Das werden also«, beginnt das Kind von neuem, »Kerzen sein.« – »Ganz richtig,« sagt der Vater, »das sind Kerzen.« – »Woraus, aus Talg oder aus Wachs?« sagt das Kind. »Aus Talg! im Himmel! nein; aus Wachs, aus Wachs«, sagt der Vater, um sich aus der Schlinge zu ziehen, da er keine Antwort mehr weiß ...

26 »Da hat ein Unbekannter ein schönes und interessantes Ansuchen an mich gestellt. Er wollte, ich sollte gegen die Flatterhaftigkeit der Frauen losziehen, weil ihn eine hat sitzenlassen, und er möchte gern, ich solle beweisen, wie unrecht sie tue.«

27 »Ihr Gatte war tot, und es traf sich, daß ich hörte, wie sie unter Schreien bei ihrem Schneider ein schwarzes Kleid bestellte. Inmitten eines Sturzbaches von Tränen vergaß sie nicht auf die Falten und Ärmel und die ganze Fasson des genannten Kleides; und ich habe gesehen, wie sie unter Seufzen und tausenderlei Ach und Weh mit der größten Aufmerksamkeit von der Welt kleine Schleifen und schwarze Blumen auswählte, um dem Andenken ihres verstorbenen Gatten Ehre zu erweisen.«

28 »Ich hatte Gelegenheit, in Gesellschaften zu verweilen, wo niemand die Geduld hatte, auch nur einen Augenblick zu schweigen, und es gab weder Fragen noch Antworten, sondern nur eine einzige Stimme; und alle Münder wurden ein einziger Mund, und es plätscherte, wie wenn Wasser aus einem Kanalrohr ausströmt; ich fühlte mich in einen

tollen Wirbel von Festesfröhlichkeit hineingezogen, *che io non intesi mai donde nascesse.*«

29 *Opere*, II, 44.

30 *Opere*, II, 221.

31 *Opere*, I, 283.

32 *Giudizi degli antichi poeti sopra la moderna censura di Dante attribuita a Virgilio.* Opere, V, 157. Diese unter dem kürzeren Namen *Difesa* bekannte Schrift ist eines der wichtigsten Werke Gasparo Gozzis. Sie bezeichnet einen literarischen Markstein. Man lese Torre, *Le Lettere Virgiliane e la Difesa di Dante.*

33 *Odo i poeti in mezzo alle cicale ...*

34 *Chi vuol ben favellare vada alla scuola*
Di semplici villani e villanelle
Le quali dicon quel ch' hanno nella gola.
Natura apre a tai genti le mascelle:
Ogni pensier fra loro ha sua parola
Senza tante metafore e novelle ...

35 *Opere*, XVI, 146.

36 *Non è picciolo mole ad oncia ad oncia*
Metter l' alma in bilance, ed il cervello
Vendere a dramme; e peggior mal è ancora
Ch' a minor prezzo l' anima e il cervello
Vendansi che di bue carne o di ciacco.
Oh! mio dolore! oh mia vergogna eterna!
Opere, XI, 386.

37 *Voi mi traeste di si duro inganno*
Voi, saggia schiera, legnaiuoli e fabbri,
Quando si lieti all' imbrunir del giorno
Io lasciar vi vedea pialle e fucine
Dopo un picciol guadagno, e andar contenti.
Qual dottor vi somiglia, allor che in torma
Nelle vostre barchette a' di festivi
Cantando andate, e le artigiane donne
Fan risonare il cembalo e i sonagli?
Opere, XI, 357.

38 *Nasceano Achilli; ed i trastulli primi*
Delle mani sfasciate eran le folte
De' Chironi maestri ispide barbe,
Crescean sudando, e l' anime di petti
Abitatrici stagionati ed ampli,
Erano anch' esse onnipossenti e grandi.
Opere, XI, 377.

39 *... Zitto: ecco il gran capo*
Starnuta-dogmi; ecco chi d' uom s' é fatto
D' apoftemmi volume, e tutti affoga
In un pelago immenso di precetti.
Opere, XI, 397.

40 »Wer mich hört«, hat er gesagt, »weint nicht, nimmt sich nicht vor, sich zu bessern, sondern schenkt mir einfach Gehör.« Einem

Menschen mit strengen Grundsätzen, der ihn fragte, wie er sich dazu verhalten solle, daß es seiner methodistischen Familie nicht gelinge, seine Schwester zu verheiraten, antwortete er, er solle sich verhalten wie jedermann. »Wenn wir schon einmal auf der Welt sind, müssen wir handeln wie die, welche auf ihr leben.«

41 *Io non ho punto a far colla tempesta*
Delle bombe infuocate e de' cannoni,
Sto colla turba cheta de' coglioni
Che non debbono al mondo alzar la testa ...
pere, XIV, 40.

42 »Meine Gewohnheit war, niemandem etwas Böses nachzusagen; so etwas tun die Müßiggänger, und ich bin sehr beschäftigt; so etwas tun die Schwätzer, und ich spreche von Natur aus wenig; so etwas tun die mit ihrem Schicksal Unzufriedenen, und ich habe weder ein gutes noch ein böses Geschick, weil das, was mich trifft, eben das ist, was ich will.«

43 »Es gab keine Hochzeit oder Schleiernahme bei den Großen unserer Republik, keine Dogenwahl, Prokuratoren- oder Großkanzlerernennung, ohne daß man bei meinem Bruder Reden oder Dichtungen bestellte ... und diese Großen hatten es sich zum Grundsatz gemacht, der ihrer Familie Glanz verlieh, ihm jedesmal hundert Zechinen zum Geschenk zu machen, die dem armen Manne aber wenig oder gar nichts nützten, da ihnen in seinen Händen Flügel wuchsen.« Carlo Gozzi, *Memorie inutili*, I, 233.

44 *Opere*, XIII, 314.

45 Er schreibt ihr fast alle Tage. Man lese diesen reizenden Briefwechsel *Opere*, XVI, 53 ff. Er sagt zu ihr: »Ich teile Euch mit, daß ich mir einen hübschen grünen Kappenmantel habe machen lassen, und wenn ich mir die Freiheit nehmen darf, werde ich Euch damit meine Aufwartung machen.« Oder auch: »Vor einigen Tagen habe ich ein Sonett für Eure Exzellenz begonnen, bin aber vor lauter Arbeit über ein paar Beistriche nicht hinausgekommen.« – Oder auch: »Sehr richtig, ich bin der kommandierende General Eurer Freunde: Bichöfe, Soldaten und alle anderen scharen sich um meine Fahne; Ihr könnt Euch die Schlachten vorstellen, die unsere Armee liefert!«

46 C. Magno, *Angelo Dalmistro e il tentato suicidio di Gasparro Gozzi.*

47 Carlo Gozzi, *Memorie inutili.*

48 Algarotti sang:
... O rigido censor, ferma il tuo corso
Dell' Adria in seno, ove ricovro amico
Ebber sempre le Muse: ivi la voce
Del mio Guasparri e 'l vario stile udrai
Onde han grido gli Eroi, plauso le scene,
E le Grazie, e gl' Amori anima e vita.
Tu 'l troverai tra brigatella onesta
D' anime elette, a cui nascendo infuse
Foco di poesia Febo nel seno.
Ivi il Farsetti, il Martinelli, e l' altra

Felice turba s' ammaestra, e legge
Gli aurei volumi de' poeti antichi,
Cui le muse lattar più ch' altri mai.
Duce, e Maestro fra cotanto senno
Siede il mio Gozzi, e degli Autor vetusti
Mostra i vestigi, ed a seguirli insegna.
Algarotti, *Opere*, IX, 221.

Sechstes Kapitel

Die musikalische Leidenschaft

1 Vernon Lee, *Studies of the eighteenth Century in Italy.*

2 Charles Burney, *Musical tour, or present state of Music in France and Italy.*

3 P. Scudo, *Le Chevalier Sarti.*

4 Scherillo, *La prima Commedia musicale a Venezia.*

5 Romain Rolland, *La Musique en Italie au XVIIIe siècle.*

6 Fetis, *Biographie des musiciens.* Über die Musik in Venedig findet man interessante Einzelheiten in dem Werkchen von Ange Goudar, *Remarques sur la musique et la danse* und in den beiden Ergänzungsbänden zu diesem Werke. – »In allen Ouverturen, die ich gehört habe«, schreibt er, »finde ich nur einen gewissen Vivaldi, einen Venezianer, der in symphonischer Hinsicht etwas geleistet hat. Er hat die vier Jahreszeiten in einem großen Violinkonzert gefeiert. In seinem ›Frühling‹ fühlt man, wie die Natur neu geboren wird und mit ihr alle Tiere, die atmen und sich beim Klange der Geige freuen. Sein ›Sommer‹ wird gebildet von einer fruchtbaren Musik, die eine ergiebige Ernte verspricht. In seinem ›Herbste‹ läßt er die Blätter sozusagen unter den Streichen des Geigenbogens von den Bäumen fallen. In seinem ›Winter‹ fröstelt und zittert seine Zuhörerschaft vor Kälte. Das sind die echten Grundsätze der Instrumentalharmonie, die ein beliebiges Thema wiedergeben muß.«

7 Ademollo, *Haendel in Italia, Gluck in Italia.*

8 Lotti wird nach Dresden berufen, Pescetti nach London, Bertoni nach London, Galuppi nach London und nach St. Petersburg usf.

9 P. Scudo, *Hasse et la Faustina. L'Art ancien et l'Art moderne*, S. 40. – »Die Faustina«, schreibt Goudar, »war die erste, die sechzehn Takte in einem Atem singen konnte.« *Remarques sur la musique et la danse*, S. 41.

10 Benedetto Marcello, *Il Teatro di musica alla Moda.*

11 »Ich habe«, sagte Marcello in der Vorrede zu seinen *Psalmen*, »eine heilige Arbeit und einen göttlichen Stoff gewählt.« Camille Bellaigue, *Marcello.*

12 Der Bruder Leichtsinn wurde ob dieser Gotteslästerung vor den Gerichtshof des Santo Ufficio geschleppt, aber freigesprochen.
13 Fontana, *Vita di Benedetto Marcello.*
14 Lalande, *Voyage en Italie*, VII, 126.
15 *Il Mondo de la luna, Le Virtuose ridicole, Il Mondo alla rovescia, Il Marchese villano, Il Puntiglio amoroso* sind einige der bedeutendsten. Die meisten Textbücher für Galuppis komische Opern hat Goldoni geliefert. Man lese die Liste bei Rabany, *Carlo Goldoni*, S. 395 nach. Eine im schöneren Sinne venezianische Zusammenarbeit könnte man gar nicht ersinnen.
16 Burney, *Op. cit.*
17 De Brosses.
18 Wie der Vater des in ärmlichen Verhältnissen lebenden Foppa. »Mein Vater«, schreibt er, »hatte in seiner weiten Wohnung der Calle lunga in S. Caterina ein Musikzimmer für sich zurückbehalten. Darin war ein für allemal eine Geige, ein Cello und ein Kiel-Flügel. Er hatte es mit viel alten und modernen Musikwerken der besten Meister ausgestattet und hielt darin von Zeit zu Zeit Akademien ab.« Foppa, *Memorie*, 18.
19 *Il Finto re Teodoro di Venezia, da rappresentarsi nel Nuovo Teatro di casa Balbi in Mestre l'estate 1785*, Venedig 1785.
20 »Ich saß neben Frau Balbi, die meine Schöne, meine Sirene sein sollte, wenn ich länger in Venedig bliebe. Sie hat uns mit der süßesten, verführerischesten Stimme die hübschesten Barkarolen vorgesungen, dann Arietten, endlich hat sie uns reizende Geschichten erzählt. Sie hat den schwedischen Gelehrten Biornstalot zum Singen angeeifert, wobei wir uns vor Lachen gekugelt haben, besonders als sie ihn bat, sich kastrieren zu lassen, wenn ihr sein Gesang gefallen solle.« Guys, *Voyage littéraire de la Grèce*, II, 500.
21 Vernon Lee, *Op. cit.*
22 »Vierhundert Stimmen oder Instrumente erfüllten das von dem berühmten ›Sachsen‹ geleitete Orchester. Dieses Orchester, das an der Kehrseite des Kirchenchores gegenüber dem Altare angebracht war, befand sich ungefähr zwölf Fuß über dem Boden und bestand aus einzelnen Abteilungen, die ebenso wie die Säulen, die das ganze Gerüst trugen, geschmackvoll mit Bändern, Gewinden und flatternder Seide geschmückt waren. Die Kirche war mit mehreren Reihen von Stühlen versehen, die den Rücken dem Altar zukehrten und diese sonderbare Stellung selbst während des Hochamtes, das fünf geschlagene Stunden dauerte, beibehielten ...« Grosley.
23 »Es gab sechs Orchester«, schreibt Burney, »zwei große auf den beiden Orgeltribünen und vier kleinere zu beiden Seiten.«
24 Eine ganze Reihe venezianischer Patrizier haben bei den Waisenmädchen der *Scuole* ihre Freundin, manchmal auch ihre Frau gefunden.
25 »Die Zabetta der Incurabili«, schreibt de Brosses, »verdient besondere Bewunderung wegen des Umfangs ihrer Stimme und der süßen Töne, die aus ihrer Kehle quellen. Aber hört, liebe Freunde ... ich sage es

euch ins Ohr, daß die Margarita der Mendicanti noch höher steht und mir noch besser gefällt. Die Chiaretta der Pietà wäre ohne Zweifel die erste Geigenkünstlerin Italiens, wenn ihr nicht die Anna-Maria der Ospedaletti den Rang streitig machte.«

26 Im 17. Jahrhundert werden in Venedig sechzehn private oder öffentliche Operntheater eröffnet. Galvani, *I Teatri musicali di Venezia nel secolo XVII.* – Maier, Beschreibung von Venedig, II, 283.

27 Wiel, *Catalogo delle Opere in musica rappresentate nel secolo XVIII in Venezia.*

28 »Die Italiener«, schreibt Montesquieu, »wollen immer neue Musik: ihre Opern sind immer neu.«

29 Rolland, *Histoire de l'Opéra en Europe avant Lully et Scarlatti*, S. 104.

30 Man zahlt ihnen phantastische Summen. Rubinelli erhält 1600 Zechinen für die Dauer des Karnevals, die Mara 1500 Zechinen, dazu noch ihre Gondel, ihre Wohnung und ihren Wohltätigkeitsabend. Die Venezianerin Faustina Bordoni bekommt am Wiener Hofe 50 000 Franken. Maier, Beschreibung von Venedig, II, 285. Das erregt denn auch den Zorn der satirischen Dichter:
La musica è arrivada a l' insolenze
De far che sia lustrissima una siora
Che impara a solfizzar da la cadenza ...
Taluna che sa dir' più de un' arieta
La s' ha acquistà in do recite la dota,
Senza quelo che rende la spineta ...
Quatro batue de crome che va in cima
Ligade a filigrana de gargato
Porta un mezo tesoro a un altro clima ...
Malamani, *Il Settecento*, I, 69.

31 »Ganz allein in meiner Loge sitzend«, schreibt Jean-Jacques, »gab ich mich trotz der Länge des Stückes dem Vergnügen hin, es nach Lust zu genießen, und zwar bis zu Ende. Eines Tages schlief ich im Theater San Crisostomo ein, tiefer als in meinem Bette. Die lärmenden, glänzenden Arien vermochten mich nicht zu wecken; aber wer beschreibt die köstliche Empfindung, die die süße Harmonie, die englischen Gesänge des Sängers auf mich machten, der mich aufweckte? Welches Erwachen, welches Entzücken, welcher Gefühlsüberschwang, als ich im gleichen Augenblick die Augen und die Ohren öffnete! Mein erster Gedanke war, ich sei im Paradies. Dieses reizende Stück, an das ich mich noch erinnere und das ich Zeit meines Lebens nie vergessen werde, begann so:
Conservami la bella
Che si m' accende il cor ...«
Confessions, Buch VII.

32 Saint-Didier, *La Ville et la République de Venise.* – »Scarlatti«, schreibt Lalande, »machte in der Oper *Clemenza di Tito* ein Duett, das die Zuhörer in dem Maße begeisterte, daß sie den Sängern überschwengliche Rufe zusandten, die man hätte für ein Geheul halten können.«

33 Burney.

34 »Hier«, schreibt Burney, »müßte man hundert Ohren haben, wie Argus hundert Augen hatte.«

35 Goldoni, *Mémoires*, I, 280.

36 Burney, *Op. cit.*

37 Grosley, *Observations*, II, 10. – »Die Musik«, sagt ferner Goudar, »ist nicht auf die galante Welt beschränkt; sie ist bis in die Welt der Bettler gedrungen; die Armen betteln singend um Almosen.« Und er fügt hinzu: »Ich bin ärgerlich, daß Ihr nicht hier seid, Mylord, denn ich würde Euch mitten auf dem Markusplatz ein großes Konzert geben, ausgeführt von fünfzig Musikanten, Bettlern von Beruf, die alle miteinander ebensoviel Lärm machen würden wie die Pariser Oper.« *Remarques sur la musique et la danse*, S. 20 und 21.

38 »Die Neapolitaner«, sagt der Abbé Coyer, »leben mehr durch die Ohren als durch die andern Sinne.« Dasselbe könnte man auch von den Venezianern sagen.

39 Tagebücher und Briefe Goethes aus Italien, Venedig, 7. Oktober.

40 Baretti, *Gli Italiani o sia Relazione degli usi e costumi d' Italia*, S. 139.

Siebentes Kapitel

Die venezianischen Meister

1 Lanzi, *Storia pittorica dell' Italia*, III, 258.

2 »Venedig kann sich ferner rühmen, die geschicktesten Maler zu besitzen, die es in ganz Italien gibt und die sich den besten von ganz Europa anreihen lassen.« Cochin, *Voyage d'Italie*, III, 159.

3 Sebastiano Ricci, der 1718 in Paris als Mitglied der Akademie aufgenommen worden ist, arbeitet in Schönbrunn und Hamptoncourt. Antonio Pellegrini arbeitet für den Herzog von Manchester, für die Schöffen von Amsterdam, für Mylord Cadogan, für den Herzog von Orleans, für den Fürsterzbischof von Würzburg, für die Kaiserin Amalie, für den Pfalzgrafen Karl. Giovanni Segala ist der Hofmaler Josefs II. und Karls VI. Jacopo Amigoni stirbt 1752 in Madrid, wo er Hofmaler ist. 1756 ruft Petersburg Pietro Rotari, 1760 Francesco Fontebasso. Moskau, Dresden, Warschau beherbergen auch venezianische Maler. Francesco Casanova, der Bruder des Abenteurers, tritt aus den Diensten des Prinzen von Condé in die der großen Katharina über. Sein zweiter Bruder Giovanni Casanova, den Winckelmann ein großes Talent nennt, ist Direktor der schönen Künste in Dresden. Kaiser Josef II. beglückwünscht sich dazu, in Verona zwei hervorragende Dinge gesehen zu haben, das Amphitheater und Giovanni-Bettino Cignaroli, »den ersten Maler der Welt« usw. Man lese nach Lanzi, *Op. cit.*, Mariette, *Abecedario*, usf.

4 Geboren in Venedig 1696, gestorben in Madrid 1770. – Über

Giambattista Tiepolo vergleiche man – um nicht die zeitgenössischen Berichte zu zitieren: Canale, Zanetti, Alessandro Longhi, Lanzi usw. – die drei Monographien von Chennevières, Meißner und Modern. – Die Studien oder Untersuchungen des Marquis Selvatico, von Charles Blanc, Leroi, Urbani de Gheltof, Molmenti, Della Rovere, Buisson, Leitschuh, Ricci, Wyzewa, von den genannten Chennevières und Modern, von Boucher, Gronau, Frizzoni, Lafond, Melani, Vesme, Battistella usf. würden es ermöglichen, über den venezianischen Meister das Buch zu schreiben, das ihm gebührte. – Die Abschnitte des Marquis Selvatico über Tiepolo befinden sich in seiner *Storia esteticocritica delle Arti del Disegno*, Venedig 1853–56, II, 573.

5 Worte des Grafen Tessin an den König von Schweden, zitiert von Vesme, *Le Peintre-graveur italien*, S. 376.

6 »Ich habe den Herrn Tiepolo sagen hören ... die Maler müßten versuchen, das Höchste zu leisten, um den edeln und reichen Herren zu gefallen ...« *Nuova Veneta Gazzetta*, 20. März 1762.

7 »Die aus Flandern gekommenen Gemälde«, schreibt Horace Walpole in seinen *Anecdotes of Painting*, »umfaßten zwei schöne Ansichten Venedigs von A. Canale, 53 Zoll hoch und 90 Zoll breit.«

8 »Und wer weiß«, schreiben die Brüder Goncourt, »ob nicht der Aufenthalt der Rosalba in Paris 1720 und 1721 auf das Schaffen La Tours eingewirkt hat? Möglicherweise hat La Tour diesen Triumph des Pastells, diesen Erfolg der Farbstifte der Venezianerin mit erlebt ...« E. und J. de Goncourt, *L'Art du XVIIIe siècle.* Paris 1906, I, 324.

9 Man sehe Charles Blanc, *Histoire des Peintres. École Vénitienne:* Canaletto. – Vgl. Tiepolo ebenda. – Anton Maria Zanetti findet das verlorengegangene Verfahren der farbigen Holzdrucke wieder: »Mein schwacher, unzureichender Dreifarbenstich«, schreibt er an Francesco Gaburri, »den Ihr so wohlwollend beurteilt habt, hat das einzig Gute an sich, daß er das verlorengegangene Verfahren Ugos, Andrea Andreinis, Beccafumis, Antonio de Trentos, das zur Zeit meines vielgeliebten Parmigianino mit Lust geübt wurde, wieder ausgegraben hat ...« Bottari, *Raccolta di lettere sulla pittura*, II, 130.

10 Über die Rosalba lese man nach: Mariette, *Abecedario*, Charles Blanc, *Histoire des Peintres, École vénitienne*; Alfred Sensier, *Journal de Rosalba Carriera*; Malamani, *Rosalba Carriera* usf.

11 In Venedig reißen sich die höchsten Persönlichkeiten um sie. Eine ihrer Miniaturen kostet 50 Zechinen, ein Pastell 20–30. In Paris, wo sie 1720 bei ihrem Freunde Crozat absteigt, wird sie einstimmig – »da niemand eine schwarze Kugel abgeben wollte« – in die Académie de peinture aufgenommen. Sie erhält den Besuch des Regenten, die vornehmste Welt rauft sich um sie, sie wird mit Bestellungen und Geld überschüttet, von den Parabère und den de Prie um ein Porträt angefleht. In Wien, wohin sie sich 1730 begibt, ist der Erfolg der gleiche. Watteau möchte gern »ein kleines Stück« von ihrer Hand besitzen; »er würde Euch dagegen«, schreibt der Vermittler, »etwas von sich selbst schicken; wenn das aber nicht anginge, ließe sich das Geschäft leicht in Geld erledigen«. »Behaltet, bitte, dies Gemälde

zum Andenken an mich und als Beweis für die Achtung, die ich der geschicktesten Frau der Welt zolle«, schreibt ihr Vleughels. »Wenn Ihr das Lob zurückweist, warum sind Eure Werke so vollkommen?« schreibt ihr Mariette. – Man sehe die beiden Ausgaben des *Diario* Rosalba Carrieras nach, die von Vianelli und die von Sensier, ferner Malamani, *Rosalba Carriera.*

12 Über Pietro Longhi lese man nach: Alessandro Longhi, *Compendio delle vite di pittori veneziani*; Lazari, *Elogio di Pietro Longhi*; Symonds, *The dramatic fables and Pietro Longhi*; Ernesto Masi, *Carlo Goldoni e Pietro Longhi.*

13 Über Antonio Canale, genannt Canaletto, und seinen Neffen Bernardo Bellotto vergleiche man Meyer, Die beiden Canaletto; Moureau, *Antonio Canal dit le Canaletto*; Uzanne, *Les deux Canaletto.* – Über Francesco Guardi lese man Leroi, *Francesco Guardi*; Simonson, *Francesco Guardi.*

14 Die Werke Canalettos, Bellottos und Guardis bieten solche Ähnlichkeiten, daß es schwer fällt, sie immer mit Sicherheit zu unterscheiden. So schrieb selbst zu ihren Lebzeiten Brustolon die Guardi des Louvre Canaletto zu. (Uzanne, *Les deux Canaletto*, S. 112.) So galten Antonio Canale und Bernardo Bellotto, die beide »Canaletto« zeichneten, lange als ein und derselbe Maler. (Meyer, Die beiden Canaletto.) So entfernt man bei den letzten Verkäufen die Signierung der Canaletto, um die Bilder Guardi zuzuschreiben.

15 In dem 1772 in Venedig erschienenen Katalog Remondinis liest man: »150 Kupfer für Fächer, die verschiedene Launen und spaßhafte und lächerliche Einfälle darstellen, venezianische Masken, andere wieder, die erst kürzlich modernisiert und um zahlreiche Stiche bereichert wurden, Miniaturen in feinen Farben und mit Gold und Silber aufgeblickt.«

16 Siehe den *Parnasso italiano* in 52 Bänden, herausgegeben von Albrizzi: Siehe *Tasso*, illustriert von Novelli, der 600 Livres kostete. Siehe die wundervollen *Raccolte* für Hochzeiten oder für Empfangsfeierlichkeiten, die eine venezianische Sonderheit darstellten. Siehe die Bildnisse zeitgenössischer Persönlichkeiten usf. usf. – Das Museum Correr enthält eine große Menge derartiger fliegender Blätter.

17 Volpato, Cunego, Capellan sind in Rom ansässig, Verico in Florenz, Bartolozzi in London, Geremia in Lissabon. Der eine der Vendramin lebt in Moskau, der andere in Petersburg.

18 Piranese, geboren 1721 als Sohn eines Steinschneiders, ist einer der großen Venezianer, die, wie gesagt, die Linie der Vergangenheit fortsetzten. Er steht auf gleicher Stufe mit Tiepolo. Er lebte hauptsächlich in Rom, wo er die vielen Kupferstecherarbeiten ausführte. Dieses wildbewegte, abenteuerliche Leben verdiente eigentlich geschildert zu werden: diese ausschweifende Einbildungskraft, die Kühnheit dieses unruhigen Geistes; wie er in Rom, statt den Apoll vom Belvedere zu kopieren, in den Kirchen nach allen möglichen Krüppeln fahndet; wie er in der Akademie von

S. Luca mit hageldichten Schlägen über einen Architekten herfällt, der sich erkühnt, nicht seiner Meinung zu sein; wie er auf dem Campo Vaccino, wo er gerade zeichnet, ein Mädchen in Gesellschaft ihres Bruders erblickt, diesen fragt, ob es noch zu haben ist, und es auf der Stelle heiratet, hinter den Bäumen, inmitten der Herden, »ganz wie im goldenen Zeitalter«. »Derjenige«, sagt sein Biograph, »der es verstände, das ereignisreiche Leben Piraneses mit Freimut und Anstand zu erzählen, brächte ein Buch zustande, das ebenso köstlich wäre wie das, welches Cellini über sich selbst schrieb.« Bianconi, *Opere*, II, 127. – Vgl. Biagi, *Elogio del Piranese.*

19 Über einige dieser venezianischen Kupferstecher lese man nach Mariette, *Abecedario*, Duplessis, *Histoire de la gravure*, Vesme, *Le Peintre-graveur italien.*

20 Bertarelli, *I Libri illustrati a Venezia nei secoli XVII e XVIII.*

21 Urbani de Gheltof, *Tiepolo e la sua famiglia.*

22 Ganz zu schweigen von Tiepolo, dessen beide Söhne Domenico und Lorenzo Maler sind, lehrt die Rosalba ihre beiden Schwestern malen, Pietro Longhi seinen Sohn Alessandro, dem man ein *Compendio delle vite de' pittori veneziani più rinomati del presente secolo* verdankt. Francesco Guardi, gleichfalls ein Malerssohn, unterrichtet seinen Sohn Jacopo. Man könnte ganze Dynastien venezianischer Maler aufzählen. Die einen wie die andern sind in ständigen freundschaftlichen Beziehungen und arbeiten häufig sogar miteinander. Eben dies macht eine bestimmte Zuweisung ihres Werkes so schwierig. Nach Missiaglia »vertraute Antonio Canale manchmal Guardi ein gezeichnetes Bild zum Malen an, wobei er sich nur die letzte Hand vorbehielt«. (*Biografia moderna-antica.*) Ähnlich heißt es in der Überlieferung, daß Tiepolo die Figuren der Gemälde Canalettos malte. Man (R. Meyer) hat es wohl in Abrede gestellt, darf es aber trotzdem glauben. So wünschte der Graf Algarotti, daß Tiepolo auf den Architekturbildern Maurinos *macchiette* anbringe. (Bottari, *Raccolte di lettere sulla pittura*, VII, 441.)

23 Francesco Guardi erhält von dem Engländer Edwards für vier Bilder, die die *funzioni* des Papstes Pius VI. in Venedig darstellten, vierzig Zechinen. Simonson, *Op. cit.*, S. 82.

24 Nicht nur die Zeitungen sprechen von diesen Ausstellungen. Es sind eben wichtige Ereignisse, die die Öffentlichkeit intessieren. Die Zeitgenossen nehmen in ihren Tagesblättern davon Notiz. So erwähnt am 25. April 1764 Gradenigo in seinen *Notatori* die Ausstellung zweier Gemälde Francesco Guardis, die ihm *universal applauso* eintragen, in den Procurazien. Simonson, *Op. cit.*, S. 81.

25 Malamani, *Rosalba Carriera.*

Achtes Kapitel

Das venezianische Theater und das italienische Lustspiel

1 Siehe das von S. Maria Formosa auf dem Stich von Marieschi.

2 Malamani, *Il Teatro drammatico, le marionette e i burattini a Venezia nel secolo XVIII.*

3 *Diario Veneto*, 21. Jänner 1765.

4 »Die Angelegenheit der Barbarini ist noch nicht entschieden«, schreibt am 1. Februar 1744 Herr von Montaigu dem Minister des Auswärtigen Amtes; »dieses Mädchen hat einen ebenso leichten Kopf wie Fuß. Zuerst hatte sie dem Herrn spanischen Gesandten und mir versprochen, ihrer Verpflichtung nachzukommen. Jetzt aber hat sie dem Botschafter des Königs von Preußen bedeutet, er möge ein Memorandum an den Senat richten und es in Güte oder mit Gewalt durchsetzen. Der Gesandte der Königin von Ungarn hat auch nach der Barbarini geschickt, weil sie ihre Untertanin ist, um sie zu veranlassen, ihren Vertrag zu erfüllen, indem sie mit diesem Schritte offenbar dem König von Preußen einen Gefallen erweisen wollte. Da die Angelegenheit anderseits zwei Engländer angeht, wird der Senat möglicherweise in Verlegenheit sein, wie er sich entschließen soll.« Cérésole, *Jean-Jacques Rousseau à Venise*, S. 44.

5 Man findet eine ziemlich vollständige Bibliographie darüber in der *Storia letteraria d'Italia*, Modena 1757, S. 46.

6 »Zwölf Personen, Schauspieler wie Schauspielerinnen, ein Souffleur, ein Maschinist, ein Garderobewächter, acht Dienstboten, vier Kammerfrauen, zwei Ammen, Kinder jeden Alters, Hunde, Katzen, Papageien, Affen, Vögel, Tauben: die reinste Arche Noah.« Goldoni, *Mémoires*, I, 31.

7 »An der Riva waren zwei Barken verankert, welche *virtuosi* und *virtuose* aufnehmen sollten, Tänzer, Musiker, Kostümschneider, große Kisten, kleine Kisten, Reisekoffer und -taschen, Körbe, Körbchen, Köfferchen, kurzum alles, was die Kunst des Reisens erfinden konnte ... Nach und nach kamen Könige und Königinnen, Prinzen und Prinzessinnen, Chöre von Tänzern und Musiker aus aller Herren Länder, so daß man bald ebensoviel Sprachen hörte, als Meister Nimrod in seinem Hochmut schuf ... Hier nahm sich eine Virtuosin verfängliche Freiheiten mit ihrem Geliebten heraus, während die Mutter neben ihr einen Papagei nicht aus den Augen ließ ... Dort jagte eine Ballerine einen Musiker davon, der ihr hartnäckig Liebeserklärungen machte ... »Na, wir werden eine schöne Stimme bekommen, wenn wir so in der feuchten Abendluft bleiben!« sagte eine andere ... »Gesegnet sei der Tanz!« rief eine Tänzerin; »denn ein wenig Luft macht uns nicht gleich lahm, und selbst wenn wir stumm sind, können wir doch noch tanzen ...« »Ach, Adriano«, rief dann jemand, »nimm dein Paket und lege es in die Barke, denn der

Hund der Sabina hat darauf ge... und ich sehe die zwei Hunde der Emirana, die es beschnuppern ...« Gasparo Gozzi, *Opere*, VIII, 214.

8 Nach Marcello gewinnt man dabei ein goldenes Körbchen mit den Schlapfen, Pantoffeln und Schuhen, die die Tänzerin getragen hat; oder eine blumenbemalte Schachtel aus Karton, gefüllt mit Trillern; oder wohl auch dreißig Bogenstriche mit fünf Koloraturen in einem Schrein.

9 Goldoni bringt Komödianten auf die Bühne in seinem *Teatro comico*, in seinem *Impresario delle Smirne*, in seiner *Figlia ubbidiente* usw. usw. Die Sitten der Komödianten liefern dem Abbé Chiari den Stoff zu drei Romanen: der *Ballerina onorata*, der *Cantatrice per disgrazia*, der *Comica in fortuna.* Ein Roman von Antonio Piazza, *Il teatro ovvero fatti di una Veneziana che lo fanno conoscere* entnimmt gleichfalls seinen Stoff dem Komödiantenleben. Ein Großteil der *Memorie inutili* des Carlo Gozzi behandelt die Beziehungen, die ihn mit den Komödianten verknüpften usw. usw.

10 Salvioli, *Saggio di dramaturgia veneziana.* – Vgl. Moratin, *Obras postumas*, II, 30 ff.

11 Sommi Picenardi, *Un Rivale del Goldoni. L'Abate Chiari e il suo teatro comico.*

12 Longo, *Memorie.*

13 Sogar in den Tragödien finden sie Eingang. 1773 spielt man die *Merope* mit prächtigem, kunstvollem Feuerwerk.

14 D'Ancona, *I Cornici italiani in Francia.* – Nach einer neueren Annahme soll die *Commedia dell' arte* hervorgegangen sein aus dem alten italischen Mimus, der sich durch das ganze Mittelalter erhalten habe. Siehe Reich, *Der Mimus.*

15 Über die *Commedia dell Arte* siehe die grundlegende Einleitung von Adolfo Bartoli in den *Scenari inediti*, die er herausgegeben hat. – Vgl. die Arbeiten von Valentini, Mercey, Magnin, Guillemot, Moland, Vernon Lee, Amicis, Scherillo, Stoppato.

16 Vernon Lee, *Studies of the eighteenth Century in Italy.*

17 Garzoni, *La Piazza universale di tutte le professioni del mondo.*

18 »Ich will gar nicht«, schreibt Niccolo Barbieri, »die Prinzen, Prinzessinnen, Könige, Königinnen und Kaiser erwähnen, die bei Kindern von Komödianten Pate gestanden sind, sie Gevattern und Gevatterinnen genannt haben, sei es mündlich oder brieflich, und wie sie sie gelegentlich zu ihren Festen zugezogen haben, sie in ihren Staatskarossen spazierengeführt, mit eigener Hand beschenkt, zu ihren Prunkmahlen geladen oder an ihren Vergnügungen haben teilnehmen lassen.«

19 Bartoli, *Scenari inediti*, S. CXXIX. – Campardon, *Les Comédiens du roi de la troupe italienne pendant les deux derniers siècles.* – Baschet, *Les Comédiens italiens à la cour de France.*

20 Bartoli, *Notizie istoriche de' comici italiani.* – Rasi, *I Comici italiani.*

21 Die 50 des Komödianten Flaminio Scala in seinem *Teatro delle favole rappresentative;* die 22 *magliabecchiani*, die von Bartoli in seinen *Scenari* veröffentlicht wurden; die *Trappoleria* von Porta, veröffentlicht von Petrucci in seinem Buche *Dell' arte rappresentativa; I contratti*

rotti, veröffentlicht von Carlo Gozzi, *Opere*, V, 29; *I vecchi scherniti per amore* (Dictionnaire des théâtres de Paris), II, 195; *Flaminio disperato* in der Studie von Martucci; die beiden, die Stoppato in seiner *Commedia popolare* bietet; die beiden von Brouwer; die beiden von Rossi usw. – Die meisten dieser Sammlungen von *scenari* sind unveröffentlicht geblieben: siehe die 103 von Basilio Locatelli de la Casatanense in der Studie von Carletta; die 51 der Sammlung Correr, angezeigt von Rossi; die 183 der Bibliothek von Neapel, gefunden und herausgegeben von Croce usw.

22 Maurice Sand, *Masques et Bouffons.*

23 »Die Liebhaber«, sagt Perrucci, »sollen sich bemühen, die vollkommene italienische Sprache mit ihrem toskanischen Wortschatz zu beherrschen ... Dazu wird das Lesen guter toskanischer Bücher ebenso beitragen wie das Studium der *Onomastici, Crusca, Memoriale della lingua* des Pergamino, *Fabrica del mondo, Bicchezza della lingua* oder anderer toskanischer Wörterbücher samt der genannten italienischen Prosodie des P. Spadafuori für die Kürzen und Längen; so wird die Sprache allmählich flüssig werden und sie instand setzen, ihre Gedanken rasch und klar auszudrücken; ferner sollen sie die Figuren und Tropen der Redekunst kennen, womit sie große Ehre einlegen werden, wie Metapher, Metonymie, Synekdoche, Katachrese, Metalepse, Allegorie, Ironie; doch sei man in ihrer Anwendung maßvoll und nicht ausschweifend.«

24 Francesco Andreini, *Le Bravure del Capitan Spaventa.*

25 So sieht man denn auch, daß eine sehr große Anzahl italienischer Komödianten gleichzeitig Schriftsteller und Verfasser geschriebener Lustspiele sind. Man vergleiche Bartoli, *Op. cit.*, S. CIX.

26 »Man kann sagen«, schreibt Gherardi in der Vorrede zu seinem *Théâtre italien*, »daß diese Art von Komödianten (die einfach aus dem Gedächtnis spielen) gleichsam Schüler sind, die zitternd eine Lektion hersagen, die sie sorgfältig gelernt haben; oder sie sind vielmehr ähnlich dem Echo, das niemals spräche, wenn nicht andere vor ihm gesprochen hätten.« – »Die Schauspieler Italiens bewegen, sprechen und benehmen sich wie zu Hause«, bemerkt der Präsident de Brosses. »Das ist viel natürlicher und lebenswahrer, als wenn beispielsweise, wie bei den Franzosen, vier oder fünf Schauspieler wie Reliefiguren vorn auf der Bühne aufgestellt sind und ihr Sprüchlein hersagen, sobald einer drankommt.«

27 Der *corago* erzählt ihnen den Inhalt, nennt die Personen, mimt die Rollen, erklärt die Späße. Er empfiehlt ihnen, immer daran zu denken, daß sich die Szene in der und der Stadt abspielt, daß dieses Haus der und der Persönlichkeit gehört, daß der Name der Liebhaberin so und so ist. Er bittet sie, auf ihr Auftreten und Abgehen zu achten usw. usw. Perrucci, *Dell' Arte rappresentativa*, S. 364 ff. – Vgl. Bartoli, *Op. cit.*, LXXI ff.

28 In den freien Augenblicken schauen sich's die Komödianten an und frischen daran ihr Gedächtnis auf. Es ist mit herkömmlichen Zeichen versehen: ein Strich bedeutet abgehen; ein Stern beiseite treten und die andern handeln lassen; *in questo* auf der Bühne bleiben, während

eine andere Person auftritt. Scherillo, *La Commedia dell' arte in Italia*, S. 133.

29 Der Doktor weiß die *Tirata della Giostra* auswendig. Der Hauptmann sagt in einem Atem die *Salute calabrese alla donna con bravura* her. Hat ihm sein Strick von einem Sohn einen Streich gespielt, ruft Pantalon aus: »... Nein, du bist mein Sohn nicht! Eine Katze wird dich gezeugt haben, weil du die Hand kratzest, die dich streichelt! Deine Mutter wird eine Tigerin gewesen sein, weil du Sanftmut nicht mit Sanftmut vergiltst! Dein Vater wird ein starrköpfiger Maulesel gewesen sein, weil du nach hinten ausschlägst! ... Die Hähne sollen dir den Schlaf rauben, die Hunde deine Knochen benagen, die Katzen deine Hände zerkratzen, die Raben deine Augen aushacken, die Läuse deine Hand zerbeißen und deinen Mantel besudeln! ...« Oder Isabella hat ihr Schnupftuch fallen lassen, Orazio hat es aufgehoben und nun beginnt ganz selbstverständlich folgendes Zwiegespräch: »Auf ein Wort, schönes Kind!« »Was wollt Ihr?« »Daß Ihr mich anhört!« »Ich habe keine Zeit!« »So schaut doch wenigstens her!« »Was soll's?« »Amor hat es gut mit mir gemeint?« »Inwiefern?« »Indem er Euch das Schnupftuch hat herunterfallen lassen.« »Gebt es mir zurück.« »Ausgeschlossen!« »Was habt Ihr davon?« »Ich brauche es, meine Wunden zu verbinden ...« usf. usf. Diese Wortergüsse hießen *generici*. Jeder Schauspieler besaß ein Buch oder *zibaldone* von *generici*. Bartoli, *Op. cit.*, S. LXXVI ff.

30 Das sind Lazzi. »Wir nennen *lazzi*«, schreibt Riccoboni, »was Harlekin oder die anderen maskierten Schauspieler inmitten einer Szene tun, die sie mit allen Zeichen des Entsetzens oder mit Witzen über den Gegenstand, den man behandelt, unterbrechen.«

31 Flaminio Scala, *Il Teatro delle favole rappresentative*. Jedes Szenarium enthält auch am Ende des Textes die Liste der für die Vorstellung notwendigen *»robe necessarie«*.

32 Carlino ist der Schauspieler Carlo Antonio Bertinazzi.

33 Am 18. Mai 1716 gibt hier Luigi Riccoboni »im Namen Gottes, der hl. Jungfrau Maria, des hl. Vinzenz von Paula und der armen Seelen zum erstenmal den *Inganno fortunato*«.

34 »Die Tragödie«, sagt Rossi in seinen *Costumi veneziani*, »wurde von einer kleinen Anzahl Gebildeter lebhaft begrüßt, konnte sich aber bei der großen Menge nicht durchsetzen: der eine und der andere besondere Fall kommt gar nicht in Betracht.« – »Diese kleinen Handwerker von Venedig«, erklärt Pier-Jacopo Martelli, »gehen ins Theater, um zu lachen, und da treffen sie lieber den Doktor, Pantalon, Harlekin oder Finocchio, als die *Lena*, den *Negromante*, die *Suppositi* oder die *Cassaria*.« – »Unser Volk«, fügt Carlo Gozzi hinzu, »betrachtet das Theater einzig und allein als eine Stätte, wo man sich unterhält.«

35 Carlo Gozzi, *Appendice al ragionamento ingenuo*, Opere, V, 5 ff.

36 1753 ersuchen Bauern von Lovera die Lady Montagu, ihr den Salon ihrer Villa zu leihen, um hier Komödie zu spielen ... »Ich habe die Bitte dieser braven Leute gern erfüllt«, schreibt sie. »Und ich war erstaunt über die Schönheit ihrer Dekorationen, die mir, obwohl

sie das Werk eines Landmalers waren, hinsichtlich des Kolorits und der Perspektive, vollendeter erschienen als die der zweitrangigen Theater Londons. Die Darstellung hat mich noch mehr in Erstaunen versetzt in Anbetracht dessen, daß die Darsteller alle Bauern waren, aber die Italiener haben eine solche Eignung für die Komödie, daß sie so gut spielten, als hätten sie Zeit ihres Lebens nichts anderes getan; besonders war ich entzückt vom Harlekin, der bei weitem alle diejenigen übertraf, die wir in England haben, obwohl es nur der Dorfschneider ist und ich bestimmt weiß, daß er nirgends Komödie hat spielen sehen.«

37 Gherardi, *Le Théâtre Italien*, I, Einleitung.

38 »Um der Welt einen italienischen Komödianten zu geben«, sagt Colombine, »muß die Natur außerordentliche Anstrengungen machen: ein guter Harlekin ist *naturae laborantis opus*; sie überhäuft ihn mit allen ihren Schätzen; kaum hat sie Geist genug, um ihr Werk zu beleben.«

39 »Die ganze Bildung und Erziehung, die die Komödianten besitzen, besteht darin, daß sie schlecht und recht lesen und schreiben können. Ich habe so manche kennengelernt, die nicht einmal das konnten und die doch recht gute Schauspieler und Schauspielerinnen abgaben. Sie ließen sich ihre Rolle von einem Freunde oder Verwandten sooft vorlesen, als nötig war, um den ungefähren Inhalt im Gedächtnis zu behalten.« Carlo Gozzi, *Memorie inutili*, II, 13.

40 »Seine feinen Witze, die schönen Sätze, die er ausspricht, die anmutige Art und Weise, wie er sie hersagt, seine seltene Bildung, seine gelehrten Anspielungen sind ebenso viele Geistesblitze und gewissermaßen Träume, vom Augenblick und für den Augenblick geboren. Das sind Brocken, die er wahllos dem Publikum spendet und die nicht mehr sein würden, was sie sind, wenn er sie mit dem Verstande glätten und herrichten wollte; sie würden ihre Anmut und ihre sehr elegante Ursprünglichkeit verlieren. Um ein solcher Harlekin zu sein, muß man, glaube ich, eine Menge Bücher gelesen, tausende verschiedener Personen reden gehört haben, ein umfassendes Gedächtnis, eine Persönlichkeit und eine tiefe Kenntnis des menschlichen Herzens besitzen.« Casanova, *Confutazione*, III, 287.

41 *Additions inédites du duc de Saint-Simon au Journal de Dangeau*, S. 278.

42 Barbieri, *La Supplica*, S. 70.

43 Man lese in den *Commedie da Camera* des Abbate Chiari den Dialog über die *Commedia dell'arte* zwischen einer Schneiderin, einem Perückenmacher, einem Lästermaul und einem Diener. – Vgl. das *Teatro Comico* Goldonis.

44 *Remarks on several parts of Italy.*

45 *Voyage en France, en Italie, aux îles de l'Archipel*, II, 219.

48 *Obras postumas*, I, 484.

47 *Le Président de Brosses en Italie*, II, 352.

Neuntes Kapitel

Das Lustspiel Goldonis

1 *Mémoires*, I, 9.

2 Sie sind zusammen mit den Briefen und den Vorreden zu seinen Lustspielen das echteste Zeugnis seines Lebens. Er diktierte sie, als er schon alt war, so wie sie ihm die Erinnerung eingab. Manchmal ließ sie ihn im Stich, wie man in der vortrefflichen Arbeit Loehners *Carlo Goldoni e le sue Memorie* sieht, wo die Richtigkeit der Daten hergestellt wird.

3 Am 7. Februar 1793 verlangte Joseph-Marie Chénier vom Konvent, man solle Goldoni die von der früheren Regierung festgesetzte Pension von 4000 Livres erneuern. »Ich möchte«, sagte er, »das nationale Gewissen für das Schicksal eines greisen Fremden und berühmten Schriftstellers interessieren, der seit dreißig Jahren Frankreich als sein Vaterland betrachtet hat und dem seine Talente und Vorzüge die Wertschätzung Europas eingetragen haben.« Der Konvent beschloß die Pension. Aber die Verordnung kam zu spät. Am Abend zuvor, am 6. Februar 1793, war Goldoni in der Straße Saint-Sauveur Nr. 1 im tiefsten Elend gestorben. Siehe das Protokoll über die Totenbeschau bei Rabany, *Carlo Goldoni*, S. 319.

4 Pascolato, *Carlo Goldoni avvocato.*

5 *Mémoires*, III, 8.

6 Mitten in der Nacht erblickt er sie im Hemd, eine Pistole in der Hand, einen Mann zu ihren Füßen: »Herr Abbé«, sagte sie in stolzem und spöttischem Tone zu mir, »öffnet die Tür, schreit ›Hilfe! Hilfe!‹ und legt Euch wieder ins Bett!« *Memoires*, I, 84.

7 Er fügt hinzu: »Meine arme Frau hat neben meinem Bette tüchtig geweint; sie war mein Trost und ist es immer gewesen.« *Mémoires*, I, 320.

8 *Mémoires*, II, 180.

9 *Mémoires*, I, 79. Vgl. Taine, *Voyage en Italie*, II, 385.

10 »Dank dem Himmel haben weder Geldschwierigkeiten noch Kummer und Sorgen meinen Appetit noch meinen Schlaf beeinträchtigen können.«

11 »Für das Tragische taugte ich in keiner Weise.«

12 Als eine Akademie die Frage stellt, *se abbia più forza nell' uomo l' estremo dolore o l' estrema allegrezza*, antwortet Goldoni:
L' allegrezza nel cuor sempre provai
Onde che sia dolore, io non saprei
E prego il Ciel di non saperlo mai ...
Fogli Sparsi, veröffentlicht von Spinelli, S. 166.

13 *Mémoires*, I, 222.

14 *Mémoires*, I, 253.

15 *Mémoires*, I, 369.

16 »Das machte in der ersten Zeit«, schreibt er in der Vorrede zum 9. Bande seiner Lustspiele, »einen entsetzlichen Eindruck auf

mich, einen Menschen an einen Strick gebunden zu sehen und ihn ruhig verhören zu müssen, aber man schickt sich in alles und trotz aller Menschenfreundlichkeit hört man nur auf die Stimme der Gerechtigkeit und die Pflicht des Amtes.«

17 »Es ist das glänzendste Schauspiel, das man sich vorstellen kann«, schreibt er. »Eine über eine Bresche geschlagene Brücke vermittelt den Verkehr zwischen den Belagerern und Belagerten; überall sieht man Tische aufgestellt; die Offiziere bewirten einander; drin oder draußen gibt man unter Zelten oder unter Lauben Bälle, Festlichkeiten, Konzerte. Die Leute aus der Nachbarschaft strömen zu Fuß, zu Roß, zu Wagen herbei; von allen Seiten kommen Lebensmittel; die Fülle stellt sich im Nu ein; Gaukler und Kunstspringer tauchen auf. Es ist ein reizender Jahrmarkt, ein köstliches Stelldichein.« *Mémoires*, I, 243.

18 »Ihr seid glücklich«, schrieb er an Franz von Medici, als er ihm die *Femmine Puntigliose* widmete. »Was ist das Glück?« Er gab darauf die Antwort: »Das Dasein, das Leben; in der heiligen katholischen Kirche geboren zu sein; einen wohlgestalteten Körper zu besitzen; ein Mann zu sein, keine Frau; ehrbare Eltern zu haben; in einer guten Gegend geboren zu sein, nicht in einem wilden Lande; sich der körperlichen und geistigen Gesundheit zu erfreuen; reich und frei zu sein, sich in angenehmer Gesellschaft zu bewegen, guten Geschmack und Verstand zu haben.«

19 »Stolz habe ich nie in mir gehabt, wenigstens habe ich es nie bemerkt.« *Mémoires*, II, 74.

20 »Die falsche Bescheidenheit erscheint mir ebenso hassenswert wie die Eitelkeit.« *Mémoires*, III, 118.

21 Vorrede zur Ausgabe von Pasquali.

22 »Es läßt sich nicht leugnen, daß ich unter dem Einflusse eines komischen Sternes geboren bin, da sogar mein Leben ein Lustspiel gewesen ist.« Vorrede zu Band V der Ausgabe von Pasquali.

23 »Ich sah mit Mißvergnügen, daß diesem Volke, das die dramatische Kunst früher als jedes andere Volk gekannt hatte, etwas Wesentliches fehle; ich konnte nicht begreifen, wieso Italien sie vernachlässigt und herabgewürdigt hatte und sie hatte verkümmern lassen; ich wünschte leidenschaftlich, mein Vaterland sich inmitten der andern erheben zu sehen, und ich versprach mir, dazu beizutragen.« *Mémoires*, I, 60.

24 Rabany zählt in seiner »chronologischen Liste der dramatischen Werke von Carlo Goldoni« 149 Lustspiele, 10 Trauerspiele, 83 Opern, komische Opern und Intermezzos. – Vgl. Spinelli, *Bibliografia goldoniana*. – Weder Rabany noch Spinelli erheben Anspruch auf Vollständigkeit.

25 Camerini, *I precursori del Goldoni*.

26 Zunächst hatte er den Abbate Chiari gegen sich. Dann Carlo Gozzi und die beißenden Satiren der Granelleschi. Dann Baretti und seine *Frusta letteraria*. »Goldoni«, schreibt Baretti, »hat ungefähr 30 Bände Lustspiele veröffentlicht, und da sein ganzes Werk voll Lärm und Schwulst ist, hat er die Ohren des Volkes betäubt und sein Herz erobert, besonders der Gondolieri von Venedig ... Aber seine Sprache ist das dümmste Gemisch von Wörtern und Wendungen,

die er verschiedenen Dialekten Italiens entlehnt und in lächerlicher Weise ins Toskanische übertragen hat; dabei ist sie reichlich durchsetzt mit Gallizismen ... Seine Gefühle sind so abgeschmackt, so gemein, daß die Ausdrücke, die er in den Mund einer Prinzessin legt, in dem ihrer Kammerfrau recht gut am Platze wären ... Goldoni kennt weder die Künste noch die Wissenschaften, seine Irrtümer in Rechtsgelehrsamkeit, Moral, Medizin, Anatomie, Geometrie und Naturgeschichte gehen über alle Begriffe usw. usw.« Goldoni hatte aber auch begeisterte Parteigänger. Nach Carlo Gozzi fand man seine Lustspiele »auf den Toilettetischchen der Damen, auf den Schreibtischen der vornehmen Herren, auf den Verkaufsbänken der Geschäftsleute, in den Händen der Spaziergänger, in den öffentlichen und privaten Schulen, in den Kollegien, ja sogar in den Klöstern«. Nach Carlo Gozzi verkündete ein Abbé Salerni von der Kanzel herab, daß er »zur Abfassung seiner Predigten die Lustspiele Goldonis fleißig lese«. Goldoni erntete aber auch sehr ernst zu nehmende Zustimmungen: Gasparo Gozzi, Verri, Albergati, Maffei; viele Patrizier von Venedig: Widiman, Grimani, Vendramin, Barberigo, Mocenigo; in Europa die eines Mannes, der das höchste Ansehen genoß: Voltaires.

27 Über Don Marzio vergleiche man Masi, *Scelta di Commedie di Carlo Goldini*, I, 340.

28 Es wäre belustigend, alle Versuche aufzuzählen, die Lustspiele Goldonis zu klassifizieren. Keiner befriedigt, weil keiner möglich ist. Das Leben läßt sich nicht in Rubriken einordnen.

29 Martini, *Carlo Goldoni.*

30 *»Signor mio, pittore e figlio della natura«*, schreibt Voltaire am September 1760 italienisch an ihn, *»vi amo dal tempo ch' io leggo. Ho veduto la vostra anima nelle vostre opere. Ho detto: ecco un uomo onesto e buono che ha purificata la scena italiana, che inventa colla fantasia e scrive col senno. Oh! che fecondità, mio signore! che purità! come lo stile mi pare naturale, faceto e amabile! Avete riscattato la vostra patria dalle mani degli arlecchini. Vorrei intitolare le vostre commedie: l'Italia liberata da' Goti ...«* *Correspondance*, VIII, 560.

31 Grosley, *Op. cit.* – Vgl. Neri, *P. C. Grosley e C. Goldoni.*

32 *Mémoires*, II, 30.

33 *La Buona Madre.*

34 *Una delle ultime sere di Carnovale.*

35 *Sior Todero Brontolon*, I, 5.

36 *La Buona Moglie*, I, 8.

37 *La Buona Madre*, I, 8.

38 *I Pettegolezzi delle Donne.*

39 *Il Vecchio bizarro.*

40 In Venedig hätte Goldoni die Patrizier von Venedig nicht auf die Bühne bringen können. Wenn er also die Lächerlichkeiten des Adels geißelt, nimmt er darauf Bedacht, die Handlung in eine andere Stadt Italiens zu verlegen.

41 *Le Femmine Puntigliose*, I, 14.

42 *Le Massere*, I, 1.

43 *La Putta onorata*, II, 1.
44 *Il Prodigo*, I, 9.
45 *La Figlia ubbidiente*, I, 13.
46 *La Putta onorata*, III, 12.
47 *Il Teatro comico.*
48 *La Buona Moglie*, III, 1.
49 *Le Donne gelose*, I, 6.
50 *Le Massere*, IV, 3.
51 *Le Massere*, III, 1.
52 *Il Feudatario*, I, 1.
53 *Il Campiello*, I, 2.
54 »Das gewöhnliche Geschrei dieser Leute im Guten und Bösen, ihre Händel, Heftigkeit, Gutmütigkeit, Plattheit, Witz, Humor und ungezwungene Manieren, alles ist gar brav nachgeahmt«, schreibt Goethe über die *Baruffe Chiozzotte*, die er in Venedig hörte. Er fährt fort: »Aber auch so eine Lust habe ich noch nie erlebt, als das Volk laut werden ließ, sich und die Seinigen so natürlich vorstellen zu sehen. Ein Gelächter und Gejauchze von Anfang bis zu Ende. Ich muß aber auch gestehen, daß die Schauspieler es vortrefflich machten. Sie hatten sich, nach Anlage der Charaktere, in die verschiedenen Stimmen geteilt, welche unter dem Volk gewöhnlich vorkommen. Die erste Actrice war allerliebst, viel besser als neulich in Heldentracht und Leidenschaft. Die Frauen überhaupt, besonders aber diese, ahmten Stimme, Gebärden und Wesen des Volkes aufs anmutigste nach. Großes Lob verdient der Verfasser, der aus nichts den angenehmsten Zeitvertreib gebildet hat. Das kann man aber auch nur unmittelbar seinem eigenen lebenslustigen Volk. Es ist durchaus mit einer geübten Hand geschrieben.« Goethe, Italienische Reise, Venedig, 10. Oktober. – Vgl. Vernon Lee, *Op. cit.*
55 Man besitzt von Goldoni wahrhaftige *commedie dell' arte* wie z. B. *Le trentadue disgrazie d' Arlecchino.* Andere kommen ihnen nahe; der *Uomo di mondo*, der *Prodigo*, der *Servitore di due padroni*, die *Gemelli veneziani*, der *Adulatore*, die *Cameriera brillante.* Manchmal, wie in dem *Uomo di mondo*, ist es nur eine geschriebene Rolle, ein andermal, wie in dem *Servitore di due padroni,* einige geschriebene Szenen, aber überall sind Stoffe und Personen der alten Komödie verwertet.
56 Lelio, der Herr, der in der Patsche sitzt, und Harlekin, der hungrige Diener, begegnen einander auf der Straße: »Verfluchtes Schicksal! – So ein Pech zu haben! – Ein Mann meines Standes von den Frauen betrogen! – Ein Mann von meinem Schlage soll Hungers sterben! – Gibt es eine elegantere Erscheinung? – Wo fände man einen besseren Appetit? – Kann ein Gesicht schöner sein? – Könnte es festere Zähne geben? ...« *I Pettegolezzi delle donne*, III, 9. – Der Diener Pasquin hat den Brief verloren, den ihm sein Herr anvertraut hatte: »Verfluchtes Mißgeschick! Ich bin schon blöd auf die Welt gekommen und werde als Mameluk sterben. Der Teufel soll mich holen! Ich habe den Brief verloren!« Er sucht ihn in allen Taschen, da kommt Rodrigo dazu und fragt ihn, wie es seinem Herrn gehe: »Er liegt im Bett und wehrt sich gegen die Krankheit und den Arzt. – Warum das? – Weil die

Krankheit und der Arzt ihn um die Wette umbringen wollen. – Er ist krank? – Ja, und ich habe den Brief verloren. – Einen Brief an Donna Eleonora? – Ja, wir haben ihn zusammen verfertigt. – Zusammen? – Er hat ihn geschrieben und ich habe ihn verloren.« *Il Cavaliere e la Donna*, II, 1. – Florindo befiehlt Harlekin, seinen Koffer zu packen; aber Rosaura befiehlt Harlekin, ihn auszupacken: »Entweder nimm diesen Rock fort«, ruft Rosaura, mit einem Stock bewaffnet, »oder ich werde dir gleich helfen!« – »Entweder gib diesen Rock zurück«, ruft Florindo, mit einem Knüttel bewaffnet, »oder ich brech dir die Rippen im Leibe ...« *Le Femmine puntigliose*, II, 4.

57 In dem *Antiquario* verkauft Brighella dem Grafen Anselmo den Pantoffel, dessen sich Nero bediente, um Poppaea Fußtritte zu versetzen, oder die Haarlocke Lukrezias, die in den Händen des Sextus Tarquinius geblieben war. – In *Una della ultime sere del Carnovale* ist die Szene zwischen dem alten Seidenweber Zamaria und Mme Gateau, einer französischen Goldspinnerin, eine richtige Posse, die unmittelbar von der Jahrmarktkomik herkommt.

58 Eine Verliebte, Corallina, ruft ganz einfach aus: »Au weh, ich krieg die Kolik!« Ein anderes junges Mädchen, Diana, will sich verheiraten, damit ihr der Gatte im Bett die Hände und die Füße wärmt. »Sonst nichts?« fragt Pantalon. – »Die Hände und die Füße; wozu hätte man einen Gemahl, wenn er nicht einmal dazu zu gebrauchen wäre?« In einem italienischen Lustspiel *Der glückhafte Mann* tut Harlekin, um der Zudringlichkeit einer gefallsüchtigen alten Schachtel zu entgehen, so, als ob sich bei ihm ein dringendes Bedürfnis einstelle; in den *Avventure della villegiatura* Goldonis nimmt Ferdinando angesichts der unternehmenden Sabina zu dem gleichen Kunstgriff seine Zuflucht. »Ist es gestattet?« ruft er plötzlich aus. – »Wohin geht Ihr?« – »Ist es gestattet?« ... – »Laßt ihn gehen; er hat Rhabarber eingenommen.«

59 »Ich schickte dem Abschreiber Akt für Akt. Die Komödianten lernten ihre Rolle in demselben Maße, am vierzehnten Tage wurde das Stück angeschlagen und am fünfzehnten gespielt.« *Mémoires*, II, 187.

60 *In tre zorni e tre note ho butà zo*
Anca el mese passa »la Casa nova« ...

61 Vorrede zum *Amor paterno.*

62 »Man spürt in dem *Bourru bienfaisant*«, sagt Grimm, »den Mann, der mehr gewohnt ist, Entwürfe zu machen, als die Stücke im einzelnen auszuführen.« »Die Situationen sind nur angedeutet«, fügt Bachaumont hinzu; »es ist eher ein Entwurf als ein vollendetes Werk.«

63 Er selbst gab sich davon Rechenschaft und er gestand es auch in seiner gewöhnlichen Gutmütigkeit. Indem er seinen *Spirito di Contradizione* mit dem *Esprit de Contradiction* von Dufresny verglich, schrieb er: »Wenn ich nicht irre, ist in dem Stück Dufresnys wohl mehr Kunst als Natur und in meinem mehr Natur als Kunst.«

64 »Die Gestalt der Cecilia in der *Casa nova* ist in keiner Weise gleichartig. In dem *Prodigo* ist Clarissa als Kokette gedacht und enthüllt sich als Frau mit geradem Sinn und gesundem Hausverstand.

In den *Puntigli domestici* sind die Diener Brighella und Colombina anfangs leichtfertige Geschöpfe; unerwarteterweise werden sie Spitzbuben.«

65 Es gibt einen *Sermone* von Gasparo Gozzi, der so betitelt ist: »Die Natur genügt nicht, einen Dichter zu schaffen.« Es sieht nicht so aus, als ob Goldoni ihn je gelesen hätte.

66 Er wirkt oft köstlich in seiner Unwissenheit. Er stellt Rivarol, »den Nachfolger der großen Meister der Literatur«, mit Robert, dem Dichter zusammen. Die »Hochzeit des Figaro« macht keinen größern Eindruck auf ihn als der *Séducteur* von Rièvre. Alfieri, den er in Paris kennenlernt, hat in seinen Augen nicht mehr Bedeutung als Roncali. »Die Wahrheit zu gestehen«, schreibt er, »kann man mehrere Szenen des *Festin de Pierre*, selbst bei Molière, nicht lesen, ohne die Seekrankheit zu bekommen.« Wenn er den Ritter Perfetti mit etwas sehr Schönem vergleichen will, nennt er Rousseau, Milton, Pindar usw. Was Voltaire anlangt, ist er Cicero, Vergil, Ovid, Horaz, Julius Cäsar usw. Siehe Ortiz, *La Cultura del Goldoni.*

67 »Ich bin, was ich bin. Ich bin wert, was ich wert bin. Gut, schlecht oder mittelmäßig, was auch immer ich sei, Baretti kann mir weder etwas geben noch nehmen«, schreibt er an Albergati. *Lettere di Carlo Goldoni*, herausgegeben von Masi, S. 49.

68 »Man hatte mir über dieses Stück soviel Gutes gesagt, daß ich es zu hören wünschte«, schreibt Frau du Deffand an Walpole; »ich war sehr enttäuscht; es ist das nichtssagendste, das platteste Stück, das in unsern Tagen erschienen ist.« – Es ist heute das Verdienst Vernon Lees, den *Bourru bienfaisant*, aus dem man das Meisterwerk Goldonis machen möchte, an seinen richtigen Platz gestellt zu haben.

69 Er entnimmt seine beiden *Pamela* dem Roman Richardsons; seinen Bugiardo dem *Menteur* Corneilles; seine *Vedova spiritosa* dem *Scrupule* Marmontels; seinen *Padre per amore* der *Cénie* der Frau von Graffigny; seine *Dalmatina* den *Amazones* der Frau von Boccage usf. – Über die Entlehnungen aus Molière siehe Lüder, Carlo Goldoni in seinem Verhältnis zu Molière.

70 »Ich gehe von zu Hause fort«, schreibt er in seinen *Mémoires*; »ich gehe, um mich auf dem Platze von Sankt Markus zu unterhalten; ich schaue, ob mir nicht einige Masken oder einige Gaukler den Stoff zu einem Lustspiel oder zu einer Posse für die letzten Karnevalstage liefern möchten. Ich begegne unter den Arkaden des Uhrturms einem Manne, der sofort meine Aufmerksamkeit erregt und mir den Stoff liefert, den ich suchte. Es war ein alter Armenier, schlecht gekleidet, sehr schmutzig und mit einem langen Barte, der die Straßen von Venedig ablief und getrocknete Früchte seiner Heimat verkaufte, die er Abagigi nannte. Dieser Mensch, den man überall traf und den ich selbst wiederholt getroffen hatte, war so bekannt und so mißachtet, daß man, wollte man sich über ein Mädchen lustig machen, das gern geheiratet hätte, ihr vorschlug, Abagigi zu heiraten. Mehr brauchte ich nicht, um im Eilschritt heimzukehren. Ich trete in mein Arbeitszimmer, schließe mich ein und ersinne ein volkstümliches Lustspiel mit dem Titel: *I Pettegolezzi.*« *Mémoires*, II, 89.

71 »Ich komme heim und beginne, erhitzt von meiner Wette, das Stück und den Roman zugleich, ohne den Stoff zu dem einen oder dem andern zu haben. Ich brauche, sagte ich zu mir selbst, viel Intrige, Überraschendes, Wunderbares und gleichzeitig Interessantes, Drolliges und Hochtrabendes; eine Heldin würde wohl mehr Anklang finden als ein Held: woher nehmen? Wir werden sehen. Nehmen wir einstweilen eine Unbekannte als Protagonistin. Und ich werfe auf das Papier hin: Die Unbekannte, erster Akt, erste Szene. Die Frau muß aber auch einen Namen haben; ja, geben wir ihr den Namen Rosaura; soll sie selbst in der Exposition den Inhalt des Stückes angeben? Nein, das ist ein Fehler der alten Lustspiele. Lassen wir sie auftreten mit ... ja, mit Florindo ... Rosaura und Florindo. So begann ich die Unbekannte und fuhr auch in der gleichen Weise fort, indem ich ein weitläufiges Gebäude aufführte, ohne zu wissen, ob daraus ein Tempel oder eine Halle würde.« *Mémoires*, II, 85.

72 Maddalena, *Una diavoleria di titoli e di cifre.*

73 Emilio De Marchi, *Lettere e Letterati italiani del secolo XVIII*, S. 327.

71 Grimm sah in den *Amours de Camille et d'Arlequin*, die Goldoni in Paris schrieb, »den Stoff zu drei oder vier Lustspielen«. Was von diesem Stück gilt, gilt auch oft von andern. In dem *Teatro comico* ruft eine Person Goldonis aus: »Ein einziger Charakter genügt, um ein französisches Lustspiel zu halten ... Die Italiener wollen viel mehr: sie wollen, daß die Hauptperson originell, kräftig und klar sei, daß fast alle Nebenpersonen ebensoviele Charaktere seien, daß die Intrige an Zwischenfällen und Abänderungen gebührend reichhaltig sei ...« Er selbst richtet sich nach den Regeln, die er aufgestellt hatte.

75 So sind denn auch die Entlehnungen aus ihm unzählig. Der *Fils naturel* Diderots erinnert an seinen *Vero Amico*, die *Ecossaise* Voltaires an seinen *Cavaliere e la Dama* und seine *Bottega del Caffè.* Goethe hat seinen Tasso gekannt. Kotzebue macht aus der *Vedova Scaltra* sein Stück Die schlaue Witwe und aus seiner *Osteria della posta* sein weiteres Stück Das Posthaus in Treuenbrietzen usw. usw. Man vergleiche Toldo, *Se il Diderot abbia imitato il Goldoni.* Neri, *Una fonte dell' »Ecossaise« di Voltaire.* Rastelli, *Il Tasso di Goethe e il Tasso del Goldoni.* Rabany, *Op. cit.*, usw.

Zehntes Kapitel

Carlo Gozzi und seine »Fiabe«

1 Es ist nach Carlo Gozzi ein *pregio* Italiens. Es ist nach Baretti »eine der Sonderheiten der italienischen Nation«. Perrucci hat den Eindruck, daß es »einzig und allein dem schönen Italien« geglückt sei.

2 Bezüglich Carlo Gozzi vergleiche man die drei Bände der *Memorie*

inutili, die von Paul de Musset ins Französische übertragen worden sind. Ferner die Arbeiten von Magrini, von Malamani und besonders die so vollständige Vorrede, die Ernesto Masi seiner schönen Ausgabe der *Fiabe* vorangestellt hat. In Frankreich haben sich Philarète Chasles, Paul de Musset, Alphonse Royer mit dem venezianischen Autor beschäftigt. Das Kapitel, das Vernon Lee ihm in seinen *Studies* gewidmet hat, ist eines der glänzendsten des englischen Schriftstellers.

3 »Ich war ihr Taufpate ... Ich ließ sie Bücher, die ihrer Fassungskraft angemessen waren, lesen und aus dem Französischen übersetzen ... Ich schrieb ihnen Briefe über erdichtete Familienereignisse, auf die sie antworten mußten ... Ich begleitete sie immer wieder in den Ridotto, in die Theater, zu den *casotti*, auf die Straßen, auf die Piazza, zu den geselligen Diners und Soupers, in die Vereine ...« *Memorie inutili*, II, 20 und 129.

4 Malamani, *I Gozzi.*

5 »Ich bin Gott für das fröhliche Gemüt, das er mir gegeben hat, zu großem Dank verpflichtet.« *Memorie inutili*, I, 162. Das gleiche Lied kehrt auf jeder Seite wieder.

6 Er nennt sie »Phantasiedichterin«, Herrscherin in einem schwindsüchtigen Königreich, »wohlbewandert in poetischen Entführungen, in romantischem und pindarischem Menschenraub«.

7 »Leicht entzündliches Gehirn«, sagt er von Chiari, »ungeordnet, keck, pedantisch, astrologische Intrigen, Siebenmeilenstiefelsprünge; Szenen ohne inneren Zusammenhang; geschwätziger Philosophaster: hie und da eine gute bühnenmäßige Überraschung oder eine scheußlich gut gelungene Schilderung; verderbliche Moral; der dümmste Schriftsteller, der unser Jahrhundert geziert hat.«

7a Gegen Goldoni schreibt er seine *Tartana degl' Influssi* und sein *Teatro comico all' osteria del Pellegrino;* gegen Chiari seine *Fogli sopra alcune massime del Genio e costumi del secolo;* gegen Gratarol seine *Memorie inutili*, gegen das Theater Goldonis und gegen das Chiaris und um ihr Theater in Verruf zu bringen, erfindet er seine *Fiabe.*

8 *Stravaganze e contrattempi a' quali la mia stella mi volle soggetto, Memorie inutili*, III, 187.

9 Andere machen den Journalisten den Hof: er hält es für unter seiner Würde, »bei Journalisten, Zeitungsschreibern, Mitarbeitern an Zeitschriften vorzusprechen, damit sie durch ihr Urteil der Menge der Unkundigen einreden, daß das Schlechte gut und das Gute schlecht sei«. Andere widmen ihre Werke Prinzen: er widmet sein Werk, das *Teatro Comico*, Pietro Corati, »dem sehr bekannten, armen venezianischen Bürger, der, in eine durchlöcherte Toga gehüllt, unter einer riesigen, von Würmern zerfressenen Perücke, die schwarzen Strümpfe notdürftig mit grüner Seide gestopft, in den Straßen seine Bekannten bescheiden um ein paar kleine Münzen bat, um sein armseliges Leben zu fristen«.

10 Nach seinen Worten wird die Glanzzeit der Denker und Systemfabrikanten der Wissenschaften und Entdeckungen nicht länger dauern als der Erfolg eines neuen Kaffeehauses oder des Modeerfinders Blondi. *Memorie inutili*, I, 262.

11 »Heute«, schreibt er, »nennt man es ein verschimmeltes, barbarisches Vorurteil, die Frauen an ihr Haus zu ketten, wo sie ihre Söhne, Töchter und Diener behüten sollen, sie zur Sparsamkeit und zu häuslichen Arbeiten im Haushalt zu zwingen; die Frauen haben denn auch augenblicklich ihre Wohnungen verlassen, zügellos wie die alten Bacchantinnen, und mit dem Bufe Freiheit! Freiheit! haben sie alle Straßen mit ihrem lärmenden Wesen erfüllt. Vorurteil nennt man das Gesetz, das die Kindabtreibung mit dem Tode bedroht; in Vorurteilen befangen diejenigen, die über die Erfindungen der Mode lachen ...; und indem man nicht müde wurde, all das, was sich den unerlaubten Vergnügungen, der Gewalttätigkeit, der Begellosigkeit und der Unrast, dem Untergang der Familie und der Gesellschaft entgegenstellt, Vorurteil zu nennen, ist das menschliche Geschlecht in das kläglichste aller Vorurteile verfallen.« *Memorie inutili*, I, 254 ff.

12 »Antonio Sacchi, Agostino Fiorilli, Atanagio Zannoni, Cesare Darbès waren die vier Masken Truffaldino, Tartaglia, Brighella und Pantalone. Durchwegs Schauspieler, die in ihrem Fach hervorragten. Die Geschicklichkeit in der Kunst, die Behendigkeit, die Anmut, die Fruchtbarkeit, die Lazzi, der Witz, die Einfälle, die Natürlichkeit und ein gut Teil Philosophie waren ihre Gaben; und die Soubrette Adriana Sacchi-Zannoni hatte dieselben Vorzüge.« *Memorie inutili*, II, 1.

13 »So nennt es Alphonse Royer, der einige Stücke daraus ins Französische übersetzt hat. Dieses Theater weckte im Auslande, besonders bei den deutschen Romantikern große Begeisterung. Die beiden Schlegel, Tieck, Schiller, dann Frau von Staël, E. T. A. Hoffmann, Philarète Chasles, Paul de Musset haben mit ihrem Lob nicht gekargt. Tieck entnimmt ihm seinen *Blaubart*, Schiller seine *Turandot.* Nach Paul de Musset haben sich Hoffmann und Charles Nodier daran begeistert. Er ist Schopenhauer vertraut. Wagner hat aus der *Donna Serpente* das Textbuch zu seinen ›Feen‹ gemacht. Bezüglich der Quellen dieses Theaters, seiner Tragweite und seiner Schicksale vergleiche man die bereits genannte Vorrede von Ernesto Masi zu seiner vierbändigen Ausgabe der *Fiabe di Carlo Gozzi*, die hier zugrunde liegt.«

14 Zum Beispiel wenn Smeraldina behauptet: *Io son pulcella*, lacht die Statue maßlos. *Il Re Cervo*, I, 155.

15 *Son l'ombre, i mostri, i cambiamenti, e l'Idre,*
I flagelli, le morti e le vittorie,
Che voi vedeste in questo vostro regno,
Alte dottrine, allegorie, che un giorno
Molto avean pregio, or disprezzate sono.
Da moderni scrittor, nè recar noia
Dessi a svelarle. Tra di noi fra poco
Tutto dispiegheremo, e goderemo
Traendo fuor della cassetta il frutto
D'antica poesia che più non s'usa
Ma che a' benefattor nostri ancor piace.
Mostro turchino, II, 304.

16 Tartagliona, die böse Königin des *Augellino Belverde*, sagt zu ihrem Sohne: »Wir werden täglich ›Verstecken‹ und ›Plumpsack geht um‹ spielen, und du wirst dich gut unterhalten: vielleicht wird die Schiavona oder die Saltarei zu uns kommen.«

17 *Zeim Re de' Geni*, II, 473.

18 *La Donna Serpente*, I, 398. – »Der Truffaldino Sacchi«, schreibt Carlo Gozzi in der Vorrede zu diesem Stück, »erschien in einem zerfetzten Mantel, einem schäbigen Hut und mit einem umfangreichen Paket Drucksachen unter dem Arm und schrie nach Art dieser Burschen (der Zeitungsverkäufer ...). Eine derartige unerwartete Szene, deren er sich mit viel Anmut und Natürlichkeit entledigte und wobei er – was immer willkommen ist, besonders im Theater – diese Leute kopierte, entfesselte einen richtigen Aufruhr und nie enden wollende Beifallsstürme; aus den Logen warf man Soldi und Zuckerln auf den Darsteller, um die nötige Verbindung herzustellen.«

19 *Il Re Cervo*, I, 138.

20 *»Chiaparemo una rescaldezione de rene, un mal maligno, le petecchie.« La Donna Serpente*, I, 339.

21 *Turandot*, I, 257.

22 *Il Mostro Turchino*, II, 265.

23 *Il Corvo*, I, 92.

24 *Zeim Re de' Geni*, II. 449.

25 *I Pitocchi fortunati*, II, 123.

26 *L'Augellino Belverde*, II, 337.

27 *I Pitocchi fortunati*, II, 137.

28 *L'Augellino Belverde*, II, 324.

29 *I Pitocchi fortunati*, II, 125.

30 *Zeim Re de' Geni*, II, 423.

31 *L'Amor delle Tre Melarancie*, I, 27.

32 *Turandot*, I, 253.

33 *L'Augellino Belverde*, II, 331.

34 *La Zobeide*, II, 31.

35 *L'Augellino Belverde*, II, 316.

36 *La Zobeide*, II, 74.

37 *I Pitocchi fortunati*, II, 187.

38 *Il Mostro turchino*, II, 279.

39 *Gran forza in uman core ha vanitade,*
E gran possanza ha poesia sull' alme ...
L'Augellino Belverde, II, 269.

40 Musatti, *Amor materno nel dialetto veneziano.*

41 Bernoni, *Giuocchi popolari veneziani*, S. 1, S. 15.

42 In der *Donna Serpente* »pflanzt sich Truffaldino hin wie einer, der einem Kinde eine Geschichte erzählt, wobei er oft die Wendung gebraucht, *e cusi*, *sior mio benedetto* usf. Er erzählt, wie sie in dem und dem Jahre am 12. April – Brighella weiß es noch – aus der Stadt Tiflis zur Jagd auszogen, der Prinz Farruscad, Pantalone, sein Großvater, er und viele Jäger. Wie sie in einem Gehölz, fern von der Stadt, eine Hirschkuh fanden, weiß wie der Schnee, über und über geschmückt mit Goldschnüren, mit Blumen, mit Perlenketten am Halse, mit

Ringen an den Füßen, mit Diamanten an der Stirn usf. *La più bella cosa ... la più bella cosa ... che si possa vedere con due occhi* usf. Daß der Prinz Farruscad sich in sie unsterblich verliebte und ihr folgte. Pantalone lief hinter dem Prinzen, er hinter Pantalone her, *e corri e corri, e cammina e cammina ...*« *La Donna Serpente*, I, 334.

43 Matilde Serao, *Carlo Gozzi e le Fiabe.*

44 Neben seinem Fiabe-Theater hat Carlo Gozzi alle möglichen Arten von Stücken hinterlassen, die er dem Spanischen nachgemacht oder daraus übersetzt hat. Bezüglich dieses vollständig vergessenen Theaters vergleiche man Carrara, *Studio sul teatro ispano-veneto di Carlo Gozzi.*

45 Trotz seiner Berühmtheit in Venedig und in der Fremde reicht dieses Theater bei weitem nicht an seinen Ruf heran. Es bleibt vor allem hinter seinen Absichten zurück. Vergebens möchte der Graf Carlo Gozzi gern den Galeeren mit den Goldrudern durch die unlogischen Gegenden folgen: er bleibt auf dem Ufer, wo der eingemauerte Ring leuchtet. Er bleibt in den Niederungen. Er hat keine Flügel, die ihn davontragen. Er begreift nicht die Symbolik dieser großen Fabeldichtungen, die er auf das Ausmaß einer Marionettenszene herabdrückt. Ihm geht nicht allein der Sinn für das Geheimnis ab, sondern auch der Sinn für das Wunderbare. Das Phantastische bei ihm ist rein mechanisch und formelhaft. Er erklärt nicht und nach seinen Worten gelingt es ihm nicht, »die antike Poesie aus ihrer Schale zu lösen«.

46 Außer in dem *Amor delle tre Melarancie* und hier und da in einigen Szenen *a soggetto* gibt er, mehr als Goldoni, seinen Schauspielern einen feststehenden und unwandelbaren Text. Die Maske Pantalones ist bei ihm ebenso weitgehend geändert wie bei Goldoni. Wiewohl er behauptet, kein anderes Ziel zu verfolgen, »als sich und seine Mitbürger zu unterhalten«, geißelt er die Geschmacksrichtungen und Sitten des Augenblicks. Bei ihm sind wir weit entfernt von der leichtfertigen alten Komödie, die der Lebhaftigkeit der Schauspieler überlassen war.

Elftes Kapitel

Die Abenteurer und Casanova

1 »Selbst die Eifersucht kann alle die Alleen, die spiralförmig verlaufenden Durchgänge, die unkenntlichen Türen nicht aufspüren, die zu diesen Verstecken führen. Mehr als ein unglücklicher Liebhaber, dessen Geliebte plötzlich verschwunden war, suchte sie dort vergebens. Selbst die Gondolieri, die doch bei derartigen Intrigen die Führerrolle spielen, haben oft keine Ahnung von diesen

Schlupfwinkeln. Wenn ein Galan seinen Abenteuern auf recht geheimnisvolle Art nachgehen will, läßt er sich zur Piazza rudern, seine Barke warten, trifft seine Göttin im Gedränge und verschwindet mit ihr aus der Menge der Zuschauer.« Beckford, *Italy*, S. 54.

2 *Gazzetta veneta*, 15. März 1760.

3 Da Ponte, *Memorie*, I, 18.

4 Da Ponte, *Memorie*, I, 37.

5 Molmenti, *Un Maldicente*, S. 336. – Vgl. Molmenti, *Un curioso processo del secolo XVIII.*

6 »In den Galanterien von Venedig«, schrieb Addison, »sind immer mehr Intrigen im Spiele als anderwärts.«

7 Marc Monnier, *Un aventurier italien*, S. 99.

8 »Er hat mit mir viel von Finanzangelegenheiten gesprochen«, schreibt Montesquieu, der im Jahre 1728 sehr eifrig mit ihm verkehrt hat.

9 Der Befehl ist datiert vom 30. Juli 1729. Man lese nach bei Baschet, *Les Archives de Venise*, S. 649.

10 Ademollo, *Un Avventuriere francese in Italia.*

11 »Sie war mit der größten Eleganz gekleidet«, schreibt Casanova, »gab sich sehr gebildet, wußte sich noch besser zu betragen, ihr Benehmen war ungezwungen und edel, der Ton ihrer Unterhaltung entzückend; ich war starr, denn die Wandlung war gar zu wunderbar. Nach kaum einer Viertelstunde sahen wir fünf oder sechs Damen der ersten Gesellschaft ankommen, sowie zehn oder zwölf Herzoge, Fürsten, Marquis mit Fremden aller Völker.«

12 Goudar, der aus Neapel, Lucca und Florenz verbannt ist, findet in Venedig die beste Aufnahme. Er verkehrt hier freundschaftlich mit dem einflußreichen Prokurator Andrea Tron. Es scheint sogar, daß man ihn für einen Lehrstuhl des Handelsrechtes im Auge gehabt hat. »Ich wäre Euch sehr verbunden«, schrieb er am 23. Juli 1774, »wenn Ihr mir, wie es Eure Gewohnheit ist, unumwunden sagen wolltet, ob ich bei meiner Rückkehr nach Venedig den Lehrstuhl für Handelsrecht bekommen könnte, von dem wir vor meiner Abreise gesprochen haben.« Ademollo *op. cit.*, S. 76.

13 *Memorie della vita di Antonio Longo veneziano scritte e pubblicate da lui medesimo per umiltà.* – Vgl. Biagi, *Un Avventuriere onorato.*

14 *Narrazione apologetica. – Memorie ultime.*

15 *Memorie di Lorenzo da Ponte di Ceneda.* Ins Französische übersetzt von Dareste de Chavanne mit einer Vorrede von Lamartine, *Mémoires d'un coureur d'aventures.* – Vgl. Marchesan, *Della vita e delle opere di Lorenzo da Ponte.*

16 Zu Beginn des 19. Jahrhunderts fanden die Memoiren Casanovas bei ihrem Erscheinen einen gewaltigen Widerhall. Ugo Foscolo sah in ihnen das unglaubwürdige Werk eines betrügerischen Fälschers. Quérard witterte dahinter einen literarischen Betrug. Der Bibliophile Jacob schrieb sie Stendhal zu. So zogen die einen wie die anderen nicht nur die Glaubwürdigkeit dieser Memoiren in Zweifel, sondern auch ihre Urheberschaft.

Nun kann aber doch die Echtheit der Memoiren Casanovas nicht gut angezweifelt werden. Casanova schrieb sie in französischer Sprache in den letzten Jahren seines Lebens auf dem Duxer Schlosse in Böhmen, wo ihn der Graf von Waldstein aufgenommen hatte. Der Prinz von Ligne, der in seinen *Mémoires et Mélanges* einen Auszug daraus gibt, kannte sie. Er ermunterte sogar den venezianischen Abenteurer, die Redaktion zu überwachen, wie aus seiner von Uzanne veröffentlichten Korrespondenz mit Casanova hervorgeht. »Ihr fühlt Euch doch recht wohl dabei, nicht kastriert zu sein; warum wollt Ihr, daß Eure Werke es seien?« schrieb er ihm. Und er schrieb weiter: »Bei einem Drittel dieses zweiten Bandes, teurer Freund, habe ich lachen, bei einem zweiten v.... müssen, das dritte hat mich nachdenklich gestimmt. Ihr macht es noch besser als Montagne.« Als Casanova starb – am 4. Juni 1798 – blieben seine Memoiren in dem Wust von Papieren vergraben, die er im Schloß von Dux hinterließ und die sich noch dort befinden. Sie fielen – man weiß nicht, wie – in die Hände eines gewissen Angiolini. Dieser bot sie 1802 Brockhaus in Leipzig an. Brockhaus kaufte sie und veröffentlichte von 1822 an die ersten Fragmente, ins Deutsche übersetzt von Wilhelm von Schütze, dann von 1826 an den französischen Text selbst, durchgesehen und zurechtgemacht von Jean Laforgue. Leider war dieser Jean Laforgue, Lehrer des Französischen an der Adeligen-Akademie in Dresden, ein Ignorant und schrieb ein sehr plattes Französisch: trotzdem hielt er sich für gelehrt und für einen Schöngeist. Statt nun den ursprünglichen so spontanen, frischen und lebensvollen Text der Memoiren stehen zu lassen, kam er auf den Gedanken, ihn zu verschönern. Die paar Bruchstücke des Originals, die wir besitzen, im besonderen die ganze Seite, die Charles Henry daraus zitiert, – *Jacques Casanova de Seingalt et la critique historique* – lassen darüber keinen Zweifel; wir haben wohl die Memoiren Casanovas, aber wir haben sie nicht in der Reinheit ihres ursprünglichen Textes.

Was die – lange Zeit und auch heute noch – strittige Frage der Glaubwürdigkeit dieser Memoiren anlangt, so neigen die zahllosen kritischen Arbeiten der zeitgenössischen Gelehrsamkeit dazu, sie zu bejahen. Um nur die hauptsächlichsten Werke zu nennen: F. W. Barthold in Deutschland und seine beiden Bände »Die geschichtlichen Persönlichkeiten in J. Casanovas Memoiren«, Berlin 1864; Armand Baschet in Frankreich und seine vier Artikel im *»Livre«, Preuves curieuses de l'authenticité des Mémoires de Casanova*, Paris 1881; Alessandro d'Ancona in Italien und seine beiden Artikel in der Nuova Antologia, *Un Avventuriere del secolo XVIII*, Rom 1882, erhärten durch zahlreiche Archivdokumente und Zeugnisse aus der damaligen Zeit die Behauptungen des berühmten venezianischen Abenteurers. Diese drei grundlegenden Arbeiten, denen man noch die von Augusto Bazzoni und Ettore Mola anreihen müßte, haben weitere im Gefolge gehabt. Ademollo, Loehner, Henry, Malfatti, Belgrano, Ricci, Frati, Carletta waren einige von denen, die die strittige Frage studierten. Dank ihrer Beiträge und trotz einiger von ihnen aufgedeckter Irrtümer scheint es heute Tatsache zu sein, daß Casanova die Wahrheit sagte. Was einem bei dieser außergewöhnlichen Persönlichkeit besonders auffällt, das sind nicht seine Lügen, sondern seine oft peinliche

Genauigkeit. Und bis nicht das Gegenteil erwiesen ist, möchte es scheinen, daß man ihm jetzt Glauben schenken muß.

17 »Es ist unbegreiflich«, berichtet der Spion Manuzzi den Inquisitoren, »daß eine so hochstehende Persönlichkeit von der Art Bragadins auf einen derartigen Betrug hineingefallen ist.«

18 Über alle seine Ausschweifungen und das Ärgernis, das er gibt, lese man die *riferte* des Spions Manuzzi an die Inquisitoren nach. Mola, *G. Casanova e la Repubblica di Venezia.* – Vgl. Baschet, *Preuves curieuses de l'authenticité des Mémoires de Casanova.*

19 Das Dekret »der Drei« ist unterfertigt am 24. Juli 1755. – Am nächsten Tage verhaftet der Hauptmann Matteo Vanuti Casanova.

20 D'Ancona hat diese seltsame Flucht des venezianischen Abenteurers Schritt für Schritt verfolgt. Er weist nach, daß Casanova in der Erzählung seiner Memoiren nicht aufgeschnitten hat. *Un avventuriere del secolo XVIII.*

21 Nach Barthold sind die Memoiren Casanovas das vollständigste Bild der sittlichen Verhältnisse der damaligen Gesellschaft und ein Spiegel des öffentlichen Lebens in allen seinen Verzweigungen, der Kirche, der nationalen Anschauungen, der Klassenvorurteile. Er fügt hinzu, daß man, selbst wenn alle Schriften verloren wären, die uns eine genaue Kenntnis des 18. Jahrhunderts zu übermitteln vermögen, in den Memoiren ausreichenden Stoff fände, um die unausweichliche Notwendigkeit einer Revolution darzutun.

22 »Meine Leidenschaft war, zu verblüffen.« *Mémoires*, V, 324. Und weiter: »Ich habe immer einen heftigen Wunsch nach Auszeichnungen gehabt und immer die Blicke auf mich zu ziehen gesucht.« Ebenda, V, 170.

23 »Ich fand ein besonderes Vergnügen daran, wenn schon nicht das Verbotene, so doch wenigstens das Schwierige zu tun.« *Mémoires*, I, 288.

24 *Mémoires*, I, Vorrede.

25 »Ich wäre euch persönlich verbunden«, schreibt er d'Affry, »wenn ihr ihn freundlich aufnehmen wolltet.« – Baschet, *Preuves curieuses*, S. 22.

26 »Daß ich Arkadier bin«, schreibt er an Haller, »verdanke ich meinem Freunde von Seingalt, der in Italien allmächtig und Euer Bewunderer ist.« Loehner, *Giacomo Casanova ed Alberto von Haller.*

27 *Scrutinio*, S. 46.

28 Eugène Asse erwähnt in seiner 1879 veröffentlichten Sammlung der Berichte der Besucher Voltaires den Besuch Casanovas nicht. Und doch gehört er zu den interessantesten. Albrecht von Haller, den Casanova in Laroche gesehen hat, hat zu ihm über Voltaire geschimpft. Voltaire dagegen preist Haller. »Das ist ein Mann«, ruft er aus, »vor dem man den Hut abziehen muß.« »Ich bin ganz Eurer Meinung«, entgegnet Casanova, »und es freut mich zu hören, daß Ihr ihm Gerechtigkeit widerfahren laßt; ich beklage es nur, daß er gegen Euch nicht ebenso gerecht ist.« »Nun«, erwiderte Voltaire sofort, »es ist ja möglich, daß wir uns alle beide täuschen.« Die Unterhaltung erstreckt sich noch weiter auf Ariost, Albergati, Goldoni, die

Buchhändler, Venedig, die Freiheit, den Aberglauben, die Oberhoheit des Volkes. *Mémoires*, IV, 182 ff.

29 *Mémoires*, VI, 86.

30 Henry, *Les Connaissances mathématiques de Jacques Casanova de Seingalt.*

31 Abgesehen von den zahlreichen Ausgaben der »Memoiren« und der »Flucht aus den Bleikammern«, die zu seinen Lebzeiten erschien (wieder gedruckt in Bordeaux 1884), sind die bekannten Veröffentlichungen Casanovas folgende: *Confutazione della Storia del governo veneto d'Amelot de la Houssaye*, Amsterdam 1769, 3 Bde. – *Lana caprina, epistola di un licantropo*, Venedig 1772. – *Istoria delle Turbolenze della Polonia*, Görz 1774, 3 Bde. *Iliade di Omero tradotta in ottava rima*, Venedig 1775–78, 3 Bde. *Scrutinio del libro Eloges de M. de Voltaire par différents auteurs*, Venedig 1779. – *Lettere della nobil donna Silvia Bellegno alla nobil donzella Laura Gussoni*, Venedig, ohne Jahr. – *Di aneddoti viniziani militari e amorosi del secolo decimo quarto*, Venedig 1782. *Ne' amori ne' donne ovvero la stalla ripulita*, Venedig 1782. – *Icosameron ou Histoire d'Édouard et d'Élisabeth*, Prag, ohne Jahr (1787), 5 Bde. – *Solution du problème déliaque*, Dresden 1790. – *Corollaire à la duplication de l'hexaèdre*, Dresden 1790. – *Demonstration géométrique à la duplication du cube, corollaire second*, ohne Jahr. – *A Leonard Sielnage docteur en droit de l'Université de Gottingue*, 1797. – Octave Uzanne hat außerdem die folgenden Fragmente der in Dux hinterlassenen unveröffentlicht gebliebenen Schriften herausgegeben: *Histoire de mon existence. – Préface. – Précis de ma vie. – Courte réflexion d'un philosophe qui se trouve dans le cas de penser à se procurer la mort. – Préface au poème de l'Albertiade. – Réflexions sur la Révolution française. – Le Livre* (Rückschauende Bibliographie). Paris 1887.

32 Mahler, *Catalogue des manuscrits de Casanova conservés au château de Dux en Boheme.*

33 Bazzoni, *Giacomo Casanova confidente degli Inquisitori di Stato di Venezia.*

34 Man lese seinen Totenschein bei Ottmann, Jakob Casanova von Seingalt, sein Leben und seine Werke, S. 98. – Vgl. *La date exacte de la mort de Casanova, Intermédiaire des chercheurs et des curieux*, 3. November, 20. und 30. Dezember 1902. – Charles Henry (*Jacques Casanova de Seingalt et la critique historique*) bietet seinen Taufschein.

35 Da Ponte, *Memorie*, II, 17.

36 Er ist freimütig bis zum Zynismus, »von unbeschreiblicher Offenherzigkeit«, sagt der Abbé Chiari. Er ist von maßloser Eigenliebe. Er ist von einer unangebrachten Empfindlichkeit, die ein einfacher Intrigant als Fehler vermeiden würde; er verfolgt mit unversöhnlichem Zorne Voltaire, der seine Übersetzung der *Écossaise* nicht genügend gelobt und die makaronischen Verse Merlin Coccaies, die er ihm geliehen, nicht gebührend gewürdigt bat; er ärgert sich über Grimani, der ihm bei einer Kasinodebatte nicht recht gegeben hat, und dieser Ärger trägt ihm eine zweite Verbannung aus Venedig ein. Er ist einzig und allein mit dem beschäftigt, was er die »Aktualität des Lebens« nennt. Wenn er eine Regel kannte, war es die Regellosigkeit.

37 *Mémoires*, II, 53 ff. – Jean Laforgue schreibt statt *Malchus Malek*, statt Maler *Nattier Notier*, statt *Pope Pepe* usw.

38 »Er hatte Mittel und Wege gefunden«, schreibt die Marquise de Créqui in ihren *Souvenirs*, »dieser geistvollen Frau – wenn sie es wirklich war – weiszumachen, daß sie (mit 73 Jahren) durch den Einfluß der Sterne und kabbalistischen Zahlen schwanger werden würde, daß sie vor der Niederkunft sterben, aber nach 74 Tagen, nicht mehr und nicht weniger, unfehlbar von selbst wieder zum Leben erwachen würde und zwar als erwachsenes Mädchen. Es handle sich nur um eines, sich nicht zur Unzeit begraben zu lassen.« Barthold, *Op. cit.*, II, 33. Casanova sagt: »Ich wollte an einem Orte, der mir durch die Eingebung der Geister gewiesen werden sollte, die jungfräuliche Tochter eines Adepten holen, die ich durch ein nur den Rosenkreuzern bekanntes Mittel befruchten sollte. Der dieser Befruchtung entstammende Sohn sollte mit einer empfindsamen Seele geboren werden. Mme d'Urfé sollte ihn im Augenblicke seiner Geburt in ihre Arme nehmen und ihn sieben Tage lang neben sich in ihrem Bett behalten. Nach diesen sieben Tagen sollte sie sterben, indem sie ihren Mund an den Mund des Kindes gepreßt halte, das so ihre verständige Seele empfangen werde.« *Mémoires*, V, 101.

39 *Mémoires*, V, 119.

40 Bernis, *Mémoires*, S. 484.

41 Mit Leonilda erörtert er ein Epigramm La Fontaines, das sich nur in der 1. Ausgabe seiner Erzählungen findet. Mit Clementine liest er die *Pluralité des Mondes* von Fontenelle. Mit Helene unterhält er sich über transzendentale Theologie. Henriette spricht besser über das Glück als Cicero in seinen Tusculanen. Die Dubois, »die Locke liebte«, belustigt ihn bis Mitternacht durch philosophische Fragen. Die Klosterschwester von Murano ist durch den *Traité de la sagesse* Charrons gewitzigt worden.

42 *Mémoires*, IV, 72.

43 *Préface*, veröffentlicht von Uzanne, S. 37.

44 *Mémoires*, VI, 52.

45 »Es ist für mich so angenehm, etwas Gutes zu tun, daß noch heute, wo ich nichts mehr habe, die Erinnerung an die Menschen, die ich – oft mit geringen Kosten – glücklich gemacht habe, fast mein einziges Vergnügen ist.« *Mémoires*, IV, 430.

46 »In den vierundachtzig Jahren, die Voltaire gelebt hat, hat er nicht gelernt zu sterben. Wenn er nicht glücklich gewesen ist, so ist der Grund der, daß er kein Philosoph gewesen ist.« Voltaire sagt zu dem Prediger: »Du predigst mir, daß alle Menschen böse geboren sind, warnst mich also, daß auch du so geboren bist und daß ich mich deshalb vor dir in acht nehmen muß, wie vor einem Fuchs oder einem Krokodil.« Casanova argumentiert: »Du predigst mir, daß alle Menschen böse geboren sind, und gibst mir damit zu erkennen, daß auch du böse geboren bist; aber ich habe kein Mißtrauen gegen dich, denn wenn du mir deine Verderbnis bekennst, ist das ein Zeichen, daß du nicht daran denkst, dich ihrer zu meinem Schaden zu bedienen.« *Scrutinio*, SS. 37, 75, 85. – Nach einem Ausspruche

Bouvys sind sowohl »das *Scrutinio* wie die *Confutazione*«, die übrigens fast unbekannt ist, vielleicht »das Treffendste, was Italien im 18. Jahrhundert an systematischer Widerlegung des Voltairianismus hervorgebracht hat«. *Voltaire et l'Italie*, S. 314.

47 *Préface*, veröffentlicht von Uzanne, S. 40.

48 »Mit Eurem Herzen, Eurem Geiste und Eurem Magen wird man überhaupt nicht alt«, schrieb ihm der Fürst von Ligne.

49 »Wen die Sinnlichkeit nicht anzuregen vermochte«, erklärte er, »dessen Leben betrachte ich als verfehlt.« *Mémoires*, V, 345.

50 »Das ist der einzige Tag meines Lebens, den ich mit Recht verloren nennen kann.« *Mémoires*, VI, 89.

51 »Man hielt mich für glücklich. In Wahrheit war ich es nicht. Seit meiner Gefangenschaft in den Bleikammern hatte ich unter Hämorrhoiden zu leiden.« *Mémoires*, VI, 103.

52 »Nur dem Menschen ist es gegeben, Vergnügen zu schaffen: das ist ein Geschenk Gottes.« *Préface*, veröffentlicht von Uzanne, S. 39.

53 »Er war«, sagt der Abbé Chiari, der ihn unter der Maske des Vanesio in seinem Roman *La Comica in fortuna* schildert, »eine dieser Erscheinungsformen des bürgerlichen Lebens, die glänzen, man weiß nicht wie; es ist nämlich ganz unklar, wie sie es anstellen, um zu leben und zwar als große Herren zu leben, obwohl sie doch weder Ländereien noch Beruf haben, die ihnen ehrenhafte Mittel zum Leben liefern könnten, die man nach ihren Kleidern bei ihnen voraussetzen möchte.«

54 Man lese die Memoiren des Fürsten von Ligne nach sowie seine von Uzanne herausgegebenen Briefe an Casanova.

55 *Mémorial d'un mondain.*

56 In seiner in Dux verbliebenen Korrespondenz findet man Briefe in Hülle und Fülle: von dem venezianischen Patrizier Zaguri, von Morosini, vom Grafen von Lamberg, vom Fürsten von Kurland, vom Baron von König (einige davon von Uzanne veröffentlicht), vom Grafen von Brühl, von Kaunitz, von Zinzendorff, von Branicky usw. Mahler, *Catalogue des manuscrits de Casanova conservés au château de Dux.*

Zwölftes Kapitel

Die Bürger

1 »Neben den schönsten Palästen stehen armselige Häuser, die den Gesamteindruck stören.« Lamberg, *Le Memorial d'un mondain.* II, 114.

2 Im 18. Jahrhundert dachten gewisse Reisende, daß einige Wochen genügen, Italien in sich aufzunehmen. Ihre oberflächlichen Urteile erbitterten die Italiener. Monti findet über sie harte Worte.

Man lese in einem Brief der Lady Montagu, der aus Genua vom 3. Dezember 1759 datiert ist, die sehr richtigen Bemerkungen über die Italienreisenden im 18. Jahrhundert und die Schwierigkeit für einen Fremden, dieses Land kennenzulernen.

3 *Diario Veneto.*

4 Orford, *Leggi e Memorie venete sulla prostituzione.*

5 *Guai a chi se trovarà, co le boteghe se tocarà, e i zoveni commanderà.* Zeitgenössisches Sprichwort.

6 Zanetti, *Memorie per servire all' istoria dell' inclita Città di Venezia.*

7 Goldoni, *I Rusteghi*, II, 6.

8 *Mi piase più cussi: quattro amici, un gotto de vin, una fersora de maroni*, sagt der Momolo Goldonis in dem Stück: *Una delle ultime sere del Carnovale.*

9 *... Il bastoncello,*
Un valigiotto era il mio arredo, e trenta
Soldi, nolo al nocchiero, o men talvolta,
E incogniti compagni, allegra ciurma.
Se la moglie era meco, io dal piloto
Comperava un cantuccio, ove la culla
Stava e il pitale, ed uova sode e pane
Parca prebenda nell' umil canestro.
Gasparo Gozzi, *Opere*, XI, 367.

10 Goldoni, *I Rusteghi*, I, 5.

11 Zanetti, *Memorie.*

12 Baretti hatte zum mindesten recht, wenn er Goldoni den Vorwurf macht, er lasse eine Prinzessin sprechen wie eine Kammerfrau. Goldoni wird sehr belustigend, wenn er den Einfall hat, seine Personen mit edlem Benehmen und erlesener Höflichkeit auszustatten. In seinem *Cavaliere di buon gusto* z. B., wo er gern einen vollkommenen Mann von Welt darstellen möchte, fehlt es seinem ersten Darsteller an allen erlesenen Eigenschaften, deren Spiegelbild er sein soll.

13 »Die *Baruffe chiozzotte* und *Ser Todero Brontolon*«, schreibt Stendhal in Venedig, »sind großartige bürgerliche Lustspiele, wenn man beim Theater von Großartigkeit sprechen kann, ohne das Großzügige in der Seele des Dichters.«

14 *Il Cavaliere e la Dama*, II, 11. – Hier heißt Pantalone Anselmo.

15 Ebenda.

16 *La Famiglia dell' Antiguario.*

17 »Obgleich ich alt bin«, sagt er, »habe ich keine Angst; denn wenn ich auch den Degen nicht handhaben kann, verstehe ich meine Zunge zu gebrauchen und meine Meinung jedermann ins Gesicht zu sagen.« *L'Impostore*, II, 7.

18 »Ich esse gute Sachen, natürliche Sachen, Sachen, die mir nicht schaden.« *Il Vecchio bizarro*, I, 8.

19 Bezüglich des Pantalone Goldonis lese man nach De Marchi, *Lettere e Letterati italiani del secolo XVIII*, S. 302; Malamani, *Il teatro drammatico*, II, 133.

20 Goldoni, *La Finta Ammalata.*

21 In der alten *Commedia dell' arte* waren eine der Lächerlichkeiten Pantalones die politischen Ratschläge, die er dem Fürsten gab. Er sagte z. B.: »Wer das Gebäude der Politik aufrichten will, möge sich der Vernunft als Grundlage bedienen, weil ohne sie alles zusammenfallen wird ... Das Steuer muß die Galeere des Königreiches lenken, damit sie nicht an den Klippen eines gefährlichen Meeres zerschelle; die vergifteten Wasser der Wirbel können nur durch das Meereseinhorn erleuchtet werden; und das Roß der Regierung wird niemals gerade gehen, wenn es nicht durch die Halfter der Klugheit gelenkt wird ...« Perrucci, *Dell' arte rappresentativa*, S. 247. – In dem Lustspiel Goldonis spricht Pantalone kein Sterbenswörtchen über Politik. – Gasparo Gozzi, ein ehrenwerter Mann wie kein zweiter, der sich kein Blatt vor den Mund nimmt, läßt es sich nie einfallen, selbst in entfernten Anspielungen die Einrichtungen und Formen der Regierung, die Berechtigung der Aristokratie, die Gesetze, Abgaben oder das Heer zu berühren. Zumindest zeigt sich hier die Überlegenheit Addisons auf jeder Seite. Man lese Zanella, *Giuseppe Addison e Gasparo Gozzi.*

22 *»Vita d'entrada, Vita stentada«*, lautet eine ihrer Redensarten.

23 *»E ti ochio, bondi, sta bene, divertite!«* Occioni-Bonaffons, *Di un Epistolario femminile*, S. 850.

24 *»Do mule costa più che tre cavale ...*
Malamani, *Il Settecento*, I, 34.

25 »Die wohlerzogenen Töchter Venedigs«, schreibt die Gräfin Wynne de Rosenberg, »sind in ihren Häusern eingesperrt, immer mit ihren Arbeiten beschäftigt und haben gerade nur soviel Freiheit, um einen Augenblick zum Fenster zu laufen. Sie verlassen das Haus nur, um an Festtagen zur Messe zu gehen, wobei sie ihrer Mutter oder einer alten Verwandten vorausgehen.« *Pièces morales et sentimentales*, S. 237.

26 Goldoni, *La Donna volubile.*

27 *»Adesso tutte le cose sono venute alla moda!«* sagt Leonardo in den *»Donne di bel Umore«* Goldonis.

28 »Ich warne Euch«, sagt er zu Lelio, »meine Frau und meine Tochter müssen für Euch Luft sein; laßt es Euch nicht einfallen, einen Fuß in mein Haus zu setzen ... denn – unter vier Augen gesagt – unter der Stiege ist eine Falle, die sich mittels einer Feder, die nur ich kenne, öffnen und Euch in ein Loch voll Nägel und Rasiermesser hinunterstürzen wird ...« *L' Uomo prudente*, I, 16.

29 »Die Frauen«, erklärt er, »sind wie der Brotteig, zu fest, zu weich oder gerade recht. Wenn er gerade recht ist, kann ihn ein jeder kneten. Wenn er zu weich ist, muß man Mehl dazu geben und ihn sorgsam behandeln. Wenn er aber fest ist, braucht man den Backtrog und zwei tüchtige Arme, um ihn zu kneten. Herr Don Florindo, ich empfehle mich!« *Le Femmine puntigliose*, II, 1.

30 »Ich erinnere mich noch«, sagt eine der Personen Gasparo Gozzis, »daß in meiner Jugend in unserem Hause eine einzige Magd oder vielmehr ein altes Weiblein lebte, die am Abend mit einer kleinen Öllampe in der Hand durch die Zimmer ging. Hörte man klopfen, so trat die kleine Alte an das Fenster, hob die Lampe und rief: ›Wer

ist da?‹ ›Laßt den Korb herunter‹, kam die Antwort von der Straße. Sie tat es und einen Augenblick später kam sie in das Zimmer ihrer Herren mit einem Brief, dessen Adresse lautete: ›*Alle mani del Signore osservandissimo tale*‹ und der die Nachricht vom großen erzielten Gewinn beim Löschen oder Laden eines Schiffes brachte. Wenn man heute an die Tür klopft, laufen zwei oder drei Diener herbei und man übergibt ihnen einen Brief, geschmückt mit dem *Illustrissimo* und begleitet von einem Korb mit Birnen oder Eiern, die uns unser Pächter, *agente* betitelt, schickt ... Was denkt ihr, daß man mehr schätzen muß, die kleine Alte mit ihrer Lampe oder soviele Diener mit Fackeln?«

31 *Le Femmine puntigliose*, II, 1.

32 *Dov' è la Sensa antiga,*
Quela dei nostri vechi,
Dove in tre gran stradoni
Se vedeva quà e là
Esposta in quantità
Con grazia e pulizia
La miglior mercanzia?
Malamani, *Il Settecento*, 1, 145.

Dreizehntes Kapitel

Das Volk

1 Gräfin Wynne de Rosenberg, *Du séjour des Comtes du Nord à Venise en janvier 1782*.

2 »Eines mutet sehr erfreulich an«, schreibt Gasparo Gozzi, »wenn man sieht, wie die ungebildeten Menschen und das niedrige Volk ohne die geringsten technischen Kenntnisse zierliche Perspektiven und hübsche Ansichten zeichnen.« Gasparo Gozzi schrieb diese natürlichen Gaben dem Betrachten der Gemälde, der Gebäude, der Paläste zu, die in dem Auge des Volkes eine *certa misura* hinterlassen. – Im Jahre 1771 verlangen die Gewerbevorsteher – Tischler, Maurer, Steinschneider – von den *Riformatori dello Studio*, daß sie an den Feiertagen morgens und nach dem Essen ein Meister in italienischer Sprache und nach den Regeln der berühmten Baumeister lehre, *formar disegni e sagome esatte.*« Man lese ihr Ansuchen bei Romanin, *Storia documentata della Repubblica di Venezia*, VIII, 432.

3 Goldoni, *Il Campiello.*

4 Musatti, *Dei proverbi veneziani.* – Dal Medico, *Proverbi veneziani.* – Bianchi, *Proverbi e modi proverbiali veneti raccolti e illustrati con massime e sentenze di vari autori* usf.

5 Bernoni, *Preghierie popolari veneziane*, S. 15 u. 42.

6 Bernoni, *Giuochi popolari veneziani*, S. 53.

7 Das sind *vilote.* »Die Frauen«, schreibt Dal Medico, »singen sie in den Höfen und auf den *campielli.* Manchmal begleiten sie sie mit dem Tamburin, unter Tanzbewegungen, die *vilota* heißen wie das Lied selbst. Die älteste Frau der Schar singt und die jungen tanzen.« Dal Medico, *Canti del popolo veneziano.* – »An den Tagen *di Sagra*«, schreibt die Gräfin Wynne de Rosenberg, »dürfen die Mädchen der Pfarre nachmittags ausgehen, sich auf den *campi* vereinigen und hier fröhliche Reigen tanzen. Die eine singt, das Tamburin in der Hand, und leitet den Tanz.«

8 »Es war noch nicht fünf Uhr morgens, da wurde ich von lärmenden Stimmen und dem Plätschern des Wassers unter meinem Balkon aufgeweckt. Als ich hinausschaute, sah ich den *Canal Grande* so vollständig mit Früchten und Gemüsen auf Flößen und Kähnen bedeckt, daß ich kaum eine Welle unterscheiden konnte. Die Trauben-, Pfirsich- und Melonenladungen kamen und verschwanden im Augenblick, denn alle Boote waren in Bewegung und bildeten ein sehr lebendiges Bild.« Beckford, *Italy with sketches of Spain and Portugal*, S. 48.

9 Selbst die Frauen mischen sich hinein. *»Stè in drio, che fazzo sangue!«* ruft Lucrezia in den *Donne Gelose* Goldonis aus. II, 21.

10 *Se morsego qualcun*
Mi li veleno
Da la grinta ghe gho
Per una mata ...
Malamani, *Il Settecento*, II, 158.

11 *La Putta onorata.*

12 Über die Gondolieri von Venedig lese man nach Wynne de Rosenberg, *Il trionfo dei Gondolieri.*

13 »Wenn uns ein Lustspiel gefällt«, sagt einer von ihnen, »hat es Erfolg. Wir besiegeln das Schicksal der Schauspieler. Wenn wir zufrieden sind, wiederholen wir überall: ›Ach! Das ist ein Lustspiel! Das ist ein Lustspiel! Etwas ganz Erlesenes!‹ Und wenn wir im Theater Beifall spenden, so klatscht alles in die Hände!« *La Putta onorata*, III, 14.

14 *La Putta onorata*, I, 18.

15 *La politica non xe fata per i proveri omeni*, sagt ein zeitgenössisches Sprichwort.

16 »Das Volk von Venedig ist das beste Volk von der Welt«, ruft Montesquieu aus; »es gibt dort im Theater keine Aufseher und doch hört man keinen Lärm und keinen Streit; sie werden geduldig warten, wenn ein Großer sie nicht zahlt ...« »Ich muß aufmerksam machen«, schreibt Moratin, »daß ich in keinem Lande ein Volk gesehen habe, das mit seiner Regierung zufriedener wäre.« Und er fügt hinzu: »Man muß zugeben, daß diejenigen, die es leiten, das große ebenso schwierige wie wichtige Geheimnis kennen, sich die Liebe der Menge zu erringen. Das venezianische Volk unterhält sich, arbeitet und murrt nicht über sein Oberhaupt.«

17 Italienische Reise, Venedig, den 7. Oktober abends.

Vierzehntes Kapitel

Das Ende Venedigs

1 Schon am 12. Mai 1753 prüft man in einem im Ministerium für die auswärtigen Angelegenheiten aufbewahrten Promemoria die Gründe für den Verfall des Handels in Venedig. Man lese Daru, *Pièces justificatives*, II, 311.

2 »Dieses Tier«, schreibt Gradenigo, »ist von vielen Malteser Hunden umgeben. Einer von ihnen springt ihm oft auf den Rücken, während sich die andern ihm zu Häupten als Schildwache aufpflanzen. Und dann erscheinen weitere Hunde verschiedener Rassen als Soldaten gekleidet und tanzen englische Tänze, gleichsam um den König des Waldes zu belustigen. Er zeigt sich nicht allein im *casotto*, sondern läßt sich ohne Gefahr in die Paläste der Adeligen und die Sprechzimmer der Nonnen führen. Er läßt sich von allen streicheln und den Mund öffnen; sein Herr öffnet ihm auch den Mund, steigt ihm auf den Rücken, läßt sich die Pfote geben, umarmt ihn, macht mit ihm, was er will und immer straflos.« Malamani, *Il Carnovale di Venezia nel secolo XVIII*, S. 683.

3 »Man sieht hier«, schreibt Young, »nur sehr wenig moderne Gebäude und noch weniger neue Häuser, ein sicherer Beweis, daß es mit der Blüte des Staates vorbei ist.«

4 Rosalba Carriera ärgert sich »über die Niedertracht derer, die, ohne das Geld wirklich zu brauchen, ihre Gemälde veräußern und das Vaterland eines Schatzes berauben, der es früher einmal so berühmt gemacht hat«. – Zanetti beklagt das Vorgehen des Grafen Algarotti, der viele Antiquitäten und Gemälde für den Hof von Sachsen aufkauft, »zum großen Mißvergnügen der guten Venezianer, die es höchst ungern sehen, wie die Stadt aus schmutziger Habgier so kostbarer Malereien beraubt wird.« – Im Jahre 1773 muß man die Abfassung eines Kataloges der bemerkenswertesten Gemälde anordnen, mit dem ausdrücklichen Verbot, sie zu verkaufen und auszuführen und »unter Androhung der öffentlichen Empörung«. Molmenti, *Il Decadimento politico ed economico della Repubblica di Venezia.*

5 Montesquieu, *Voyages*, S. 42.

6 Als die Republik den Ridotto sperrt, läßt Ange Goudar die Barnabotti folgendermaßen sprechen: »Ihr großen Herren erfreut Euch guter Renten und damit laßt Ihr's Euch gut gehn und habt es nicht nötig, Bassett zu spielen; ein jeder von Euch hat seinen Palast, seine Tochter, einen guten Tisch, und wenn Ihr Euch zum Platzen vollgefressen habt, kommt Ihr mit anderthalb Fuß langen Zahnstochern auf den Markusplatz, während wir Barnabotti so tun, als ob wir uns die Zähne putzten, um den Anschein zu erwecken, als hätten wir gegessen. In früheren Jahren warteten wir auf den Stefanitag, wie die Hebräer auf die Ankunft des Messias warten; und wenn sich dann der Ridotto öffnete, gewannen wir klingende Denare, verbrachten den Vormittag

bei Luganagher, kauften uns dort schöne Gansleberschnitten und eine Flasche Wein, für zwei Soldi Brot, ein halbes Pfund Obst und lebten als große Herren. Jetzt, da Ihr den Ridotto gesperrt habt, ade, Luganagher! Ade, Obsthändler! Der Tisch ist abgedeckt.«

7 Dante, *Inf.*, XXI, 7.

8 Molmenti, *Vita privata*, S. 392.

9 1753 nur mehr dreitausend. Man lese nach bei Daru, *Histoire de la République de Venise*, VI, 313. Vgl. Molmenti, *Il Decadimento politico ed economico della Repubblica di Venezia.*

10 »In der Zeit des Verfalles der Republik«, schreibt Rossi in seinen *Costumi veneziani*, »zählte man in Venedig mehr als 136 Gesellschafts-Casini und 5000 Familien, die allabendlich empfingen«.

11 Malamani, *La Moda a Venezia nel secolo XVIII*, S. 524.

12 Mutinelli gibt die Verrechnung des Konklave, das den letzten Dogen von Venedig wählte: es kostet dem Staat nahezu 400 000 Lire. Einzig und allein der »Bruch« beansprucht 41 624 Lire, die Kerzen und Zuckerln 47 670, die Trinkgelder 63 658, der Tabak 4931; die Schnupftabaksdosen 3067. Die Kämme, Almanache, Zahnstocher, Kartenspiele, die Rochembold-Spiele, die Rosen-, Nelken-, Lavendel- und Vanilleessenzen, der Goldstaub, die Schminke ergeben, unter ebensoviel Rubriken, ganz ungeheuerliche Ziffern. Da gibt es für 1250 Lire Kämme; für 450 Lire Schlafmützen; Rosenkränze allerdings nur für 15 Lire. Mutinelli, *Memorie storiche degl' ultimi cinquant' anni della Repubblica*, S. 171.

13 Archenholtz, England und Italien, IV, 32.

14 »Kaum war«, sagt die Gazzetta Gozzis vom 2. April 1760, »das Krachen der Gewehrschüsse an die Ohren der Frauen gedrungen, stoben sie auch schon wie Tauben nach allen Seiten auseinander und die Männer liefen ihnen aus Höflichkeit und um sie nicht allein zu lassen, nach.«

15 »Dieser Brief«, schreibt Schlick, der Sekretär des französischen Botschafters in Venedig, an den Grafen von Vergennes, den Minister des Äußeren, »hat hier einen panischen Schrecken verbreitet: mehrere Patrizier haben die Hauptstadt verlassen und ihr Beispiel wird viele andere mitreißen.« Baschet, *Preuves curieuses de l'authenticité des Mémoires de Casanova.*

16 Molmenti, *Vita privata*, S. 150.

17 Die Veruntreuung öffentlicher Gelder ist gang und gäbe. Am 26. April 1760 benachrichtigt der Spion Manuzzi den Inquisitor von den Diebstählen der Ragionati; am 26. April 1761 von denen der Scrivani, der Pesadori und Munizionieri; am 25. November desselben Jahres von den Erpressungen des *Magistrato dei Provveditori del Comun* usw. Ottolenghi, *Intorno la Caduta della Repubblica di Venezia*, S. 14.

18 Worte Carlo Contarinis bei der Sitzung des Großen Rates am 3. Dezember 1779.

19 Am 24. September 1795 schreibt Gasparo Lippomano an Querini, den Botschafter in Paris: *»Mercoledi, io vestirò di rosso, compassionatemi!«* Sarfatti, *Memorie del dogado di Lodovico Manin*, S. 15.

20 Sarfatti, *Memorie del dogado di Lodovico Manin.*

21 Ange Goudar.
22 Baretti.
23 De Brosses.
24 »Man sagt: *Vissere mie, una parola?* Man zieht eine Schnur. Die Tür öffnet sich. Man geht hinauf. Den Rest wißt ihr. Diese Mädchen zahlen den großen Herren ihre *posti.* Wollte sie die Polizei verjagen, so entgegnen sie: *Pago i mi bezi, sono in casa Mocenigo, sono in casa Foscarini, cosa mo disè vu sior?*« – Vgl. Orford, *Leggi e Memorie venete sulla prostituzione*, S. 177. – Occioni-Bonaffons, *La Repubblica di Venezia alla vigilia della Rivoluzione francese*, S. 723.
25 Der Briefwechsel Ballarinis umfaßt sechs dicke Bände, die unveröffentlicht im Museo Correr schlummern. Die drei ersten enthalten die an Dolfin während seiner Botschafterzeit in Paris 1780–1786 gerichteten Briefe; die drei letzten seine Briefe an Dolfin, während er Botschafter in Wien war, 1786–1789. Das Ganze bildet eine der kostbarsten Urkunden über die Sittengeschichte des zeitgenössischen Venedig. – Man lese Molmenti, *Un Maldicente.*
26 Gorani, *Mémoires secrets*, II, 127.
27 Benedetto del Bene, *Giornale di memorie.*
28 Fulin, *Studi nell'Archivio.*
29 Cérésole, *Jean-Jacques Rousseau à Venise*, S. 71.
30 Bazzoni, *Un Confidente*, S. 236.
31 Bazzoni, *Le Annotazioni degli Inquisitori di Stato*, II, 13.
32 »Alles in allem genommen«, schreibt der Deutsche Maier, »spielen sich die Dinge hier mindestens ebenso ehrbar ab wie in einer beliebigen deutschen Stadt, wo die Gesetze strenger, die Strafen härter sind, und trotzdem die Verderbnis größer ist.« Beschreibung von Venedig, II, 264.
33 Occioni-Bonaffons, *La Repubblica di Venezia* ..., S. 711.
34 Ebenda, S. 723.
35 De Brosses.
36 Pöllnitz, *Lettres et Mémoires*, S. 122.
37 Lalande, *Voyage en Italie*, VII, 33.
38 De Brosses.
39 L'Abbé Richard, *Description historique et critique de l'Italie*, II, 444.
40 Maihows, *Voyage en France, en Italie, aux îles de l'Archipel*, II, 213.
41 Nach Archenholtz »ist in diesen Verträgen gewöhnlich die Armut der Eltern erwähnt und der ausdrücklich angeführte Beweggrund ist, daß man dem jungen Mädchen eine Ausstattung geben will, um es später ehrbar verheiraten zu können«.
42 Brief Ballarinis vom 25. Mai 1781, zitiert von Mutinelli.
43 Rousseau, *Confessions*, VII.
44 Dolcetti, *Le Bische e il giuoco d'azzardo a Venezia*, S. 104.
45 Malamani, *Il Settecento*, I, 103.
46 Der *Giozze d'oro* von Francesco Gritti, die *Anna Erizzo in Constantinopoli* von Angelo Maria Barbaro usw.
47 Montesquieu, *Voyages*, S. 24.
48 Goethe, Italienische Reise, Venedig, 29. September.
49 Malamani, *Il Settecento*, S. 166.

50 Romanin, *Storia documentata*, VIII, 264.

51 Mutinelli, *Memorie Storiche*, S. 154.

52 *Xe vechia, e tuto va mal, no gh' è comercio, no gh' è bezzi, no gh' è soldati, no gh' è officiali, e i pochi che gh' è, xe da casoto, come vorlo l' Ecc. Senato far la guerra?* – Giorgio Baffo, der schlüpfrige Dichter, ist derselben Meinung:
Debotto no ghè zente da guera
E se ghe n' è, questi non hà visto 'l fuogo
Come puorla durar in sta maniera?
III, 191.

53 *Erimo ridotti a grado che non potevamo soffrire ne il male ne li rimedi.*

54 So der bedeutende Doge Foscarini. Er pflegt die Beredsamkeit, *magnam rem.* Er veröffentlicht ein Werkchen *Sulla necessità dell' eloquenza e della facoltà di ben dire per gli uomini di Repubblica.* Er schließt sich in der Vergangenheit ein. Er gibt seiner Zeit keine individuelle Prägung. Er bringt sie nicht vorwärts. *Patriae libertatis defensor potius quam corrector*, wie man von ihm gesagt hat. Im 18. Jahrhundert sieht Venedig trotz einiger – rasch unterdrückter – Neuerungen sein Heil nur mehr in der Aufrechterhaltung seiner alten politischen Dogmen. Marco Foscarini war ihr Hüter. – Emilio Morpurgo, *Marco Foscarini e la Venezia del secolo XVIII.*

55 *Ziogo e lusso ne fa spuar i polmoni,*
La religion xe andata in precipizio
E i caffè fè serar? Oh che cogioni!

56 »Hier«, schreibt Lippomano am 22. Februar 1797, »sind wir mitten im Wirbel des Karnevals. Es ist eine Freude, zu sehen, wie sich dieses Völkchen bewegt, als gäbe es keine Widerwärtigkeiten und alles ginge gut. Die Piazza, die Straßen, die Theater weisen denselben Zustrom und dasselbe Gesumme auf.« Sarfatti, *Op. cit.*, S. LX.

57 »Größtenteils«, schreibt ein zeitgenössischer Italiener, »aus Infanteristen bestehend, die mit ganz verschiedenartigen Waffen ausgerüstet sind; einige ohne Waffen; wieder andere mit einfachen Stöcken; alle zerlumpt, bloßfüßig, mit so zerfetzten Kleidern und so nackten Körpern, daß man sie für eine Horde von Vagabunden hätte ansehen mögen, dazu angetan, die Grundlagen der Gesellschaft zu erschüttern.« Barzoni, *Rivoluzioni della Repubblica di Venezia*, S. 75.

58 Proklamation von Bassano am 10. März 1797.

59 Am 1. September 1796. Romanin, *Storia documentata*, IX, 381.

60 1. Juni 1796.

61 23. Juli 1796.

62 »Dieser General Bonaparte zeigte sich, sei es aus natürlicher Schweigsamkeit, sei es, um seine schlechte Laune geflissentlich zur Schau zu tragen oder auch wegen der Übermüdung infolge der ausgestandenen Strapazen ernst und grämlich, und als ich ihn geschickt fragte, ob er ermüdet sei, antwortete er mir, ›er sei sehr müde‹.« Eilberichte Contarinis vom 12. Mai 1796. – »Der kommandierende General Bonaparte, ein junger Mann von achtundzwanzig Jahren, ist von einem leidenschaftlichen Stolze erfüllt: entschlossen in seinen Entscheidungen, kennt er für all

das, was von seinem Willen abhängt, keine Grenzen ... Jedes noch so unschuldige Ereignis, in dem er einen Widerspruch gegen seine Absichten wittert, läßt ihn blitzschnell zu Drohungen und Gewalttätigkeiten übergehen.« Eilberichte Mocenigos vom 29. Mai 1796. Romanin, *Storia documentata*, IX, 292, 302.

63 »Schmerz, Bestürzung, Verwirrung und Schrecken herrschen in allen Reihen und liegen auf allen Gesichtern«, schreibt Lippomano an Querini am 2. Juni 1796. – Sarfatti, *Memorie del dogado di Lodovico Manin*, S. XLII.

64 Über die Atmosphäre, die in Venedig herrscht, und den Gegensatz »seiner fortwährenden Verzückungen« zu dem »lärmenden Wesen« des französischen Heeres vergleiche man Miot de Melito, *Mémoires*, I, 92.

65 »Man verteidigt das Land mittels der Diplomatie«, schreibt Pesaro an die Corner. Molmenti, *Vita privata*, S. 435.

66 »Ihr müßt aus dem venezianischen Lande herausziehen, so viel ihr nur könnt«, schrieb er schon am 10. Juni 1796 an Lambert.

67 Der Präliminarfriede von Leoben ist datiert vom 18. April 1797. Schon 1765 machte Baschi, der Nachfolger des Abbé von Bernis in Venedig, in Paris den Vorschlag, einen Gebietszuwachs des Hauses Österreich in Italien durch Angliederung von Venezien zu begünstigen: dafür sollte das Haus Österreich an Frankreich die Niederlande abtreten; und er zählte die Vorteile dieses Abkommens auf. Cappelletti, *Storia della Repubblica di Venezia*, XVIII, 112. – Am 25. Januar 1797 berichtete Querini, der Botschafter Venedigs in Paris, es sei davon die Rede, Österreich in Venezien für die Provinzen Belgiens Kompensationen zu geben. Er setzte hinzu, der Plan sei ihm nicht neu, er habe den Senat schon am 10. Januar des Vorjahres davon in Kenntnis gesetzt. Romanin, *Storia documentata*, IX, 423. – Schon am 20. Juli 1796 schrieb Napoleon an das Direktorium: »Ich muß mich über den Provveditore ärgern, die Morde hervorheben, die an unseren Truppen begangen werden, mich bitter über die Rüstungen beklagen, die man nicht veranstaltet hat, als die Kaiserlichen die Stärkeren waren.« *Correspondance*, I, 601. Von nun an wird Bonaparte ausschließlich die Politik befolgen: er braucht den Krieg um jeden Preis. Alle Mittel sind ihm recht, um einen Vorwand dazu zu finden. Er nimmt sogar zu Fälschungen seine Zuflucht, erniedrigt sich soweit, durch einen bezahlten Agenten, namens Salvadori, ein Manifest fälschen zu lassen, durch das die venezianische Regierung die Völker des Festlandes einlädt, über die Franzosen herzufallen. Botta, *Storia d' Italia dopo 1789*, II, Kap. 10.

68 Am 8. Dezember 1796. *Correspondance*, II, 190.

69 Am 1. Januar 1797. *Correspondance*, II, 284.

70 »Venedig«, schreibt Mallet du Pan, »ist die Stadt, die alle ihre gesetzlichen Rechte preisgegeben hat, selbst das, sich zu beklagen.«

71 Sciout, *Le Directoire*, II, 173–212.

72 Romanin, *Storia documentata*, X, 79.

73 Schon am 6. März 1797 sagte Berthier zu Kilmaine und zu Landrieux: »Unterdessen bringt, ohne Zeit zu verlieren, alles in Aufruhr und zerschmettert alles; Klugheit, Geschicklichkeit, Gewalt, alles muß

gleichzeitig spielen ... Gleichzeitig wird Sibille die venezianische Marine reizen, die sicher über ihn herfallen wird, und diese Dummheit wird ihre Strafe verlangen.« Landrieux, *Mémoires*, I, 87 ff.

74 Briefe Alvise Mocenigos vom 22. und 24. April 1797. – Romanin, *Storia documentata*, X, 124.

75 *Correspondance*, III, 17.

76 *Extraits des Mémoires inédits de feu Claude Victor-Perrin, duc de Bellune.*

77 Romanin, *Storia documentata*, X, 138.

78 Schon am 20. Juli 1796 schrieb Bonaparte an das Direktorium: »Die Republik Venedig hat uns drei Millionen für die Verpflegung der Armee geliefert.« *Correspondance*, I, 601.

79 *Venezia e le sue lagune*, I, 248.

80 »Der Platz von S. Marco«, schreibt Lippomano am 11. Mai 1797, »gleicht einem Heerlager mit Kanonen und brennenden Lunten und so haben wir die letzten zwei Tage in einer schrecklichen Angst verbracht.« Sarfatti, *Op. cit.*, S. LVII.

81 »Am 4. Mai schickt man Mocenigo, Donà und Giustinian zu Bonaparte mit der Befugnis, im Namen der Republik alles Nötige zu vereinbaren und zu versprechen, selbst hinsichtlich der Verfassung und Regierung.« Romanin, *Storia documentata*, X, 139. – Am 6. Mai wird Condulmer beauftragt, den Franzosen den friedlichen Einzug vorzuschlagen, »mit der Befugnis, die Zurückziehung der eigenen venezianischen Streitkräfte anzubieten, falls sich dies als notwendig herausstellen sollte«. Ebenda, S. 165. – Am 8. Mai schreibt Napoleon an das Direktorium: »Die Inquisitoren sind verhaftet; der Kommandant des Lido-Forts, der Laugier getötet hat, ist verhaftet, die ganze Regierung von dem Großen Rate im Stich gelasssen worden und dieser hat seinerseits erklärt, er wolle sich seiner Selbstherrlichkeit entäußern und die Regierungsform einrichten, die mir am zweckmäßigsten erschiene.« *Correspondance*, III, 39. – Am 10. Mai schreibt Baraguay aus Mestre an Bonaparte: »Herr Condulmero hat mich ganz offen gefragt, ob ich geneigt wäre, die Regierung zu unterstützen, falls die öffentliche Ruhe durch den Aufstand der Soldateska zu arg gefährdet würde.« – Am 14. Mai schreibt Victor von Padua an Bonaparte: »Gestern kam ein venezianischer General zu mir und äußerte seine Befürchtungen hinsichtlich der weiteren Entwicklung der Ereignisse und legte dar, seine Mitbürger wünschten, wir möchten ihnen zu Hilfe kommen, um sie vor dem Unheil, das sich vorbereite, zu erretten.« Daru, *Histoire de la République de Venise*, VII, 337, 344.

82 *»Inorridisci!«* schreibt Almoro Fedrigho an Ugo Foscolo. »Durch ununterbrochen sechzehn Stunden wurde eine Bevölkerung von hundertfünfzigtausend Einwohnern den Unverschämtheiten und der Beutegier von zwei- oder dreihundert Verbrechern ausgesetzt, die selbst wieder Helfer noch gemeinerer Verbrecher waren.« Malamani, *Giustina Renier-Michiel.*

83 »Wir können nicht begreifen, wieso wir uns mit fünfhundert Feuerschlünden, ohne einen abzufeuern, den Franzosen als Sklaven überantwortet und auf Gnade und Ungnade ergeben haben, ohne von

ihnen eine Garantie erhalten zu haben, weder hinsichtlich der Religion noch hinsichtlich der Sicherheit noch hinsichtlich des Eigentums«, schreibt ein Zeuge dieses Selbstmordes. Sarfatti, *Op. cit.*, S. CXVI.

84 Am 15. Mai 1797 schreibt Baraguey d'Hilliers an Bonaparte: »Ich beehre mich, Euch, Herr General, mitzuteilen, daß ich die ganze letzte Nacht damit verbracht habe, die unter meinem Kommando stehenden Truppen einzuschiffen. Heute früh bei Tagesanbruch habe ich mit der 5. Halbbrigade die Stadt Venedig, die Inseln und die angrenzenden Forts besetzt.« Daru, *Histoire de la République de Venise.* – »Bei Sonnenaufgang hielt der General Baraguay seinen Einzug ... Schon in der Nacht hatte er mit vierhundert der Seinigen den Platz besetzt ... Die Freude dieser Kerle war lebhaft und lärmend; sie stand in grellem Gegensatz zu dem düsteren Anblick der Stadt.« Brief an Bonaparte vom 17. Mai 1797. Daru, ebenda. Vgl. Duc de Bellune, *Extraits des Mémoires.*

85 Die Rosalba, deren Augen solche Feste gefeiert hatten, stirbt blind. Goldoni verscheidet in Paris unter der Schreckensherrschaft, krank und gänzlich verarmt. In Dux dient Casanova den Dienstboten des Schlosses zum Gespött, die sein Bild im Abort aufhängen: *Omnes famuli testantur se vidisse effigiem meam super parietem internam latrinae affixam. Ut infamia non sit aequivoca Carolus Viderol, famulus comitis Waidestein, subscripsit effigiei nomen et confessus est se illam exposuisse et hoc fecisse ad miae personae ludibrium. Hoc est diffamatio primi gradus.* Es wird ewig zweifelhaft bleiben, oh nicht Gasparo Gozzi, als er in die Brenta fiel, seinem Leben freiwillig ein Ende machen wollte. Carlo Gozzi platzt vor Galle. Gratarol wird in der Verbannung ermordet. Seine unversöhnliche Feindin, die allmächtige Caterina Tron, stirbt in gänzlicher Verlassenheit. Der Schauspieler Sacchi ertrinkt bei einem Schiffbruch. Antonio Longhi, dessen Dasein ein einziges Lachen war, liegt, zugrunde gerichtet und sterbend, in einem schmutzigen Loch, inmitten von Unrat und Flöhen; er hat nur drei *talleri* in der Tasche; er schreibt seine Memoiren beim Lichte einer in eine Rübe gesteckten Kerze; so läßt er sich auch selbst und seine Kinder malen und er hängt an seine Tür folgenden Zettel: *Te polenta accipiat et aquam large administrabit*, was in seinem Latein besagen sollte: »Man wird dir mit Polenta aufwarten und Wasser sollst du bekommen, soviel du nur willst.« Da Ponte entgeht der Armut nur dadurch, daß er über das Meer fährt.

GLOSSAR

A

aghi di Fiandra, spighetta, cordoni: Flandrische Nadeln, Kordel, Schnüre.

alla burchia: schluderig.

alle strette (venir alle strette): Den Beischlaf vollziehen.

Arcigranellone, dasselbe wie *Testiculorum princeps* und *Coleorum princeps:* Erz- oder Oberhodler.

Arsenalotti: Arsenalarbeiter.

B

baruffe chiozzotte: Raufhändel der Fischer von Chioggia.

barzeleta: Scherzwort.

bautta: Masken-Mäntelchen.

bestemmia (venez. *biastema):* Der Fluch, die Lästerung.

bigolo (bigollo): Traggerät für Wassereimer.

bigoncia: runde Kanzel zu Ansprachen an das Volk.

bocassin (oder *meza tonda):* ein Kleidungsstück der Frauen aus dem Volke, namentlich der Chioggiotinnen, eine Art Leinenschürze, die über den Kopf geschlagen werden konnte.

bombè: künstlicher dicker Popo.

bragozzo: kleine Fischerbarke.

buratin (burattino): Puppe aus Holz oder Lappen nach Art der Puppen des Kasperl-Theaters.

burchielo: flaches gedecktes Reiseboot für die Fahrt von Padua nach Venedig.

butarsi zoso: sich auf den Boden werfen, auf die Knie werfen.

buzzarona: Vettel, Hure.

C

cagh' in acqua: einer, der ins Wasser kackt.

calle: Gasse, Straße.

campiello: kleiner Platz.

capperi: potztausend!
Capitan Coviello: Maske eines einfältigen Bravo (mit angemaltem Schnurrbart).
caregheta: kleiner Sessel.
care raise: süßes Herz!
Carola: Ringeltanz.
casoti (da carneval): Jahrmarktsbuden.
caudati (sonetti): geschwänzte Sonette (von mehr als vier Strophen).
chiassetti: lärmende Gesellschaften, Unterhaltungen.
Chi gha buon naso cognosse i meloni: Wer eine gute Nase hat, riecht es der Melone an, ob sie reif ist.
cocoleto, mio cocoleto: mein Herzenskindchen.
cogitor: Amtsgehilfe *(coadjutore).*
concetto: Einfall, Plan, Absicht.
corno: die nach hinten hornartig aufgebogene Dogenmütze.
curagattolo: Gossenräumer.

D

diese (dieci): zehn.
dindio: Tropf (eigentl. Truthahn).
do (due): zwei.
doze (doge): Doge.

F

fa presto: Spitzname des Luca Giordano.
fattore: Agent, Gutsverwalter.
felce (felze): Gondelzelt.
fianchetti: künstliche Hüften, Hüftpolster.
fionazzo d'una quinta in cope: Schelm von einem Falschspieler!
fogo (fuoco): Feuer.
fondamenta: Einfassungsstraßen der Kanäle.
fuosa: die Hafeneinfahrt im Hinblick auf deren Tiefe.
furlana: friauler in Venedig beliebter Tanz, der zu zweit getanzt wird.

L

locandiera: Vermieterin.

M

martelliani (scil. *versi*): Alexandriner.
meneghela: ein Kartenspiel.
mercante in fiera: ein Kartenspiel.
mezà (mezzanino): Zwischenstock; auch Bank und Advokatenkanzlei, weil letztere meist im Zwischenstock der Palazzi untergebracht.
monna (madonna): vornehme Dame.
moreta: die schwarze Sammetmaske, die vermittels eines Knopfes, den man in den Mund steckt, vor dem Gesicht festgehalten wird.
musso: Esel.

N

nonola: mein Schätzlein!
non ghe pensar: nicht daran denken!
orbo: der Blinde.
osei che canta: Singvögel.
osele: Art silberner Medaillen, die der Doge am Barbaratage an die im Großen Rat stimmberechtigten Patrizier verteilte.

P

pachieto: ein hüpfender Tanz.
pagador (pagatore): derjenige, der zahlt.
paletta: Schaufel, Schippe, Spatel.
paruca de stopa: Wergperücke.
persegada (persicata): Pfirsichkonserve.
piovan: Pfarrer.
pissoto: Hosenbrunzer.
pitocco: Bettler.
piutosto a fondi che siar: eher untergehen als zurückrudern!
piutosto in tochi che dar in drio: eher zerschellen als zurückweichen!
pometo de riosa (la xe …): sie ist wie Milch und Blut.
premer (la barca): die Barke nach links steuern.

R

rose pelae: Rosen ohne Blätter und Stengel.
sagra: Kirchenfest.

S *scaldin:* Wärmepfanne, Handwärmer.
semenza de buovoli: Sohn eines Galeerensträflings (Schimpfwort).
semola (zogo de la semola): ein von Frauen und Kindern viel gespieltes Spiel.
Sensa (Ascensione): Himmelfahrt.
Sior = Signore.
spaccamonti: Aufschneider.
stalir (la barca): Die Barke nach rechts steuern.

T *tabaro (tabarro):* Mantel.
tondina: ein Kartenspiel.
traghetto: Anlegestelle für die Gondeln zur Überfahrt auf das andere Kanalufer.

V *vetturin (veturin):* Fuhrmann.
vilota (villanella): kleines ländliches Lied.
vissere mie: mein Herz, mein Schatz!
vogar: rudern.
vovo (uovo): Ei.

Z *Zane, Zanni*, eigentlich ein bergamaskischer Bauer, später in die Komödie als Spaßmacher eingeführt, dann durch den Truffaldino ersetzt.
zendaletto: Gewandstück der venezianischen Frauen.
zente = gente: Leute.
zentildonna = gentildonna.
zenzamino: Jasmin.
zibaldone: eine schlechte Kompilation, ein Mischmasch.
zizole col confetto: kandierte Brustbeeren.
zuca baruca: hartschaliger Kürbis.

BIBLIOGRAPHIE

Verzeichnet sind jene Quellen, die der Verfasser in Händen gehalten hat, keine weiteren. Die wenigen Werke, denen ein Asterisk vorausgeht, konnten nicht beschafft und mussten aus zweiter Hand zitiert werden.

ADDISOX, JOSEPH. *Remarks on several parts of Italy in the years* 1701–1703, London, 1761.

ADEMOLLO, ALESSANDRO. **Giacomo Casanova e le sue Memorie*, Rassegna sellimanale, 1678. – *Figuri e Figure casanoviane.* Fanfulla della Domenica, 1882-83-84-85. – *Corilla Olimpica*, Florenz, 1887. – **G. F. Hændel in Italia*, Mailand, 1889. – *Un Avventuriere francese in Italia*, Bergamo, 1891.

ALBRIZZI, ISABELLA TEOTOCHI. *Ritratti*, Pisa, 1826.

ALBRIZZI, ALMONÓ. *Fasti storici antico moderni, sagro-profani*, Venedig, 1740.

ALGAROTTI, FRANCESCO. *Opere Crémone*, 1778, 10 Bde.

AMICIS, VINCENZO DE. *L'imitazione latina nella commedia italiana del secolo XVI.* Pisa, 1871. – *La commedia papolare latina e la commedia dell'arte*, Neapel, 1882.

ANDREINI, FRANCESCO. **Le bravure del capitan Spaventa*, Venedig, 1624.

ANDRES, JUAN. *Cartas familiares.* Madrid, 1794, 6 Bde.

A.-N.-P. *Histoire de la Révolution de la République de Venise*, Mailand, 1807.

ARCHENHOLTZ, J.-W. *England und Italien*, Karlsruhe, 1787, 5 Bde.

ATTI *dell'Accademia granellesca*, Venedig 1760–61.

BAFFO, GIORGIO. *Raccolta universale delle opere di Giorgio Baffo Veneto*, COSMOPOLIS, 1789, 4 Bde.

BARBIERI, NICCOLÓ, *La Supplica: discorso familiare intorno alle commedie*, Bologna, 1636.

BARBON, VITTORIO. *Andrea Querini. Studio biografico*, Archivio veneto, 1888.

BARETTI, GIUSEPPE. *Gl'Italiani o sia Relazione degli usi e costumi d'Italia*, Mailand, 1818.

BARGELLINI, SANTE. *Un gran avventuriere italiano, G. Casanova*, La Vita italiana, 1895.

BARTHOLD, F.-W. *Die geschichtlichen Persönlichkeiten in J. Casanovas Memoiren*, Berlin, 1864, 2 Bde.

BARTOLI, ADOLFO. *Scenari inediti della Commedia dell'Arte*, Florenz, 1880.

BARTOLI, FRANCESCO. *Notizie istoriche de Comici italiani che fiorirono intorno all'anno MDL fino a' giorni presenti*, Padua, 1780, 2 Bde.
BARZONI, VITTORIO. *Rivoluzioni della Repubblica di Venezia*, Mailand, 1814.
BASCHET, ARMAND. *Les Archives de Venise, histoire de la chancellerie secrète*, Paris, 1870. – *Preuves curieuses de l'authenticité des Mémoires de Casanova*, Le Livre, Januar, Februar, April und Mai 1881. – *Les Comédiens italiens à la cour de France*, Paris, 1882.
BATTAGIA, MICHELE. *Delle Accademie veneziane*, Venedig, 1826.
BATTISTELLA, ORESTE. **La villa Soderini e gli affreschi di G.-B. Tiepolo a Nervesa*. Coltura e Lavoro, Treviso, 1903.
BAZZONI, AUGUSTO. *Le Annotazioni degl'Inquisitori di Stato*, Archivio storico italiano, 1870. – *Un confidente degl'Inquisitori di Stato*, ibid, 1873. – *Giacomo Casanova confidente degl'Inquisitori di Stato di Venezia*, Nuovo Archivio veneto, 1894.
BECKFORD, WILLIAM. *Italy with sketches of Spain and Portugal*, London, 1835, 2 Bde.
BELGRANO, LUIGI TOMMASO. *Matrimonio e consolato di Carlo Goldoni*, Imbreviature di Giovanni Scriba, Genua, 1882 – *Aneddoti e ritratti casanoviani*, Turin, 1889.
BELLAIGUE, CAMILLE. *Marcello*, Revue des Deux Mondes, 1. April 1895.
BELLUNE, DUC DE. **Extraits des Mémoires inédits de feu Claude Victor-Perrin, duc de Bellune*, Paris, 1846, 1853, 2 Bde.
BENE, BENEDETTO DEL. *Giornale di memorie*, hg. v. Giuseppe Biadego, Verona, 1883.
BENZONI, A. *L'Accademia dei Nobili in cá Zustinian a Venezia*, Venedig, 1901.
BERCHET, GUGLIELMO. *La Gazzetta di Venezia, saggio storico*, Venedig, 1875.
BERNIS, ABBÉ DE. *Lettres et Mémoires du Cardinal de Bernis*, hg. v. F. Masson, Paris, 1878, 2 Bde.
BERNONI, GIUSEPPE. *Canti populari veneziani*, Venedig, 1872. – *Preghiere popolari veneziane*, Venedig, 1873. – *Fiabe e novelle popolari veneziane*, Venedig, 1873. – *Leggende fantastiche popolari veneziane*, Venedig, 1873. – *Indovinelli popolari veneziani*, Venedig, 1874. – *Nuovi canti popolari veneziani*, Venedig, 1874. – *Giuochi popolari veneziani*, Venedig, 1874. – *Credenze popolari veneziane*, Venedig, 1874. – *Fiabe popolari veneziane, Venedig*, 1893.
BERTANA, F. *Pro e contro i romanzi del Settecento*, Giornale storico della letteratura italiana, 1901.
BERTARELLI, ACHILLE. *I libri illustrati a Venezia nei secoli XVII e XVIII*. Rivista delle Biblioteche e degli Archivi, März und April 1903.
BIAGI, GUIDO. *Un avventuriere onorato*, Aneddoti letterari, Mailand, 1887.
BIANCHI. *Proverbi e modi proverbiali veneti raccolti e illustrati con massime e sentenze di vari autori*, Mailand, 1901.
BIANCONI, GIAN LODOVICO. *Elogio storico del cavaliere Giambattista Piranese*, Opere, Mailand, 1802, 4 Bde.

BILIOTTI, CESARE. *Il Ridotto*, Venedig, 1870.
BLANC, CHARLES. *Histoire des Peintres*, École vénitienne, Paris, 1873.
BONNAL, ED. *Chute d'une république*, Venedig, Paris, 1885.
BOTTA, CARLO. *Storia d'Italia dopo 1789 fino 1814*. Paris, 1824, 5 Bde.
BOTTARI, GIOVANNI. *Raccolta di lettere sulla pittura, scultura e architettura, continuata fino ai nostri giorni da Stefano Ticozzi*, Mailand, 1822, 8 Bde.
BOUCHER, HENRY. *Les fresques de Tiepolo à la villa Soderini*, Revue de l'Art ancien et moderne, Paris, 1901.
BOURNET, A. *Venise, notes prises dans la bibliothèque d'un vieux Vénitien*. Paris, 1882.
BOUVY, EUGÈNE. *Voltaire et l'Italie*, Paris, 1898.
BROGNOLIGO, GIOACHINO. *L'opera letteraria di Antonio Conti*, Ateneo veneto, 1893. – *Il Goldoni e la guerra*, Rivista d'Italia, April 1902.
BROSSES, CHARLES DE. *Le Président de Brosses en Italie*, Paris, 1858, 2 Bde.
BROUWER, FRANCESCO DE SIMONE. *Due scenari inediti del secolo XVII*, Giornale storico della letteratura italiana, 1891.
BUISSON, JULES. *Les Tiepolo*, Gazette des Beaux-Arts, 1895.
BURNEY, CHARLES. *Musical Tour, or present state of Music in France and Italy*, London, 1772.
BUSI, LEONIDA. *Benedetto Marcello, sua vita e sue opere*, Bologna, 1884.

CAFFI, FRANCESCO. **Della vita e del comporre di Bonaventura Farlanetto*, Venedig, 1820. – **Storia della musica sacra nella già capella ducale di S. Marco dal* 1318 *al* 1797. Venedig, 1856.
CAMERINI, EUGENIO. *I precursori del Goldoni*, Milan, 1872.
CAMPARDON, E. **Les Comédiens du roi de la troupe italienne pendant les deux derniers siècles*, Paris, 1880, 2 Bde.
CANAL, VINCENZO DA. *Vita di Gregorio Lazzarini*, Venedig, 1809.
CAPPELLETTI, GIUSEPPE. *Storia della Repubblica di Venezia*, Venedig, 1848–55, 13 Bde.
CARDUCCI, GIOSUE. *Poeti erotici del secolo XVIII*, Florenz, 1868. – *Lirici del secolo XVIII*, Florenz, 1871.
CARLETTA. *Gli scenari di Basilio Locatelli*. La Nuova Rassegna, 15. und 30. septembre 1894. – *Quel che non c'è nelle Memorie di Casanova*, La Vita italiana, 1897. – *Casanova a Roma*, Rivista d'Italia, 15. Februar1899.
CARRARA, ENRICO. *Studio sul teatro ispano-veneto di Carlo Gozzi*, Cagliari, 1901.
CARRER, LUIGI. *Anello di sette gemme a Venezia*. Venedig, 1838.
CARRIERA, ROSALBA. *Diario degli anni MDCCXX e XXI scritto di propria mano a Parigi*, hg. v. G. Vianelli, Venedig. 1793. – *Journal de Rosalba Carriera pendant son séjour á Paris*, übers.u. hg. v. Alfred Sensier, Paris, 1865.
CASANOVA, JACQUES. *Mémoires de Jacques Casanova de Seingalt*. Brüssel, 1860, 6 Bde. – *Histoire de ma fuite des Plombs*, Bordeaux, 1881. – *Confutazione della Storia del governo veneto d'Amelot de la Houssaye*, Amsterdam, 1769, 3 Bde. – *Lana caprina, epistola di un licantropo*,

Venedig, 1772. – *Scrutinio del libro Eloges de M. de Voltaire par differents auteurs*, Venedig, 1779. – *Lettere della nobil donna Silvia Bellegno alla nobile donzella Laura Gussoni*, Venedig, o. J. – *Di aneddoti viniziani militari e amorosi del secolo decimo quarto*, Venedig, 1782. – *Ne' amori, ne' donne ovvero la stalla ripulita*, Venedig, 1782. – *Icosameron ou Histoire d'Edouard et d'Elisabeth*, Prag, 1787, 5 Bde. – *Histoire de mon existence. Précis de ma vie. Courte réflexion d'un philosophe qui se trouve dans le cas de penser à se procurer la mort. Préface au poème de l'Albertiade. Réflexions sur la Révolution française*, hg. v. O. Uzanne, Le Livre, 1887.

CASOTTI, GIOVAMBATTISTA. *Da Venezia* 1713, hg. v. C. Guasli, Prato, 1866.

CASTELNUOVO, ENRICO. *Una dama veneziana del scolo XVIII*, Nuova Antologia, 15. Juni 1882. – *Della poesia vernacola veneziana*, Nuova Antologia, 15. April 1883.

CEGANI, UGO. *Di Vittore Benzon e degli ultimi tempi della Repubblica di Venezia*, Ateneo veneto, 1881 und 1882.

CÉRÉSOLE, VICTOR. *Jean-Jacques Rousseau à Venise*, hg. v. Th. de Saussure, Genf, 1885.

CESAROTTI, MELCHIOR. *Cento lettere inedite a Giustina Renier-Michiel*, hg. v. V. Malamani, Ancona, 1884.

CHASLES, PHILARÉTE. *Etudes sur l'Espagne et sur les influences de la littérature espagnole en France et en Italie*, Paris, 1847.

CHENNEVIÈRES, HENRY DE. *Les Tiepolo de l'hôtel Edouard André*, Gazette des Beaux-Arts, 1896. – *Les Tiepolo*, Paris, 1898.

CHESTERFIELD, DORMER STANHOPE COMTE DE. *Lettres á son fils Philippe Stanhope*, Venedig, 1811, 6 Bde.

CHIARI, PIETRO. *Gazzetta Veneta*, Venedig 1761–02. – *Commedie da Camera*, Venedig, 1771, 2 Bde. – *Lettere scelte di varie materie piacevoli, critiche ed erudite*, Venedig, 1750.

CIGOGNA, EMMANUELE-ANTONIO. *Saggio di bibliografia veneziana*, Venedig, 1847. – *Delle Iscrizioni veneziane*, Venedig, 1824–1853, 6 Bde.

COCHIN. *Voyage d'Italie*, Paris, 1773, 3 Bde.

CONCARI, TULLO. *Il Settecento*, Mailand, 1900.

COSTANTINI, GIUSEPPE-ANTONIO. *Lettere critiche, giocose, morali, scientifiche ed erudite alla moda e al gusto del secolo presente*, Venedig, 1751, 10 Bde.

COYER, GABRIEL-FRANÇOIS. Voyage d'Italie, Paris, 1775–78, 2 Bde.

CROCE, BENEDETTO. *Una nuova raccolta di scenari*, Giornale storico della letteratura italiana, 1897.

CURTI, LÉOPOLD. *Mémoires historiques et politique sur la République de Venise rédigés en 1792*, Paris, 1802, 2 Bde.

DALL'ACQUA, ANTONIO CARLO. *La Venezia del Canaletto e la Venezia del Longhi*, Ateneo veneto, 1893.

DALL'ONGARO. *Il Bacintoro*, Nuova Antologia, 31. Oktober 1866.

DAL MEDICO. *Proverbi veneziani*, Venedig, 1857. – *Canti del popolo veneziano*, Venedig, 1857.

DALMISTRO, ANGELO. *Scelta di poesie e prose edite e inedite*, Venedig, 1840, 3 Bde.
D'ANGONA, ALESSANDRO. **Una macchietta goldoniana*, Strenna de Racchitici, VII. – *Un avventuriere italiano del secolo XVIII* Nuova Antologia, 1. Februar und 1. August 1882. – *I Comici italiani in Francia. Varietà storiche e letterarie*, Mailand, 1885. – *Saggio di Bibliografia dei viaggi in Italia, L'Italia alla fine del secolo XVI*, Città di Castello, 1889.
DANDOLO, GIROLAMO. *La caduta della Repubblica di Venezia*, Venedig, 1855.
DARESTE DE LA CHAVANNE. *Mémoires d'un coureur d'aventures, Lorenzo da Ponte*, Vorwort von Lamartine, Paris, 1860.
DARU. *Histoire de la République de Venise*, Paris 1819, 7 Bde.
DAVID, ERNEST. *Le Théâtre á la mode de B. Marcello*, Paris, 1890.
DARIO VENETO appartenente al commercio civile e altre curiosità d'ogni genere, Venedig, 1765.
DIARIO ossia giornale per l'anno MDCCLX bisestile, Venedig, 1760.
DOLCETTI, GIOVANNI. *Le bische e il giuoco d'azzardo a Venezia* 1172–1807, Venedig, 1903. – *La fuga di Giacomo Casanova dai Piombi di Venezia*, Nuovo Archivio veneto, 1903.
DOTTI, BARTOLOMEO. *Scritti del cavaliere Dotti*, Genf, 1767, 2 Bde.
DU BOCCAGE, Mme. *Œuvres*, Lyon, 1764, 2 Bde.
DUFAY, P. *La date exacte de la mort de Casanova*, Intermédiaire des chercheurs et curieux, 3. November, 20. und 30. Dezember 1902.
DUPLESSIS, GEORGES. *Histoire de la gravure*, Paris, 1880.

FAPANNI, FRANCESCO. *Alcuni bozzetti veneziani e moderni*, Venedig, 1881. – *Delle costumanze e delle arti quasi oggidì perdute in Venezia*, Venedig, 1881.
FARSETTI, DANIEL. *Memorie dell'Academia granellesca*, Treviso, 1799.
FERRARI, GIUSEPPE. *De la littérature populaire en Italie*, Revue des Deux Mondes, 1. Juni 1839.
FESTARI, GIROLAMO. *Giornale del viaggio nella Svizzera fatto da Angelo Querini*, Venedig, 1835.
FÉTIS, J.-F. *Biographie universelle des musiciens*, Brüssel, 1837–44, 8 Bde.
FILOSI, GIUSEPPE. *Le Calende venete, lunario dell'anno 1743, ornato di trenta-sei figure, venti-quattro delle quali rappresentano l'uso moderno del cestire, e le altri dodici sono ritratti di principi regnanti*, Venedig, 1743.
FOA, ARTURO. *Isabella Teotochi Albrizzi*, Ateneo veneto, Venedig, 1900.
FONTANA, FRANCESCO. **Vita di Benedetto Marcello*, Venedig, 1803, 2 Bde.
FORCELLINI, EGIDIO. *Lettere al fratello Marco*, Padua, 1876.
FOPPA, GIUSEPPE-MARIA. *Memorie storiche*, Venedig, 1840. – *Appendice alle Memorie storiche*, Venedig, 1842.
FOSCARINI, MARCO. *Della Letteratura della nobilita veneziana*, Venedig, 1826. – *Della Letteratura veneziana*, Venedig, 1854.
FOSCOLO, UGO. *Il Viaggio sentimentale di Lorenzo Sterne tradotto da Ugo Foscolo*, Florenz, 1884. – *Lettere a Isabella Teotochi-Albrizzi*, hg. v. G. Chiarini, Rom, 1902.

FRATI, LODOVICO. *Lana caprina di G. Casanova*, La Letteratura, 15. Oktober 1890.

FRIZZONI, GUSTAVO. *Illustrazione di alcune opere di G.-B. Tiepolo.* Emporium, 1902.

FULIN, RINALDO. *Studi nell'Archivio degli Inquisitori di Stato*, Venedig, 1868. – *Cinque scritture di Giacomo Casanova*, Venedig, 1869. – *Giacomo Casanova e gl'Inquisitori di Stato.* Atti dell'Istituto veneto, 1877. – *Partenza di Rousseau da Venezia*, Archivio veneto, 1877.

GALANTI, F. *Carlo Goldini e Venezia nel secolo XVIII*, Padua, 1882.

GALLICCIOLLI, GIAMBATISTA. *Delle memorie venete antiche, profane e ecclesiastiche*, Venedig, 1795, 8 Bde.

GALVANI, L.-N. **I Teatri musicali di Venezia nel secolo XVII.* Mailand, 1879.

GAMBA, BARTOLOMMEO. *Collezione delle migliori opere scritte in dialetto veneziano.* Venedig, 1817, 12 Bde. – *Serie degli scritti impressi in dialetto veneziano*, Venedig, 1832. – *Galleria dei letterati ed artisti più illustri delle provincie austro-venete che fiorirono nel secolo XVIII*, Venedig, 1842, 2 Bde.

GARZONI, TOMASO. *La Piazza universale di tutte le professioni del mondo*, Venedig, 1585.

GAVAGNIN, ROBERTO. *Venezia nei versi di Gasparo Gozzi*, Ateneo veneto, 1901.

GENNARI, GIUSEPPE. *Lettere famigliari*, hg. v. B. Gamba, Venedig, 1829.

GHERARDI, EVARISTE. *Le Théâtre italien de Gherardi ou le Recueil général de toutes les comédies et scènes françaises jouées par les comédiens italiens*, Amsterdam, 1701, 6 Bde.

GIORNALE *de' letterati d'Italia*, Venedig, 1710, 39 Bde.

GOETHE. *Italienische Reise.* – *Tagebücher und Briefe Goethes aus Italien*, Weimar, 1886.

GOLDONI, CARLO. *Opere.* Venedig, Pasquali, 1761, 19 Bde. – *Raccolta di tutte le sue opere teatrali fra le quali molte furono inedite*, Venedig, 1788–95, 44 Bde. – *Scelta di Commedie di C. G.* hg. v. E. Masi, Florenz, 1897, 2 Bde. – *Mémoires pour servir à l'histoire de sa vie et de son théâtre*, Paris, 1787, 3 Bde. – *Mémoires de Goldoni*, hg. v. E. von Lœhner, Venedig, 1853, 1. Band. – *Lettere di C. G.* hg. v. E. masi, Bologna, 1880. – *Lettere*, hg. v. G.-M. Urbani de Gheltof, Venedig, 1880. – *C. G. e il teatro di San Luca a Venezia. Carteggio inedito*, hg. v. Dino Mantovani, Mailand, 1885. – *Fogli sparsi*, hg. v. A.-G. Spinelli, Mailand, 1885. – *Lettere inedite*, hg. v. E. Maddalena, Flegrea, 20. März 1901.

GONCOURT, EDMOND ET JULES DE. *L'Italie d'hier*, Paris, 1894.

GORANI, JOSEPH. *Mémoires secrets et critiques des cours, des gouvernements et des mœurs des principaux Etats de l'Italie*, Paris, 1793, 3 Bde.

GOUDAR, ANGE. *Discours oratoire contenant d'éloge de S. E. M. le chevalier Andrea Tron*, Venedig, 1773. – *De Venise, remarques sur la musique et sur la danse*, Venedig, 1773. – *Supplément aux remarques sur la musique et sur la danse*, Venedig, 1773. – *Supplément au supplément sur les remarques de la musique et de la danse*, Venedig, 1774. – *L'Espion chinois*, Köln, 1774, 6 Bde. – *Plan de Reforme proposé aux cinq Correcteurs de Venise actuellement en charge arec un sermon évangélique pour élever la République dans la crainte de Dieu*, Amsterdam, 1775.

GOZZI, CARLO. *Memorie inutili*, Venedig, 1799, 3 Bde. – *Opere edite e inedite*, Venedig, 1801–2, 14 Bde. – *Opere edite e inedite non teatrali*, Venedig, 1805. – *Le Fiabe di C. G.* hg. v. E. Masi, Bologne, 1885, 2 Bde. – *Fogli sopra alcune Massime del genio e costumi dell'abate Pietro Chiari e contro a' Poeti Nugnez de' nostri tempi*, Venedig, 1761. – *Le Spose riacquistate, poema giocoso di C. G. Daniele Farsetti e Sebastiano Crotta*, Venedig, 1819.

GOZZI, GASPARO. *Opere*, Padua, 1818, 16 Bde. – *Gazzetta Veneta*, Venedig, 1760–61. – *L'Osservatore Veneto*, Venedig, 1761. – *Scritti di G. G.* hg. v. N. Tommaseo, Florenz, 1849, 3 Bde.

GOZZI, GASPARO. *Gaspare e Carlo Gozzi e la loro famiglia*, Archivio veneto, 1872.

GRATAROL, PIER-ASTONIO. *Narrazione apologetica*, Venedig, 1797, 2 Bde. – *Memorie ultime*, Venedig, 1797.

GRITTI, FRANCESCO, *Poesie*, Venedig, 1815.

GRONAU, GEORG. **G.-B. Tiepolo*, Berlin, 1898.

GROSLEY, PIERRE-JEAN. *Observations sur l'Italie et sur les Italiens*, Amsterdam, 1774, 4 Bde. – *Œuvres inédites*, Paris, 1812, 3 Bde.

GUERZONI, GIUSEPPE. *Il Teatro italiano del secolo XVIII*, Mailand, 1876.

GUILLEMOT, JULES. **Le Théâtre italien*, Revue contemporaine, 15. Mai 1866.

GUYS. *Voyage littéraire de la Grèce*, Paris, 1776, 2 Bde.

HEINDECKE, CARL HEINRICH DE. **Dictionnaire des artistes dont nous avons les estampes*, Leipzig, 1778.

HENRY, CHARLES. **Les connaissances mathématiques de Jacques Casanova de Seingalt*. Bollettino di bibliografia e di storia delle scienze matematiche e fisiche, 1882. – *Jacques Casanova de Seingalt et la critique historique*, Revue historique, 1889.

JANIN, JULES. *Casanova*, Variétés littéraires, Paris, 1859.

LAFOND, P. *Les fresques de Tiepolo à la villa Biron à Vicence*, Les Arts, September 1902.

LALANDE. *Voyage en Italie*, Genf, 1790, 7 Bde.

LAMBERG, MAX. *Le Mémorial d'un Mondain*, London, 1776, 2 Bde.

LAMBERTI, ANTONIO. *Quattro stagioni campestre e quattro cittadine*, Mailand, 1802. – *Proverbi veneziani*, Venedig, 1825. – *Della marina, del commercio, della ricchezza di Venezia e dello Stato*, hg. v. G. Secrétant, Venedig, 1903.

LAMPERTICO, FEDELE. *Giammaria Ortes e la scienza economica al suo tempo*, Venedig, 1865.

LANDAU, MARCUS. *Geschichte der italienischen Literatur im achtzehnten Jahrhundert*, Berlin, 1899.
LANDRIEUX, JEAN. **Memoires*, 1795–197, hg. v. L. Grasilier, Paris, 1893.
LANZA, MARCO. *Di Giacomo Casanova e delle sue Memorie*, Venedig, 1877.
LANZI, LUIGI. *Storia pittorica dell'Italia*, Pisa, 1815, 7 Bde.
LASTESIO, NATALE. *Lettere familiari*, Bassano, 1805.
LAZARI, VINCENZO. *Elogio di Pietro Longhi*, Venedig, 1862.
LEITSCHUH, FRANZ-FRIEDRICH. *Giovanni-Battista Tiepolo*. Würzburg, 1896.
LEROI, PAUL. *Italia farà da se (Giambattista Tiepolo)*, L'Art, 1876. – *Francesco Guardi*, L'Art, 1878.
LEVI, ERCOLE. *Un poeta satirico, Bartolommeo Dotti*, Nuovo Archivio veneto. 1896.
LOEHNER, E. VON. *Carlo Goldoni e le sue Memorie*, Archivio veneto, 1881, S. 45ff. – *Giacomo Casanova e Alberto von Haller*, Archivio veneto, 1882.
LONGHI, ALESSANDRO. *Compendio delle vite de'pittori veneziani più rinomati del presente secolo*. Venedig, 1762.
LONGO, ANTONIO. *Memorie della vita di Antonio Longo veneziano scritte e pubblicate da lui medesimo per umiltà*, Venedig, 1820, 4 Bde.
LUDER, HEINRICH ALBRECHT. *Carlo Goldoni in seinem Verhältnis zu Molière*. Oppeln, 1883.
LUZIO, ALESSANDRO. *Lettere inedite di Giustina Renier-Michiel all'abate Saverio Bettinelli*, Ancona, 1884.

MADDALENA, EDGARDO. *Una diavoleria di titoli e di cifre*, Neapel, 1900. – **Moratin e Goldoni*, Capodistria (Koper), 1904.
MAGNIN, CHARLES. *Teatro celeste, Les commencements de la Comédie italienne en France*, Revue des Deux Mondes, 15. Dezember 1847.
MAGNO, C. *Angelo Dalmistro e il tentato suicidio di Gasparo Gozzi*, Archivio veneto, 1887.
MAGRINI, GIOVANNI BATTISTA. *I tempi, la vita e gli scritti di Carlo Gozzi*, Benevento, 1883.
MAHLER, A. *Catalogue des manuscrits de Casanova conservés au château de Dux en Bohême*, Revue des bibliothéques, 1905.
MAIER, JOHANN-CHRISTOPH. *Beschreibung von Venedig*, Leipzig, 1795, 4 Bde.
MAIHOWS. *Voyage en France, en Italie, aux Iles de l'Archipel*, Paris, 1763, 4 Bde.
MALAMANI, VITTORIO. *Isabella Teotochi-Albrizzi, i suoi amici, il suo tempo*, Turin, 1883. – *Nuovi appunti e curiosità goldoniane*, Venedig, 1887. – *Il principe dei satirici veneziani*, Venedig, 1887. – *I Francesi a Venezia e la satira*, Venedig, 1887. – *Giustina Renier-Michiel, i suoi amici, il suo tempo*, Archivio veneto, 1889. – *Il Settecento a Venezia, I, La Satira del Costume*, Turin, 1891, 2. Aufl. – *Il Settecento a Venezia, II, La Musa popolare*, Turin, 1892. – *Gasparo Gozzi*, Nuovo Archivio veneto, 1821. –

Una giornalista veneziana del secolo XVIII, Nuovo Archivio veneto, 1891. – *La moda a Venezia nel secolo XVIII*, Nuova Antologia, 1. Oktober 1895. – *Il Carnevale di Venezia nel secolo XVIII*, Nuova Antologia, 15. Februar 1896. – *Il teatro drammatico, le marionette e i burattini a Venezia nel secolo XVIII*, Nuova Antologia, 16. Februar und 1. März 1897. – *Rosalba Carriera*, Le Gallerie nazionali italiane, 1898.

MALFATTI, BARTOLOMMEO. *Delle Memorie di Giacomo Casanova a proposito di un recente libro sulla Du Barry*, Preludio, 1883.

MALMIGNATI, ANTONIO. *Gasparo Gozzi e i suoi tempi*, Padua, 1890.

MANZONI, GIUSEPPE. *Accademia delle vacanze dell'anno* 1762, Venedig, o. J. – *Le astuzie di Belzebù, ovvero Censura degli abusi del Carnevale e della Quaresina*, Venedig, 1763.

MARCELLO, BENEDETTO. *Il teatro di musica alla moda, o sia metodo sicuro e facile per ben comporre ed eseguire l'opere italiane in musica all'uso moderno*, Venedig, 1733. – **Un prologo e un sonetto satirici*, hg. v. T. Wiel, Venedig, 1894.

MARCHESAN, ANGELO. *Della vita e delle opere di Lorenzo Da Ponte*, Treviso, 1900.

MARCHESI, GIAMBATTISTA. *Romanzieri e romanzi italiani del Settecento*, Bergamo, 1903.

MARCHI, EMILIO DE. *Lettere e letterati italiani del secolo XVIII*, Mailand, 1882.

MARC-MONNIER. *Un aventurier italien du siècle dernier. Le comte Joseph Gorani d'après ses mémoires inédits*, Paris, 1884.

MARENDUZZO, ANTONIO. *I Cicisbei nel Settecento*, Rivista d'Italia, August 1905.

MARIETTE, J.-P. *Abecedario*, hg. v. Ph. de Chenneviéres et de Montaiglon, Paris, 1851–1860.

MARTINI, FERDINANDO. *Carlo Goldoni*, La Vita italiana nel Settecento, Mailand, 1896.

MARTUCCI, G. *Un scenario inedito della commedia dell'arte*, Nuova Antologia, 15. Mai 1889.

MASI, ERNESTO. *La Vita, i tempi, gli amici di Francesco Albergati*, Bologae, 1877. – *L'abbate Lorenzo Da Ponte*, Studi e ritratti. Bologne, 1881. – *Politica goldoniana. Goldoni e Leonardo da Vinci. Altri appunti goldoniani. Il Salotto d'Isabella Albrizzi, Parrucche e Sanculotti nel secolo XVII.* Mailand, 1886. – *Carlo Gozzi e le sue Fiabe teatrali. Carlo Gozzi, le sue Memorie e la Commedia dell'arte. Carlo Goldoni e Pietro Longhi*, *Sulla storia del teatro italiano nel secolo XVIII.* Florenz, 1891. – *Gli avventurieri, La Vita Italiana nel Settecento,* Mailand, 1896.

MAZZONI, GUIDO. *In biblioteca*, Bologna, 1886.

MEDIN, ANTONIO. *La Storia della Repubblica di Venezia nella poesia*, Mailand, 1904.

MEISSNER, FRANZ HERMANN. *Tiepolo*, Bielefeld und Leipzig, 1897.

MELANI, ALFREDO. *Un fregio quasi-sconosciuto di Giambattista Tiepolo*, *Arte italiana decorativa e industriale,* Mailand-Bergamo, 1903.

MEMORIA CHE PUÒ SERVIRE ALLA STORIA POLITICA DEGLI ULTIMI OTTO ANNI DELLA REPUBBLICA DI VENEZIA, London, 1798.

MENEGHELLI, ANTONIO. *Di Angelo Emo e delle sue gesta*, Padua, 1836.
MERCEY, F. *Les quatre masques de la comédie italienne*, Revue des Deux Mondes, 1. September 1840.
MEYER, RUDOLF. *Die beiden Canaletto*, Dresden, 1877.
MICHEL, EMILE. *Le paysage chez les maîtres vénitiens*, Revue des Deux Mondes, 15. August 1902.
MICHIELI, AUGUSTO. *Ugo Foscolo a Venezia*, Nuovo Archivio veneto 1903.
MIOT DE MELITO. *Mémoires*, Paris, 1858, 3 Bde.
MISSON, MAXIMILIEN. *Voyage d'Italie*, Amsterdam, 1743, 4 Bde.
MODERN, HEINRICH. *Giovanni Battista Tiepolo*, Wien, 1902. – *Les peintures de Tiepolo à la villa Girola*, Gazette des Beaux-Arts, 1902.
MOLA, ETTORE. **G. Casanova e la Repubblica di Venezia*, Rivista europea, 16. März 1881. – *Récentes études publiées en Italie sur Jacques Casanova*, Le Livre. 1884.
MOLAND, LOUIS. *Molière et la Comédie italienne*, Paris, 1867.
MOLMENTI, POMPEO. *Carlo Goldoni, studio*. Venedig, 1880. – *La villa Valmarana*, Venedig, 1881. – *La Dogaressa di Venezia*, Turin, 1884. – *Il Carpaccio e il Tiepolo*, Turin, 1883. – *La Vie privée à Venise depuis les premiers temps jusqu'à la chute de la République*, Venedig, 1882. – *Un curioso processo del secolo XVIII*, Archivio veneto, 1888. – *Un maldicente. La Società veneziana sul finire della Repubblica*, Studi e ricerche, Turin, 1892. – *La decadenza e la fine della Repubblica veneta*, Venezia, Florenz, 1897. – *I Cicisbei a Venezia*, Rassegna nazionale, 16. Januar 1901. – *Le lettere e le arti nei due ultimi secoli della Repubblica veneta*, Rassegna nazionale, 1. August 1901. – *I palazzi et le vesti nella decadenza veneta*, Emporium, 1902. – *Giuochi, feste e carnevale veneziano, Musica e musicisti*, Mailand, 1903. – *Galanterie e salotti veneziani*, Nuova Antologia, 16. Januar 1904. – *Il Decadimento politico ed economico della Repubblica veneta*, Nuova Antologia, 16. Februar 1907.
MONTAGU, MARIE WORTLEY. *The letters and Works*, Paris, 1837, 2 Bde.
MONTESQUIEU. *Voyages*, hg. v. A. de Montesquieu, Bordeaux, 1894, 2 Bde.
MOORE, JOHN. *A view of society and manners in Italy*, London, 1795, 2 Bde.
MORATIN, LEANDRO F. DE. *Obras postumas*, Madrid, 1807, 3 Bde.
MORELLI, JACOPO. *Operette*, Venedig, 1820, 3 Bde.
MOROSINI, ZACCARIA. *Benedetto Marcello e la sua età*, Venedig, 1882.
MORPURGO, EMILIO. *Marco Foscarini e la Venezia del secolo XVIII*, Florenz, 1880.
MOSCHINI, GIANNANTONIO. *Della Letteratura veneziana del secolo XVIII fino a'nostri giorni*, Venedig, 1806, 4 Bde.
MOUREAU, ADRIEN. *Antonio Canal dit le Canaletto*, Paris, 1794.
MUSATTI, CESARE. *Amor materno nel dialetto veneziano*, Venedig, 1886. – *Motti storici del popolo veneziano*, Venedig, 1890. – *Proverbi veneziani*, Venedig, 1893. – *Una lettera d'una comica ignorante*, Antologia veneta, 1900. – *Dei proverbi veneziani*, Venedig, 1902.
MUSATTI, EUGENIO. *Leggende popolari*, Mailand, 1904.

MUSSET, PAUL DE. *Charles Gozzi poète italien*, Revue des Deux Mondes, 15. November 1844. – *Mémoires inutiles sur la vie de Charles Gozzi*, Paris, 1848.
MUTINELLI, FABIO. *Memorie storiche degli ultimi cinquant'anni della Repubblica veneta*, Venedig, 1854.

NAPOLÉON I. *Correspondance*, publiée par ordre de l'empereur Napoléon *III*. Paris, 1858–69, 32 Bde.
NERI, ACHILLE. *Aneddoti goldoniani*, Ancona, 1883. – *Costumanze e sollazzi*, Genua, 1883. – *Una commedia dell'arte*, Giornale storico della letteratura italiana, 1883. – *Una fonte dell'Ecossaise di Voltaire*, Rassegna bibliografica della letteratura italiana, 1899.
NIEVO, IPPOLITO. *Le Confessioni di un ottuagenario*, Florenz, 1887, 2 Bde.
NOVATI, FRANCESCO, *I Manoscritti italiani d'alcune biblioteche del Belgio e dell'Olanda*, Rassegna bibliografica della letteratura italiana, 1896.
NOVELLE *della repubblica Letteraria per l'anno* 1745.
NOVELLISTA. *Il Novelista Veneto*, Venedig, 1775–76, 5 Bde.
NUOVA VENETA GAZZETTA, Venedig, 1762–63.

OCCIONI-BONAFFONS. *Di un Epistolario femminile inedito nella Quiriniana di Venezia*. Atti del B. Istituto veneto di scienze, lettere ed arti, 1886. – *La Repubblica di Venezia alla vigilia della rivoluzione francese*, Rivista storica italiana, 1889.
ORBESSAN, MARQUIS D'. *Mélanges historiques, critiques, de physique, de littérature et de poésie*, Toulouse, 1768, 3 Bde.
OREFFICE, P. *La villa di Strà*. Arte italiana decorativa e industriale. Mailand-Bergamo, 1902.
ORFORD, COMTE DE. *Leggi e memorie venete sulla prostituzione fino alla caduta della Repubblica*, Venedig, 1870–72.
ORTES, GIAMMARIA. *Riflessioni sopra i drammi per musica*, Venedig, 1757. – *Trattatelli inediti*, Portogruaro, 1835.
ORTESCHI, LUIGI. *Sulle passioni, i costumi e il modo di vivere de' Veneziani*, Venedig, 1859.
ORTIZ, MARIA. *Le commedie esotiche del Goldoni*, Rivista teatrale italiana, 1905. – *Il canone principale della poetica goldoniana*, Neapel, 1905. – *La cultura del Goldoni*, Giornale storico della letteratura italiana, 1906.
OTTMANN, VICTOR. *Jakob Casanova von Seingalt, sein Leben und seine Werke*, Stuttgart, 1900.
OTTOLENGHI, LELIO. *L'arresto e la relegazione di Andrea Querini*, Nuovo Archivio veneto, 1808. – *Intorno la caduta della Repubblica di Venezia*, Verona, Padua, 1899.

PARENZO, ALDO. *La fuga di Giustiniana Gusson*, Ateneo veneto, 1896–97. – *Almanacchi veneti*, Venedig, 1897.

PARFAICT, FRÈRES. **Histoire de l'ancien théâtre italien depuis son origine en France jusqu'á la suppression en 1697*, Paris, 1767.

PASCOLATO, A. *Carlo Goldoni avvocato*, Nuova Antologia, 15. Dezember 1883.

PASQUALIGO, CRISTOFORO. *Raccolta di proverbi veneti*, Treviso, 1882.

PÉLISSIER, LÉON. *Un emblème séditieux à Venise en* 1791, Revue des questions historiques, 1901.

PERL, HENRY. *Napoleon I in Venetien*, Leipzig, 1901.

PERRUCCI, ANDREA. *Dell'arte rappresentativa premeditata e all'improvviso*, Neapel, 1699.

PESENTI, EMILIO. *Angelo Emo e la marina veneta del suo tempo*, Venedig, 1899.

PIAZZA, ANTONIO. *Gazzetta veneta urbana*, Venedig, 1787–1798.

PIERI, MARIO. *Della vita di M. P. scritta da lui medesimo*, Florenz, 1850, 4 Bde.

PINDEMONTE, GIOVANNI. *Poesie e lettere*, hg. v. G. Biadego, Bologna, 1883.

PISANI, GIORGIO. *Vita, processi e pensieri di G. P. ex-Veneto, opera dello stesso*, Ferrara, 1798.

POELLNITZ, BARON DE. *Lettres et Mémoires*, Amsterdam, 1737, 5 Bde.

PONTE, LORENZO DA. *Memorie di L. da P. di Ceneda*, New York, 1829, 3 Bde. – **Memorie e scritti vari in prosa e in poesia*, hg. v. J. Bernardi, Florenz, 1871.

RABANY, CHARLES. *Carlo Goldoni, le théâtre et la vie en Italie au XVIIIe siècle*, Paris, 1896.

RACCOLTA *di poesie in dialetto veneziano d'ogni secolo*, Venedig, 1845.

RASI, LUIGI. *I comici italiani*, Florenz, 1897, 2 Bde.

REICH, H. *Der Mimus*, Berlin, 1903, 2 Bde.

BERNIER-MICHIEL, GIUSTINA. *Origine des fêtes vénitiennes*, Venedig, 1817. – *La Festa del fresco*, hg. v. V. Busetto, Venedig, 1845. – *Lettere inedite di G. R. M. all'abbate Saverio Bettinelli*, hg. v. A. Luzio, Ancona, 1884.

RICCI, CONRADO. *Burney, Casanova e Farinelli a Bologna*, Mailand, 1890. – *I rapporti di G.-B. Tiepolo con Parma*, Parma, 1896. – *Il Tiepolo*, Nuova Antologia, 1. Juni 1896.

RICCOBONI, LOUIS. *Histoire du Théâtre italien depuis la décadence de la Comédie latine*, Paris, 1728–31, 2 Bde.

RICHARD, ABBÉ. *Description historique et critique de l'Italie*, Paris, 1770, 6 Bde.

RIFORMA DEL CARNEVALE. *Novella giapponese*, Venedig, o. J.

ROBERTI, GIUSEPPE. *La Musica in Italia nel secolo XVIII secondo le impressioni de' viaggiatori stranieri*, Rivista musicale italiana, 1900–01.

ROLLAND, ROMAIN. *Histoire de l'opéra en Europe avant Lully et Scarlatti*, Paris, 1895. – *La musique en Italie au XVIIIe siècle*, Revue de Paris, 5. August 1905.

ROMANIN, SAMUELE. *Storia documentata della Repubblica di Venezia*, Venedig, 1853-61, 10 Bde. – *Lezioni di storia veneta*, Florenz, 1875, 2 Bde.

ROQUE, DE LA. *Voyage d'un amateur des arts*, Amsterdam, 1783, 4 Bde.

ROSENBERG, COMTESSE WYNNE DE. *Du séjour des comtes du Nord à Venise en janvier* 1782, Paris, 1782. – *Pièces morales et sentimentales*, London, 1783. – *Il Trionfo dei gondolieri*, Venedig, 1786. – *Altichiero*, Padua, 1787.

ROSSI, VITTORIO. *I Suppositi dell'Ariosto ridotti a scenario di commedia improvvisa*, Bergamo, 1895. – *Una commedia di Giambattista della Porta e un nuovo scenario*, Mailand, 1896.

ROUSSEAU, JEAN-JACQUES. *Les Confessions. Les Lettres.*

ROVERE, A. DELLA. *I prototipi di G.-B. Tiepolo*, Venedig, 1889.

ROYER, ALPHONSE. **Le Théâtre fiabesque de Carlo Gozzi*, Paris, 1865.

SAINT-DIDIER, LIMOJON DE. *La Ville et la République de Venise*, Paris, 1685.

SAINTE-BEUVE. *Mémoires de Casanova de Seingalt*, Premiers Lundis, Paris, 1875, Bd. II.

SALVIOLI, G. – *Saggio di drammaturgia veneziana*, Archivio veneto, 1876.

SANCTIS, FRANCESCO DE. *Storia della letteratura italiana*, Neapel, 1870, 2 Bde.

SAND, MAURICE. *Masques et Bouffons*, Paris, 1862, 2 Bde.

SANTA, GIUSEPPE DALLA. *Il viaggio di Gustavo III re di Svezia negli Stati veneti e nella Dominante 1894*, Venedig, 1902.

SARFATTI, ATTILIO. *Memorie del dogado di Lodovico Manin*, Venedig, 1886.

SCALA, FLAMINIO. *Il teatro delle Favole rappresentative*, Venedig, 1611.

SCHERILLO, MICHELE. *La prima commedia musicale a Venezia*, Giornale storico della letteratura italiana, 1883. – *La Commedia dell'arte in Italia*, Turin 1884.

SCHIO, GIOVANNI DA. *Le Novelle del mio tempo*, Venedig, 1861.

SCHNAKENBURG, J.-F. *Über Calo Gozzi und sein Theater*, Archiv für das Studium der neueren Sprachen und Literaturen, 1859.

SCIOUT, LUDOVIC. *Le Directoire*, Paris, 1895, 4 Bde.

SCUDO, P. *Critique et littérature musicales*, Paris, 1852. – *L'Art ancien et l'Art moderne*, Paris, 1854. – *Le Chevalier Sarti*, Paris, 1857.

SEGHEZZI, ANTON-FEDERICO. *Opere volgare e latine*, Venedig, 1749.

SEGRE, CARLO. *Due fortune giornalistiche*, Nuova Antologia, 16. Mai 1903.

SERAO, MATILDE. *Carlo Gozzi e la Fiaba, La Vita italiana nel Settecento,* Mailand, 1896.

SETTEMBRINI, LUIGI. *Lezioni di letteratura italiana*, Neapel, 1866, 2 Bde.

SFORZA, ANTONIO. *Rime*, Venedig, 1736.

SIGNORELLI, PIETRO-NAPOLI. *Storia civile dei teatri*, Neapel, 1813, 11 Bde.

SIMONSON, GEORGE. *Francesco Guardi*, London. 1905.
SOMMI-PICENARDI, GIANFRANCESCO. *Un rivale del Goldoni. L'Abate Chiari e il suo Teatro comico*. Mailand, 1902.
SORANZO, GIROLAMO. *Bibliografia veneziana*, Ergänzungsband zu *Saggio de Cicogna*, Venedig, 1885.
SPINELLI, A.-G. *Bibliografia goldoniana*, Mailand, 1884.
STENDHAL. *Rome, Naples et Florence*, Paris, 1896.
STOPPATO, L. *La Commedia popolare in Italia*, Padua, 1887.
SYMONDS, JOHN ADDINGTON. **The Memoirs of Count Carlo Gozzi translated in to english, with Essays on italian impromptu Comedy. Gozzi's Life, the dramatic Fables and Pietro Longhi by the translator*, London, 1890, 2 Bde.
SYMONS, ARTHUR, *Casanova at Dux, an unpublished chapter of history*, The North American review, 1902. – Frz. Übersetzung in: Mercure de France, Oktober1903.

TAINE. II. *Voyage en Italie*, Paris, 1806, 2 Bde.
TASSINI, GIUSEPPE. *Curiosità veneziane*, Venedig, 1887.
TIPALDO, EMILIO DI. *Biografia degli Italiani illustri nelle scienze, lettere ed arti del secolo XVIII*. Venedig, 1834–45, 10 Bde. – *Discorso in cui si enumera alcune tra le più notabili cose operate dai Veneziani rispetto alle lettere e all'educazione nella seconda metà del secolo passato*. Mestre, 1871.
TODERINI, TEODORO. *Cerimoniali e feste in occasione di avvenimenti e passaggi negli Stati della repubblica veneta di Duchi, Archidughi ed Imperatori*, Venedig, 1857.
TOLDO, PIETRO. *Se il Diderot abbia imitato il Goldoni*, Giornale storico della letteratura italiano, 1895. – *Tre commedie francesi inedite di Carlo Goldoni*, ib. 1897. – *Attinenze fra il teatro conico di Voltaire e quello del Goldoni*, ib. 1898.
TOLOMEI, ANTONIO. *Scritti vari*, Padua, 1894.
TOMMASEO, NICCOLÒ. *Storia civile nella letteraria*, Turin, 1892.
TORRE, ARONNE. *Le Lettere Virgiliane e la difesa di Dante*, Giornale dantesco, Venedig, 1896.
TOSELLI, GIACINTA. *Saggio d'uno studio estetico e stilistico delle commedie goldoniane dialettali*, Venedig, 1904.
TOVINI, MARIETTA. *Studio su Carlo Goldoni e il suo teatro*, Florenz, 1900.
TREVES, PIA. *L'Osservatore di Gasparo Gozzi nei suoi rapporti collo Spectator di Giuseppe Addison*, Ateneo veneto, 1900.
TRIBOLATI, FELICE. *Saggi critici e biografici*, Pisa, 1891.
TRON, CATERINA DOLFIN. *Sonetti in morte di Gio-Antonio Dolfin*, Venedig, 1787.

UGONI, CAMILLO. *Della letteratura italiana nella seconda metà del secolo XVIII*, Brescia, 1820–22, 3 Bde.
URBANI DE GHELTOF, G. M. *Le maschere in Venezia*, Venedig, 1877. – *Tiepolo e la sua famiglia*, Venedig, 1879.

UZANNE, OCTAVE. *Casanova inédit. Lettres du Prince de Ligne à Casanova, Lettres du Baron de Kœnig*, Le Livre, 1889. – *Les deux Canaletto*, Paris, 1906.

VALLARESSO, ZACCARIA (CATUFFIO PANCHIANIO BUBULCO). *Rutzvanscad il Giovine arcisopratragichissima tragedia*, Venedig, 1737. – *Baiamonte Tiepolo in Schiavonia*, poema eroï-Comico, Venedig, 1770, 2 Bde.

VALERY. *Venise et ses environs*, Brüssel, 1842.

VECCHIATO, EDOARDO. *Giorgio Pisani procuratore di San Marco*. Atti e Memorie della R. Accademia di Scienze, Lettere ed Arti di Padova, Supplementband V, Padua, 1890.

VENEZIA *e le sue lagune*, Venedig, 1847, 2 Bde.

VERNON, LEE. *Studies of the eighteenth Century in Italy*, London, 1880. – Ital. Übersetzung in: *Il Settecento in Italia*, Mailand, 1882, 2 Bde.

VESME, ALEXANDRE DE. *Le peintre-graveur italien*, Mailand, 1906.

VIGÉE-LEBRUN, Mme. Souvenirs, Paris, 1869, 2 Bde.

VOLKMANN, JACOB. *Nachrichten von Italien*, Leipzig, 1777, 3 Bde.

WIEL, TADDEO. *Catalogo delle opere in musica rappresentate nel secolo XVIII in Venezia*. Nuovo Archivio veneto, 1893.

WYZEWA, TEODOR DE. *Les Maîtres italiens d'autrefois*, Paris, 1907.

YOUNG, ARTHUR. *Voyage en Italie*, Paris, 1796.

ZAMBLER, GEMMA. *Gasparo Gozzi e i suoi giornali*, Ateneo veneto, 1896.

ZANELLA, GIACOMO. *Storia della letteratura italiana dalla metà del Settecento ai giorni nostri*, Mailand, 1881. – *Paralleli letterari, Giuseppe Addison e Gasparo Gozzi*, Nuova Antologia, 15. Januar 1883.

ZANETTI, ANTONIO-MARIA. *Della pittura veneziana e delle opere pubbliche di veneziani maestri*, Venedig, 1771.

ZANETTI, GIROLAMO. *Memorie per servire all'istoria dell'inclita città di Venezia*, hg. v. F. Stefani, Archivio veneto, 1885.

ZOMPINI, GAETANO. *Le Arti che vanno per via nella città di Venezia inventate e incise*, Venedig, 1785.

Der zweihundertste Geburtstag von Goldoni (25. Februar 1707) hat, besonders in Italien, eine ganze Fülle an Publikationen angeregt, die sich mit dem Gegenstand dieses Buches berühren. Sie sind jedoch zu spät erschienen, als dass hier noch aus ihnen hätte geschöpft werden können.

ABBILDUNGSVERZEICHNIS

Sofern nicht ausdrücklich anders verzeichnet, stammen die Reproduktionsvorlagen der Abbildungen aus dem Bestand venezianischer Privatarchive. Der gegenwärtige Ausstellungsort der Originalwerke ist jeweils wiedergegeben.

S. 112/113 Canaletto (Giovanni Antonio Canal): Der Canal Grande mit der Rialtobrücke, ca. 1750, Eremitage, St. Petersburg

S. 118/119 Canaletto (Giovanni Antonio Canal): Piazza San Marco, 1723/24, Museo Nacional Thyssen-Bornemisza, Madrid

S. 124 Giandomenico Tiepolo: Karnevalsszene, ca. 1754–55, Louvre, Paris

S. 134/135 Luca Carlevarijs: Empfang des französischen Botschafters 1706, Rijksmuseum, Amsterdam

S. 142/143 Giandomenico Tiepolo: Gondelfahrt, ca. 1765, Metropolitan Museum of Art, New York

S. 150/151 Canaletto (Bernardo Bellotto): Santa Maria dei Miracoli, ca. 1740, Niedersächsisches Landesmuseum Hannover

S. 158/159 Antonio Stom: Der »Bucentoro« legt ab, ca. 1730, Pinacoteca Querini Stampalia, Venedig

S. 166/167 Giambattista Tiepolo: Die Entführung der Venus durch Kronos, Detail aus Fresko im Palazzo Clerici, Mailand, © akg-images / De Agostini Picture Library

S. 170 Alessandro Longhi: Porträt des Franziskanerbruders Carlo Lodoli, ca. 1760, Galleria dell'Accademia, Venedig

S. 175 Pietro Longhi: Ausstellung eines Rhinozeros, 1751, Museo Ca'Rezzonico, Venedig

S. 181 Giambattista Tiepolo: Frau mit Mandoline, ca. 1755, © akg-images / Cameraphoto

S. 191 Giandomenico Tiepolo: Pulcinella und die Artisten, Detail aus Fresko, 1759–1797, Museo Ca'Rezzonico, Venedig

S. 204/205 Michele Marieschi: Die Rialtobrücke, ca. 1740, Eremitage, St. Petersburg

S. 218/219 Gabriel Bella: Ball auf dem Campo Santa Maria Formosa, ca. 1785, Pinacoteca Querini Stampalia, Venedig

S. 235 Gaetano Zompini: Der còdega, der Laternenträger, aus *Le Arti che vanno per via nella Città di Venezia*, 1753

S. 252/253 Francesco Guardi: Ausfahrt des »Bucentoro« an Christi Himmelfahrt, 1775–80, Louvre, Paris

S. 277 Pietro Longhi: Der Scharlatan, 1757, Ca'Rezzonico, Venedig

S. 292/293 Luca Carlevarijs: Die Piazza San Marco von Westen gesehen, ca. 1725, John and Mable Ringling Museum, Florida

S. 301 Canaletto (Giovanni Antonio Canal): Der Markusplatz von den Arkaden der Westseite gesehen, ca. 1758, National Gallery, London

S. 310 Pietro Longhi: Kleines Familienkonzert, 1741, Galleria dell'Accademia, Venedig

S. 324/325 Gaspare Diziani: Das Fest der Hl. Martha, 1750–1755, Museo Ca'Rezzonico, Venedig

S. 336/337 Canaletto (Giovanni Antonio Canal): Der Campo di Rialto, 1758–63, Gemäldegalerie, Berlin

S. 346/347 Michele Marieschi: Campo di San Giovanni e Paolo, heute in Privatbesitz

S. 362/363 Giandomenico Tiepolo: Detail aus dem Fresko »Il mondo nuovo«, 1759–1797, Museo Ca'Rezzonico, Venedig

S. 451 Charles Giron: Porträt von Philippe Monnier, 1907, Bibliothèque de Genève

Philippe Monniers Venedig

Nachwort von Hanns-Josef Ortheil

Jetzt aber war es Venedig, das wiederzusehen dieses widergespiegelte Licht von 10 Uhr morgens mich wünschen ließ, eine Stadt, wo es die Verwandlung all jener Eindrücke des alltäglichen und wirklichen Lebens gibt, wo man eine große Freude empfindet, am Sonntag um 10 Uhr morgens auf eine festliche Straße hinunterzugehen, belebt von den Rufen der Menge ... (Marcel Proust, Gegen Sainte-Beuve)

1

Der Schriftsteller Philippe Monnier ist zweiundvierzig Jahre alt, als er sich Anfang des Jahres 1907 von dem aus Genf stammenden Maler Charles Giron (1850–1914) porträtieren lässt. Giron ist damals eine europäische Berühmtheit, er hat in Paris studiert und dort in den Salons ausgestellt, danach lebte er in England, Belgien und den Niederlanden. Durch die Verleihung hoher Orden wurde ihm seine Meisterschaft bestätigt, er ist sogar Mitglied der Französischen Ehrenlegion. Nun ist er in seine Heimatstadt Genf zurückgekehrt und wohnt dort wieder seit mehr als zehn Jahren.

Philippe Monnier (1864–1911) ist zu Beginn des Jahres 1907 zwar nicht so bekannt und berühmt wie Giron. Auch er ist jedoch in Genf zur Welt gekommen und damals in seiner Geburtsstadt eine durchaus bekannte Größe. Dort hat er nach seinen Jugendjahren am traditionsreichen Collège Calvin Rechtswissenschaften studiert und das Studium mit dem Lizenziat abgeschlossen. Schon während des Studiums hat er sich der Studentenverbindung *Société d'Étudiants de Belles-Lettres* angeschlossen und damit seine zunächst nur privaten und persönlichen Vorlieben anklingen lassen.

Die *Société* wurde bereits Anfang des 19. Jahrhunderts gegründet und ist die älteste Studentenverbindung der Schweiz. In ihren französischsprachigen Regionen gibt sie die literarische Zeitschrift *Revue de Belles-Lettres* heraus, die vor allem literarische Texte aus der Romandie und Frankreich veröffentlicht. Genau daran ist Monnier interessiert, in der *Société* findet er viele Freunde, mit denen er das Selbstverständnis von Menschen teilt, die sich der Kultur der Romandie verpflichtet fühlen und über ihre Besonderheiten nachdenken und schreiben.

*

2

Zu Beginn des Jahres 1907 porträtiert der Genfer Maler Charles Giron den Genfer Schriftsteller Philippe Monnier als einen eleganten, nachdenklichen Mann, der älter als zweiundvierzig Jahre zu sein scheint. Er wirkt klug, erfahren und melancholisch, als habe er in seinem bisherigen Dasein bereits viel erlebt und daraus seine Schlüsse gezogen.

Im Flur seines Hauses steht er vor einem großen Wandspiegel und stützt den rechten Ellenbogen auf eine Ablage. Daneben befindet sich aber nicht die zu erwartende Vase mit Blumen oder irgendein anderer Schmuck. Dort liegen vielmehr zwei Bücher, nicht ordentlich aufeinander, sondern so, als habe er sie gerade aus der Hand gelegt und die Arbeit mit ihnen unterbrochen.

Der intime Raum dieser Lese- und Schreibarbeit ist im Hintergrund des Bildes angedeutet zu sehen. Im Spiegel erkennt man einen leeren Stuhl vor einem Schreibtisch, auf dem Tintenglas und Feder die Schreibarbeit imaginieren. Monniers Gesicht, dem der Betrachter des Porträts direkt in die Augen schaut, wendet sich im Spiegelbild vom Betrachter ab. Der schräg geneigte Kopf mit den beiden locker an die rechte Wange geführten Fingern erscheint dann in einer Denkerpose, die den anscheinend gerade verlassenen Schreibraum anvisiert. Stellt sich die elegante Erscheinung Monniers dem Betrachter von vorn in der Gestik einer Figur des literarischen Lebens, so zeigt ihr Spiegelbild gleichsam die Kehrseite dieser Eleganz: den Schreibraum, die Zelle, Tintenglas und Feder, die Insignien des Denkens und Arbeitens.

Philippe Monnier trägt einen langen, dunklen Gehrock und eine ebenfalls dunkle, gestreifte Hose. Das feine, kultivierte Gesicht mit den leicht geröteten Wangen wird von einem dichten Schnauzbart akzentuiert. Unterhalb des weiß aufstrahlenden, geschlossenen Hemdkragens erscheint eine kleine, schwarze Binde, die den Ernst der Kleidung unterläuft und in ihrer Nonchalance wie ein schmetterlingshaftes Naturzitat wirkt.

Wie also zeigt sich Philippe Monnier auf dem Porträtbild von Charles Giron? Als jemand, der sich dem Betrachter kurz zuwendet, um sich auf den zweiten Blick abzuwenden und wieder den Kontakt zu seinem Schreiben zu suchen. Er hat diese Arbeit unterbrochen und stellt sich für einen Moment dar, und er tut dies kurz vor der Veröffentlichung seines großen Buches *Venedig im achtzehnten Jahrhundert*.

Wenige Monate nach Fertigstellung des Bildes wird dieses Werk erscheinen, an dem er viele Jahre (und vielleicht sogar ein halbes Leben) gearbeitet hat. Innerlich hat er es noch nicht abgeschlossen, seine Bilder und Nachklänge rumoren noch in ihm, daher der Spiegelblick zurück in den Schreibraum. Ihm ist er für einige Augenblicke entschlüpft und hat die beiden eben noch benutzten Bücher beiseite gelegt. Sie sind das eigentliche Dekor seiner strengen Behausung – und in sie wird er sich vertiefen, sobald ihn der Maler Giron wieder von seinem Modelldasein erlöst.

*

3

Venedig im achtzehnten Jahrhundert ist Philippe Monniers zweites großes Italienbuch. Das erste ist sechs Jahre früher erschienen und widmete sich dem italienischen *Quattrocento.* Das zentrale räumliche Tableau dieses Buches ist Florenz, und das zentrale historische der Übergang Italiens von seinen Verankerungen im christlich fundierten, mittelalterlichen Denken hin zu seiner spezifischen ersten »Moderne«, einer Epoche des sich etablierenden Vernunftdenkens und einer vitalen Freude an den sinnlichen Komponenten des Daseins.

Monnier untersucht diesen fundamentalen Wandel Italiens vor allem anhand der literarischen Schulen und Lager, die ihn vorantreiben und begleiten. Von Florenz ausgehend, geht der Blick nach Rom, Venedig und Neapel. Das Buch endet mit dem Rückblick auf Dante und Petrarca – und damit auf jene beiden großen Literaten, deren unterschiedliche Konzeptionen von Literatur die Umwälzungen des Quattrocento einleiten und zum Teil bereits vorwegnehmen.

Gewidmet ist dieses Werk Monniers dem italienischen Freund Guido Mazzoni (1859–1943). In Florenz geboren, hatte er zunächst Literaturwissenschaft in Pisa und Bologna studiert, bevor er Professor in Padua und darauf in Florenz wurde. Er galt als bedeutender Dante-Spezialist und hatte viele Studien zur Geschichte der italienischen Literatur publiziert. Daneben war er aber auch mit Gedichtbänden (und so schlicht gehaltenen Titeln wie *Versi, Poesie* oder *Voci della vita*) bekannt geworden.

Am Anfang der Widmung seines *Quattrocento*-Buches wendet sich Philippe Monnier an seinen florentinischen

Freund (*Amico mio ...*). Er erinnert an die schönen Jugendzeiten, die er mit ihm in Florenz verbracht habe, und er vergisst nicht, die Bibliothek des Freundes ins Spiel zu bringen. Der sehr persönlich gehaltene Text schließt mit einem überraschenden Seitenblick auf jenen Menschen, der im Hintergrund der Freundschaft zu Guido Mazzoni eine herausragende Rolle spielt. Monnier dankt dem Freund für seinen Rat und seine Hilfe, und er rückt zum Schluss seiner Würdigung Italien ins Licht. Dieses Land, schreibt er, habe sein Vater ihm zuerst nahegebracht und Mazzoni habe, daran anknüpfend, dazu beigetragen, seine Liebe zu Italien und seinen Kulturen zu vertiefen.

Mit nur wenigen, unauffälligen Worten erwähnt Philippe Monnier jenen Mann, der nicht nur seine lebenslangen Italienstudien angeregt hat. Mit der Nennung seines Vaters berührt er vielmehr die Themen seines Schreibens sowie dessen Herkunft und seine sehr besonderen Eigenarten insgesamt. Denn Philippe Monnier ist in seinem Denken und Schreiben den Spuren seines Vaters gefolgt. Bis in kleinste Nuancen hat er sich von ihm anregen lassen, um diese Anregungen immer mehr in eigene Dramaturgien zu überführen.

Mit *Venedig im achtzehnten Jahrhundert* ist ihm das am vollkommensten geglückt. Das Buch ist Monniers Meisterwerk und ganz und gar einzigartig in Ton und Gestalt. Es ist der Versuch, das akademische Gelehrtenwissen in eine literarische, klangvolle, hyperintensive Sprache zu übertragen und Venedig nicht nur als Thema der Kulturgeschichte, sondern als vitalen, lebendigen Kosmos sichtbar und vor allem spürbar zu machen.

Wie und wodurch ist Monnier das gelungen? Und wie verlief die verborgene Bildungsgeschichte dieses Schriftstellers hinter den Spiegelbildern seiner Werke? Versucht man, diese Fragen zu beantworten, nähert man sich den Tiefenschichten von *Venedig im achtzehnten Jahrhundert* und umkreist seine in diesen Schichten schlummernden Geheimnisse. Sie zu erahnen könnte bedeuten, ein ganz und gar rares Schreiben zu erkunden, wie es bis dahin noch kein anderes gegeben hatte.

*

4

Die Tiefenschichten von Philippe Monniers Venedig-Buch lassen sich erst durch einen Rückblick auf die Familiengeschichte der Monniers besser verstehen. Dabei stößt man auf verblüffende Zusammenhänge und ein geradezu virtuos anmutendes Zusammenspiel mehrerer Generationen, deren Biographien mit den Kulturen dreier großer europäischer Nationen eng verbunden sind – denen Frankreichs, Italiens und der französischen Schweiz (Genf).

Verfolgt man diese aufschlussreichen Familiengeschichten, begegnet einem im späten 18. Jahrhundert Jacques Monnier (1766–1820), der ursprünglich aus dem Südosten Frankreichs stammte, während der Französischen Revolution aber in einen Genfer Vorort zog, wo er eine Schweizerin heiratete.

Der gemeinsame Sohn, Jacques-Louis Monnier (1797–1865), orientierte sich wiederum nach Italien, lebte in Florenz und leitete in Neapel ein großes Hotel, dessen Namen (*Hôtel de Genève*) an den Genfer Raum erinnerte. In Florenz wurde 1827 sein Sohn Marc Monnier (1827–1885) geboren, der 1832 mit seinen Eltern nach Neapel zog und dort aufwuchs. Er studierte später Literaturwissenschaften an der Sorbonne in Paris sowie an den Universitäten von Genf, Heidelberg und Berlin. 1864 berief ihn die Universität Genf auf eine Professur für Vergleichende Literaturwissenschaften, auf der er bis zu seinem Tod forschte und lehrte. Einige Jahre (1878–1880) war er sogar Rektor der Genfer Universität.

Drei Generationen der Monniers bewegen sich im frühen 19. Jahrhundert also zwischen Frankreich, Italien und der französischen Schweiz hin und her. Genf ist dabei jedoch das Zentrum und der wegweisende Fluchtpunkt, wo sich Marc Monnier, verheiratet mit der aus Cartigny bei Genf stammenden Schriftstellerin Hélène Dufour, schließlich endgültig niederlässt.

Als Sohn dieses Paares kommt Philippe Monnier 1864 in Genf zur Welt. Sein Vater Marc jedoch wird das südliche Land, in dem er geboren wurde, nie aus dem Blick verlieren. Er schreibt wissenschaftlich grundierte, gut lesbare Bücher über Garibaldi, die Camorra und das vereinigte Italien, und er hält weit ausholende Vorlesungen zur Geschichte der modernen Literatur (*Histoire générale de la littérature moderne*), die er in zwei Bänden veröffentlicht. Daneben übersetzt er Goethes *Faust* ins Französische und schreibt Gedichte und Novellen (*Nouvelles napolitaines*, 1879*)*, 1899 unter dem Titel *Neapolitanische Novellen* auch ins Deutsche übersetzt).

Als Universitätsprofessor und Literat verbindet Marc Monnier seine panoramatisch entworfenen literarischen Themen gleichzeitig aber auch mit dem Schweizer Lebensraum der Familie, den er als Erbe dreier Generationen in Genf gleichsam wiedergefunden und in dem er sich zusammen mit seiner Frau, dem Sohn Philippe und den Genfer Literatenfreunden verankert hat. Daher widmet er sich in seinen Vorlesungen nicht zuletzt der Literaturgeschichte der Romandie (*Genève et ses poètes du XVIe siècle a nos jours. 1879*) – auch diese Vorlesungen wird er in Buchform publizieren. Als Forscher, Universitätslehrer und Literat vermittelt er sein enormes Wissen über Italien, vernachlässigt gleichzeitig aber nicht die Geschichte des familiären Genfer Raums.

In diesem vielsprachigen und von mehreren Kulturen geprägten Denken und Schreiben wird Philippe Monnier groß. Schritt für Schritt wird er die von den Lebenslinien der Familie Monnier geprägten Themen mit seinem eigenen Fühlen und Denken durchdringen und sie mit seinen weiterführenden Forschungen und Dramaturgien verbinden. Sein Vater Marc und seine Mutter Hélène Dufour haben dafür nicht nur die Fundamente gelegt, sondern auch jene Räume markiert, die er als junger Mann und späterer Schriftsteller aufsuchen und bewohnen wird.

*

5

Schon während des Studiums der Rechtswissenschaften in Genf sowie in den Folgejahren hält er sich in jenen großen Kunstmetropolen auf, die auch im Leben der älteren Familienmitglieder eine prägende Rolle gespielt haben. Er lebt in München, Paris und gleich mehrere Jahre in Florenz, der Geburtsstadt seines Vaters.

Dort macht er, wie wir bereits wissen, die Bekanntschaft von Guido Mazzoni, mit dem zusammen er Werke italienischer Schriftsteller und Literaturwissenschaftler studiert. Weiß man einiges über die Biographie seines Vaters, so fällt bei einem Vergleich mit der Biographie des Freundes sofort auf, dass beide Männer sowohl Literaturwissenschaftler wie auch Schriftsteller sind, die sich in gleich mehreren literarischen Gattungen versucht haben. Von daher versteht man nun besser, warum Philippe Monnier in der persönlichen Widmung seines *Quattrocento*-Buches auf den eigenen Vater zu sprechen kommt. Beide, Marc Monnier und Guido Mazzoni, sind gleichsam die Paten seines ersten Italienbuches, das er nach dem Vorbild der Forschungen seines Vaters panoramatisch angelegt hat.

Als er Ende des Jahres 1897 von seinen Auslandsreisen nach Deutschland, Frankreich und Italien wieder in seine Genfer Heimat zurückkehrt, bezieht er zusammen mit seiner Frau Marguerite Micheli ein Haus in dem kleinen Ort Cartigny. Längst hat er erste Bücher veröffentlicht – einen Lyrikband (*Rimes d'écolier*) und Novellensammlungen (*Vieilles femmes* und *Jeunes ménages*), wobei er sich genau jenen Gattungen widmet, in denen auch seine älteren Paten literarisch debütiert haben.

Mit *Le Quattrocento* (1901) wechselt er ins Sachbuch und ins literaturwissenschaftliche Metier, ohne je Literaturwissenschaften an einer Universität studiert zu haben. Stattdessen hat er ein anderes, intensiveres Studium erfahren – das an der Seite seines Vaters Marc und der des florentinischen Freundes Guido Mazzoni.

Le Quattrocento vertieft sich in ein literaturwissenschaftliches, familiäres Vermächtnis und Erbe, während die literarischen Erstlingswerke sich wiederum ganz auf den Genfer Herkunftsraum konzentriert hatten. Über Motive und Themen dieses Raumes schreibt er außerdem zahlreiche Artikel, Glossen und feuilletonistische Texte, die er regelmäßig in verschiedenen Zeitschriften – wie etwa dem *Journal de Genève* oder der *Semaine littéraire* – veröffentlicht.

Sein journalistisches Interesse erkundet den Genfer Raum auf der Suche nach Kuriosa, Geschichten und Personen und ist daher so etwas wie eine physiognomische Spurensuche. Journalistisches und belletristisches Schreiben hängen im Fall Philippe Monniers eng zusammen: Das eine fischt und angelt nach chronikalischem, an die Genfer Region und die Romandie gebundenem Stoff, das andere übersetzt die Entdeckungen dieser Beobachtungs- und Beschreibungslust in Erzählungen und das, was man später Monniers *Genfer Chroniken* genannt hat. Nur ein Jahr nach der Veröffentlichung von *Le Quattrocento* erscheinen die *Causeries genevoises* (1902) und später *Le Livre de Blaise* (1904) und *Mon village* (1909).

Die im Genfer Raum spielenden Texte und Bücher bereiten *Venedig im achtzehnten Jahrhundert*, Monniers zweites großes Sachbuch, vor, ja sie gehen mit ihrem speziellen Zugriff auf das Interieur einer Region versteckt in dieses Buch ein. Begreift man diese auf den ersten Blick keineswegs naheliegende Verbindung, wird man verstehen, wie Philippe Monnier sich dem großen Thema Venedig stellt – als erzählender Literat und recherchierender Journalist zugleich.

Genau diese seltsame Mischung wird den Charakter

seines Meisterwerks bestimmen und den Raum Venedigs als einen vital und präsent wirkenden Kosmos entfalten. Diese Wirkung entsteht durch das teilnehmende Beobachten und Hinhorchen eines Schriftstellers, der sich im Venedig des 18. Jahrhunderts so traumwandlerisch sicher bewegen wird, als hätte er es selbst noch erlebt.

*

6

Die *Causeries genevoises* (1902) sind feuilletonistische Texte über Menschen, Räume und Szenen von Philippe Monniers Geburtsstadt Genf. Mit einem durch die Schule französischer Moralisten (wie La Rochefoucauld, Vauvenargues oder Chamfort) geschulten Blick porträtiert er die Mikrokosmen seiner Umgebung. Er folgt den Spuren von Freunden oder Bekannten, porträtiert ihre Eigenheiten, erinnert an vergessene Redensarten, besucht die nahe gelegene ländliche Umgebung, widmet sich seinen Nachbarn oder entwirft ein atmosphärisches Bild des Monats Dezember.

Alle diese Feuilletons von wenigen Seiten haben einen spürbar inspirierenden Anlass: ein visuelles Detail, eine aufkeimende Erinnerung oder die Gestik eines anderen Menschen, der das eigene Leben seit langem begleitet. Monniers Schaulust ist vom Sehen italienischer Bilder geprägt, in Italien hat er gelernt, Bildersprachen als erregende Erzählungen zu verstehen. Aus dem Betrachter von Bildern des Südens wird im heimatlichen Genf ein Schriftsteller, der nun auch die vertraute Umgebung in Bildern sieht, sich von ihren Linien und Farben anziehen lässt und ihrer Klanglichkeit nachlauscht.

Die *Causeries genevoises* widmet er als *Hommage filial* seiner Mutter (*A Madame Marc-Monnier née Hélène Dufour*), die nach dem Tod ihres Mannes Erzählungen unter dem Pseudonym Jean des Roches veröffentlicht. Sie stammt, wie bereits gesagt, aus Cartigny – und damit aus jenem Dorf bei Genf, in dem sich Philippe Monnier mit seiner eigenen Familie niedergelassen hat.

Erneut erscheint eine Widmung vielsagend: Die Mutter wird als Frau des Vaters (Marc-Monnier) und gleichzeitig mit ihrem Mädchennamen angesprochen. Durch diese doppelte Nennung bleibt einerseits der Bezug zum Vater erhalten, andererseits aber wird die Mutter auch aus dem väterlichen Raum herausgelöst und damit als eigenständige Schriftstellerin gewürdigt. Ihre Herkunft aus Cartigny verleiht dem Ort, an dem Philippe Monnier wohnt und arbeitet, darüber hinaus eine familiäre, auf die Mutter verweisende Grundierung.

Ein Jahrzehnt lang hat sich Monnier mit seinen ersten Werken vor allem auf den Spuren und in der Nachfolge des aus Italien stammenden Vaters bewegt. Er hat Gedichte, Novellen und ein literaturwissenschaftliches Werk über das Quattrocento geschrieben – nach dem Tod des Vaters zieht es ihn nun aber stärker in den Lebensraum seiner Mutter.

*

7

An all das sollte man sich erinnern, wenn man einen Vergleich riskiert, der sich geradezu aufdrängt – den mit der Werkgeschichte von Marcel Proust. Die *Causeries genevoises* entstehen nämlich nicht zufällig in jenen Jahren, in denen Marcel Proust auf zunächst ganz ähnlichen, von feuilletonistischen Genres ausgehenden Wegen zum Ton und zur Darstellungsform seines großen Romanzyklus *Auf der Suche nach der verlorenen Zeit* findet.

Es lohnt sich, diesem Vergleich einen Moment der Aufmerksamkeit zu schenken. Denn Marcel Proust ist nur wenige Jahre älter als Philippe Monnier, und sein Schreiben entwickelt sich ausgerechnet nach einer Venedig-Reise mit seiner Mutter im Jahr 1900 in durchaus vergleichbarer Weise.

Es handelt sich um das Jahrzehnt der Übergangsjahre vom 19. zum 20. Jahrhundert (1892–1913), in dem sich Proust schrittweise, und als durchliefe er eine sich selbst auferlegte Schulung, an den Anfang seines Romanzyklus herantastet. In den von Luzius Keller herausgegebenen Bänden der *Frankfurter Ausgabe* lässt sich diese Entwicklung auf faszinierende Weise nachvollziehen.

Proust beginnt mit kurzen Skizzen und Erzählungen, von denen viele erst später in den Band *Les plaisirs et les jours (Freuden und Tage,* Frankfurter Ausgabe, Werke I, Band 1) eingehen. Diese »Übungen« werden durch Zeitungsartikel, Essays und Pastiches erweitert, in denen er sich mit den Werken verehrter oder geschätzter Schriftsteller (wie Balzac, Flaubert oder Ruskin) beschäftigt (Frankfurter Ausgabe, Werke I, Band 2).

Eine dritte Abteilung von frühen Schriften widmet sich in der Form von Chroniken erzählenden Berichten aus den Pariser Salons (Frankfurter Ausgabe, Werke 1, Band 3), bis in der Person von Sainte-Beuve genau jene Gestalt gefunden ist, deren starkes Nachleben Proust aus seinem eigenen Fühlen und Denken zu tilgen versucht. In der intensiven Auseinandersetzung mit ihm (*Contre Sainte-Beuve*) trennt sich Proust vom Wahrnehmungsraum seiner Jugendarbeiten und beginnt mit ersten, kurzen Momentaufnahmen seines späteren Romanzyklus.

Diese von Dezember 1908 bis Februar 1909 entstandenen, mehrfach variierten Skizzen aus den *Cahiers Sainte-Beuve* verwandeln auf verblüffende Weise die essayistische und literaturkritische Beschäftigung mit dem Großkritiker und Essayisten Sainte-Beuve in ein erzählerisches Projekt, in dem dieser anfänglich noch eine Rolle spielt, schließlich aber in jenen Erzählsequenzen verschwindet, die dem Kindheitsraum des Dorfes Combray und den abendlichen Begegnungen des jungen Marcel mit seiner Mutter gelten.

Es ist die räumliche Szenerie des kindlichen Schlafengehens, die in diesen Skizzen bereits entworfen und später zur berühmten Anfangssequenz von *Auf der Suche nach der verlorenen Zeit* werden wird. Hier, in der frühen, sich an diese Sequenz herantastenden Fassung heißt es: *Ich hatte mich vor ungefähr einer Stunde schlafen gelegt. Das Tageslicht hatte an der Stelle im Zimmer, wo wir uns die Kommode vorstellen, noch nicht die weiße Linie gezogen, unter die sich eilig das Fenster schiebt …* – und, wenig später, als habe Proust nun genau jene Person gefunden, die das abendliche Zubettgehen illuminiert: *Bald kam auch Mama herein. Man brauchte nie zu zögern, wenn man verstehen wollte, was sie tat …* (Frankfurter Ausgabe, Werke III, Band 3).

Auf so weiten, mäandernden Wegen verläuft Prousts Annäherung an die Gattung des Romans, bis schließlich der erzählerische Durchbruch in der gleichzeitigen Beschwörung des Raumes von Combray und der Erinnerung an die Auftritte der Mutter gelingt. Die vielen vorbereitenden Texte und Stufen werden wie bloße Hüllen abgestreift und der erzählerische Kern wird freigelegt: ein Dorf, ein Raum, eine abendliche Zeremonie, die Gestalt der Mutter, die sich von dem Kind Marcel verabschiedet und ihm eine *Gute Nacht* wünscht.

*

8

Wie aber lässt sich dieser Ausflug zu Marcel Prousts Werkgeschichte mit der nicht nur zeitlich fast parallel verlaufenden, von ganz ähnlichen literarischen Gattungen ausgehenden Werkgeschichte von Philippe Monnier vergleichen?

Zu Philippe Monniers Combray wird das Dorf Cartigny bei Genf, das um 1900 etwa dreihundert Einwohner hat. Bevor er jedoch davon erzählt, wendet er sich noch einem anderen Thema seiner Kindheit und Jugend zu. Sind die *Causeries genevoises* erzählerische Chroniken im Sinne

Prousts und damit Skizzen von Personen und Atmosphären des kulturellen Lebens der Metropole Genf, so besteht der nächste Schritt in *Le livre de Blaise* (*Das Buch von Blaise*) darin, von der Vielzahl dieser Geschichten aus auf einen einzigen, erlebnisreichen Raumausschnitt zu fokussieren.

Mit seiner Hilfe lassen sich an die frühen Lebensjahre erinnern, denn es handelt sich um nichts Geringeres als das Collège Calvin, jene weit über Genf hinaus bekannte, schon im 16. Jahrhundert von Calvin gegründete höhere Schule, in der Philippe Monnier seine Schuljahre verbracht hat. Diese Konzentration auf die Schule und die dort verbrachten Jahre ist geschickt gewählt, denn sie erlaubt es, von der Vergangenheit zu erzählen und die erinnerten Bilder gleichzeitig als Rückblenden eines älter gewordenen Erzählers auszugeben.

Das traditionsreiche Institut des Collège bietet sich als Thema aber auch deshalb an, weil anhand von Schilderungen des Unterrichts und der Porträts beeindruckender Lehrer etwas vom reformatorischen, protestantischen Geist der Stadt Genf eingefangen wird. Dieses pädagogische Ethos wird, wie von Monnier nicht anders zu erwarten, nur indirekt und beinahe wie ein Fluidum beschworen. Es vermittelt sich über winzige, sofort in Erinnerung bleibende Details – wie etwa die Ulmen auf dem Schulhof, die schwarzen Talare der Lehrer oder das Latein, das unterrichtet wird.

Daneben aber spielt der Schwarm der jungen Schüler die Hauptrolle. Viele treten einzeln hervor, werden in ihren Eigenheiten geschildert und in kurzen Geschichten zum Leben erweckt. Das Verfahren der *Causeries* bewährt sich nun in einer Suche nach kindlichen Physiognomien, nach dem Reden und Intonieren von Jugendlichen, nach ihren Lebensformen und ihrer charakteristischen Vitalität.

Und wieder ist es ein geschlossener, über sich hinausweisender Kosmos, an dem sich Philippe Monniers Erzählen orientiert. Das Collège ist viel mehr als eine schulische Institution, es ist eine Welt für sich, mit all ihren Heimlichkeiten und ihrem atmosphärischen Zauber. Der Erinnerungsreigen kommt dabei ohne jeden kritischen Ton aus, ja es scheint so, als wären die Schuljahre eine durch und durch glücklich verbrachte Zeit gewesen. Der gealterte Erzähler hat mit den Jahren kaum Distanz zu ihnen gefunden, so nahe und eng an den Personen und Ereignissen bleibend verläuft sein Erzählen.

Der junge Blaise bildet den Fokus, auf den die Geschichten des ihn umgebenden Schwarms der Mitschüler hin ausgerichtet werden. Am Ende des Buches dürfen sie, als wären sie zu einem späten, Jahrzehnte nach ihrem Schulabschluss stattfindenden Klassentreffen geladen, alle noch einmal erscheinen. Einer ist von Beruf Pastor, ein anderer Börsenagent, und ein dritter ist Inhaber eines Bestattungsunternehmens. Als wäre ihnen ihr frühes Schülerdasein nicht mehr anzumerken, treten sie derart in Amt und Würden auf, bis der Erzähler ihre beiden Leben, das vergangene und das gegenwärtige, mit einem einzigen Satz einholt: »Aber dann haben wir uns noch einmal angesehen, und wir haben einander wiedererkannt.« (*Das Buch von Blaise.* Ins Deutsche übersetzt von N. O. Scarpi. Zürich 1944, S. 236)

In genau diesem Satz kommt Philippe Monniers Erzählen ganz zu sich. Es wird bewegt vom Anschauen und Wiedererkennen des Vergangenen in einem stillgelegten Moment der Gegenwart. Sie verblasst und lässt allmählich die Schemen der Vergangenheit erkennen. Sie nehmen Farbe und Klang an, werden konkreter und erscheinen am Ende in leuchtenden, ganz und gar gegenwärtig und lebendig wirkenden Bildern.

*

9

Dieses mit Prousts Erinnerungstechnik gut vergleichbare Verfahren wird Monnier später noch auf ein weiteres Sujet konzentrieren, das nun auch inhaltlich Prousts Weg zum

Kindheitsraum von Combray, ohne dass Monnier je von dieser Parallele ahnen würde, anklingen lässt. Dann nämlich wird er den eigenen dörflichen Lebensraum von Cartigny in seinem Buch *Mon village* imaginieren. Es erscheint 1909 und damit in genau jenem Jahr, in dem Proust die ersten Combray-Szenen des abendlichen Schlafengehens in seinen den großen Romanzyklus der *Recherche* entwerfenden und anlockenden *Cahiers* skizziert.

Als schriebe er gleichsam an der Seite Prousts und ginge mit ihm gemeinsame Wege, eröffnet Philippe Monnier *Mon village* auf unnachahmliche Weise: *J'ai poussé la porte, et une fois encore la chère odeur s'est levée à mon approche comme un salut d'ami ...*

Ist es verwegen, zu behaupten, dass dieser *salut d'ami* ein Gruß sein könnte, der von jenem zu genau demselben Zeitpunkt sich ereignenden Schreiben Marcel Prousts herrührt? Ein Tor öffnet sich – und plötzlich ist der vertraute Geruch der dörflichen Umgebung von Combray-Cartigny da! Und, damit verbunden, die kleinen Szenen des Alltags: Begegnungen mit Freundinnen und Freunden, ein Schlendern über den Platz vor der Kirche, ein intimer Dialog mit der Mutter, ein Samstag in der *Bibliothèque communale,* ein Gang über den Friedhof, Erinnerungen an Regentage oder an einen Morgen *comme je buvais en paix un verre de vin ...*

In siebenundvierzig Szenen erstehen die kleinen Geschichten des Dorfes, und seine Bewohner erhalten Auftritte, die auf bestimmte Plätze, Straßen und Räume hin abgestimmt sind. In ihnen herrschen eine Stille und ein Frieden, der wenige Jahre vor dem Beginn des Ersten Weltkriegs aus heutiger Sicht etwas geradezu Unheimliches hat. Es ist die Stille einer bewusst herbeigeführten, kunstvollen Erstarrung, die sich auf kaum merkliche Weise an den ländlichen Impressionismus der großen französischen Maler des 19. und frühen 20. Jahrhunderts anlehnt.

Zwei Jahre vor seinem Tod scheint Philippe Monnier die Bilder, Düfte und Klänge des ausklingenden 19. Jahrhunderts noch einmal versiegeln zu wollen. Sie erhalten etwas Hingetupftes, Erinnerungsgesättigtes und ungemein Rührendes, als wären sie von einem Empfinden geprägt, das ihr bevorstehendes Vergehen und Ende vorausahnt. Umso stärker ist die Hinwendung zu ihnen, als klammerte sich Monnier im Bewusstsein des Untergehens und Verschwindens an die Essenzen eines Lebens, die ihn animiert und zum Schriftsteller gemacht haben.

Einen großen Romanzyklus wie Marcel Proust wird er nie schreiben, denn Philippe Monnier ist im strengen Sinne kein Romancier. Und dennoch hat sein Meisterwerk *Venedig im achtzehnten Jahrhundert* durchaus Züge eines romanhaften Erzählens, das nicht nur von der Aura des Vergangenen, sondern auch von modernen Verfahren einer intensiven und geradezu rauschhaften Verlebendigung großer Vergangenheit geprägt ist. Indem man beide Momente im Auge behält, mag man sich nun diesem einzigartigen Werk und damit den letzten Geheimnissen seiner Tiefenschichten nähern.

*

10

Ein Lazzo von Scaramuccia oder von Arlecchino; ein Kompendium mit Schaflederrücken und das Rollen einer vergoldeten Kutsche auf der Straße; eine schöne handgeschriebene Oratorium-Partitur; die Vokalisen einer auf Liebesflügeln entschwebenden Melodie und eine Sonnenuhr an der Mauer einer alten märchenhaften Villa; Staub, Prachtentfaltung, Nichtstun; Volta und sein Frosch; Silvia und ihr Lächeln: das ist Italien im 18. Jahrhundert … – so beginnt Philippe Monniers Venedig-Buch. Und wieder ist es so, als habe der Erzähler ein Tor oder eine Pforte geöffnet und als strömten aus einem zuvor noch geschlossenen, geheimen Reich lauter Preziosen und Klänge.

Sie scheinen ihn beinahe zu überfallen, so unerwartet und reich sind sie da, er kommt kaum noch hinterher, und er könnte mit ihrer Aufzählung immer weitermachen, denn die Fülle des zu Entdeckenden ist beinahe unermesslich. Kaskadenhaft passt die Sprache sich den Dingen, Bewegungen und Bildern an, sie lässt die Details kurz aufblitzen und wieder verschwinden, und sie verweist auf diese Weise indirekt auf ein neues Medium, das bald in Konkurrenz zur Literatur treten wird.

Die Brüder Auguste und Louis Lumière, 1862 und 1864 geboren, gehören zur Generation Philippe Monniers. Seit 1895 sind sie in Paris mit cinematographischen Vorführungen aufgetreten, sie haben einem faszinierten Publikum die ersten Filme gezeigt und damit ebenfalls Tore und Pforten zuvor verschlossener Reiche geöffnet.

Dann strömten in ihren Filmen Scharen von Arbeiterinnen und Arbeitern aus einer Fabrik, und die ersten Kinogeher konnten auf einer Leinwand sich bewegende Menschen bestaunen. Die Brüder Lumière präsentierten Dinge, Personen und Szenen in Aktion, und diese in rascher Folge erscheinenden, kurzen Bilder ließen in der Form sich jagender Bildsequenzen das alte Angebot der statischen Gemälde, wie man es bisher aus den Salons oder Museen kannte, hinter sich.

Die neue Technik hat in Monniers einleitendem epischen Entwurf des alten Italien deutliche Spuren hinterlassen. Die knapp aufeinander folgenden Sprachbilder haben Tempo, ihnen fehlt jedes Moment von behaglichem Erinnern. »Italien« ist hier kein Thema für den gebildeten Connaisseur oder Gelehrten, sondern ein aufblitzendes, filmisch wirkendes Ereignis.

Vergangenheitstempi bekommen diese bewegten, verschwimmenden und einander überbietenden Szenen nicht mehr zu fassen, sodass von Anfang an ein temporeiches Präsens regiert: Da ist, da geht, da sieht man, da kommt, da wird ... – dieser Erzähler richtet das Licht seiner vielen, überall postierten Leuchten und Scheinwerfer auf ein Leben, das als eine episodenhafte Fortsetzungsgeschichte mit lauter autarken, eigenwilligen Protagonisten erscheint.

So wirkt »Italien« und damit jenes Land, das Philippe Monnier wenige Jahre zuvor noch zum Thema eines gelehrten Epochengemäldes (*Le Quattrocento*) gemacht hat, plötzlich frisch und neu. Es ist nicht mehr ein Stoff, der Schritt für Schritt umkreist, zerlegt und reflektierend aufbereitet wird, sondern ein orgiastisch anmutendes Fest. Der Erzähler ist daher kein in sich ruhender, abwägender Betrachter oder Beobachter, sondern selbst eine Gestalt des Festes. Er macht mit, reiht sich ein unter die Feiernden, kostet von ihren Speisen, spielt mit ihnen Theater und greift nach einem Instrument, um ihre Musik zu begleiten.

Genau diese Haltung, die von der Überwältigung des Schauens durch den angelockten Stoff herrührt, macht Monniers Venedig-Buch zu einem bisher so nicht dagewesenen Ereignis. Der gelehrte Betrachter wird zu einem teilnehmenden Beobachter, der wie ein Reporter den Szenen und Bildern des längst Vergangenen nachjagt, von den Ekstasen der Feiernden in raschen Staccati berichtet und nur an dem interessiert ist, was man später einmal »eine Neuigkeit« nennen wird. Alles um ihn herum hat diesen gleichsam einzigartigen, »sensationellen« Charakter, denn die Welten, die er einzufangen versucht, überbieten sich auf beinahe dreiste Weise darin, sich zu verkleiden und laut und triumphal den Genuss eines leichten und »schönen« Lebens zu vermelden.

Alles soll noch einmal gesagt, gezeigt, ja besungen werden, denn im Untergrund dieses Welttheaters eröffnet sich ein Abgrund. Der Blick in diesen dunklen Schlund, der Monniers Venedig-Buch beenden wird, ist der Blick auf das Sterben und den Tod. Von diesem Ende her versteht man den Durchgang durch die Akte des sprühenden, scheinbar nicht enden wollenden Festes mit einem Mal anders: als Totentanz, als das Ende einer jahrhundertealten Epoche, die sich bis zur letzten Sekunde feiert und dann klaglos verglüht.

*

11

Wie aber ist so etwas gelungen, wie ist es gemacht? Monniers Venedig-Buch hat vierzehn Kapitel, und jedes schlägt ein eigenes Thema oder Motiv an. Mal ist es die Malerei, mal die Musik, mal das Theater, mal die Literatur. Die für die Spätzeit Venedigs charakteristischen Gemälde, Kompositionen, Theaterstücke und Texte scheinen miteinander in einer engen Verbindung zu stehen und von jeweils herausragenden Menschen geformt und gestaltet worden zu sein.

Ihnen gönnt er als Hauptpersonen beeindruckende Auftritte auf den Bühnen der Stadt, skizziert deren Aufbau und Struktur und umgibt diese zentralen Figuren mit Nebenfiguren, die sie begleiten und die Themen der führenden Protagonisten in oft kleineren, deshalb aber nicht geringer zu schätzenden Formaten variieren.

Das Studium geschlossener Räume und Städte ist, wie wir gesehen haben, Philippe Monnier nicht nur vertraut, sondern sein eigentliches Element. Für seine Imaginationen benötigt er diese Abgeschlossenheit und Intimität ihm naher und vertrauter Dinge. »Venedig« ist als insulare Erscheinung wie kaum eine andere europäische Stadt für ein solches Szenario geschaffen.

Monniers zweiter Kunstgriff besteht darin, keineswegs Venedigs Geschichte zu erzählen, sondern sich auf einen historischen Moment zu konzentrieren. Es sind die Jahrzehnte vor dem Untergang Venedigs im späten 18. Jahrhundert, die ein statisches Tableau bilden, das Monnier braucht, um die Insel Venedig als eine geschlossene Klausur mit Festcharakter erscheinen zu lassen. Diese Fokussierung, die er anhand der Metropole Genf und ihrer Kindheitsinseln geübt hat, verleiht den Szenen der alten, prunkvollen Stadt im Meer einen einerseits bunten, andererseits aber auch einheitlichen Charakter.

Alles scheint mit allem in Verbindung zu stehen, alles reiht sich ans andere, es ist, als lebte in den morbiden Zügen der Stadt eine fast dörfliche Freude. Sie macht aus ihren Protagonisten und Bewohnern Menschen, die ihre starke Geselligkeit als einen Ausdruck von zeremonieller Gemeinschaft und den weichen Dialekt Venedigs als Sprache einer geheimen, innigen Verständigung einer Festgemeinde verstehen.

Das alles erfährt der Erzähler und Berichterstatter, nachdem er sich lange genug in Venedig aufgehalten, seine Atmosphären tief eingesogen und auf ihre althergebrachten Komponenten hin erkundet hat. Philippe Monnier bereist die Serenissima jedoch nicht als Fremder oder gar als Tourist. Er spricht Italienisch, ja er versteht sogar den venezianischen Dialekt, und schon von seiner väterlichen Herkunft her ist er zumindest ein halbwegs Eingeweihter. Ein Venezianer ist er jedoch nicht, und so bleibt immer ein Moment der Distanz, das ihn von den Ritualen und Riten der Einheimischen trennt.

Wie lässt sich diese Distanz überbrücken? Welche Hilfsmittel gibt es, sie abzubauen und sich so emphatisch wie möglich in den Kosmos Venedigs zu integrieren? Philippe Monnier denkt in Erinnerung an die langjährigen Studien für sein Gelehrtenbuch über das *Quattrocento* an einige bewährte Rezepte. Er nimmt im Lesesaal einer großen Bibliothek Platz, deren Regale und Wände mit Hunderten von Büchern gefüllt sind, die das Thema Venedig berühren und mehr oder minder direkt von ihm erzählen.

Anders als im Fall des *Quattrocento*-Buches betrachtet Monnier eine solche Bibliothek aber nicht nur als Studien- und Gelehrtenbibliothek. Er lässt die Bücher sich vielmehr »zeigen« – sie deklamieren, sprechen, tönen und versuchen sich in den verschiedensten literarischen Gattungen. Alle zusammen bilden sie eine Art venezianischer Küche, mit Gerüchen, Dämpfen und Atmosphären. In ihrer Mitte steht Monnier als ein magischer Koch, der sich in diesem großen Dunstkreis bewegt. Er schnuppert, salzt nach, trennt, fügt wieder neu zusammen, rührt um und komponiert so keine akademische Mahlzeit, sondern ein Gourmet-Menü der feinsten, einheimischen Delikatessen.

Die neue Profession, die sich von den Stoffen und Bestandteilen der Bücher selbst leiten lässt, ohne ihnen die

Gewalt von festgelegten Rezepten anzutun, bedeutet die Abkehr von den Regeln der klassischen Gelehrsamkeit. Daher ist *Venedig im achtzehnten Jahrhundert* kein typisches Werk der Kultur- und Sozialgeschichte. Ihm liegt zwar das Studium einer großen Bibliothek zugrunde, das durchaus ein solches Werk hätte ergeben können. Dazu aber lässt es Monnier nicht kommen. Er sprengt vielmehr die Grenzen und lässt die vielen gelesenen und studierten Werke im Imaginationsraum seines mehrsprachig und mit den unterschiedlichsten Kulturformaten gesättigten Kopfes ihre eigenen Spiele spielen. Weg also mit den Begriffen und Einordnungen – und hin zu den Dingen, Menschen, Bildern und Szenen selbst, die stärker sind als der distanzierte, objektivierende Zugriff!

Mehr als dreihundert Werke auf fünfzehn Seiten einer Bibliographie präsentiert Monnier am Ende seines Buches auf den Seiten 433–447. Seine Küche speist sich aus italienischen, französischen, englischen und deutschsprachigen Quellen verschiedenster Farb- und Klanggebungen. Biographien der zentralen Protagonisten sind darunter ebenso wie kulturgeschichtliche Studien zu den venezianischen Festen oder zu den politischen und sozialen Strukturen der verzauberten und aus ihrer Erstarrung zu erlösenden Stadt.

Sie soll ihr altes festliches Leben wieder erhalten, und sie soll sprechen und klingen dürfen, wie ihre Bewohner es wünschen und wollen. Nichts Drittes darf sich daher zwischen die Venezianer und den Magier Monnier mischen, nichts, was ihre Nähe trüben und einen fremden Geschmack in ihre Freundschaft bringen würde! Und so bewegt sich Monnier in den Szenen des alten Venedig wie ein begeisterter, animierter Freund und Liebhaber, der durch seine Studien eine fast intime Nähe zu dieser Stadt aufgebaut hat.

Ihre alten aristokratischen Familien und Gruppen geben noch immer den Ton an, aber ihr Elan scheint gebrochen, sodass sie nicht mehr die großen, repräsentativen Rollen von früher spielen. Die Bürger und das Volk erscheinen gleichberechtigt mit ihren eigenen Stoffen und Themen, und sie bereichern das städtische Leben um ihre Rituale, Texte und Spiele. Das Amalgam dieser Durchdringung der unterschiedlichen sozialen Schichten aber bilden die Literaten, Künstler, Musiker und Theaterleute, die ein einziges großes festliches Opus zu gestalten scheinen, das *Venezia* heißt und aus Hunderten kleiner Geschichten, Anekdoten und Auftritte besteht.

Philippe Monnier ruft sie auf, und die Methode dieses Aufrufens ist die Anmerkung. Auch diese Anmerkungen, die sich an den Text anlehnen und ihn aus der Distanz bereichern auf den Seiten 365 bis 428, sind keine typischen Nachweise von Lektüren, keine Zitatformationen oder gar Fußnoten. Eher sind sie beiseite und leise gesprochene Kommentare und Nebenstimmen, die zur Polyphonie des Werkes einige Begleitstimmen beitragen. Sie bilden das Scharnier oder den Übergang zur Bibliographie, indem sie die Lektüren im Lesesaal der Bibliothek zumindest ansatzweise veranschaulichen. Letztlich aber haben sie nicht den Charakter von Wissenspräsenten, sondern von bestimmten Beigaben und Gewürzen, die dem fortlaufenden Text eine besondere, geschmackliche Vielfalt verleihen.

*

12

Blicken wir noch einmal kurz zurück, um das Besondere von *Venedig im achtzehnten Jahrhundert* genau zu begreifen und zu verstehen, wie »es gemacht ist«. Philippe Monnier ist von seinen früheren Büchern her auf ideale Weise vorbereitet. Er beherrscht die Techniken der Verlebendigung vergangenen Lebens zum einen erzählerisch, indem er jeweils auf geschlossene Räume und Zeiträume fokussiert, die mit seinem eigenen Leben in enger Verbindung stehen.

Daneben beherrscht er aber auch Techniken, diesen Klausurräumen Stoffe, Gestalten und Figuren zuzuführen. Sie entnimmt er seinen ausgedehnten Lektüren, die so weit ausschwingen wie nur irgend möglich und belletristische Werke mit solchen verbinden, die eher Sachbuchcharakter haben.

In vorderster Reihe kommen dabei jene Schriftsteller zu Wort, die das Venedig des späten 18. Jahrhunderts noch selbst erlebt und ihre Texte zu seinen Festen beigesteuert haben. Alles ist hier von Interesse – die autobiographische Erinnerung, das Bekenntnis, der Einblick in geheime Leben und soziale Rituale, das Studium der Mitmenschen.

Monnier behandelt solche Texte, als sprächen sie direkt zu ihm. Er geht nicht auf Abstand, sondern zieht sie zu sich und wirkt daher oft selbst wie ein Zeitgenosse. Ich bin einer von euch und möchte zu euch gehören – dieses beinahe inständige Murmeln durchzieht das gesamte Buch. Damit seinem Eifer diese Annäherung gelingt, bedarf es vorab eines Verständnisses, wie das Leben Venedigs im späten 18. Jahrhundert als Ganzes zu verstehen wäre.

Dazu braucht es mehrere Umschreibungen, die nach der Einleitung und der Vorstellung des Themas das zweite Kapitel übernimmt. »Venedig« erhält hier seinen Charakter, seine Typik und seine zentralen Atmosphären. Es sind, wie schon angedeutet, solche des Festes, des Vergnügens, des Glücks, des Genusses, der Lebenslust – oder, summa summarum, solche des sogenannten »leichten Lebens«.

Das »leichte Leben« ist das einer Spät- und Endzeit, der die großen Schlachten und Bewährungsproben der Vergangenheit angehören. Venedig ist längst nicht mehr die bedeutende Machtmetropole, deren Kriegs- und Kaufmannsschiffe durchs Mittelmeer kreuzten, um auf Beute zu gehen und seinen Bewohnern einen unermesslichen Reichtum zu verschaffen. Jetzt, im späten 18. Jahrhundert, ist es eine belächelte Enklave mit für Fremde oder Außenstehende schwer verständlichen Ritualen. Ein Kuriosum also, das vermögende Reisende aus aller Herren Länder ansteuern, um sich dort für einige Wochen zu amüsieren.

Zu ihnen will Philippe Monnier jedoch nicht gehören. Er lässt diese frühen Touristen zischeln, reden und Reiseberichte schreiben, zählt sich selbst jedoch nicht zu ihnen. Er gehört zu den Einheimischen, was bedeutet, dass er »das leichte Leben« nicht als müdes Geplänkel und dürftiges Amüsement, sondern als raffiniertes, ja geniales Lustspiel betrachtet.

Paradox werdend könnte man behaupten: Ausgerechnet Philippe Monnier, der Beobachter Venedigs aus der Fremde, der sich die Voraussetzungen erworben hat, diese Stadt und ihr »leichtes Leben« wie kein anderer Beobachter zu verstehen, nimmt dieses gelöste, »leichte Leben« so ernst wie kein Einheimischer. Enthusiastisch und stets ein wenig außer sich feiert er mit, tut das aber in dem Bewusstsein, nicht nur an einem hinreißenden Fest teilzuhaben, sondern gleichzeitig an einer anspruchsvollen »Philosophie« dieses Festes zu schreiben.

Als ein Schriftsteller, der in der reformatorisch geprägten, französischen Schweiz im Geist Calvins aufgewachsen ist, erfährt er »das leichte Leben« Venedigs als den größtmöglichen Kontrast zum bisherigen eigenen Dasein. Für die Dauer der Niederschrift seines Buches verabschiedet er sich von Herkunft und Heimat und atmet süchtig das so ganz anders geartete Leben der Serenissima ein. Keine Schwere, keine Plumpheit, keine Tragik haben noch Platz, jetzt sind das Lachen, der Witz, die Fröhlichkeit die höchsten Qualifikationen.

Das zweite, tonangebende Kapitel präsentiert die Räume dieser eleganten Lebenskunst: die Campi, Casini, Lokale und Theater der Stadt. Dorthin bewegt sich Philippe Monnier zu Beginn seines Buches. Er nimmt Platz, beobachtet, lauscht, notiert frappierende Wendungen und Dialoge und wächst so langsam hinein in den turbulenten Kosmos von Szenen, die es im europäischen Raum so noch nie gegeben hat.

*

13

Mit dem Intonieren der dominanten Tonart und dem Durchlaufen der typischen Räume des großen Festes sind die Wege vorgezeichnet. Die weiteren Kapitel präsentieren es in unterschiedlichen Perspektiven und Einzelthemen. Da ist zunächst der Festkalender des Jahres mit seinen Höhepunkten, dem Karneval von vielen Monaten und der obligatorischen, ebenfalls monatelangen Sommerfrische auf dem Land (Kapitel 3).

Und da ist an zweiter Stelle der Liebeskult mit der im sonstigen Europa unüblichen Stellung der Frau, die den begehrten Geliebten abseits von Ehe und Treue frei wählen und mit dem Dekor eines »Cicisbeo« ausstatten darf. Er ist der schöne, eigens für dieses Amt berufene Begleiter, ein nur der Libido dienender Hausfreund und erotischer Partner (Kapitel 4).

Festkalender und Liebeskult entwerfen ihre eigenen Sprachen, das Maskenflüstern, die Sermoni in freier Natur, die Gondellieder und Schwärmereien sowie all die literarischen Genres, die den Strategien der Galanterie gelten.

Philippe Monnier taucht in diese Texte so ein, als bräuchte sein Zauberstab nur die passende Strophe und den unvergesslichen Vers zum Klingen zu bringen. Er muss die Fêtes galantes und die Rencontres nicht erst zudringlich mustern, um sie zum Leben zu erwecken. Stattdessen betreibt er seine geheime Komplizenschaft mit den sich scheinbar verschwiegen gebenden Festgestalten in Formaten der vielsagenden Andeutung. Ein paar Worte, ein Flüstern, ein Blick oder eine spontane Hinwendung genügen – das Ausschmücken und Fantasieren überlässt er den Lesern, die er wie selbstverständlich als seine Gefolgsleute versteht.

*

14
Mit dem Erleben des festlichen Jahres und der Begleitung von Zeremonien, die den Frauen eine nirgends sonst vorzufindende Sonderstellung einräumen, sind die Rahmendaten und die Feinheiten des zentralen Kultus fixiert und beschworen. Die Aufgabe der nächsten Kapitel wird darin bestehen, die jeweilige Rolle der Künste zu bestimmen und ihre Protagonisten vorzustellen.

An erster Stelle ist das die Literatur (Kapitel 5), die in der Stadt der ältesten Zeitungen und des Buchdrucks eine Ablegerin des öffentlichen Gesprächs ist. Die Novellisten erzählen von diesen Disputen und kleinen Debatten, und die Enzyklopädisten sammeln ihr ausuferndes Vokabular. In Gasparo Gozzi (1713–1786) findet Monnier jenen Schriftsteller, der auf ideale Weise die Verbindung zwischen Zeitungswesen und Literatur herstellt. Denn Gozzi ist einerseits Novellist und Verfasser von gewitzten Dialogen, andererseits aber auch der Gründer der *Gazzetta Veneta* und des *L'Osservatore Veneto.*

Man braucht nicht lange darüber zu spekulieren, warum ausgerechnet Gasparo Gozzi für Philippe Monnier das »Oberhaupt der Schriftsteller« ist. In Gozzis Literatur, die vom pointillistischen zum journalistischen Erzählen des venezianischen Lebens führt und dieses Erzählen in regelmäßig erscheinenden Chroniken sichtbar macht, hat er einen Schriftsteller gefunden, dem er sich besonders nahe fühlt. So, wie er ihn vorstellt – als eine noble Gestalt mit einer feinen Ironie und der Freude an unscheinbaren Dingen –, erkennt er in Gozzi einen Teil seiner selbst, ja beinahe einen Freund.

Spätestens an dieser Stelle seines Venedig-Buches, als zum ersten Mal die Vita eines herausgehobenen Protagonisten eine Rolle in Monniers Zauberkabinett erhält, erkennt man, welches tiefer sitzende Bedürfnis ihn antreibt: Er will nicht nur begleiten und sich in die venezianischen Feste einreihen, nein, er will auch Freunde gewinnen.

In vielen dieser Protagonisten wittert er einen stillgelegten Teil seiner eigenen Existenz. Indem er in die großen Spiegel Venedigs schaut, entdeckt er dort die Kehrseite des einsamen, zurückgezogen lebenden Literaten am Schreibtisch und die Verwandtschaft zu einem Freund im Geiste: »So ist der Graf Gasparo Gozzi eine Persönlichkeit von Venedig. Er ist so etwas wie der offizielle Dichter der Republik, der anerkannte Mann von Geist, die Ruhmeszier des Landes.«

Von wem also träumt Philippe Monnier in so hymnischen Worten? Vom Dichter als einem Ehrenbürger der Stadt, von einem Literaten, den die Stadt, der er sein Leben widmete, für immer ehrend und dankbar im Gedächtnis behalten wird.

*

15

Ganz nebenbei hat das Kapitel über die Literatur und Gasparo Gozzi die weiteren Wege des Venedig-Buches vorgezeichnet, denn in ganz ähnlicher Weise geht Monnier nun mit den anderen Künsten um. Von der Literatur wechselt er zur Musik, die das klanglich-atmosphärische Fluidum Venedigs ausmacht (Kapitel 6). Wieder durchstreift er die Räume und Orte, wo sie aufgeführt wird, um all diese Bühnen und Szenen schließlich zusammenzubringen. Im Venedig des späten 18. Jahrhunderts »macht« man keine Musik, sondern, umgekehrt: Musik ist überall und macht aus der Stadt einen einzigen Klangkörper.

Ähnlich ergeht es der Malerei (Kapitel 7). Sie orientiert sich nicht mehr an traditionellen Themen wie etwa solchen aus der antiken Mythologie oder der Bibel. Der Zugriff der Stadt und ihres besonderen Lebens ist vielmehr so stark, dass sich auch diese Kunstform wandelt. Ihre großen Meister wie Canaletto, Guardi, Bellotto oder Longhi fixieren die venezianischen Räume und die Alltagsszenen der Gesellschaft, »Venedig« ist ihr zentrales Sujet, und Rosalba

Carriera ist die Meisterin, die in unzähligen Porträts eine Galerie seiner Gesellschaft skizziert.

Überall ist Musik, überall ist aber auch Malerei! Nicht nur die bekannten Maler rücken ins Bild, sondern auch die »kleinen Meister« und ihre Ateliers. Monnier findet sich ein und spricht mit ihnen vor Ort. Wie arbeiten sie? Wie sieht ihr Zuhause aus? Wie reden sie mit ihren Kunden? »Das Heim der Rosalba Carriera ist reizend. Wenn man vom großen Kanal abbiegt, in den Calle di Cà Cent'anni, in derselben Straße, wo Goldoni geboren wurde, steht man schon davor. Hier wohnt ihre alte Mutter, die gescheite, joviale Venezianerin aus der guten, alten Zeit; sie knabbert immer an einer *persegata* oder an Johannisbrot; ihre beiden Schwestern sind auch da ...« – längst hat Philippe Monnier jegliche Fremdheit oder Distanz verloren. Denn so wie hier spricht kein Fremder und auch kein bloßer Beobachter, sondern eine Person, die sich in Venedig wie ein Einheimischer bewegt: Wenn man da und dort abbiegt, steht man ..., und, ganz nebenbei, dort steht auch Goldonis Geburtshaus ..., und ..., siehe da ..., wir begegnen wahrhaftig Rosalbas Mutter ..., und, na so was, sie knabbert an Johannisbrot ...

Solche beinahe familiär wirkenden Passagen beweisen, dass die Verschmelzung gelungen ist. Monnier lebt mit den Stadtgesprächen und den kleinen informativen Hinweisen, die nur der erhält, den die Venezianer eingemeindet haben. Jedes Haus und jede Person sind gleichsam von einem dörflichen Nimbus umgeben, dem der Herkunft, des Aussehens, der Vorlieben und der Figur, die sie im größeren Ambiente der Stadt machen. Indem ihre Bewohner dieses Flüstern, Raunen und Reden thematisieren, stellen sie es aus. So entsteht der geheime Zusammenhang aller Szenen und Auftritte in der Form des theatralischen Zeigens und seiner einzig möglichen literarischen Form: dem Lustspiel (Kapitel 8).

Indem auch diese Kunstform vom venezianischen Gestus der Spätzeit vereinnahmt wird, bedarf sie zunächst keiner zusätzlichen Ästhetisierung. In Gestalt der Commedia dell'arte lebt sie als Stegreifdichtung weiter und gönnt ihren Bewohnern eine umstandslose Teilnahme am Schauspiel. Rasch sind Dialoge und Szenen gefunden, man braucht nicht einmal danach zu suchen, sondern überträgt sie aus den Calli und Campi der Stadt direkt auf die Bretter der Bühne. Die Komödianten gehen dabei voraus, sie sind Artisten in der Präsentation von geschmeidigen Körpern und spielen, als gehörte zu jedem Auftritt auch eine inszenierte Choreographie.

*

16

Den Porträts zweier Schriftsteller gelten die nächsten Kapitel, das neunte und zehnte. Denn Carlo Goldoni und Carlo Gozzi wollen dem Lustspiel nicht seinen Laiencharakter belassen. Goldoni nimmt seinen Figuren die Masken und die Typik der Commedia dell'arte und macht sie zu Charakteren mit Geschichten und Schicksalen, die Venedigs realen Stadtraum bevölkern und illustrieren. Und Carlo Gozzi macht selbst diese Verwandlung der Commedia dell'arte nicht mit, sondern flieht mit seinen Figuren in fern erscheinende Ländereien, in denen Venedigs Riten und Spiele in märchenhafte Geschichten verwandelt sind.

Fehlt nur noch eine Gestalt, die das theatralische Genre nicht als Kunstform begreift, sondern es sich im eigenen Leben ganz zu eigen gemacht hat. Monniers elftes Kapitel ist daher Giacomo Casanova gewidmet, dem Venezianer der Spätzeit schlechthin: »Er war groß, gelenkig, mager, sonngebrannt wie ein Bergamaske, mit einer Adlernase und Feueraugen. Und die junge Gemahlin Da Pontes, die ihn auf ihrer Hochzeitsreise kennengelernt hatte, konnte die Beredsamkeit, Lebhaftigkeit und das sonstige Gehaben dieses wunderbaren Greises nicht genug bewundern ...«

Casanova spielt nicht, denn er ist keine Gestalt des Theaters, sondern macht das Leben als Ganzes zum Spiel.

Er ist der einzige Protagonist von Monniers Buch, der sich nicht mit kleinen Formen und Genres bescheidet, sondern mit seinem Erzählen eine abenteuerlich weite und letztlich nicht enden wollende Kunstform im Auge behält. In der Gestalt seiner Memoiren ist es die eines großen Romans, in dem die realen Begegnungen mit anderen Menschen und Spielplätzen zu auserzählten Romankapiteln werden.

Ein Prototyp des Venezianischen ist Giacomo Casanova als höchster »Ritter der Freude«. Er nimmt sich nichts vor, sondern folgt nur dem Genuss und den plötzlich erscheinenden und sich ergebenden Attraktionen in seiner Umgebung. Sein elegantes Metier ist die gekonnte und niemals langweilende Unterhaltung, die der anderen und nicht zuletzt die mit sich selbst. Anhand seines hell strahlenden Beispiels kann man gewahr werden, dass die venezianischen Festkulturen in ihrer reinsten und konzentriertesten Form die Auslöschung der Schranken zwischen den Künsten betreiben. Sie verlangen nach der Aufgabe der althergebrachten Eigenarten und Formen und danach, dass nichts übrig bleibt als »das Venezianische« selbst.

Giacomo Casanova verkörpert es bis zu seinem Ende: Im Schloss des Grafen Dux, fernab in Böhmen, ist er mit Hilfe seiner Memoiren der späte Chronist all der Elemente, aus dem das letzte, große venezianische Opus des Lebens bestand.

*

17

Bleibt noch der Abgesang in Form der letzten Kapitel des Buches. Philippe Monnier verlässt die Sphären der Künste und ihrer Protagonisten und mischt sich unter die Bürger (Kapitel 12) und das Volk (Kapitel 13). Zum Schluss lässt er sich treiben, und er tut es mit spürbarer Melancholie. Das große Fest geht zu Ende, und Monnier, der sich nicht trennen will, folgt den anonym bleibenden Spuren des Alltags.

Gibt es denn überhaupt einen Alltag?! Ja, er grundiert das festliche Leben in Form der vielen belauschten Gespräche, die vom Tag und seinen Stunden berichten. Jetzt, als es gleichsam »um nichts« mehr geht, spürt Monnier nur noch den Echos des gerade Gehörten nach. In direkter Rede lässt er die Bürger mit ihren kleinen Sorgen zu Wort kommen und setzt ihnen keine Widerreden entgegen.

So besteht der Abgesang aus wie gestammelt wirkenden Litaneien, denen man anmerkt, dass sie die Gefahren des Untergangs nicht ignorieren, sondern von ihnen nicht einmal etwas ahnen. Die Bürger plappern und reden und erinnern sich an ihre Tagesgeschäfte, Politik ist ihnen fern, und was von weither als Gefahr auf sie zukommen könnte, halten sie für ein Gerücht.

Das Volk dagegen klammert sich an die kleinsten Künste, ans Kunsthandwerk, an Gebete und Redensarten, an die Lieder der Gondolieri. Hier verwandelt sich der Alltag in ein emsiges Tun, das der Glasbläser, der Spitzenklöpplerinnen oder der Weber. Weitab vom festlichen Zentrum betreibt man auf den Laguneninseln das, was man »Zeitvertreib« nennt, und man tut es in dem Empfinden, etwas nicht nur Schönes, sondern auch Nützliches zu tun.

Was also ist mit dem Volk? Wo und wie bekommt man es noch zu sehen? Nicht bei San Marco, nicht auf den Märkten beim Einkauf, sondern nahe dem Meer, das es auf seinen Fischerbooten befährt: »Es singt während der Arbeit, bei der Ruhe, beim Vergnügen; es singt auf den lauen Steinfliesen, wo es sich müde hingestreckt hat ... Es ist kraftvoll, unverbraucht und wohl erhalten. Es glaubt noch an die unbezähmbare Gewalt. Es weiß noch mit schönen Gebärden Anker und Netze auszuwerfen. Es lebt Aug' in Auge mit dem Element, das es bekämpft und mit dem es so eng verbunden ist. Es atmet einen biederen Salz- und Schweißgeruch aus ...«

*

18

Das vierzehnte und letzte Kapitel erzählt nicht vom Ende Venedigs, sondern lässt dieses Ende nur noch so geschehen, wie die Venezianer es geschehen ließen. Am 12. Mai 1797 versammelt sich der Große Rat zum letzten Mal, und wenige Tage später nähern sich die französischen Besatzer »in kleinen Abteilungen und vierzig Schaluppen« dem Zentrum der Stadt. Sie verteilen sich auf seinen Calli und Campi, ohne dass jemand sie aufhalten würde.

Philippe Monnier holt nicht mehr aus, und seine zuvor noch so im Rhythmus des großen Festes pulsierende Sprache bekommt etwas Tonloses: »Eine Welt ist gestorben, die niemals wieder erstehen wird. Eine Daseinsform zerfällt zu Staub ...«

In den vierzehn Kapiteln seines Venedig-Hymnus hat er ein Fin de Siècle beschworen, von dem er geahnt haben mag, dass es dem Fin de Siècle des ausgehenden 19. und frühen 20. Jahrhunderts ähnelt. *Venise au dix-huitième siècle* erscheint, wie bereits gesagt, 1907. Vier weitere Jahre wird Philippe Monnier noch leben und sich wieder den heimatlichen Regionen in und um Genf zuwenden. Drei Jahre vor dem Beginn des Ersten Weltkriegs wird er sterben.

Zuvor hat ihm die Genfer Universität noch den Ehrendoktor verliehen, und die Académie française hat seine beiden Italienbücher mit hohen Preisen bedacht.

In seiner Heimatstadt Genf erinnert heute ein kleines Denkmal an ihn und seinen Freund Gaspard Vallette. Die im Profil dargestellten Köpfe der beiden Männer, die 1864/65 geboren und im selben Jahr (1911) gestorben sind, blicken sich darauf an. Unter den Lebensdaten Philippe Monniers erinnert das steinerne Denkmal, das der Freundeskreis der beiden Schriftsteller hat errichten lassen, an die zehn Bücher, die er geschrieben hat.

INHALTSVERZEICHNIS

Venedig im achtzehnten Jahrhundert ist als **ORIGINALAUSGABE** im April 2021 als vierhundertsechsunddreißigster Band der **ANDEREN BIBLIOTHEK** erschienen.

Als **EXTRADRUCK** wurde **Venedig im achtzehnten Jahrhundert** im Juli 2021 wiederaufgelegt.

Die Herausgabe lag in den Händen von **Christian Döring.**

Zusammen mit **Ron Mieczkowski** versah er die Redaktion.

Philippe Monniers *Venise au XVIIIe siècle* erschien zuerst bei Perrin et Cie, Paris 1907. Die deutsche Übersetzung von Rudolf Engel wurde 1927 im Münchener Georg-Müller-Verlag publiziert. Sie wurde für die vorliegende Ausgabe durchgesehen und neu illustriert.

Für das Nachwort über den Genfer Literaten Philippe Monnier danken wir Hanns-Josef Ortheil.

Dieses Buch wurde von **Léon Giogoli** gestaltet und von **Dörlemann Satz**, Lemförde, aus der **Butler**, **Kings Caslon** und **Euclid Flex** gesetzt.

Die Herstellung betreute **Katja Jaeger**, Berlin. Gedruckt und gebunden wurde bei Friedrich Pustet GmbH & Co. KG, Regensburg.
Als Inhaltspapier wurde 90 g/m² holzfreies Werkdruckpapier verwendet.

ISBN 978-3-8477-2040-9
AB – Die Andere Bibliothek GmbH & Co. KG
Berlin 2021

Extradrucke der Anderen Bibliothek
№436

Die Geschichte der 1985 von Hans Magnus Enzensberger und dem Schriftsetzer, Drucker und Verleger Franz Greno noch im Bleisatz aus der Taufe gehobenen Buchreihe **DIE ANDERE BIBLIOTHEK** ist längst zum Bestandteil unserer deutschsprachigen Lesekultur geworden.

Monat für Monat ist seitdem ein Band erschienen.
Seit Januar 2011 wählt Christian Döring monatlich sein Buch aus und gibt es im neuen Verlag **DIE ANDERE BIBLIOTHEK** unter dem Dach des Aufbau Hauses am Berliner Moritzplatz heraus.

Das Programm der **ANDEREN BIBLIOTHEK** folgt inhaltlich seit Anbeginn nur einem Maßstab: Genre-, epochen- und kulturraumübergreifend wird entdeckt und wiederentdeckt, die branchenübliche Einteilung in Sachbuch und Literatur hat nie interessiert, nur Originalität und Qualität sollen zählen.

– Jeden Monat erscheint ein neuer Band, von den besten Buchkünstlern gestaltet.
– Die **ORIGINALAUSGABE** erscheint in einer einmaligen Auflage von 3.333 Exemplaren, limitiert und nummeriert.

Sind die limitierten und nummerierten **ORIGINALAUSGABEN** vergriffen, bieten wir Ihnen unsere **EXTRADRUCKE** der **ANDEREN BIBLIOTHEK**, damit Sie alle an den Erfolgen unserer schönen Bücher teilhaben können. Gewohnte beste Inhalte, durchgesehen und aktualisiert, zum moderaten Preis in einer fein bedruckten Ausgabe.

Unser Vorschlag:
Werden Sie Mitglied im Club unserer Abonnenten, so erhalten Sie garantiert jede **ORIGINALAUSGABE** zum Vorzugspreis. Und als persönliches Dankeschön: eine unserer Prachtausgaben im Folioformat.
030 / 28 394–229
info@die-andere-bibliothek.de
www.die-andere-bibliothek.de